香港回歸以來大事記

2002-2007

袁求實————編著

目　錄

- 港區全國人大代表、政協委員分別舉行座談會，批駁陳水扁"一邊一國"論（8 月 10 日、8 月 12 日）
- 西區裁判法院裁定"法輪功"成員阻街等七項罪名成立（8 月 15 日）
- 董建華主持地鐵將軍澳支線通車典禮（8 月 18 日）
- 國務院任命高祀仁為中央政府駐港聯絡辦主任（8 月 21 日）
- 特區政府召開"亞洲國際都會卓越政府"管理研討會（8 月 26－29 日）
- "粵港台經濟合作論壇"在港舉行（8 月 27 日）
- 宋德福、習近平會晤訪閩的董建華（8 月 28 日－9 月 1 日）
- 全國人大常委會通過香港特區第十屆全國人大代表選舉會議成員名單（8 月 29 日）

2002 年 9 月

- 徐立之任香港大學校長（9 月 1 日）
- 特區政府在問責制下成立負責統籌協調各決策局的"政策委員會"（9 月 2 日）
- 高祀仁重申中央政府駐港聯絡辦五項職能（9 月 2 日）
- 七名"早餐派"議員宣佈退出立法會"八黨聯盟"（9 月 5 日）
- 王兆國會見東華三院訪京團（9 月 9 日）
- 金耀基任香港中文大學校長（9 月 11 日）
- "民間人權陣線"成立，胡露茜為召集人（9 月 13 日）
- 中央政府駐港聯絡辦舉行姜恩柱離任暨高祀仁履新酒會（9 月 16 日）
- 特區政府公佈《實施基本法第二十三條咨詢文件》，開始三個月咨詢期（9 月 24 日）
- 行政長官會同行政會議通過新界村代表選舉實行"雙村長制"方案（9 月 24 日）
- "2002 年福布斯全球行政總裁會議"在港舉行（9 月 24－26 日）

2002 年 10 月

- 特區政府舉行慶祝中華人民共和國成立五十三週年升旗禮和酒會（10 月 1 日）
- 曾蔭權表示問責官員與公務員是同一團隊（10 月 8 日）

- 董建華出席立法會答問大會回應香港定位、基本法第二十三條立法等提問（10 月 10 日）

- 董建華就印尼巴厘島恐怖襲擊事件發表聲明（10 月 14 日）

- 特區政府駐粵經貿辦事處成立（10 月 14 日）

- 特區政府舉行酒會慶祝香港運動員在亞運會取得好成績（10 月 17 日）

- 錢其琛表示，中央政府沒有在基本法第二十三條立法問題上向特區政府施加壓力（10 月 25 日）

- 美國司法部長阿什克羅夫特訪港與特區政府討論反恐合作等問題（10 月 25 日）

- 江澤民在墨西哥洛斯卡沃斯會見出席第十次亞太經合組織領導人非正式會議的董建華（10 月 27 日）

- "第六屆北京·香港經濟合作研討洽談會"在港舉行（10 月 29－30 日）

- 特區政府財政赤字達香港有史以來最高水平（10 月 31 日）

2002 年 11 月

- 香港特區第十屆全國人大代表選舉會議舉行首次會議（11 月 1 日）

- 行政會議通過增加公營醫療收費的決定（11 月 5 日）

- 特區政府公務員編制從 2000 年 19.8 萬人減至 17.2 萬人（11 月 6 日）

- 立法會通過《入境（修訂）條例草案》，規定內地派駐香港的國家公職人員在港工作期間不會因連續住滿七年成為香港永久居民（11 月 6 日）

- 江澤民在中共十六大報告中指出，香港和澳門回歸祖國豐富了"一國兩制"的理論和實踐（11 月 8 日）

- 香港連續九年被評為全球最自由經濟體系（11 月 12 日）

- 特區政府發表房屋政策聲明，公佈九項穩定樓市措施（11 月 13 日）

- 英國人權法權威表示，特區政府對基本法第二十三條立法完全符合基本法和國際人權公約（11 月 14 日）

- "基本法第二十三條關注組"召開記者會（11 月 15 日）

- 英國駐港總領事館稱，基本法第二十三條立法是香港回歸以來最敏感法例（11 月 18 日）

- 朱鎔基訪港並出席第十六屆世界會計師大會開幕式並發表演講（11 月 18－20 日）

- 特區政府官員按照"內地與香港高層官員互訪計劃"首次訪問內地城市（11 月 26－29 日）

- 國務院審批通過《深港西部通道工程可行性研究報告》（11 月 27 日）

- 香港特區第十屆全國人大代表選舉會議舉行預選，從 78 名候選人中選出 54 名正式候選人（11 月 29 日）

2002 年 12 月

- 楊森當選民主黨主席（12 月 1 日）

- "2002 年亞洲電信展"在港舉行（12 月 1－7 日）

- 香港特區第十屆全國人大代表選舉會議選舉產生 36 名港區全國人大代表（12 月 3 日）

- 董建華訪問廣州、深圳（12 月 4－5 日）

- 董建華表示特區政府將從三方面控制財政赤字（12 月 7 日）

- "基本法第二十三條與香港法制"論壇在港舉行（12 月 7 日）

- 霍英東率香港培華教育基金訪問團訪問北京（12 月 8－10 日）

- 江澤民、朱鎔基分別會見赴京述職的董建華（12 月 9 日、11 日）

- "支持立法保障國家安全大聯盟"成立並舉行大集會（12 月 19 日、22 日）

- 16 個區議會支持特區政府就基本法第二十三條立法（12 月 23 日）

- 基本法第二十三條立法咨詢期結束（12 月 24 日）

- 葡萄牙宣佈關閉駐香港總領事館，有關工作由駐澳門總領事館接手（12 月 24 日）

- 特區政府開通政府新聞網站（12 月 30 日）

2003 年

2003 年 1 月

- 胡錦濤在全國政協新年茶話會講話中重申，中央全力支持港澳特區政府和行政長官的工作（1 月 1 日）

- 新版香港特別行政區護照啟用（1 月 1 日）

- 董建華發表特區第二屆政府首份施政報告《善用香港優勢 共同振興經濟》（1 月 8 日）
- 董建華出席立法會施政報告答問大會（1 月 9 日）
- 香港迪士尼主題公園建設工程舉行動工儀式（1 月 12 日）
- 政制事務局發表《主要官員問責制實施成效中期報告》（1 月 15 日）
- 立法會公營房屋建築問題專責委員會公佈公屋"短樁事件"調查報告（1 月 22 日）
- 中央軍委任命王繼堂為解放軍駐港部隊司令員（1 月 23 日）
- 錢其琛出席司法部頒發委託公證人證書儀式並講話（1 月 23 日）
- 全國政協常委會公佈全國政協十屆委員名單，香港委員 122 人（1 月 25 日）
- 台海兩岸"春節包機"首航從上海經停香港飛抵台灣（1 月 26 日）
- 落馬洲管制站/皇崗口岸開始實施 24 小時通關（1 月 27 日）
- 董建華、葉劉淑儀向傳媒介紹基本法第二十三條立法情況（1 月 28 日）

2003 年 2 月

- 特區政府刊憲公佈《國家安全（立法條文）條例草案》（2 月 14 日）
- 葉劉淑儀向立法會介紹《國家安全（立法條文）條例草案》（2 月 14 日）
- 美英等多國駐港總領事館就特區政府刊憲公佈基本法第二十三條條例草案回應記者查詢（2 月 14 日）
- 特區政府公佈公務員薪酬調整方案（2 月 25 日）
- 特區政府宣佈按照通縮削減綜援 11.1%（2 月 25 日）
- 行政會議通過《人口政策專責小組報告書》（2 月 25 日）
- 《國家安全（立法條文）條例草案》在立法會進行首讀和二讀（2 月 26 日）
- 特區政府公佈可持續發展委員會成員名單（2 月 28 日）

2003 年 3 月

- 霍英東表示不能把港英遺留問題都歸咎於董建華（3 月 2 日）

- 朱鎔基在政府工作報告中指出，維護港澳繁榮、穩定和發展是中國政府堅定不移的目標（3月5日）

- 梁錦松發表特區政府 2003/2004 年度財政預算案（3月5日）

- 胡錦濤會見出席全國政協十屆一次會議的港澳委員（3月7日）

- 吳邦國參加十屆全國人大一次會議香港代表團小組會議（3月7日）

- 董建華回應梁錦松在調整汽車購置稅前購車一事（3月10日）

- 醫院管理局承認威爾斯醫院有醫護人員出現病毒性呼吸系統疾病（3月10日）

- 特區政府推出投資移民和輸入內地人才計劃（3月11日）

- 霍英東當選十屆全國政協副主席（3月13日）

- 董建華視察威爾斯醫院（3月14日）

- 泛華集團收購《東週刊》（3月14日）

- 曾憲梓當選十屆全國人大常委（3月15日）

- 董建華致函梁錦松批評其買車行為極不恰當。梁聲明完全接受行政長官批評（3月15日）

- 溫家寶強調香港現在需要團結和信心（3月18日）

- 吳邦國會見港澳特區全國人大代表（3月18日）

- 胡錦濤、溫家寶分別會見列席十屆全國人大一次會議的董建華（3月19日）

- 全國人大常委會通過新一屆香港基本法委員會成員名單（3月19日）

- 東區裁判法院裁定伍國雄侮辱國旗罪名成立（3月20日）

- 香港大學公佈嚴重急性呼吸系統綜合症（SARS）病原體為一種冠狀病毒（3月22日）

- 賈慶林會見香港中華總商會訪京團（3月23-26日）

- 特區政府成立行政長官為主席的高層督導委員會，督導政府對抗 SARS 工作（3月25日）

- 董建華宣佈政府應對 SARS 病症四項措施，稱其是香港五十年來最嚴重傳染病爆發事件（3月27日）

- 高祀仁致函香港醫院管理局慰問抗擊 SARS 前線醫護人員（3月27日）

- 特區政府宣佈隔離淘大花園 E 座，董建華會見媒體解釋有關決定（3月31日）

- 立法會通過撥款兩億港元，防止 SARS 疫情在社區蔓延（3月31日）

2003 年 4 月

- 全國人大常委會辦公廳函覆 36 名港區全國人大代表，表示中央高度關注並會採取一切措施協助香港特區抗擊 SARS 疫情（4 月 1 日）

- 特區政府聲明無計劃亦無需要宣佈香港為疫埠（4 月 1 日）

- 世界衛生組織發出香港旅遊警告（4 月 2 日）

- 溫家寶表示中央政府願與香港特區、台灣地區開展 SARS 疫情控制和疫病防治合作（4 月 5 日）

- 特區政府宣佈對緊密接觸 SARS 患者的人士實施家居隔離令（4 月 10 日）

- 董建華宣佈政府實施兩項離境檢疫措施（4 月 11 日）

- 陳弘毅教授表示，《國家安全（立法條文）條例草案》整體設計和基本原則均恰當，咨詢過程已充分體現香港言論、思想和新聞自由（4 月 11 日）

- 大律師公會發表對《國家安全（立法條文）條例草案》意見書，指部分用字須清晰界定（4 月 11 日）

- 胡錦濤在深會見董建華，表示中央全力支持和協助香港防治 SARS 疫症（4 月 12 日）

- 立法會《國家安全（立法條文）條例草案》委員會舉行首次公聽會（4 月 12 日）

- 香港四大商會代表向特區政府提出九項 "SARS 救市" 措施（4 月 15 日）

- 特區政府刊憲公佈《2003 年防止傳染病蔓延（修訂）規例》，規定從零時起為抵港和離港人士測量體溫（4 月 17 日）

- 特區政府公佈淘大花園爆發 SARS 疫情調查報告（4 月 17 日）

- 衛生署與廣東省衛生廳就建立疫情通報、疾病控制機制達成共識（4 月 17－18 日）

- 特區政府推出涉及 118 億港元開支的八項紓解民困措施（4 月 23 日）

- 世界衛生組織專家應邀來港協助調查 SARS 疫情（4 月 24 日）

- 董建華與黃華華在深商談粵港合作抗 SARS 工作（4 月 25 日）

- 恒生指數收報 8409 點，創四年半以來低位（4 月 25 日）

- 立法會《國家安全（立法條文）條例草案》委員會舉行第二次公聽會（4 月 26 日）

- 中國疾病預防控制中心與香港大學在港舉辦非典聯席會議（4 月 26－27 日）

- 董建華赴曼谷出席中國－東盟領導人關於 SARS 特別會議（4 月 28－30 日）

2003 年 5 月

- 立法會《國家安全（立法條文）條例草案》委員會舉行第三、四場公聽會（5 月 3 日）

- 工聯會、香港廣東社團總會等八團體聯合發起、一千多個團體參與舉辦 "全民抗炎大行動"
  （5 月 4 日）

- 董建華宣佈四項防疫和重振經濟措施（5 月 5 日）

- 立法會否決對梁錦松不信任議案（5 月 5 日）

- 香港公益金 "心連心全城抗炎大行動" 基金籌得一千萬港元（5 月 6 日）

- 特區政府高規格安葬香港首位抗 SARS 殉職的護士劉永佳（5 月 7 日）

- 中央政府支援香港抗擊 SARS 第一批醫療物資交接儀式在深圳皇崗口岸舉行（5 月 8 日）

- 吳儀在國際護士節致函慰問香港特區全體護理工作者（5 月 12 日）

- 董建華出席立法會答問大會回應抗擊 SARS 問題（5 月 15 日）

- 26 家外國商會聯手舉辦 "We Love Hong Kong 愛心行動"（5 月 17－18 日）

- 世界衛生組織撤消對香港的旅遊警告（5 月 23 日）

- 董建華宣佈成立專家委員會檢討處理和控制 SARS 工作（5 月 28 日）

- 胡錦濤充分肯定香港特區政府防治 SARS 工作取得明顯成效（5 月 29 日）

- 粵港澳防治非典專家組第一次會議在港召開（5 月 29－30 日）

2003 年 6 月

- 賈慶林出席 "和衷共濟抗擊非典" 港區全國政協委員向內地捐款儀式（6 月 3 日）

- 胡錦濤就基本法第二十三條立法回應香港記者提問（6 月 5 日）

- 立法會《國家安全（立法條文）條例草案》委員會完成草案逐條審議工作（6 月 14 日）

- 廣播事務管理局對商業電台的三個節目發出 "警告" 和 "強烈勸喻"（6 月 14 日）

- 廖暉、安民在深會見董建華，商討香港與內地建立更緊密經貿關係安排（6 月 16 日）

- 林瑞麟就美國妄評基本法第二十三條立法一事致函祁俊文，表示目前是進行國家安全立法的
  適當時候（6 月 18 日）

- 立法會通過感謝中央政府支持香港抗擊 SARS 疫情議案（6 月 18 日）

- 世界衛生組織總幹事布倫特蘭訪港並與董建華會談（6 月 19 日）

- 外交部、香港特區政府發言人回應美國政府發言人有關基本法第二十三條立法的言論（6 月 19 日、20 日）

- 立法會內務委員會同意立法會大會 7 月 9 日恢復二讀辯論《國家安全（立法條文）條例草案》（6 月 20 日）

- 世界衛生組織正式將香港從 SARS 疫區名單中除名（6 月 23 日）

- 董建華出席立法會答問大會回應振興經濟、疫後重建和基本法第二十三條立法等提問（6 月 26 日）

- 外交部發言人、董建華分別回應美國眾議院通過《支持香港自由》議案（6 月 27 日）

- 溫家寶抵港參加慶祝香港回歸祖國六週年活動（6 月 29 日）

- 溫家寶出席《內地與香港關於建立更緊密經貿關係的安排》（CEPA）簽署儀式並發表演講（6 月 29 日）

- 溫家寶分別會見董建華、中央駐港機構和部分中資企業主要負責人（6 月 29、30 日）

- 唐英年表示，特區政府將成立 CEPA 協調機構（6 月 30 日）

2003 年 7 月

- 溫家寶出席特區政府慶祝香港回歸祖國六週年升旗禮和酒會，並講話（7 月 1 日）

- 工聯會、廣東社團總會、福建社團聯會等十多個團體舉辦慶祝香港回歸祖國六週年足球嘉年華活動，主辦團體估計六萬人參加（7 月 1 日）

- 民間人權陣線發起大遊行，警方估計 35 萬人參加（7 月 1 日）

- 董建華就大遊行發表聲明（7 月 1 日）

- 董建華召集特區政府高層特別會議，表示政府無意延遲基本法第二十三條立法（7 月 2 日）

- 立法會通過《2003 年立法會（修訂）條例草案》，規定第三屆立法會取消選委會議席，分區直選議席增至三十個（7 月 3 日）

- 自由黨主席田北俊會見傳媒，要求押後二讀《國家安全（立法條文）條例草案》（7 月 4 日）

- 大律師公會發表聲明促請政府撤回《國家安全（立法條文）條例草案》（7 月 4 日）

- 董建華與全體行政會議成員會見傳媒宣佈特區政府對《國家安全（立法條文）條例草案》作出三項重大修訂（7 月 5 日）

- 全國人大常委會法工委負責人發表談話，希望香港各界支持配合特區政府如期完成基本法第二十三條立法（7月5日）
- 自由黨發表聲明再次要求押後二讀《國家安全（立法條文）條例草案》，主席田北俊宣佈辭去行政會議成員職務（7月6日）
- 董建華宣佈《國家安全（立法條文）條例草案》押後恢復二讀，並接受田北俊辭職（7月7日）
- 立法會通過《2003年博彩稅（修訂）條例草案》（7月10日）
- 經立法會同意並向全國人大常委會備案，行政長官委任馬道立為高等法院首席法官（7月14日）
- 董建華接受財政司司長梁錦松、保安局局長葉劉淑儀請辭（7月16日）
- 國務院任命楊文昌為外交部駐港特派員公署特派員（7月18日）
- 特區政府發表《主要官員問責制實施一年後報告》（7月18日）
- 胡錦濤、溫家寶分別會見赴京述職的董建華，表示中央非常關注香港近期事態。新華社就此發表長篇報道（7月19日）
- 陳馮富珍應邀出任世界衛生組織人類保護環境部門主管（7月19日）
- 英國首相布萊爾訪港（7月22－23日）
- 董建華召集政府高層舉行集思會討論香港政治形勢（7月26日）
- 港澳個人遊計劃（自由行）在廣東省東莞、中山、江門和佛山四個城市率先實施（7月28日）

2003 年 8 月

- 吳儀、劉延東分別會見香港中國旅遊協會訪京團（8月1日）
- 國務院根據董建華提名，任命唐英年為香港特區政府財政司司長、李少光為保安局局長（8月2日）
- 粵港合作聯席會議第六次會議在港舉行（8月4－6日）
- 盛華仁會見在內蒙訪問的港區全國人大代表並提出四點希望（8月9日）
- 楊文昌拜會董建華（8月12日）
- 特區政府展開智能身份證換領計劃（8月18日）
- 香港失業率達8.7%，創歷年最高（8月18日）

- 柏聖文接替何進擔任英國駐港總領事（8月18日）

- 賈慶林會見香港廣東社團總會訪京團（8月20日）

- 香港特區 28 名特邀代表出席第九屆全國婦女代表大會（8月22-28日）

- 盛華仁、劉延東會見香港法律界人士訪京團（8月24-26日）

- 劉延東在深會見香港全國政協委員（8月25日）

- 吳邦國會見第一任香港基本法委員會委員，並向第二任委員頒發任命書（8月26、27日）

- 唐家璇會見新界鄉議局訪京團（8月27-31日）

- 曾培炎、董建華出席港深西部通道奠基典禮（8月28日）

- 唐英年首次赴京述職（8月28-29日）

- 羅豪才會見九龍社團聯會訪京團（8月28-30日）

- 國際奧委會主席羅格來港出席香港"申辦第五屆東亞運動會開展禮"（8月30日）

- 港珠澳大橋前期工作協調小組首次工作會議在穗舉行（8月30日）

2003 年 9 月

- 吳儀會見香港總商會和商界高層訪京團（9月3日）

- 廖暉會見香港工商界訪京團（9月2-4日）

- 廖暉、徐匡迪會見香港工程建造界訪京團（9月3-5日）

- 徐匡迪會見香港各界青年領袖才俊訪京團（9月4日）

- 唐家璇會見新世紀論壇訪京團（9月5日）

- 行政會議決定撤回《國家安全（立法條文）條例草案》（9月5日）

- 特區政府計劃投資 240 億港元發展西九文娛藝術區（9月5日）

- 曾慶紅分別會見民建聯、港進聯訪京團（9月6日、8日）

- 吳儀在廈門會見出席第七屆中國投資貿易洽談會的董建華（9月7日）

- 唐英年出席在墨西哥舉行的第五屆世貿組織部長級會議（9月8-16日）

- 唐家璇會見新界社團聯會訪京團（9月9日）

- 吳儀、劉延東會見香港各界婦女訪京團（9月13-16日）

- 唐家璇、劉延東會見香港專業人士訪京團（9 月 14–16 日）

- 曾慶紅在深會見董建華（9 月 15 日）

- 劉延東會見香港青年工業家協會訪京團（9 月 15 日）

- 國務院根據董建華提名，任命湯顯明為香港特區政府海關關長（9 月 18 日）

- 王兆國、劉延東分別會見在京出席中華全國總工會第十四次全國代表大會的香港工聯會代表團（9 月 21–25 日）

- 董建華委任周梁淑怡為行政會議成員（9 月 22 日）

- 李長春會見香港傳媒高層人士訪京團（9 月 24 日）

- 曾慶紅會見自由黨訪京團（9 月 24 日）

- 胡錦濤會見香港工商界知名人士訪京團（9 月 27 日）

- 特區政府與商務部在京簽署 CEPA 六項附件（9 月 29 日）

2003 年 10 月

- 特區政府舉行慶祝中華人民共和國成立五十四週年升旗禮和酒會（10 月 1 日）

- 解放軍駐港部隊赤柱、昂船洲、石崗軍營舉行開放日活動（10 月 1 日）

- SARS 專家委員會發表調查報告（10 月 2 日）

- 劉遵義任香港中文大學校長（10 月 13 日）

- 特區政府公佈多項進一步穩定樓市措施（10 月 15 日）

- 太平洋地區經濟理事會宣佈總部將遷至香港（10 月 19 日）

- 胡錦濤在曼谷會見出席第十一次亞太經合組織領導人非正式會議的董建華（10 月 20 日）

- 黃菊會見香港航運界人士訪京團（10 月 20 日）

- "第七屆北京·香港經濟合作研討洽談會" 在京舉行（10 月 23 日）

- 吳邦國會見香港特區立法會獨立議員訪京團（10 月 27 日）

- 唐家璇會見匯豐銀行董事會成員（10 月 27 日）

- 第一次 "滬港經貿合作會議" 在港舉行（10 月 27–28 日）

- 特區政府宣佈將達德學院舊址列為古蹟永久保存（10 月 31 日）

- 中國首次載人航天飛行代表團訪問香港（10 月 31 日－11 月 5 日）

2003 年 11 月

- 溫家寶會見出席博鰲亞洲論壇的董建華和香港商界代表團（11 月 1 日）

- 香港獲得 2009 年第五屆東亞運動會主辦權（11 月 3 日）

- 張德江宣佈 "泛珠三角合作計劃" 在順利推進中（11 月 3 日）

- CEPA 實施後首個專業互認協議在深簽署（11 月 4 日）

- 特區政府成立獨立調查小組調查 "維港巨星匯" 事件（11 月 5 日）

- 曾培炎來港出席美國《商業週刊》第七屆 CEO 年會並發表主題演講（11 月 5－6 日）

- "SARS 信託基金" 設立（11 月 7 日）

- 董建華訪問倫敦、巴黎（11 月 8－14 日）

- "基本法四十五條關注組" 成立（11 月 13 日）

- 國務院根據董建華提名，任命鄧國斌為香港特區政府審計署署長（11 月 15 日）

- 黃菊會見唐英年、任志剛率領的香港銀行公會代表團（11 月 19 日）

- 2003 年區議會選舉結果公佈（11 月 23 日）

- 曾鈺成宣佈辭去民建聯主席職務，馬力接任（11 月 24 日、12 月 9 日）

- 司法部通過港澳居民參加司法考試若干規定等五個規章（11 月 27 日）

- 香港與英國達成全面開放航權的協議（11 月 27 日）

2003 年 12 月

- 胡錦濤、溫家寶分別會見赴京述職的董建華，表示中央對香港政治體制發展高度關注（12 月 2－3 日）

- 國務院根據董建華提名，任命李明逵為香港特區政府警務處處長（12 月 3 日）

- 新華社發表內地法學家談話表示，"行政長官和立法會產生辦法怎麼改完全是特區內部事務" 是一種誤解（12 月 4 日）

- 林瑞麟表示，中央政府在香港政制改革中的角色是基本法規定的憲制層面角色（12 月 5 日）

- 立法會通過《公職人員薪酬調整（2004 年/2005 年）條例草案》（12 月 10 日）

- 唐家璇會見香港前高級公務員協會訪京團（12 月 15 日）

- 黃孟復會見香港董事學會訪京團（12 月 15 日）

- 律政司決定不起訴梁錦松（12 月 15 日）

- 《加強內地與香港更緊密旅遊合作協議書》在港簽署（12 月 19 日）

- 中國銀行（香港）成為香港銀行個人人民幣業務清算行（12 月 24 日）

- 董建華委任 102 位人士為區議會議員（12 月 27 日）

- 朱育誠任國務院發展研究中心港澳研究所所長（12 月 31 日）

2004 年

2004 年 1 月

- CEPA 正式啟動（1 月 1 日）

- 北京出台落實 CEPA 的若干措施（1 月 2 日）

- 外交部發言人回應美國國務院對香港政制發展的評論（1 月 4 日）

- 董建華發表特區第二屆政府第二份施政報告《把握發展機遇 推動民本施政》（1 月 7 日）

- 國務院港澳辦發言人首次就行政長官施政報告發表評論（1 月 7 日）

- 特區政府政制發展專責小組成立（1 月 7 日）

- 董建華出席立法會答問大會，指出中央政府對於香港政制檢討有權有責（1 月 8 日）

- 香港連續十年被評為全球最自由經濟體系（1 月 9 日）

- 外交部發言人回應美國國務院發言人再次就香港政制發表的談話（1 月 10 日）

- 港人移居海外人數創 23 年來新低（1 月 14 日）

- 蕭蔚雲接受採訪表示，中央一定要參與基本法附件的修改（1 月 15 日）

- 政制發展專責小組首次會見政團代表（1 月 16 日）

- 一國兩制研究中心舉辦 "政制發展與《基本法》" 研討會。蕭蔚雲、夏勇發表演講並分別接受記者採訪（1 月 16 日、17 日）

- 內地銀行發行的"銀聯"人民幣卡可在香港四千間商店購物（1 月 18 日）
- 中央軍委任命劉良凱為解放軍駐港部隊政委（1 月 21 日）
- "香港發展論壇"成立，召集人為陳啟宗（1 月 28 日）
- 董建華召集高層會議部署防禦禽流感工作（1 月 29 日）

2004 年 2 月

- 邵天任就香港政制發展等問題接受新華社記者採訪（2 月 7 日）
- 蕭蔚雲發表對香港政制發展問題的談話（2 月 9 日）
- 特區政府政制發展專責小組訪問北京（2 月 9–10 日）
- 《文匯報》發表許崇德對香港政制發展問題的談話（2 月 10 日）
- 曾蔭權向立法會通報政制發展專責小組首次訪京情況（2 月 11 日）
- 特區政府消息人士指出，中央對香港政制改革有"七個關注點"、政制發展原則有"六點考慮"（2 月 11 日）
- 新華社重新發表鄧小平重要講話《一個國家，兩種制度》，並加編者按（2 月 19 日）
- 特區政府就政制發展提出 12 個問題咨詢公眾意見（2 月 19 日）
- 董建華召開記者會談政制發展問題（2 月 20 日）
- 許崇德談治港人才標準（2 月 20 日）
- 新華社發表夏勇、湯華、許崇德署名文章（2 月 22 日、2 月 24 日、2 月 29 日）
- 外交部發言人回應英國《香港問題半年報告》（2 月 24 日）
- 林瑞麟回應特區政府推廣基本法作用的議員提問（2 月 25 日）
- 香港 27 間銀行開始辦理個人人民幣業務（2 月 25 日）
- 外交部發言人回應美國國務院對香港人權狀況的評估（2 月 26 日）

2004 年 3 月

- 賈慶林在全國政協十屆二次會議工作報告中指出，要團結廣大愛國愛港人士，支持特區政府和行政長官依法施政（3 月 3 日）

- 唐家璇就有香港立法會議員赴美作證事回答記者提問（3 月 4 日）

- 溫家寶在政府工作報告中指出，我們對香港、澳門的前景充滿信心（3 月 5 日）

- 胡錦濤、溫家寶分別會見列席十屆全國人大二次會議開幕式的董建華（3 月 6 日、3 月 7 日）

- 賈慶林參加全國政協十屆二次會議港澳委員聯組會議，指出必須妥善處理香港政制發展問題（3 月 6 日）

- 吳邦國參加十屆全國人大二次會議香港代表團小組會議，表示中央不干預香港的內部事務，但不代表不可以有所作為（3 月 7 日）

- 喬曉陽表示，愛國者治港有明確的法律依據（3 月 7 日）

- 唐英年發表特區政府 2004/2005 年度財政預算案（3 月 10 日）

- 紀念香港基本法頒佈十四週年座談會分別在京、港舉行，盛華仁、董建華分別發表講話（3 月 12 日、3 月 15 日）

- 溫家寶在記者會上重申，中央將毫不動搖地堅持 "一國兩制"、"港人治港"、高度自治的方針（3 月 14 日）

- 新華社發表湯華署名文章《香港事務不容外國干涉》（3 月 16 日）

- 王振民接受採訪指出，香港普選需先制訂合理和有效的機制（3 月 17 日）

- 許崇德與新界鄉議局成員座談（3 月 17 日）

- 大珠三角商務委員會召開首次會議討論 2004 年工作計劃（3 月 18 日）

- 十屆全國人大常委會十四次委員長會議決定，將香港基本法附件一第七條和附件二第三條解釋草案提交十屆全國人大常委會八次會議審議（3 月 26 日）

- 董建華與政制發展專責小組成員會見新聞界（3 月 26 日）

- 新華社發表王振民署名文章《依法治港的必要之舉》（3 月 26 日）

- 許崇德談人大釋法依據（3 月 26 日）

- 蕭蔚雲在澳門闡述香港政制發展的內容、原則（3 月 27 日）

- 政制發展專責小組公佈第一號報告《〈基本法〉中有關政制發展的法律程序問題》（3 月 29 日）

- 喬曉陽、李飛、徐澤在深會見香港政制發展專責小組成員（3 月 30 日）

- 曹二寶在中央政府駐港聯絡辦會見馮檢基等立法會議員並對傳媒發表談話（3 月 31 日）

- "香港工商界經濟論壇"成立（3月31日）

2004 年 4 月

- 十屆全國人大常委會八次會議審議並通過關於香港基本法附件一第七條和附件二第三條的解釋（4月2-6日）

- 外交部駐港特派員公署發言人、特區政府政制事務局分別回應美國國務院發表《美國－香港政策法報告》事（4月3日）

- 蕭蔚雲認為修改基本法的啟動權在中央（4月3日）

- 新華社發表湯華署名文章《確保香港政制沿着基本法軌道發展》（4月3日）

- 梁愛詩覆函嶺南大學學生會，表示抗拒人大釋法就是不支持"一國兩制"和基本法（4月3日）

- 國務院新聞辦召開記者會，喬曉陽、李飛、徐澤介紹全國人大常委會釋法的有關情況（4月6日）

- 董建華與政制發展專責小組會見傳媒，表示政府會認真研究人大釋法內容，部署下一步政制發展工作（4月6日）

- 鄒哲開會見基本法四十五條關注組成員湯家驊、余若薇（4月6日）

- 喬曉陽、李飛、徐澤來港出席特區政府與中央政府駐港聯絡辦聯合主辦的三場研討會，分別發表演講（4月7-9日）

- 外交部發言人回應英國政府對人大釋法的關注（4月8日）

- 喬曉陽接收特區政府向全國人大常委會提交的《關於香港特別行政區 2007 年行政長官和2008 年立法會的產生辦法是否需要修改的報告》和政制發展專責小組第二號報告：《〈基本法〉中有關政制發展的原則問題》（4月15日）

- 董建華會見傳媒介紹政制發展專責小組第二號報告內容（4月15日）

- 十屆全國人大常委會十六次委員長會議決定，全國人大常委會將審議香港特區行政長官提交的報告，並作出相應決定（4月19日）

- 特區政府發行有史以來最大規模的證券化債券（4月19日）

- 喬曉陽、李飛、徐澤、梁金泉來深會見港區全國人大代表、政協委員和香港各界人士（4月21-22日）

- 中央政府駐港聯絡辦有關部門負責人回應部分立法會議員要求到深見喬曉陽事（4月22日）

- 胡錦濤會見出席博鰲亞洲論壇年會的董建華，指出中央為香港做任何事的出發點都是為香港人的基本利益和福祉（4月23日）

- 十屆全國人大常委會九次會議通過《關於香港特別行政區 2007 年行政長官和 2008 年立法會產生辦法有關問題的決定》（4月25－26日）

- 喬曉陽、李飛、徐澤來港出席特區政府與中央政府駐港聯絡辦聯合主辦的兩場有關全國人大常委會決定座談會（4月26－27日）

- 中央政府駐港聯絡辦負責人、外交部發言人就全國人大常委會有關決定發表談話（4月26日、27日）

- 《人民日報》發表評論員文章《發展符合香港實際情況的民主制度》（4月27日）

- 曾慶紅會見工聯會訪京團時表示，全國人大常委會的決定合憲合法合情合理（4月29日）

- 解放軍海軍艦艇編隊訪問香港（4月30日－5月5日）

2004 年 5 月

- 羅豪才會見香港各界青年才俊訪京團（5月4－8日）

- 中央政府駐港聯絡辦負責人就有立法會議員對全國人大常委會決定提出"表示遺憾和不滿"、"強烈譴責"動議發表談話（5月7日）

- 唐家璇、劉延東會見香港工業總會訪京團（5月10－12日）

- 政制發展專責小組公佈第三號報告《關於 2007 年行政長官和 2008 年立法會產生辦法可考慮予以修改的地方》（5月11日）

- 特區政府委任獨立調查委員會調查平等機會委員會有關事件（5月15日）

- 特區政府公佈"維港巨星匯"獨立調查小組報告（5月17日）

- 李國能就"名嘴封咪"事件發表談話（5月21日）

- 特區政府發言人表示，言論和新聞自由備受香港法律保障（5月23日）

- 特區政府舉行首場政制發展研討會（5月24日）

- 劉延東訪問香港（5月25－29日）

- "佛指舍利"來港接受供奉（5月25日－6月5日）

2004 年 6 月

- 內地九省區和港澳特區（"9+2"）先後在港、穗聯合舉辦"首屆泛珠三角區域合作與發展論壇"（6 月 1-3 日）

- 張德江會見董建華（6 月 4 日）

- 北京大學、清華大學首次來港免試招生（6 月 5-6 日）

- 曾慶紅會見港澳工商專業界人士考察團（6 月 6 日）

- 中央政府駐港聯絡辦負責人回應陳方安生在《時代》週刊署名文章（6 月 8 日）

- 董建華會見聯署《香港核心價值宣言》的學者和專業人士代表（6 月 12 日）

- 電影《鄧小平》在港舉行首映式（6 月 15 日）

- 特區政府發言人回應美國國會美中經濟安全委員會報告的質疑（6 月 16 日）

- 曾慶紅在突尼斯回應所謂"民主派"與中央"和解"、溝通（6 月 23 日）

- 解放軍藝術團在港舉行慶祝香港回歸七週年大型文藝晚會（6 月 23-24 日）

- 中央政府駐港聯絡辦負責人表示，中央與任何團體和人士，包括持不同意見者溝通的大門是敞開的（6 月 24 日）

- 外交部發言人表示，中國堅決反對美國參議院通過"支持香港自由"議案（6 月 25 日）

2004 年 7 月

- 特區政府舉行慶祝香港回歸祖國七週年升旗禮和酒會（7 月 1 日）

- 解放軍駐港部隊石崗、昂船洲、赤柱軍營舉行開放日，4.5 萬名市民入營參觀（7 月 1 日）

- 工聯會舉辦基本法研討會，梁振英、譚惠珠、曹二寶發表演講（7 月 1 日）

- 民間人權陣線發起大遊行，警方估計二十萬人參加（7 月 1 日）

- 多個民間機構發佈"七一"遊行統計人數，遊行主辦團體"民陣"公佈人數引起爭議（7 月 2 日）

- 外交部、特區政府發言人分別回應美國國務院副發言人有關言論（7 月 2 日）

- 董建華接受楊永強請辭衛生福利及食物局局長（7 月 7 日）

- 立法會通過《2002 年教育（修訂）條例草案》（簡稱《校本條例》）（7 月 8 日）

- 選舉管理委員會公佈新修訂的《立法會選舉活動指引》（7 月 10 日）
- 《內地與香港關於相互承認高等教育學位證書的備忘錄》在京簽署（7 月 11 日）
- 紀念鄧小平誕辰一百週年暨《鄧小平論"一國兩制"》（經中央文獻研究室授權）出版發行儀式在港舉行（7 月 12 日）
- "首屆泛珠三角區域經貿合作洽談會"在穗舉行（7 月 14－17 日）
- 可持續發展委員會發表首份有關香港可持續發展策略建議的咨詢文件（7 月 15 日）
- 駐港部隊宣佈 8 月 1 日將在軍營舉行閱兵儀式。中央政府駐港聯絡辦有關部門負責人表示，這在香港和全國都是第一次，對回歸祖國七年的香港更有意義（7 月 20 日）
- 外交部發言人回應英國政府向議會提交的《香港問題半年報告書》（7 月 22 日）
- 香港中學生代表隊在第三十五屆國際物理奧林匹克比賽中，奪得金牌（7 月 23 日）
- 特區政府舉行第二十八屆奧運會中國香港代表團授旗儀式（7 月 29 日）
- 新華社發表《鑄造新的輝煌 —— 人民解放軍駐港部隊紀事》（7 月 31 日）

2004 年 8 月

- 解放軍駐港部隊首次公開舉行閱兵儀式（8 月 1 日）
- 吳邦國會見美國參議院臨時議長，希望美方履行在香港問題上的承諾（8 月 2 日）
- 粵港合作聯席會議第七次會議在穗舉行（8 月 4 日）
- "中國教會聖經事工展"在港舉行（8 月 5－9 日）
- "中國和平統一論壇"在港舉行（8 月 6 日）
- 高等法院就廉政公署搜查七家傳媒機構案作出裁決（8 月 10 日）
- 李靜、高禮澤在雅典奧運會乒乓球男子雙打比賽中為香港贏得首面銀牌（8 月 21 日）
- 胡錦濤在鄧小平誕辰一百週年紀念大會上指出，要繼續貫徹"一國兩制"方針，支持特別行政區政府依法施政（8 月 22 日）
- 香港結束自 1998 年 11 月以來持續 68 個月的通縮期（8 月 23 日）
- "世紀偉人 —— 紀念鄧小平誕辰一百週年展覽"在港開幕（8 月 26 日）
- CEPA 第二階段協議（補充協議一）在京簽署（8 月 27 日）

- 香港工商科技界聯合訪問團訪問北京、天津（8月29-31日）

2004年9月

- "第八屆北京・香港經濟合作研討洽談會暨奧運經濟市場推介會"在港舉行（9月2-3日）
- 國家奧運金牌運動員代表團訪問香港（9月6-8日）
- 第三屆立法會選舉結束（9月12日）
- 中央政府駐港聯絡辦負責人發表談話表示，中聯辦與香港法律界、司法界人士包括四十五條關注組成員，一直有廣泛聯繫和溝通（9月17日）
- 港澳居民首次參加國家司法考試（9月18日）
- 中共十六屆四中全會通過決定指出，保持香港、澳門長期繁榮穩定是黨在新形勢下治國理政面臨的嶄新課題（9月19日）
- 李國能率香港司法機構代表團訪問北京（9月19-22日）
- 胡錦濤會見香港特區各界代表赴京國慶觀禮團，觀禮團人數為歷年之最（9月30日）

2004年10月

- 特區政府舉行慶祝中華人民共和國成立五十五週年升旗禮和酒會（10月1日）
- 第三屆立法會召開首次會議，范徐麗泰當選主席（10月6日）
- "泛聯盟"成立（10月6日）
- 特區政府舉行香港傷殘人士奧運代表隊祝捷酒會（10月6日）
- 國務院根據董建華提名，任命周一嶽為香港特區政府衛生福利及食物局局長（10月8日）
- 董建華會見訪港的法國總統希拉克（10月12日）
- 董建華出席第三屆立法會首次行政長官答問大會（10月14日）
- 董建華委任史美倫、陳智思為行政會議成員（10月19日、26日）
- 香港中華廠商聯合會高層代表團訪問北京（10月19-23日）
- 王振民在港出席政制改革研討會並發表看法（10月20日）
- 喬曉陽會見香港大律師公會訪京團表示，以"公投"方式表達對普選態度有挑戰中央意味（10月21日）

- 梁愛詩表示，"公投"不符合基本法（10 月 21 日）
- 中央政府駐港聯絡辦負責人就有立法會議員提"全民公投"動議發表談話（10 月 24 日）
- 司法機構發表《法官行為指引》（10 月 25 日）
- 香港衛生防護中心成立（10 月 27 日）

2004 年 11 月

- 董建華表示，對 2007/2008 年選舉進行"公投"不切實際（11 月 1 日）
- 行政長官特設國際顧問委員會第七次會議在港、穗舉行（11 月 3－4 日）
- 特區政府發言人表示不會就政制發展作"公投"安排（11 月 7 日）
- 蕭揚訪問香港（11 月 9－13 日）
- 香港新界工商業總會會長代表團訪問北京（11 月 10－13 日）
- 政府公佈新自然保育政策（11 月 11 日）
- 政制事務局向立法會提交 2007/2008 年行政長官和立法會選舉產生辦法工作概括計劃（11 月 14 日）
- 董建華就立法會政制事務委員會將表決"全民公投"動議發表談話（11 月 15 日）
- 胡錦濤在聖地亞哥會見出席亞太經合組織第十二次領導人非正式會議的董建華（11 月 21 日）
- 立法會政制事務委員會否決"全民公投"動議（11 月 29 日）
- 高等法院上訴庭裁定，政府立法調減公務員薪酬違反基本法，公務員事務局決定上訴（11 月 29 日）
- 政制事務局回應美駐港總領事支持港人"公投"的言論（11 月 30 日）

2004 年 12 月

- 特區政府發言人、外交部駐港特派員公署新聞發言人分別回應訪港的美國眾議院國際關係委員會主席海德的言論（12 月 2 日、3 日）
- 香港僑界社團聯會代表團訪問北京（12 月 5－7 日）
- 新創建集團和新鴻基地產宣佈擱置拆卸紅灣半島屋苑計劃（12 月 10 日）
- 李永達當選民主黨主席（12 月 12 日）

- 政制發展專責小組發表第四號報告《2007年行政長官及2008年立法會產生辦法的意見和建議》（12月15日）
- 董建華會見傳媒高層回應領匯等連串事件（12月16日）
- 入境事務處在羅湖口岸推出自助出入境檢查系統（12月16日）
- 喬曉陽表示，《反分裂國家法（草案）》不適用於港澳（12月18日）
- 特區政府決定押後"領匯房地產投資信託基金"上市計劃（12月19日）
- 胡錦濤在慶祝澳門回歸祖國五週年大會暨澳門特區第二屆政府就職典禮上發表講話指出，按照"一國兩制"方針把實行資本主義制度的香港、澳門管理好，建設好，發展好，是中央政府治國理政面臨嶄新課題（12月20日）
- 胡錦濤在澳門會見向中央政府述職的董建華和香港特區政府代表團（12月20日）
- 九鐵公司馬鞍山鐵路正式通車（12月21日）
- 梁愛詩發表文章《領匯事件不存在行政干預司法》（12月23日）
- 香港股市全年成交額打破1997年的紀錄（12月31日）

2005 年

2005 年 1 月

- 胡錦濤在全國政協新年茶話會講話中指出，要不斷開創"一國兩制"事業新局面（1月1日）
- 廣東省對香港供水累計四十年來突破145億噸（1月2日）
- 香港連續11年被評為全球最自由經濟體系（1月4日）
- 董建華接受行政長官辦公室主任林煥光請辭（1月6日）
- 董建華發表特區第二屆政府第三份施政報告《合力發展經濟　共建和諧社會》（1月12日）
- 董建華出席立法會施政報告答問大會（1月13日）
- 盛華仁在深會見港區全國人大代表（1月14日）
- 董建華表示，香港經濟又進入亞洲金融風暴以來最佳狀況（1月15日）
- 唐家璇會見香港工商界訪京團（1月18日）
- 深港口岸三個跨境工程竣工開通（1月18日）

- 曾慶紅會見香港中華總商會訪京團（1 月 19 日）

- 曾慶紅訪問秘魯、委內瑞拉時分別表示，中央希望香港特區政府和市民珍惜來之不易的好形勢（1 月 28 日、30 日）

- 外交部駐港特派員公署發言人強烈不滿祁俊文有關香港政制發展的言論（1 月 30 日）

- 中央政府駐港聯絡辦舉行 "香港各界紀念江澤民《為促進祖國統一大業的完成而繼續奮鬥》發表十週年座談會"（1 月 31 日）

2005 年 2 月

- 特區政府重申興建數碼港絕對不存在 "官商勾結"、"利益輸送"（2 月 2 日）

- 內地在港上市企業佔在港上市公司四分之一，總市值佔港交所市場總值約三成，成交額佔一半（2 月 2 日）

- 香港八間大學列入國家第一批錄取重點高等院校名單（2 月 4 日）

- 北京市政府與香港地鐵公司簽署《特許經營協議》，內地軌道交通領域首次引入港資進行特許經營市場化運作（2 月 7 日）

- 民建聯與港進聯合併為 "民主建港協進聯盟"，簡稱 "民建聯"（2 月 16 日）

- 立法會就 2007/2008 年行政長官和立法會產生辦法舉行公聽會（2 月 19 日）

- 十屆全國政協增補董建華等十名香港委員（2 月 28 日）

2005 年 3 月

- 外交部、特區政府發言人分別回應美國國務院 "全球人權報告"（3 月 1 日）

- 賈慶林在全國政協十屆三次會議工作報告中表示，全國政協要採取多種形式加強與港澳政協委員聯繫（3 月 3 日）

- 胡錦濤、溫家寶分別會見出席全國政協十屆三次會議及列席十屆全國人大三次會議開幕式的董建華（3 月 5 日、6 日）

- 溫家寶在政府工作報告中指出，全力支持兩個特別行政區行政長官和政府依法施政，進一步提高施政能力（3 月 5 日）

- 吳邦國參加十屆全國人大三次會議香港代表團小組會議（3 月 6 日）

- 賈慶林參加全國政協十屆三次會議港澳委員聯組會議（3 月 8 日）

- 董建華以健康理由向中央政府提出辭去行政長官職務的請求（3月10日）

- 溫家寶簽署國務院令批准董建華請辭。曾蔭權署理行政長官職務並繼續擔任政務司司長（3月12日）

- 董建華當選十屆全國政協副主席（3月12日）

- 中央政府駐港聯絡辦負責人就國務院批准董建華辭職事發表談話（3月12日）

- 全國人大法工委發言人就補選行政長官的任期問題發表談話（3月12日）

- 溫家寶在記者會高度評價董建華對"一國兩制"的貢獻（3月14日）

- 署理行政長官曾蔭權表示，政府會儘快委任獨立委員會研究行政長官退休後的規管事宜（3月15日）

- 唐英年發表特區政府2005/2006年度財政預算案（3月16日）

- 香港國際機場被評選為全球最佳機場（3月20日）

- 特區政府向立法會提交《行政長官選舉（修訂）（行政長官的任期）條例草案》（3月22日）

- 外交部、特區政府、外交部駐港特派員公署先後回應美國國務院《美國支持人權和民主記錄》涉港民主步伐的言論（3月29日）

- 特區政府發出新版《公務員良好行為指南》（3月31日）

2005年4月

- 律政司發表聲明回應香港大律師公會和律師會對補選行政長官任期的疑慮和誤解（4月1日）

- 署理行政長官曾蔭權向國務院提交報告，建議國務院提請全國人大常委會就基本法第五十三條有關新的行政長官任期的規定作出解釋（4月6日）

- 王振民接受媒體採訪表示補選行政長官任期為剩餘任期符合國際通例（4月8日）

- 國務院決定提請全國人大常委會對香港基本法第五十三條第二款作出解釋（4月10日）

- 香港多個團體發表聲明，譴責日本政府通過歪曲侵華史實的歷史教科書，反對日本成為聯合國常任理事國（4月10日）

- 喬曉陽、李飛、張曉明深出席中央政府駐港聯絡辦舉辦的"香港法律界人士座談會"，喬曉陽發表講話《就法論法 以法會友》（4月12日）

- 政制事務局、外交部駐港公署發言人分別回應美國國務院關於香港政制發展的報告（4月13日）

- 許崇德發表文章闡述補選行政長官任期為剩餘任期的理據（4 月 19 日）

- 喬曉陽、李飛、張曉明來深出席中央政府駐港聯絡辦舉辦的"港區全國人大代表、全國政協委員座談會"和"香港各界人士座談會"（4 月 21 日）

- 香港基本法委員會支持全國人大常委會就補選行政長官任期問題釋法（4 月 21 日）

- 賈慶林會見出席博鰲亞洲論壇的署理行政長官曾蔭權及香港工商界人士（4 月 22 日）

- 高等法院拒絕首宗挑戰西九龍文娛藝術區計劃的司法覆核案（4 月 25 日）

- 連戰率中國國民黨大陸訪問團經香港轉機前往大陸訪問（4 月 26 日）

- 十屆全國人大常委會十五次會議通過關於香港基本法第五十三條第二款的解釋，明確補選的行政長官任期為剩餘任期（4 月 27 日）

- 曾蔭權以署理行政長官身份首次出席立法會答問大會（4 月 28 日）

- 立法會《行政長官選舉（修訂）（行政長官的任期）條例草案》委員會完成草案審議工作（4 月 29 日）

2005 年 5 月

- 選舉委員會界別分組補選投票（5 月 1 日）

- 選舉委員會界別分組補選結果公佈（5 月 2 日、6 日）

- 宋楚瑜率親民黨訪問團經香港轉機前往大陸訪問（5 月 5–13 日）

- 特區政府發言人反駁余若薇有關特區政府提請人大釋法違反基本法的言論（5 月 8 日）

- 粵港合作聯席會議第五次工作會議在港舉行（5 月 12 日）

- 劉延東會見香港區議會正副主席訪京團（5 月 16 日）

- 特區政府公佈《高中及高等教育新學制》（5 月 18 日）

- 劉延東、唐家璇會見香港僱主聯合會訪京團（5 月 24 日）

- 特區政府發表首份可持續發展策略報告書（5 月 24 日）

- 香港與內地完成五個建造業專業資格互認安排（5 月 24 日）

- 《香港特別行政區和澳門特別行政區居民參加國家司法考試若干規定》正式施行（5 月 24 日）

- 曾蔭權以參選行政長官為由請辭政務司司長職務（5 月 25 日）

- 立法會通過《行政長官選舉（修訂）（行政長官的任期）條例草案》（5 月 25 日）

- 香港地鐵公司與深圳市政府簽署深圳軌道交通四號線二期特許經營協議（5 月 26 日）

- 國家環保總局與特區政府簽訂開展空氣污染防治合作的安排（5 月 26 日）

- 選舉管理委員會公佈新修訂的《行政長官選舉活動指引》（5 月 27 日）

- 特區政府與雲南省政府簽署《滇港體育交流備忘錄》（5 月 27 日）

- 為期五個半月的 2007/2008 年行政長官和立法會產生辦法公眾咨詢期結束（5 月 31 日）

- 馬力當選連任民建聯主席（5 月 31 日）

2005 年 6 月

- 國務院批准曾蔭權辭去政務司司長職務，唐英年署理行政長官職務（6 月 1 日）

- 曾蔭權宣佈參加行政長官補選（6 月 2 日）

- 曾蔭權舉行答問大會闡釋參選行政長官理念（6 月 3 日）

- 吳儀來港出席太平洋地區經濟理事會第三十八屆國際年會並發表講話（6 月 13 日）

- CEPA 第二階段推進的“企業自由行”效果逐漸顯現（6 月 15 日）

- 選舉委員會補選行政長官，曾蔭權自動當選為行政長官候任人（6 月 16 日）

- 曾蔭權接受美國有線電視新聞網絡（CNN）訪問（6 月 17 日）

- 國務院任命曾蔭權為香港特區行政長官，任期至 2007 年 6 月 30 日（6 月 21 日）

- 中央駐港機構分別向曾蔭權發出賀電（6 月 21 日）

- 終審法院裁定政府實施的對公務員減薪沒有違反基本法（6 月 21 日）

- 曾蔭權在京宣誓就任行政長官，溫家寶監誓並頒發任命書（6 月 24 日）

- 胡錦濤會見赴京宣誓就職的曾蔭權（6 月 24 日）

- 曾蔭權首次以行政長官身份出席立法會答問大會（6 月 27 日）

- 立法會否決重售及興建居屋動議（6 月 29 日）

- 國務院根據曾蔭權提名，任命許仕仁為香港特區政府政務司司長（6 月 30 日）

2005 年 7 月

- 特區政府舉行慶祝香港回歸祖國八週年升旗禮和酒會（7 月 1 日）

- 工聯會等 19 個團體發起慶祝香港回歸祖國八週年大巡遊，三萬多人參加（7 月 1 日）

- 民間人權陣線發起"七一"遊行，警方估計 1.7 萬人參加（7 月 1 日）

- 許崇德接受《大公報》專訪談"構建和諧香港"（7 月 1 日）

- 霍英東集團投資的廣州南沙貨運碼頭正式投入營運（7 月 2 日）

- 區域法院裁定廉政公署偷錄被告與律師的對話違反基本法，陳裘大案永久終止聆訊。特區政府回應，執法部門可以合法竊聽，將研究案件後決定是否上訴（7 月 5 日）

- 郁慕明率新黨大陸訪問團經香港轉機前往大陸訪問（7 月 6 日）

- 2008 年北京奧運會和殘奧會的馬術比賽項目將在港舉行（7 月 8 日）

- 郭明瀚出任美國駐港澳總領事（7 月 8 日）

- 國際奧委會主席羅格訪問香港（7 月 10－12 日）

- 馮玉娟成為首名獲紅十字國際委員會"南丁格爾獎"的香港人（7 月 12 日）

- 免費報紙《頭條日報》創刊（7 月 12 日）

- 終審法院裁定政府在公務員減薪司法覆核案中勝訴（7 月 13 日）

- 歐盟委員會主席巴羅佐訪問香港（7 月 18 日）

- 終審法院裁定特區政府在領匯司法覆核案中勝訴（7 月 20 日）

- 曾蔭權率團出席在成都舉行的"第二屆泛珠三角區域合作與發展論壇暨經貿合作洽談會"（7 月 24－26 日）

- 中央軍委任命張汝成為解放軍駐港部隊政委（7 月 26 日）

- 曾蔭權簽發《執法（秘密監察程序）命令》（7 月 30 日）

- 免費報紙《am730》創刊（7 月 30 日）

2005 年 8 月

- 解放軍駐港部隊舉行慶祝建軍七十八週年招待會（8 月 1 日）

- 曾蔭權提出普選三項條件（8 月 4 日）

- 香港負資產住宅按揭貸款宗數降至 8738 宗（8 月 5 日）

- 程翔因涉嫌間諜罪被北京市國家安全局依法逮捕（8 月 5 日）

- 特區政府、外交部駐港特派員公署分別回應歐盟委員會《2004 香港報告》（8 月 6 日）

- 曾蔭權解釋《執法（秘密監察程序）命令》（8 月 6 日）

- 特區政府提前完成公務員減至 16 萬人的目標（8 月 19 日）

- 黃菊會見香港工業總會訪京團（8 月 24 日）

- 特區政府修訂有關規例，禁止出售所有含孔雀石綠的食物（8 月 26 日）

- 曾蔭權談行政主導原則（8 月 28 日）

- 曾蔭權宣佈中央政府同意邀請全體立法會議員考察訪問珠三角（8 月 30 日）

2005 年 9 月

- 廖暉會見訪京的保安局局長李少光（9 月 2 日）

- 曾蔭權在京出席 "紀念中國人民抗日戰爭暨世界反法西斯戰爭勝利六十週年大會"（9 月 3 日）

- 胡錦濤會見參加第二十二屆世界法律大會代表，李國能、梁愛詩、黃鳴超等參加會見（9 月 5 日）

- 曾慶紅訪問香港（9 月 10－12 日）

- 香港迪士尼樂園開幕（9 月 12 日）

- 政制事務局向立法會提供文件指出，中央駐港機構和中資機構人員，不享有等同於外國領事館及其人員的外交特權或豁免權（9 月 13 日）

- 曾蔭權就施政報告聽取全國政協香港委員的意見（9 月 14 日）

- 特區政府回應美國駐港總領事有關香港普選的言論（9 月 20 日）

- 高祀仁談全體立法會議員訪問廣東事（9 月 21 日）

- 張德江會見曾蔭權率領的立法會議員訪問團，訪問團訪問深圳、東莞、廣州、中山四市（9 月 25－26 日）

- 饒戈平、王振民分別在《紫荊》雜誌上發表署名文章（9 月 26 日）

- 粵港合作聯席會議第八次會議在港舉行（9 月 28 日）

- 周小川來港出席香港銀行公會週年晚會並發表演講（9 月 30 日）
- "9+2"政府就推動"泛珠三角區域科技創新合作計劃"達成協議（9 月 30 日）

2005 年 10 月

- 香港特區政府舉行慶祝中華人民共和國成立五十六週年升旗禮和酒會（10 月 1 日）
- 香港首個國家重點實驗室在香港大學成立（10 月 4 日）
- 曾蔭權發表任內首份施政報告《強政勵治 福為民開》（10 月 12 日）
- 曾蔭權出席立法會施政報告答問大會（10 月 13 日）
- 曾蔭權宣佈擴大行政會議非官守成員組成，並重新設立非官守成員召集人。梁振英任召集人（10 月 14 日）
- 23 名立法會議員聯署發表題為"爭取普選、匯聚民意"的聲明（10 月 16 日）
- CEPA 第三階段協議（補充協議二）在港簽署（10 月 18 日）
- 政制發展專責小組公佈第五號報告《2007 年行政長官及 2008 年立法會產生辦法建議方案》（10 月 19 日）
- 喬曉陽、何曄暉在深主持召開港澳全國人大代表代轉港澳居民信訪件及辦理工作座談會（10 月 19 日）
- 國務院根據曾蔭權提名，任命黃仁龍為香港特區政府律政司司長（10 月 20 日）
- 成思危會見香港僑界青年才俊訪京團（10 月 21 日）
- 曾蔭權訪問溫哥華、紐約、華盛頓（10 月 22－30 日）
- 溫家寶在莫斯科訪問時表示，希望香港同胞以基本法及全國人大常委會決定為基礎，推動政制發展（10 月 26 日）
- 十屆全國人大常委會十八次會議決定，在香港基本法附件三增加《中華人民共和國外國中央銀行財產司法強制措施豁免法》（10 月 27 日）
- 中國建設銀行在港上市（10 月 27 日）

2005 年 11 月

- 重組後的行政會議舉行首次會議（11 月 1 日）

- 中國人民銀行決定擴大香港銀行辦理人民幣業務範圍（11月1日）

- 黃菊會見香港銀行公會訪京團（11月1-3日）

- 曾蔭權訪問倫敦（11月1-5日）

- 立法會通過取消遺產稅的條例草案（11月2日）

- 特區政府就 2007/2008 年行政長官和立法會產生辦法向立法會提交建議方案（11月10日）

- 劉延東會見香港青年社團領袖及各界青年學生代表訪京團（11月14日）

- 策略發展委員會重組完成並正式開始工作（11月15日）

- 胡錦濤在韓國釜山會見出席第十三次亞太經合組織領導人非正式會議的曾蔭權（11月18日）

- "神舟六號" 載人航天飛行代表團訪問香港（11月27-30日）

- "第九屆北京‧香港經濟合作研討洽談會" 在京舉行（11月28-29日）

- 策略發展委員會行政委員會、管治及政治發展委員會分別舉行首次會議（11月28日、29日）

- 曾蔭權就 2012 政改方案發表電視講話《原地踏步，普選更遠》（11月30日）

2005 年 12 月

- 外交部發言人回應美國務卿賴斯會見香港立法會議員李柱銘（12月1日）

- 許仕仁表示支持政改方案的區議員較反對的多（12月1日）

- 喬曉陽、李飛、張曉明來深出席特區政府與中央政府駐港聯絡辦共同主辦的 "香港政制發展座談會"，喬曉陽發表講話（12月2日）

- 民間人權陣線和部分立法會議員發起大遊行，警方估計 6.3 萬人參加（12月4日）

- 曾蔭權書面回應由民間人權陣線和部分立法會議員組織的大遊行（12月4日）

- 溫家寶在法國訪問時關注香港局勢和香港政制發展（12月5日）

- 特區政府公佈將提交在立法會討論的 2007/2008 年政改方案（12月6日）

- 中央政府駐港聯絡辦負責人表示，應同時尊重和重視支持政改方案和要求普選時間表這兩個民意，不應以一個民意否定另一個民意（12月7日）

- 天主教香港教區入稟高等法院申請覆核《校本條例》（12月7日）

- 由民建聯、工聯會等十多個團體成立的"關注政改大聯盟"發起支持政改方案簽名運動（12月9-20日）

- 世界貿易組織第六次部長級會議在港舉行（12月12-18日）

- 特區政府、外交部發言人先後回應歐洲議會通過支持香港儘快普選議案事（12月15日、16日）

- "反世貿"行動示威者與警方發生激烈衝突，警方採取執法行動恢復治安（12月17日）

- 特區政府公佈經過調整的 2007/2008 年政改方案（12月19日）

- 立法會否決特區政府《修改 2007/2008 年行政長官和立法會兩個產生辦法的議案》（12月21日）

- 曾蔭權對 2007/2008 年政改方案被立法會否決表示遺憾（12月22日）

- 國務院港澳辦發言人、中央政府駐港聯絡辦有關負責人分別就 2007/2008 政改方案被立法會否決發表談話（12月22日）

- 胡錦濤、溫家寶分別會見赴京述職的曾蔭權（12月27-28日）

- 特區政府駐北京辦事處舉行新址開幕儀式（12月28日）

2006 年

2006 年 1 月

- 香港連續 12 年被評為全球最自由經濟體系（1月4日）

- 特區政府發言人回應 2007/2008 政改方案被否決後有立法會議員批評政府的言論（1月8日）

- 李國能表示，香港回歸後司法覆核個案大幅增加（1月9日）

- 香港學者的一項研究獲 2005 年度國家科學技術進步獎一等獎（1月9日）

- 曾慶紅在哈薩克斯坦訪問時就香港政改方案問題發表談話（1月11日）

- 曾蔭權在政改方案被否決後首次出席立法會答問大會（1月12日）

- 曾蔭權正式遷入香港禮賓府居住和辦公（1月12日）

- 政制事務局向立法會政制事務委員會提交《行政長官選舉條例》修訂範圍文件（1月16日）

- 特區政府成立獨立委員會檢討本地公共廣播服務（1月17日）

- 特區政府發言人批駁"人權觀察"發表的"2006年全球考察報告"（1月19日）

- 策略發展委員會管治及政治發展委員會討論普選概念（1月20日）

- 香港第一所國民教育中心舉行開幕儀式（1月21日）

- 國務院根據曾蔭權提名，任命王永平為香港特區政府工商及科技局局長、俞宗怡為公務員事務局局長（1月24日）

- 中央電視台國際頻道《直通香港》節目開播（1月30日）

- 胡錦濤、溫家寶、曾慶紅對香港遊客在埃及發生重大車禍作重要指示（1月31日）

2006 年 2 月

- 特區政府就截取通訊及秘密監察提出立法建議（2月2日）

- 高等法院就《執法（秘密監察程序）命令》司法覆核案作出裁決（2月9日）

- 國務院任命呂新華為外交部駐港特派員公署特派員（2月15日）

- "智經基金研究中心"成立，胡定旭任主席（2月20日）

- 外交部發言人就陳日君獲委任為香港教區樞機主教一事作出回應（2月21日）

- 特區政府宣佈重新研究西九龍文娛藝術區發展計劃（2月21日）

- 唐英年發表特區政府 2006/2007 年度財政預算案（2月22日）

- 香港首座風力發電站 —— 南丫風力發電站正式發電（2月23日）

- 全國人大常委會通過香港基本法委員會部分組成人員任免名單（2月28日）

2006 年 3 月

- 行政會議通過《截取通訊及秘密監察條例草案》（3月1日）

- 呂新華拜會曾蔭權（3月1日）

- 曾蔭權赴京列席十屆全國人大四次會議開幕式（3月2日）

- 林煥光獲委任為第二十九屆奧運會馬術比賽（香港）有限公司總裁（3月3日）

- 溫家寶在政府工作報告中指出，"十一五"規劃綱要草案首次把港澳地區列入國家經濟社會

發展規劃（3月5日）

- 曾蔭權表示，"十一五"規劃綱要支持香港繼續保持"三大中心"地位（3月5日）

- 賈慶林參加全國政協十屆四次會議港澳委員聯組會議（3月6日）

- 吳邦國在十屆全國人大四次會議第二次全體會議上作常委會工作報告，指出香港基本法的解釋權是憲法和香港基本法賦予人大常委會的重要職權（3月9日）

- 特區政府發言人回應美國國務院《年度國別人權報告》，表示人大常委會有權解釋基本法，這個原則在香港社會和香港法院是受到充分承認和尊重的（3月9日）

- 公務員事務局公佈政府近年積極加強國家事務培訓情況（3月10日）

- 立法會通過《2006年收入（豁免離岸基金繳付利得稅）條例》，配合內地擬推出的合資格境內機構投資者制度（QDII）（3月10日）

- 國家民航總局表示中央已向香港開放內地45個主要城市的航權（3月13日）

- 溫家寶在記者會上宣佈，內地已有38個城市開放居民個人赴港澳旅遊（自由行）（3月14日）

- 公民黨成立（3月19日）

- "香港在國家'十一五'規劃中的角色"研討會在港舉行（3月20日）

- "泛珠三角區域金融服務論壇"在港舉行（3月23日）

- 廣東省政府港澳事務辦公室舉行掛牌儀式（3月28日）

- 曾蔭權在立法會答問大會上闡述其任內施政重點（3月30日）

2006 年 4 月

- 政制事務局內地事務聯絡辦公室開始運作。特區政府駐粵經貿辦事處的職能範圍覆蓋粵、桂、閩、贛、瓊五省（4月1日）

- 溫家寶訪問斐濟時表示，不同意香港經濟發展會被"邊緣化"的講法（4月5日）

- 西九龍文娛藝術區核心文化藝術設施咨詢委員會成立（4月6日）

- 行政會議通過改革賽馬博彩稅制度並刊憲（4月6日）

- 曾蔭權覆信周梁淑怡指出，行政會議成員沒有立場豁免機制（4月9日）

- 黃仁龍首次訪問北京。盛華仁會見黃仁龍，希望全國人大常委會有關工作部門與特區政府律

政司建立密切工作聯繫（4 月 9–13 日）

- 教育部出台港澳地區中小學生普通話考試（GAPSK）標準（4 月 10 日）
- 行政會議通過香港地鐵與香港九鐵合併方案（4 月 11 日）
- 香港地鐵獲北京地鐵四號線三十年特許經營權（4 月 12 日）
- 合資格境內機構投資者制度（QDII）正式實施（4 月 18 日）
- "第一屆台港論壇" 在港舉行，國民黨副主席江丙坤發表演講（4 月 19 日）
- 香港五大科技研發中心成立（4 月 20 日）
- 曾慶紅會見出席博鰲亞洲論壇 2006 年年會的曾蔭權（4 月 21 日）
- 審計署發表報告批評香港電台管理混亂、濫用公帑（4 月 21 日）
- 特區政府發表擴大區議會職能的咨詢文件（4 月 27 日）

2006 年 5 月

- 解放軍駐港部隊赤柱、昂船洲、石崗軍營舉行開放日（5 月 1 日）
- 香港食物安全中心正式開始運作（5 月 2 日）
- 金紫荊廣場首次舉行 "五四" 青年節升旗禮（5 月 4 日）
- 許海峰等七名中國奧運金牌運動員來港出席 "心繫奧運嘉年華" 活動（5 月 4 日）
- 行政會議通過從 7 月 1 日開始實施公務員五天工作制（5 月 8 日）
- 立法會通過《2006 年行政長官選舉及立法會選舉（綜合修訂）條例》（5 月 10 日）
- 高等法院駁回梁國雄和特區政府各自就秘密監察令所作的上訴（5 月 10 日）
- 香港孔子學院在香港理工大學成立（5 月 13 日）
- 特區政府公佈行政長官選舉委員會界別分組選舉安排（5 月 15 日）
- 立法會決定推行對議員工作開支款項的審計監察制度（5 月 16 日）
- 曾蔭權出席立法會答問大會，回應 "反對派"、"親疏有別"、最低工資等提問（5 月 18 日）
- 香港濕地公園建成開放（5 月 19 日）
- 世界最大郵輪機構宣佈在港設立地區總部（5 月 29 日）
- 深港海關合作構建的物流 "綠色信道" 開通（5 月 31 日）

2006 年 6 月

- 曾蔭權率香港商界代表團考察廣西、雲南（6月5–10日）

- "第三屆泛珠三角區域合作與發展論壇暨經貿洽談會"先後在曲靖、昆明舉行（6月5日、6月6–10日）

- 司法機構宣佈從7月1日起實施五天工作制（6月6日）

- 特區政府宣佈台胞可持來往大陸通行證前往香港（6月8日）

- 黃仁龍在倫敦發表演説，表示全國人大常委會三次釋法合法合憲（6月9日）

- 李國能發出《關於非全職法官及參與政治活動的指引》（6月16日）

- 曾蔭權會見訪港的英國天體物理學家霍金（6月16日）

- 廖曉淇就 CEPA 實施三週年接受《香港商報》記者專訪（6月19日）

- 行政長官辦公室開通"港區人大政協論壇網頁"（6月23日）

- 立法會通過興建添馬艦新政府總部和立法會大樓的撥款申請（6月23日）

- CEPA 第四階段協議（補充協議三）在港簽署（6月27日）

- 賈慶林訪問香港（6月27–29日）

- "內地與港澳經貿合作發展論壇"在港舉行（6月29日）

- 黃仁龍向大律師公會和律師會代表介紹 CEPA 第四階段協議（補充協議三）有關香港法律服務界進入內地市場的新開放措施（6月29日）

2006 年 7 月

- 特區政府舉行慶祝香港回歸祖國九週年升旗禮和酒會（7月1日）

- 香港中華總商會等 19 個團體舉辦慶祝香港回歸九週年大巡遊，約五萬名市民參加（7月1日）

- 民間人權陣線發起大遊行，警方估計 2.8 萬人參加（7月1日）

- 特區政府和司法機構分階段推行五天工作制（7月3日）

- 大學校長會公佈轉為四年制後的招生準則及課程要求（7月5日）

- 曾蔭權接受中央電視台《直通香港》節目專訪（7月6日）

- 規劃署統計報告顯示，有 9.18 萬名港人常居內地（7 月 6 日）

- 外交部駐香港特派員公署首次舉行開放日活動（7 月 8 日）

- 曾蔭權出席立法會答問大會回應普選等問題（7 月 10 日）

- 中國銀聯公佈，香港是內地以外首個可用銀聯卡的城市（7 月 10 日）

- 終審法院裁定秘密監察行政命令應停止執行（7 月 12 日）

- 立法會通過《博彩稅修訂條例草案》（7 月 12 日）

- 《關於內地與香港特別行政區法院相互認可和執行當事人協議管轄的民商事案件判決的安排》在港簽署（7 月 14 日）

- 曾蔭權訪問新加坡（7 月 16－18 日）

- 特區政府就開徵商品及服務稅（GST）開始咨詢（7 月 18 日）

- "匯賢智庫"成立，葉劉淑儀任理事會主席（7 月 18 日）

- 中央政府已決定推薦陳馮富珍競選世界衛生組織總幹事（7 月 25 日）

- 國際評級機構惠譽國際將香港的評級展望由"平穩"調升至"正面"（7 月 25 日）

- 特區政府公佈《進一步發展政治委任制度》咨詢文件（7 月 26 日）

2006 年 8 月

- "反對銷售稅大聯盟"召開記者會（8 月 1 日）

- 粵港合作聯席會議第九次會議在穗舉行（8 月 1－2 日）

- 立法會通過《截取通訊及監察條例草案》（8 月 2－5 日）

- 特區政府飛行服務隊成功救助 91 名內地船員，中央政府有關部門致錦旗表示謝意（8 月 3 日、9 日）

- 馬時亨發表《稅制改革建議有助香港長遠持續發展》文章（8 月 6 日）

- 電訊盈科收購信報財經新聞 50% 股權（8 月 8 日）

- 港澳地區中小學普通話水平考試首次在港舉行（8 月 8 日）

- 截至 6 月，香港人口達到 699.45 萬人（8 月 14 日）

- 特區政府與國家稅務總局在港簽署《內地和香港特別行政區關於對所得避免雙重徵稅和防止

偷漏税的安排》（8 月 21 日）

2006 年 9 月

- "香港政府一站通" 網站開通（9 月 6 日）

- 特區政府舉辦 "'十一五' 與香港發展" 經濟高峰會（9 月 11 日）

- 曾慶紅會見民建聯訪京團，希望 "內強素質，外樹形象"（9 月 12 日）

- 曾慶紅會見自由黨訪京團，希望 "珍惜機會，合力建港"（9 月 15 日）

- 曾蔭權發表文章闡釋特區政府 "大市場，小政府" 經濟理念（9 月 18 日）

- 策略發展委員會討論立法會普選模式（9 月 22 日）

- 港區省級政協委員聯誼會成立（9 月 24 日）

- 曾蔭權赴長沙出席首屆 "中國中部投資貿易博覽會"（9 月 24 日－26 日）

- 2006 年度在港營運的外資公司總數創歷史新高（9 月 26 日）

- 行政會議通過擴大區議會職權的決定（9 月 28 日）

- 特區政府駐成都經濟貿易辦事處開始運作（9 月 28 日）

- 國泰航空公司完成與港龍航空公司的併購（9 月 28 日）

- 曾慶紅會見 16 個港澳國慶訪京團體和香港媒體高層訪京團全體成員（9 月 30 日）

2006 年 10 月

- 特區政府舉行慶祝中華人民共和國成立五十七週年升旗禮和酒會（10 月 1 日）

- 國民教育專責小組推出 "心繫家國" 電視宣傳片（第三輯）（10 月 1 日）

- "社會民主連線" 成立，黃毓民任主席（10 月 1 日）

- 特區政府駐京辦與中央人民廣播電台簽定擴大在全國各地推廣宣傳香港的新節目合作事項協議書（10 月 10 日）

- 曾蔭權發表其任內最後一份施政報告《以民為本 務實進取》（10 月 11 日）

- 曾蔭權出席立法會施政報告答問大會（10 月 12 日）

- 特區政府憲報刊登《2006 年行政長官選舉（選舉呈請）修訂規則》（10 月 12 日）

- 立法會通過《吸煙（公共衛生）（修訂）條例》（10 月 19 日）
- 個人資料私隱專員公署完成投訴警方獨立監察委員會外洩投訴人資料事件的調查報告（10 月 26 日）
- 中國工商銀行在滬、港同步上市（10 月 27 日）
- 霍英東逝世。公祭及悼念儀式在港舉行（10 月 28 日、11 月 7 日）
- 十屆全國人大常委會二十四次會議通過《關於授權香港特別行政區對深圳灣口岸港方口岸區實施管轄的決定》（10 月 31 日）
- 國務院根據曾蔭權提名，任命羅范椒芬為香港特區政府廉政專員（10 月 31 日）

2006 年 11 月

- 特區政府宣佈舉辦系列活動慶祝香港回歸祖國十週年（11 月 3 日）
- 曾蔭權訪問比利時和法國（11 月 5−11 日）
- "特首選舉民主工作小組" 推舉梁家傑為第三任行政長官聯合候選人（11 月 6 日）
- 陳馮富珍當選世界衛生組織總幹事（11 月 9 日）
- "第十屆北京·香港經濟合作研討洽談會" 在港舉行（11 月 15−16 日）
- 國務院頒佈外資銀行管理條例，港資銀行在該條例之外仍享受 CEPA 優惠條件（11 月 16 日）
- 胡錦濤在越南河內會見出席第十四次亞太經合組織領導人非正式會議的曾蔭權（11 月 18 日）
- 曾蔭權率經貿代表團考察貴州（11 月 21−23 日）
- 策略發展委員會就政制發展形成五點基本看法（11 月 23 日）
- 高等法院裁定天主教香港教區就《校本條例》提出的司法覆核敗訴（11 月 23 日）
- 胡錦濤訪問巴基斯坦時指出，香港行政長官選舉委員會選舉是香港政治生活中的一件大事（11 月 25 日）
- 特區政府與商界合作簽署《清新空氣約章》（11 月 27 日）

2006 年 12 月

- 胡錦濤、溫家寶分別會見陳馮富珍（12 月 1 日、11 月 28 日）
- 吳邦國訪問香港（12 月 2−4 日）

- "國際電信聯盟 2006 年世界電信展"在港舉行（12 月 3–8 日）

- 特區政府宣佈擱置商品及服務稅（GST）咨詢（12 月 5 日）

- 立法會否決推動政黨政治發展的動議（12 月 6 日）

- 第三任行政長官選舉委員會界別分組選舉舉行，選出八百人選舉委員會（12 月 10 日）

- 羅德丞逝世（12 月 11 日）

- 曾蔭權回應中環舊天星碼頭及鐘樓拆卸事件（12 月 13 日）

- 中國香港體育代表隊在第十五屆亞洲運動會取得佳績（12 月 15 日）

- 何俊仁當選民主黨主席（12 月 17 日）

- 香港樹仁學院更名為香港樹仁大學（12 月 19 日）

- 港島加列山道地皮拍賣創下全球地價最高紀錄（12 月 19 日）

- 香港失業率降至 4.4%，為近六年來最低位（12 月 19 日）

- 醫院管理局通過多項旨在限制非本地孕婦來港產子的措施（12 月 21 日）

- 胡錦濤、溫家寶、曾慶紅會見赴京述職的曾蔭權（12 月 27–29 日）

- 恆生指數突破兩萬點創歷史新高（12 月 28 日）

- 香港連續五年獲評為中國城市綜合競爭力第一名（12 月 28 日）

- 十屆全國人大常委會二十五次會議表決通過香港特別行政區選舉十一屆全國人大代表的辦法草案，決定提請十屆全國人大五次會議審議（12 月 29 日）

2007 年

2007 年 1 月

- 中央政府駐港聯絡辦有關部門負責人發表談話，批評台灣當局借民主之名插手香港事務（1 月 1 日）

- 入境事務處從 2 月 5 日起，接受市民申請香港特區電子護照和電子簽證身份書（1 月 1 日）

- 新界村代表選舉由即日起連續五個週末舉行（1 月 6 日）

- 李國能表示司法覆核並非解決經濟和社會問題的萬應良方（1 月 8 日）

- 港珠澳大橋工作小組首次會議在穗召開（1 月 9 日）

- 香港銀行進一步擴大辦理人民幣業務（1 月 10 日）

- 曾蔭權出席立法會 2007 年度首次答問大會（1 月 11 日）

- 人民幣兌港元匯價 13 年來首次高於 1：1 結算水平（1 月 11 日）

- 國務院根據曾蔭權提名，任命鄧竟成為香港特區政府警務處處長（1 月 12 日）

- 《"十一五"規劃與香港發展》經濟高峰會報告及行動綱領發佈會舉行（1 月 15 日）

- 香港連續 13 年被評為全球最自由經濟體系（1 月 16 日）

- 立法會通過《2006 年區議會（修訂）條例草案》（1 月 17 日）

- 特區政府公佈第三任行政長官選舉提名期和選舉投票日（1 月 19 日）

- 曾蔭權率經貿代表團考察江西（1 月 19-21 日）

2007 年 2 月

- 曾蔭權宣佈參選第三任行政長官（2 月 1 日）

- 曾蔭權出席選舉委員會首場答問大會，宣讀競選政綱"五大主題、十大關係"（2 月 2 日）

- 曾蔭權出席四場選舉委員會咨詢會（2 月 3-4 日）

- 梁家傑報名參選第三任行政長官（2 月 14 日）

- 特區政府成立獨立調查委員會調查"教育學院風波"（2 月 15 日）

- 曾蔭權報名參選第三任行政長官（2 月 16 日）

- 香港科學家首次獲國家自然科學獎一等獎（2 月 27 日）

- 中央政府駐港聯絡辦網站開通（2 月 28 日）

- 唐英年發表特區政府 2007/2008 年度財政預算案（2 月 28 日）

2007 年 3 月

- 曾蔭權、梁家傑出席"行政長官候選人答問大會"（3 月 1 日）

- 22 名立法會議員共同推出"2012 年雙普選"政改方案（3 月 2 日）

- 陳方安生及其"核心小組"公佈政改方案建議文件《穩步邁向普選》（3 月 5 日）

- 賈慶林參加全國政協十屆五次會議港澳委員聯組會議（3 月 6 日）

- 吳邦國參加十屆全國人大五次會議香港代表團小組會議（3 月 7 日）

- 行政會議通過新的"公務員薪酬趨勢調查機制"（3 月 13 日）

- 曾蔭權、梁家傑出席"2007 年行政長官選舉論壇"（3 月 15 日）

- 十屆全國人大五次會議通過《中華人民共和國香港特別行政區選舉第十一屆全國人民代表大會代表的辦法》（3 月 16 日）

- 特區政府宣佈，從 2007 年 4 月 1 日起恢復公開招聘公務員（3 月 19 日）

- 第三任行政長官選舉在香港會議展覽中心舉行，曾蔭權以 649 票當選第三任行政長官候任人（3 月 25 日）

- 國務院港澳辦和中央駐港機構、澳門特區行政長官何厚鏵分別致電祝賀曾蔭權順利當選（3 月 25 日）

- 特區政府宣佈，將舉辦四百六十多項活動慶祝香港回歸祖國十週年（3 月 30 日）

- 黃金寶奪得世界自行車場地錦標賽 15 公里追逐賽冠軍（3 月 31 日）

2007 年 4 月

- 溫家寶簽署國務院第 490 號令，任命曾蔭權為香港特區第三任行政長官（4 月 2 日）

- "基本法實施十週年暨頒佈十七週年研討會"在港舉行（4 月 4 日）

- 胡錦濤、溫家寶分別會見赴京宣誓就職的曾蔭權（4 月 9 日）

- 立法會高票通過 2007/2008 年度財政預算案（4 月 18 日）

- 香港第一季度失業率降至 4.3%，為九年最低（4 月 19 日）

- 首屆香港運動會開幕（4 月 21 日）

- 馬力當選連任民建聯主席（4 月 24 日）

- 立法會通過《深圳灣口岸港方口岸區條例草案》（4 月 25 日）

- 曾蔭權訪問河南（4 月 25－29 日）

- 中央政府為慶祝香港回歸祖國十週年贈送的一對大熊貓運抵香港（4 月 26 日）

2007 年 5 月

- 解放軍駐港部隊開放赤柱、昂船洲、石崗軍營，2.2 萬市民入營參觀（5 月 1 日）

- 立法會通過《學術及職業資歷評審條例草案》（5 月 2 日）

- 曾蔭權出席立法會答問大會，公佈特區政府架構重組建議（5 月 3 日）

- 香港負資產住宅按揭貸款宗數降至約 6700 宗（5 月 7 日）

- 策略發展委員會管治及政治發展委員會就普選問題舉行工作坊（5 月 9–10 日）

- 粵港供港食品安全專責小組首次會議在京舉行（5 月 15 日）

- 全國人大常委會香港基本法委員會有關負責人發表談話，闡述基本法的憲制地位和對基本法的解釋（5 月 21 日）

- 高等法院裁定，民主黨就《公司條例》要求政黨公開黨員名冊提出的司法覆核敗訴（5 月 21 日）

- 深圳市政府與特區政府在港簽署 "深港創新圈" 合作協議（5 月 21 日）

- 李澤添逝世（5 月 22 日）

- 中國工商銀行推出內地首個直接以人民幣投資境外股市的 QDII 金融服務產品（5 月 29 日）

- 格林期貨（香港）有限公司成為內地第一家獲准來港開業的期貨公司（5 月 29 日）

2007 年 6 月

- 莊世平逝世。公祭和悼念儀式在港舉行（6 月 2 日、7 月 8 日）

- 李剛轉交溫家寶致方樹福堂基金方樹泉小學學生的親筆覆信（6 月 4 日）

- 吳邦國在 "紀念香港基本法實施十週年座談會" 上發表講話（6 月 6 日）

- 曾蔭權訪問天津（6 月 6–7 日）

- "香港公共專業聯盟" 成立，黎廣德任主席（6 月 7 日）

- 《境內金融機構赴香港特別行政區發行人民幣債券管理暫行辦法》開始實施（6 月 8 日）

- 曾蔭權赴長沙出席 "第四屆泛珠三角區域合作與發展論壇暨經貿洽談會"（6 月 8–12 日）

- 美國《時代》週刊以香港為封面主題，並承認其姊妹雜誌《財富》1995 年預言回歸將令香港 "死亡" 是錯誤的（6 月 10 日）

- 立法會通過政府架構重組決議案（6月14日）

- 高祀仁受胡錦濤、溫家寶委託專程探望葵涌盛家樓居住的長者（6月15日）

- 國務院根據曾蔭權的提名，任命香港特區第三屆政府主要官員（6月23日）

- 曾蔭權率領第三屆政府三司十二局官員與傳媒見面（6月23日）

- 胡錦濤簽署對解放軍駐港部隊的嘉獎令（6月24日）

- 曾蔭權委任新一屆行政會議成員，梁振英連任非官守成員召集人（6月25日）

- 行政會議通過《防止賄賂（修訂）條例草案》，建議將適用範圍擴大至行政長官（6月26日）

- 胡錦濤、吳邦國、溫家寶、賈慶林、吳邦國、李長春、羅幹在京參觀香港特區政府主辦的"香港特區成立十週年成就展"（6月27日）

- 王鳳超轉交溫家寶致李永權的親筆回信和照片（6月27日）

- 曾蔭權宣佈重組策略發展委員會（6月27日）

- 胡錦濤抵港參加慶祝香港回歸祖國十週年暨香港特區第三屆政府就職典禮活動（6月29日）

- CEPA第五階段協議（補充協議四）在港簽署（6月29日）

- 胡錦濤檢閱解放軍駐港部隊，會見董建華和香港各界代表人士、中央駐港機構和中資機構負責人（6月30日）

- 胡錦濤出席特區政府歡迎宴會並發表重要講話（6月30日）

- 外交部駐港特派員公署舉行成立十週年慶典（6月30日）

後記

2002年 ·····················

7月1日　香港特別行政區成立五週年

◆上午，香港特區政府在會議展覽中心金紫荊廣場舉行升國旗、區旗儀式。全國政協副主席霍英東，行政長官董建華，中央政府駐港聯絡辦主任姜恩柱，外交部駐港特派員吉佩定，解放軍駐港部隊司令員熊自仁、政委王玉發，特區政府主要官員、行政會議成員、立法會議員和司法機關負責人，各國駐港總領事和香港各界人士八百多人出席。

◆"慶祝香港回歸祖國五週年大會暨香港特別行政區第二屆政府就職典禮"在會議展覽中心大會堂舉行。國家主席江澤民主持慶典。第二任行政長官董建華帶領19名特區政府主要官員宣誓就職，江澤民監誓。19名行政會議成員宣誓就職，董建華監誓。江澤民發表重要講話指出，香港回歸祖國以來的五年，是"一國兩制"由科學構想變為生動現實的五年。事實充分證明，"一國兩制"是完全行得通的，董建華先生及其領導的特別行政區政府是具有駕馭複雜局勢的智慧和能力的，香港人是完全能夠治理好香港的。未來五到十年，將會是香港經濟和社會發展的關鍵時期。為此，他提出三點希望：第一，希望香港各界人士更好地適應香港回歸後的發展形勢，當好香港和偉大祖國的主人。自覺維護祖國的安全和統一，維護祖國和民族的整體利益。第二，希望香港特別行政區行政、立法、司法機關不斷提高施政和執法水平，更好地為社會為公眾服務。要進一步落實行政主導體制，行政、立法、司法機關要按照香港特別行政區基本法的規定，各司其職，各負其責，順應社會進步和經濟發展的要求，更好地保障香港公眾的整體利益，共同造福社會。第三，希望香港特別行政區政府和社會各界人士堅定信心，自強不息，努力開創香港經濟發展的新局面。只要香港同胞發揚長期以來艱苦創業、勇於拼搏的優良傳統，香港經濟就一定能夠不斷煥發出新的生機和活力，就始終有着光明的發展前景。董建華發表就職演説，強調帶領香港經濟走出困境，恢復市民對前景的信心，是本屆政府面對的最大挑戰。他表示，將竭盡所能，履行承諾：改革政府架構，務求施政與時並進；千方百計推動經濟轉型；照顧弱勢社群；倡導自強不息，團結向上。

◆就職儀式結束後，內地與香港的藝術家和表演團體表演了精彩的文藝節目。江澤民夫人王冶坪和其他中央代表團成員、霍英東、澳門特區行政官何厚鏵、姜恩柱、吉佩定、熊自仁、王玉發以及香港各界代表、特邀嘉賓兩千多人，包括二十多位台灣知名人士出席就職典禮並觀看文藝演出。

◆ 江澤民在君悅酒店會見中央駐港機構和部分在港中資企業主要負責人並作重要講話。江澤民表示，中央駐港機構和中資企業切實貫徹執行中央的有關方針、政策，為維護香港社會穩定和經濟發展，為在香港成功實踐"一國兩制"偉大構想做了大量工作。他要求中央駐港機構和中資企業一要講政治，積極地履行職責，帶頭遵守基本法。二要講紀律，所有在香港工作的同志都應該模範地維護香港法治，把各項工作做好。會見結束後江澤民乘專機返回北京。

◆ 錢其琛副總理在君悅酒店會見香港《大公報》主要領導和老員工，勉勵他們把報紙辦得更好。

◆ 姜恩柱在《求是》雜誌上發表題為《把"一國兩制"偉大實踐繼續推向前進 —— 紀念香港回歸五週年》的文章。文章總結了"一國兩制"實踐五年來的主要體會：一要全面、準確地理解和貫徹"一國兩制"方針。二要堅持依照基本法治港。三要實現以愛國者為主體的"港人治港"。四要努力創造有利於香港長期繁榮穩定的社會環境。五要大力加強香港與內地的交流合作。六要致力於促進祖國統

一大業。七要長期實施"一國兩制"的基本國策。

◆ 香港各界為慶祝香港回歸祖國五週年舉行各種紀念活動。晚上，香港青年聯會舉辦"燃點青春耀香港"盛大煙花匯演。7月2日晚，在紅磡體育館舉行"龍聲飛揚 —— 萬人青年音樂會"。

◆ 主要官員問責制正式實施。問責團隊包括3位司長和11名政策局局長。問責官員將脫離公務員隊伍與行政長官共進退。

◆ 政務司司長曾蔭權接受中央電視台專訪時表示，香港現在面對的不只是經濟的挑戰，還要準備下一輪社會政治改革。香港回歸後實行"港人治港"，以前的官僚方法已經不合潮流了，特區政府要從"管治文化"向"服務文化"轉變。

◆ 政制事務局局長林瑞麟接受《太陽報》查詢時表示，特區政府沒有在台灣設立任何機構的打算。

7月2日

◆ 董建華會見中央駐港媒體和香港傳媒界代表，就江澤民主席在港重要講話中提出的"三點希望"談了感想，並就進一步加強與內地經濟融合、香港經濟轉型和就業等問題談了看法。談到香港內部事務

慶祝香港回歸祖國五周年大會暨香港特別行政區第

2002 年 7 月 1 日上午,董建華宣誓
就任香港特區第二任行政長官,國家
主席江澤民監誓。

時他表示，聯繫匯率制度在未來五年內不會改變；年內將制訂全面的人口政策；在六個月內提出解決青年人失學、失業問題的辦法；香港涉台民間事務今後交由政制事務局負責。

◆ 董建華在禮賓府設宴招待來港出席"七一"慶典的"中國統一聯盟"主席王津平、"海峽兩岸和平統一促進會"會長梁肅戎、民進黨前主席許信良、統一企業總裁高清願等台灣嘉賓。

7月3日

◆ 董建華在出席"香港規劃及基建展覽館 —— 香港基建新體驗"開幕禮時表示，特區政府未來十幾年會投資六千億港元進行一千六百多項大小工程。

◆ 香港金融管理局宣佈，2003年第二季度將推出歐元結算系統，並委任渣打銀行為結算代理機構。

◆ 旅遊事務專員黎高穎怡宣佈，特區政府擬將東涌觀光纜車系統的發展和三十年專營權批給地鐵公司。

◆ 香港青年協會與中華全國青年聯合會簽訂《香港、內地企業及學生領袖人才特訓計劃》合作意向書。

7月4日－7月6日

◆ 曾蔭權訪問英國，期間在倫敦主持"香港節"揭幕典禮。

7月5日

◆ 董建華就2002年公務員薪酬調整致信全體公務員表示，因經濟泡沫破滅和受外圍因素影響，引發經濟轉型，香港薪酬水平普遍下降。特區政府根據沿用多年並得到公務員同意的機制，按照私營機構薪酬趨勢調查所得出的結論，提出公務員減薪1.58%至4.42%不等。政府向所有公務員保證，不會以這次立法減薪為借口，計劃或意圖將來削減公務員長俸。

◆ 保安局局長葉劉淑儀就聯合國經濟、社會、文化權利委員會批評特區政府處理居留權問題時剝奪聲稱擁有居留權人士的權利作出回應。她強調香港的居留權政策充分考慮了人道因素，與美國、英國和加拿大等國家大同小異，入境政策的透明度也不斷提高。特區政府將通過外交部向聯合國提交居留權問題的報告。

◆ 董建華會見美國艾滋病研究中心主任何大一博士，對其與香港大學簽定協議在港大設立艾滋病研究所表示歡迎。

7月6日

◆中國人民解放軍軍樂團在香港體育館舉行"慶祝香港回歸祖國五週年大型軍樂隊列表演"。霍英東、董建華、姜恩柱、吉佩定、熊自仁、王玉發、全國人大常委曾憲梓、律政司司長梁愛詩、行政會議召集人梁振英、中央政府駐港聯絡辦副主任王鳳超等觀看演出。

7月7日

◆公務員事務局局長王永平就一百多個公務員工會和公務員團體發起遊行，反對特區政府立法削減公職人員薪酬一事表示，公務員已充分表達意見，相信他們在遊行之後，會繼續服務市民。這次遊行不會影響政府管治。

◆社會福利署署長林鄭月娥表示，由於用以量度綜援開支的物價指數於過去 12 個月內只輕微下跌 5%，幅度遠低於反映全港通縮情況的消費物價指數的下跌，所以來年的綜援金標準金額將按以往機制維持凍結，不會削減綜援金。

7月8日

◆董建華率 14 位問責官員出席立法會答問大會。董建華表示，特區政府十分重視和強調與立法會的合作。推行主要官員問責制，就是要方便和加強主要官員與立法會的溝通和聯繫。期望立法會能夠更好地支持特區政府的新班子和新的施政路向。

◆董建華在"珠江三角洲經濟發展論壇"致辭時表示，希望更多珠三角企業來港上市。珠三角人口超過四千萬，是一個龐大的消費市場，香港可向珠三角地區企業提供法律、市場機制、公司管治、海外市場消息、金融中心和專業人才等方面的服務。

7月9日

◆外交部駐港特派員公署就境外"法輪功"分子擾亂內地電視訊號發表聲明：由李洪志操縱和指揮的境外"法輪功"邪教組織，發射有"法輪功"內容的非法電視訊號，攻擊我國鑫諾衛星轉發器，干擾我國廣播電視節目的正常播出和該衛星的正常使用，嚴重危及公眾安全、侵犯公眾權益，是嚴重的違法活動。

◆特區政府憲報刊登行政長官令，批准香港機場管理局可同其他機場建立策略性聯盟或合夥安排、投資內地其他機場、向其他機場提供顧問或管理服務，以及發展香港國際機場同其他地方之間的物流服務。

7月10日

◆ 董建華會見率領中華青少年歷史文化教育基金會訪問團來港的全國政協副主席羅豪才。

◆ 香港特區第十屆全國人大代表選舉會議開始接受合資格成員報名登記。三百多人在第一天遞交了登記表。

◆ 香港特區第十屆全國人大代表選舉會議人數由上屆約八百人增加至約一千人、選舉制度採用絕對多數原則和 "全票制"，是此次換屆選舉的三大變化。

7月11日

◆ 立法會三讀通過了《公職人員薪酬調整條例草案》。若特區政府按條例規定從 10 月份開始減薪，2002 財政年度將可節省逾 15 億港元財政開支。

◆ 董建華就立法會通過《公職人員薪酬調整條例草案》表示，成功落實減薪有助減輕嚴重財赤問題。特區政府瞭解公務員團體對減薪的關注，將與之加強溝通和互信。政府保證不會以此為先例，削減公務員長俸。

◆ 香港貿易發展局、特區政府工商及科技局和工業貿易署與國家對外貿易經濟合作部在香港會議展覽中心聯合舉辦 "香港 2002 中國投資政策研討會"。

◆ 廣播事務管理局批准鳳凰衛視董事局主席兼行政總裁劉長樂對亞洲電視行使 46% 的股權。

7月12日

◆ 立法會三讀通過《聯合國（反恐怖主義措施）條例草案》。此條例草案旨在進一步落實聯合國安理會 2001 年 9 月 28 日第 1373 號決議中關於防止恐怖主義行為措施的規定，就附帶或相關事宜制定本地化條文。

◆ 特區政府宣佈，由即日開始，荷屬獨立自治島阿魯巴島給予香港特區護照持有人免簽證入境旅遊待遇，逗留期最長為九十天。

7月13日

◆ 上海市政府聘任香港城市大學科學及工程學院副院長、氣象學家陳仲良為上海颱風研究所所長。

7月17日

◆ 董建華在當日出版的《香港 2001》年報中強調，實施高官問責制是香港公共行政體制演變的重要里程碑。推行問責制的目的是要使特區政府主要官員為他們的施政承擔起責任，讓特區政府領導層理念一致,方向明確,使政府和廣大市民、立法會、社會各界團體聯繫和溝通更緊密,施政的優先次序更明確,政策更加全面協調。

◆ 香港同胞慶祝中華人民共和國成立五十三週年籌備委員會舉行成立大會,來自香港各界的八百多位代表獲邀參加籌委會工作。大會通過董建華、姜恩柱、吉佩定、熊自仁擔任籌委會主席團名譽主席,霍英東等任主席團主席。

◆ 終審法院首席法官李國能接受《文匯報》採訪時表示,香港特區終審法院的設立和運作,是"一國兩制"得到落實的象徵之一。過去五年,特區法院面對的最大挑戰是在"一國兩制"原則和基本法的規定下,落實司法機構的使命。"人大釋法"是香港回歸五年來最受關注的法律事件。當全國人大常委會作出相關解釋,香港特區法院在引用該條款時,應以全國人大常委會的解釋為準。

7 月 18 日

◆ 特區政府憲報公佈,行政長官董建華委任政務司司長曾蔭權出任人口政策工作小組主席。小組成員有財政司司長梁錦松、保安局局長葉劉淑儀、經濟發展及勞工局局長葉澍堃、教育統籌局局長李國章、衛生福利及食物局局長楊永強。

◆ 立法會行政管理委員會通過立法會三百多名職員由 10 月 1 日起跟隨公務員減薪,減幅由 1.58% 至 4.42% 不等。

◆ 英國外交大臣傑克·斯特勞(Jack Straw,港譯施仲宏)訪港。董建華會見斯特勞,向他簡單介紹香港回歸後成功落實"一國兩制"和最近實行主要官員問責制的情況。斯特勞在會面後的記者會上表示,"一國兩制"不僅在理論上是成功的,而且也在香港做出了成功實踐。英國會嚴格恪守中英聯合聲明中的各項承諾。

◆ 特區政府發言人表示,政府已經接受"賑災基金咨詢委員會"的建議,從賑災基金撥款 635 萬港元,向湖南、江西、廣西和四川的水災災民提供緊急援助。

7 月 19 日

◆ 香港考試局更名為"香港考試及評核局"。該局成立於 1977 年 5 月,近年參與各項考試以外的評核工作,包括為小一至小三學生而設的中、英、數基本能力評估計劃。名稱更改反映了該局職能的變化。

◆《香港中華總商會百年史》在香港會議展覽中心舉行發行儀式。該書由江澤民題詞，霍英東作序，董建華題簽，記載了香港中華總商會與香港社會、經濟共成長的百年歷程。

7月19日－7月24日

◆ 五百多名來自內地、香港、澳門和台灣的青年參加了香港青年聯會主辦的"愛我中華兩岸四地青年大匯聚 —— 華東行"活動。

7月20日

◆ 香港特區第十屆全國人大代表選舉會議成員登記截止。共有 968 位合資格人士遞交登記表，登記率為 94.6%。選舉會議成員人數較上屆擴大一倍多（上屆選舉團人數約四百人）。這是香港回歸之後第二次進行港區全國人大代表選舉。

7月20日－7月23日

◆ 經濟發展及勞工局局長葉澍堃訪問墨西哥並出席第五屆亞太經合組織能源部長會議。

7月22日

◆ 香港和台灣達成新的航空協定，港龍航空公司獲准經營來往香港和台北的航線，並成為第一家以"變通"方法（不換航機只換航班編號）提供中國內地和香港、台灣之間直航服務的航空公司。

7月23日

◆ 選舉管理委員會主席胡國興接受傳媒訪問時表示，回歸五年來，無論是行政長官選舉、立法會選舉或區議會選舉，選舉管理委員會都是根據由立法會制定的選舉條例處理，維持政治中立的身份，確保選舉公開、公平和誠實進行。

◆ 英國外交部向國會提交《香港半年報告書》稱，香港回歸五年來，成功落實了"一國兩制"和高度自治。特區政府發言人對此回應說，特區政府會繼續貫徹落實中英聯合聲明和基本法，切實遵守"一國兩制"原則。

7月24日

◆ 信息科技署署長黃志光向傳媒介紹說，香港的寬帶網絡已覆蓋所有商業樓宇和 95% 的家庭，個人計算機滲透率超過 60%，家庭互聯網滲透率近 50%，人均使用智能卡居全球首位，市民已經能夠通過"生活易"網站使用大部分的政府服務。讓市民能夠在任何時間和地點獲得一站式公共服務是特區政府的目標。

◆ 特區政府推出"青少年見習就業

計劃",安排 15 至 24 歲青少年到企業實習,由政府向僱主提供津貼。該計劃為期兩年,每年提供五千個職位。

◆ 特區政府憲報公佈,政府為重整香港交易所的上市架構而組建新一屆上市委員會,任命張建東和鄭慕智、莫偉龍分別擔任委員會的主席和副主席。新架構於 2003 年 1 月 1 日正式運作。

◆ 特區政府公佈,從即日起,丹麥王國所屬的格陵蘭和法羅群島給予香港特區護照持有人免簽證入境旅遊待遇,逗留期最長為九十天。

7 月 24 日 – 7 月 28 日

◆ 由香港宋慶齡金鑰匙培訓基金會主辦的"放飛理想,共創明天"香港與內地兒童暑期交流活動在港舉行,全國 16 個省市逾千名少年兒童匯聚香江。

7 月 25 日

◆ 中國銀行(香港)集團公司在香港交易所掛牌上市。中銀香港集資額約為 195 億港元,是首家在境外上市的國有商業銀行。

◆ 香港交易所公佈《首次上市持續上市資格及除牌程序有關事宜之上市規則修訂建議咨詢文件》,引發市值較小的股票

暴跌,即所謂"細價股"股災。7 月 28 日,港交所、證監會、財經事務及庫務局舉行記者會,宣佈撤回咨詢文件中的部分建議。9 月 10 日,董建華在記者會上就"細價股事件"的調查報告表示,特區政府在這次事件中反應迅速,在短短數星期內便說明哪裡出了問題以及如何跟進,顯示了實行問責制的初步成果。

7 月 26 日

◆ 外交部駐港特派員公署發言人就英國外交部發表的《香港半年報告書》稱關注特區政府限制示威人士自由表示,香港回歸五年來,"一國兩制"、"港人治港"、高度自治得到成功落實,香港特區政府依法施政,港人各項基本權利和自由得到充分保障,這是無可爭辯的事實。香港已回歸祖國,香港事務純屬中國內部事務,任何外國都無權對此說三道四,妄加評論。

◆ 特區政府憲報公佈,2001/2002 財政年度政府整體支出為 2389 億港元,收入為 1756 億港元,赤字為 633 億港元。截至 2002 年 3 月 31 日,香港的財政儲備為 3725 億港元。

7 月 27 日 – 7 月 28 日

◆ 董建華與特區政府問責官員、行政

會議成員在黃金海岸酒店舉行第二次集思會，討論未來施政方針。董建華在會議結束後向傳媒表示，通過集思會，有關官員對新團隊運作模式和行政立法之間的關係有了更深入的瞭解，也確立了更清晰的施政理念。特區政府十分重視與公務員的夥伴關係，以確保政府的政策得以落實。

7月29日

◆ 台灣《海峽》雜誌 8 月號刊登香港特區政府政制事務局局長林瑞麟接受該刊專訪的文章。文章表示，行政長官董建華決定由政制事務局統籌處理港台事務，是將現有的安排規範化、制度化。特區政府處理對台事務有兩個重點：一是繼續鼓勵和加強港台經貿和文化等方面的民間交流；二是希望香港成功落實"一國兩制"的經驗可以為台灣提供借鑒。

7月30日

◆ 董建華會見到訪的俄羅斯外長伊萬諾夫。董建華簡介香港回歸祖國五年來成功落實"一國兩制"的情況。雙方希望發展更緊密的經貿合作關係。

◆ 香港特區政府公務員事務局與上海市政府外事辦公室在上海簽署協議，落實兩地政府的公務員交流計劃。根據協議，

2002 至 2005 年，兩地政府每年至少安排一次公務員互換實習，讓不多於五名的專業職系公務員在對方政府對口部門工作學習三至六個月。

7月31日

◆ 香港特區政府代表團在日內瓦就《消除一切形式種族歧視國際公約》向聯合國消除種族歧視委員會匯報香港特區的最新情況。

8月1日

◆ 國家副主席胡錦濤在人民大會堂會見香港 11 個青少年制服團體聯合組織的"同心同根萬里行"交流團全體成員。胡錦濤指出，香港青少年制服團體聯合組織這次參觀活動，是很有意義的。他鼓勵青少年熱愛祖國，為今後更好地建設香港、報效祖國發奮努力。共青團中央書記處第一書記周強、國務院港澳辦副主任陳佐洱等有關方面負責人參加了會見。

◆ 香港特區第二屆政府主要官員的利益申報程序完成，政府公開新領導班子的申報利益資料，供公眾查閱。

◆ 全國政協常委、香港執業大律師胡鴻烈率領港區全國政協委員視察團視察內蒙古自治區。全國政協副主席孫孚凌參加

了視察。全國政協常委、中央政府駐港聯絡辦原副主任鄭國雄任視察團顧問。

◆ 新任美國駐港澳總領事祁俊文（James Keith）到港上任,接替從 1999年 8 月起出任該職的高樂聖（Michael Klosson）。祁俊文此前任美國國務院中國事務辦公室主任。

8月1日－8月6日

◆ 由一千多名香港中小學師生、紀律部隊人員和童軍組織成員組成的"中華歷史文化教育交流團"赴北京、陝西、江蘇、山東、寧夏進行國家、文化、民族認知交流活動。該活動由"中華青少年歷史文化教育基金"主辦,香港賽馬會慈善信託基金贊助。

8月2日

◆ 特區政府憲報公佈,行政長官再度委任胡紅玉為平等機會委員會主席,任期一年,由 2002 年 8 月 1 日起生效。

◆ 經濟發展及勞工局局長葉澍堃、工商及科技局局長唐英年與 21 位本地和外國商會代表會晤,宣傳"一間公司一份工"計劃,希望各商會積極參與向大學畢業生提供實習和就業機會,以紓緩青少年失業問題。

8月5日

◆ 特區政府中央政策組"加強社會凝聚力"小組舉行首次會議。首席顧問劉兆佳表示,考慮到社會上官民、勞資等不同利益人士的矛盾和衝突有所上升,故成立"加強社會凝聚力"小組,探討社會、民情變化趨勢,研究如何促進並加強社會凝聚力。

8月6日

◆ 董建華在禮賓府主持中國香港亞運會體育代表團授旗儀式。民政事務局局長何志平、香港體育協會暨奧林匹克委員會會長霍震霆等出席。

8月7日

◆ "香港工商界同胞慶祝中華人民共和國成立五十三週年籌備委員會"成立。中央政府駐港聯絡辦副主任鄒哲開出席並講話。香港中華總商會會長陳有慶、中華廠商聯合會會長陳永棋、工業總會主席羅仲榮、地產建設商會會長何鴻燊等任籌委會主席團主席。

8月9日

◆ 財政司司長梁錦松表示,由於通縮和高失業率不會在短期內改善,特區政府開支也不可能在短期內大幅削減，因此香港 2003 年仍需面對龐大的財政赤字。不過，政府仍然有充足儲備，不需要向外借貸。政府會落實執行在財政預算案中提出的政策和目標，期望在 2006 年至 2007 年達至收支平衡，屆時公共開支不會超過本地生產總值的 20%。香港未來的經濟發展依然樂觀。

◆《鏡報》舉辦創刊二十五週年酒會。江澤民為《鏡報》題詞："以弘揚正氣之筆，寫愛國愛港之情"。

8 月 10 日

◆ 港區全國人大代表舉行座談會並發出嚴正聲明指出，台灣的陳水扁提出 "一邊一國" 論，是對國際社會公認的 "一個中國" 原則的挑釁，充分暴露了其頑固堅持 "台獨" 立場的醜惡面目。

8 月 12 日

◆ 港區全國政協委員舉行 "反對台獨，維護祖國統一" 座談會，批判陳水扁的 "一邊一國" 和 "公民投票" 決定台灣前途等言論。

8 月 13 日

◆ 亞洲電視行政總裁陳永棋表示，亞視香港台和國際台已經獲得國家廣播電影電視總局批准，將正式進入廣東珠江三角洲地區的有線電視網絡。

8 月 15 日

◆ 西區裁判法院裁定，2000 年 3 月 14 日在中央政府駐港聯絡辦門口聚集示威而被警方逮捕的 16 名 "法輪功" 成員，阻街和襲警等七項罪名成立，判每人每項罪名罰款 1300 至 3800 港元不等。

8 月 16 日

◆ 律政司司長梁愛詩出席英國文化協會法律專題月活動時表示，香港法律保護宗教自由、言論自由和遊行示威自由。任何團體，包括 "法輪功" 在內，只要依法舉行活動，特區政府就不會干預其運作。但如違反法例，律政司有責任作出檢控。

◆ 立法會 "八黨聯盟" 開會討論聯盟未來路向、合作模式和召集人的問題。自由黨主席田北俊在會上宣佈辭去聯盟召集人的職務。

8 月 17 日 – 8 月 24 日

◆ 曾蔭權訪問澳大利亞，期間與當地政府官員和商界領袖會晤，介紹香港的政治情況，宣傳香港的營商優勢。

8 月 18 日

◆ 董建華主持地鐵將軍澳支線通車典禮。新支線往返將軍澳與香港島，全長12.5 公里，設寶琳、坑口、將軍澳、調景嶺、油塘、北角等站。

8 月 19 日

◆ 特區政府新聞處資料顯示，海外駐港傳媒機構數目由回歸前的 173 家減至目前的 113 家。駐港外國記者人數由回歸前的約四百人減至目前的約二百人。對此，外國記者協會主席 Thomas Crampton 表示，這是由於部分海外傳媒相繼關閉在香港的辦公室，轉而將內地作為其新聞基地。

8 月 20 日－8 月 25 日

◆ 工業貿易署署長羅智光出席在墨西哥阿卡普爾科舉行的亞太經合組織第三次高級官員會議和第九次中小型企業部長級會議。

8 月 21 日

◆ 國務院決定，任命高祀仁為中央人民政府駐香港特別行政區聯絡辦公室主任；姜恩柱不再擔任中央人民政府駐香港特別行政區聯絡辦公室主任職務，另有任用。

◆ 董建華就國務院決定任命高祀仁接替姜恩柱為中央政府駐港聯絡辦主任一事發表聲明：中央政府駐港聯絡辦一直按照基本法積極配合特區政府的工作，共同維護香港的繁榮和穩定，致力增進內地與香港的交流和聯繫，大大加強了香港市民對國家的認識，促進了廣大市民對回歸祖國後新身份的認同。深信特區政府與中央政府駐港聯絡辦的工作關係日後定會更進一步。

◆ 衛生福利及食物局局長楊永強宣佈成立社區投資共享基金。該基金旨在加強社區建設，鼓勵市民發揮守望相助精神，積極參與社區事務。

8 月 22 日

◆ 特區政府統計處公佈的數字顯示，7 月綜合消費物價指數按年跌幅為 3.4%，香港經濟出現連續 45 個月的通縮。

8 月 26 日

◆ 董建華在禮賓府會見來港出席"粵港台經濟合作論壇"的廣東省省長盧瑞華，雙方就珠江三角洲的最新發展情況交換意見。

◆ 香港特區政府與荷蘭政府簽署刑事事宜相互司法協助的協定。這是香港對外簽署的第 13 份同類協定。

◆ 規劃署署長馮志強以中國代表團成員身份出席在南非舉行的聯合國可持續發展問題世界首腦會議。

8月26日－8月29日

◆ 特區政府召開 "亞洲國際都會卓越政府" 管理研討會。研討會主題：一是香港未來與珠江三角洲的關係，如何面對國際競爭的挑戰；二是政府實現上述宏圖大計所扮演的角色。曾蔭權、梁錦松、梁愛詩等特區政府主要官員出席並致詞，一萬多名中、高級公務員參加。

8月27日

◆ 特區政府憲報公佈，任命羅智光為世界貿易組織中華人民共和國香港特別行政區常設代表，自 2002 年 9 月 16 日生效。

◆ 由香港貿易發展局和中國國際貿易促進委員會廣東分會聯合主辦的 "粵港台經濟合作論壇" 在香港會議展覽中心舉行。行政長官董建華、廣東省省長盧瑞華、台灣 "中國台商發展促進協會" 理事長章孝嚴出席並發表了專題演講。

8月28日

◆ 入境事務處發言人表示，自 1 月 10 日終審法院就居留權訴訟作出最後裁決至今，已有六千五百多名敗訴者返回內地。

◆ 招商銀行香港分行正式開業，這是內地第一家按照國際標準進入香港市場的股份制商業銀行。

8月28日－9月1日

◆ 董建華到福建進行休假訪問，期間與福建省委書記宋德福、省長習近平會晤，就加強閩港合作交換了意見。

8月29日

◆ 第九屆全國人大常委會第二十九次會議通過了香港特區第十屆全國人大代表選舉會議成員名單，共 955 人。

◆ 保安局發言人就聯合國報告中關於國際恐怖組織在香港等地有 "銀行戶口" 問題作出回應稱，特區政府一直致力落實《聯合國（反恐怖主義措施）條例》，履行打擊恐怖活動和恐怖組織的國際責任。

◆ 香港賽馬會董事局選舉前立法會議員、大律師夏佳理為馬會新一任主席。

8月29日 - 8月30日

◆ 由香港理工大學與香港多個工業團體合辦的"第四屆亞洲工業科技大會"在香港會議展覽中心舉行。

8月30日

◆ 全國人大常委會辦公廳負責人就香港特區第十屆全國人大代表選舉的有關問題表示,按基本法的有關規定,香港特別行政區的全國人民代表大會代表由香港特別行政區居民中的中國公民在香港選出。根據九屆全國人大五次會議關於第十屆全國人大代表名額和選舉問題的決定,分配給香港特別行政區應選全國人大代表的名額為 36 名。

◆ 特區政府憲報公佈,行政長官委任梁智鴻為醫院管理局主席,2002 年 10 月 1 日生效,任期兩年。

◆ 規劃署的一項調查預計,到 2011 年,香港人口將增至 753 萬人。人口也將由港島流向新界區,屆時將有 47% 的人口居住在新市鎮。

9月1日

◆ 國際基因研究專家徐立之出任香港大學第 14 任校長,他是港大創校以來第四位華人校長,任期五年。

9月2日

◆ 曾蔭權向傳媒表示,特區政府已經在問責制下成立了一個政策委員會,負責統籌和協調各決策局的意見,以提高行政部門所提政策建議的質量。希望可達到三個目標:一是研究各政策局所提政策意見與其他相關的局和署所做的協調工作是否足夠,二是量度這些政策提議在實施的時間表等方面會否得到立法會和普羅大眾的接受,三是這些政策提案與行政長官的整個管治政策是否協調。有關財政方面的提案由財政司司長主持,其他政策範疇由政務司司長統籌。

◆ 高祀仁在拜訪九龍社團聯會、九龍婦女聯會、香港青年協進會等多個社團時重申,中央政府駐港聯絡辦的五項職能沒有改變,分別是:(1)聯繫外交部駐港特派員公署和解放軍駐港部隊;(2)廣泛聯繫香港社會各界人士,聽取意見,更好地為各界人士服務;(3)促進香港與內地之間的經濟、技術、科技、文化、教育、體育交流與合作;(4)涉台事務;(5)負責中央政府交辦的事務。

◆ "中國新聞社成立五十週年酒會"在香港會議展覽中心舉行。曾蔭權、王鳳超、曾憲梓及香港各界知名人士二百多人出席。

9月4日

◆ 公務員事務局舉辦"公務員領導才能研討會"。董建華出席開幕式並致辭，約一千名首長級公務員出席。

9月5日

◆ 七名"早餐派"立法會議員宣佈退出立法會"八黨聯盟"。早餐派召集人李家祥稱，聯盟是在香港經濟最差、市民對特區政府和立法會有最多訴求的時候組成的，現階段已沒有這個需要，因此早餐派決定不再參加。

9月6日

◆ "香港培華教育基金"在禮賓府舉行酒會隆重慶祝基金成立二十週年。行政長官董建華，中央政府駐港聯絡辦主任高祀仁、副主任鄒哲開，中央統戰部副部長胡德平，培華教育基金主席李兆基、常務委員會主席霍震寰等出席。

◆ 克羅地亞共和國在香港設立領事館。合和集團主席胡應湘任名譽領事。

9月7日

◆ 政制事務局局長林瑞麟出席由基本法研究中心舉辦的"中國入世後之法律前景展望"研討會時表示，特區政府正致力與中央政府討論建立"內地與香港更緊密經貿關係安排"（簡稱 CEPA），為香港服務業和各個行業爭取有更多機會進入內地市場。

9月7日-9月9日

◆ 工商及科技局局長唐英年訪問加拿大，推廣香港資訊及通訊科技的最新發展。

9月9日

◆ 香港東華三院董事局主席馬鴻銘率團訪問北京，全國政協副主席王兆國會見訪問團。

9月11日

◆ 財政司司長梁錦松會見由台灣"陸委會"組織的台灣媒體港澳參訪團。

◆ 香港中文大學校董會聘任金耀基教授為第五任校長，任期自 9 月 11 日開始。

9月13日

◆ 董建華為香港設計中心主持開幕典禮時表示，設計中心是促進香港工商業發展不可或缺的新基礎設施。

◆ 由三十多個社會團體組成的"民間

人權陣線"成立。胡露茜為召集人。

◆ 台灣建華商業銀行香港辦事處升格為持牌銀行。

9月16日

◆ 中央政府駐港聯絡辦在香港會議展覽中心舉行姜恩柱離任暨高祀仁履新酒會。姜恩柱、高祀仁、董建華先後在酒會上致辭。霍英東、吉佩定、熊自仁、王玉發、王鳳超、劉山在、陳鳳英、鄭坤生以及特區政府主要官員，港區全國人大代表、全國政協委員，外國駐港領事館官員、駐港商會負責人，中資機構負責人及香港各界知名人士兩千六百多人出席。

◆ 高祀仁在出席香港文化藝術界國慶聯歡晚宴時表示，香港特區為基本法第二十三條立法，一定不會影響香港的言論自由。由特區自行立法，是中央政府對特區的最大信任。

◆ 原香港特區基本法起草委員會委員、內地法學專家蕭蔚雲教授接受香港《文匯報》專訪時表示，香港基本法第二十三條規定由香港特區自行立法，是中央對香港的照顧，盡量採取寬鬆的辦法，解除香港一些人士的顧慮。目前特區已經具備完成立法的條件，不宜再往後拖。

9月17日

◆ "2002年國際航空貨運會議"在香港會議展覽中心開幕。這是該協會創立42年來規模最大的一次會議。梁錦松出席開幕禮，三千多名全球貨運業高層和二百五十多家參展商參加。

◆ 聯合國貿易和發展會議（UNCTAD）發表的《2002年世界投資報告》指出，香港在吸引海外投資者方面排名第二，比利時和盧森堡並列第一位。

9月18日

◆ 高等法院駁回89名爭取居港權人士的民事索償申訴。

9月18日－9月20日

◆ 曾蔭權率特區政府代表團訪問上海，並出席"內地與香港大型基礎設施協作組第三次會議"。

9月19日

◆ 梁愛詩在廣州出席"香港大律師：解決爭議的理想選擇"研討會開幕禮時表示，香港特區政府一直希望與內地訂立相互執行法院判決的有限度安排，目前已經有積極進展，預計到2002年底或2003年初，兩地法院的某些判決可相互執行。

9月20日

◆ 特區政府發言人表示，今年香港賑災基金援助內地水災災民（湖南、江西、廣西、四川、陝西等省區）累計撥款 1085 萬港元。

9月23日

◆ 董建華致電天主教香港教區主教陳日君，歡迎陳日君繼任香港教區主教一職，今後將保持聯絡，加強溝通，以團結香港社會，共同為香港健康發展而努力。

◆ 香港海關關長黃鴻超與美國海關總署署長羅伯特·邦納簽署“貨櫃安全倡議”原則聲明。倡議要求香港航運公司或“無船營運公共運送商”須於輸美貨物在離岸港口裝貨前 24 小時，向美國海關提交詳盡的貨物資料。美國是香港第二大貿易夥伴，香港也是輸美貨櫃量最高的港口，每天輸往美國的貨櫃多達六千個二十英尺標準箱。

◆ 台灣《中國時報》報道，台灣“人事行政局”制定了《涉及國家安全或重大利益公務人員查核辦法》草案，規定“凡本人、三親等以內血親、繼父母、配偶或配偶之父母，曾在大陸地區或香港、澳門居留一年以上或任職者”等十類人，“不得擔任國防、外交、科技、情治、財經、大陸事務六項敏感職務”。

9月24日

◆ 外交部發言人回答記者提問時表示，香港特區立法落實香港基本法第二十三條的規定完全必要，符合香港以及國家整體利益，也符合國際上的立法通例。

◆ 高祀仁在出席香港社會福利服務機構慶祝中華人民共和國成立五十三週年晚宴時表示，基本法第二十三條的立法，將更加有利於維護國家的安全與統一，有利於香港市民的正常生活，有利於香港的繁榮穩定，有利於香港改善與鞏固現有的優良營商環境。

◆ 特區政府公佈《實施基本法第二十三條咨詢文件》，就基本法第二十三條有關危害國家安全的七種罪行進行立法咨詢，咨詢期為三個月。

◆ 行政會議通過區議會議席調整方案。2003 年區議會選舉因應人口增長，將在元朗、西貢、離島三區共增加十個議席，委任議席則維持不變。調整後全港共有 400 名直選區議員、102 名委任區議員、27 名當然區議員。

◆ 行政長官會同行政會議通過以“雙村長制”改革新界村代表選舉方案。根據該方案,新界近七百個鄉村 2003 年將分別選出 790 名"原居民代表"和 680 名"居民代表"。

9月24日 – 9月26日

◆"2002 年福布斯全球行政總裁會議"在香港舉行。董建華在開幕禮上發表演講,並參加題為"與智者交流意見"的研討會。來自世界各地的三百多名企業高級行政人員出席了會議。

9月25日

◆梁愛詩表示,特區政府建議的基本法第二十三條立法咨詢條文,完全符合《公民權利和政治權利國際公約》以及《經濟、社會與文化權利的國際公約》。多數條文是在現行法例基礎上訂定的,政府無意利用新條文打擊某些團體,或者禁制言論自由。

◆保安局局長葉劉淑儀出席香港三家電台的聯合烽煙(Phone-in)節目,解釋《實施基本法第二十三條咨詢文件》中有關擴大警方調查權的建議。表示只有在緊急情況下、經警司或以上官員批准後才可行使上述權力。

◆梁錦松委任甘雅隆、錢果豐和祁炳達組成專家小組,負責檢討證券和期貨市場的規管架構運作。甘雅隆為小組主席。專家小組將於 2003 年 3 月底前向財政司司長提交檢討報告。

◆英國駐港總領事何進(James Hodge)稱,英國會研究特區政府有關基本法第二十三條立法建議的內容是否符合國際人權公約,並會發表評估香港現狀的報告。

◆特區政府憲報公佈,行政長官再次委任吳光正為貿易發展局主席,任期由 2002 年 10 月 1 日開始,為期兩年。

9月26日

◆粵港澳三地警方刑事偵緝部門主管在香港舉行第五次會議。會議同意三地警方設立 24 小時刑事報案互通機制,通過熱線電話、保密電郵等方式迅速交換資料和情報,以提高調查工作的成效。

9月27日

◆全國人大常委會辦公廳發出公告:香港特區第十屆全國人大代表選舉會議第一次全體會議,定於 2002 年 11 月 1 日舉行。

9月27日 – 10月1日

◆財政司司長梁錦松訪問美國和加拿

大，期間出席在華盛頓舉行的 2002 年國際貨幣基金組織和世界銀行年會。

9 月 29 日

◆ 錢其琛副總理出席在人民大會堂舉行的海外僑胞、港澳台同胞和外籍華人慶祝中華人民共和國成立五十三週年招待會並致辭表示，香港、澳門兩個特別行政區社會穩定，各項事業穩中有進。中央政府將一如既往地全力支持董建華先生領導的香港特別行政區政府和何厚鏵先生領導的澳門特別行政區政府依法施政。在"一國兩制"條件下，香港和澳門兩個特別行政區不僅可以繼續保持並發展自身的優勢，而且還可以從祖國內地獲得更多的支持和得到更廣闊的發展空間。

◆ 民政事務局發言人表示，新界鄉村選舉村代表的新安排沒有違反《人權法案條例》和《性別歧視條例》的規定，也體現了對原居民合法傳統權益的尊重。他們仍可按自己意願推選村代表。

10 月 1 日　國慶日，中華人民共和國成立五十三週年

◆ 特區政府在香港會議展覽中心金紫荊廣場舉行慶祝中華人民共和國成立五十三週年國旗、區旗升旗禮。霍英東、高祀仁、吉佩定、熊自仁、王玉發，及特區政府主要官員、行政會議成員、立法會議員、司法機構法官、社會各界人士約六百人出席儀式。

◆ 特區政府在香港會議展覽中心舉行慶祝中華人民共和國成立五十三週年酒會，約兩千人出席。晚上，舉行國慶文藝晚會和"萬點星火慶國慶煙火匯演"。

10 月 3 日

◆ 立法會就《實施基本法第二十三條咨詢文件》徵詢各界意見。

◆ 工商及科技局局長唐英年回應立法會工商事務委員會有關 CEPA 問題時表示，CEPA 涵蓋範圍十分廣泛，可分為商品貿易、服務貿易和投資便利化三大方面，擬採取先易後難的原則進行磋商。因涉及範疇多而複雜，還不能確定達成協議的時間。

◆ 香港中華總商會與香港歷史檔案館舉行檔案移交儀式。中總將該會歷年會議記錄、年鑒、名冊等 140 冊歷史文獻資料移交檔案館保存。

10 月 4 日

◆ 立法會"八黨聯盟"舉行最後一次會議，決定重組成為"七黨聯席"。聯

席不設立召集人，各黨派每月輪流主持會議。首次會議將在 11 月 1 日舉行，由民建聯主持，希望就 2003 年財政預算案的有關問題達成共識。

◆ 立法會財務委員會和內務委員會正副主席人選產生：財委會主席黃宜弘，副主席吳亮星；內委會主席周梁淑怡，副主席李華明。

10 月 6 日

◆ 解放軍駐港部隊昂船洲、赤柱和石崗軍營舉行開放日活動，約有 1.1 萬名市民前往參觀。

10 月 7 日

◆《中國日報》香港版在香港舉行慶祝創刊五週年酒會。

◆ 由中央政策組和香港中文大學亞太工商研究所聯合舉辦的 "稅制設計的構思" 研討會在港舉行。

◆ 特區政府公佈，埃塞俄比亞自即日起給予香港特區護照持有人三個月旅遊簽證（落地簽證）待遇。

10 月 7 日 - 10 月 8 日

◆ 唐英年赴馬來西亞出席 "世界經濟論壇 2002 年東亞經濟高峰會"。

10 月 8 日

◆ 曾蔭權在香港《文匯報》"基本法實施五週年專欄" 發表題為《公務員 —— 香港的重要資產》的文章，表示引入問責制不會改變公務員的角色和工作，問責官員和 17 萬公務員應是同一個團隊。

◆ 新界鄉議局舉行特別會議並通過決議，支持 "雙村長制" 的條例草案。

◆ 廣東省公安廳出入境管理處就內地居民來往港澳通行證的申請辦理問題公佈三項便民措施：一是對三種人員首次申請往來港澳通行證實行免交單位或派出所出具的意見，二是簡化遺失通行證補辦手續，三是增加往來港澳地區急事急辦服務。

10 月 9 日

◆ 沙田政府合署大樓正式啟用。18 個政府部門將從九個地點分批搬入合署大樓辦公，特區政府每年可節省七千萬港元的辦公室租用開支。

10 月 10 日

◆ 董建華出席立法會答問大會時表示，香港的定位是背靠祖國、面向世界的國際大都會。香港發展的目標是要鞏固並強化國際金融、物流、商業營運和旅遊等中心的優勢，加強與珠江三角洲合作，推動創新科技行業發展，走高增值經濟道路。關於基本法第二十三條立法問題，董建華表示，香港回歸五年來，市民對"一國兩制"越來越有信心，現在是立法的適當時機。特區政府咨詢文件提出的立法建議，都是以現有法律為基礎，完全符合基本法和人權法。

10 月 12 日

◆ 特區政府舉行"2002 年度勳銜頒授典禮"，二百七十多人獲授勳。政務司司長曾蔭權、律政司司長梁愛詩、前港英政府布政司鍾逸傑和前創新科技委員會主席田長霖獲頒大紫荊勳章，17 人獲頒金紫荊星章，22 人獲頒銀紫荊星章，43 人獲頒銅紫荊星章。

10 月 14 日

◆ 董建華發表聲明，強烈譴責發生在印尼巴厘島的恐怖襲擊事件，並表示特區政府正密切留意事態發展，將盡力向有需要的人士提供協助。

◆ 特區政府在香港大會堂紀念花園舉行儀式，悼念在第二次世界大戰中為保衛香港而捐軀的人士。

◆ 特區政府駐粵經濟貿易辦事處在

廣州舉行成立慶典和粵港兩地優勢互補研討會。梁錦松、唐英年出席。駐粵辦於 2002 年 4 月經國務院批准成立，7 月開始運作，負責協調香港與廣東省的經濟合作，加強粵港之間的商貿聯繫，並對在粵港商提供支援。

10 月 15 日

◆ 特區政府憲報公佈，政府成立人力發展委員會，並委任教育統籌局局長李國章為主席，羅范椒芬、鄧廣堯、Victor Stanley、陳有慶、鄭國漢、鄭維志、方敏生、何柏泰、李啟明、廖柏偉、羅仲榮、孫大倫、譚耀宗、田北辰、黃傑雄、楊啟彥和職業訓練局局長為委員，任期兩年。

◆ 香港金融管理局公佈，9 月底香港外匯基金境外資產為 8252 億港元，比 8 月底減少 178 億港元。

◆ 特區政府宣佈，由即日起，香港特區護照持有人前往聖盧西亞旅遊，可獲 28 日的免簽證入境待遇。至此，給予香港特區護照持有人免簽證入境待遇的國家和地區的數目增至 121 個。

◆ 台北銀行香港分行開業。該行於 1998 年設立香港辦事處，2002 年 5 月底獲香港金管局發牌。

10 月 16 日

◆ 由香港貿易發展局與中國電影集團公司合辦的香港與內地影視業交流活動在北京舉行，共有 61 家公司、116 名業內人士參加。

10 月 17 日

◆ 特區政府公佈《設立電影貸款保證基金咨詢文件》，建議以試驗計劃形式設立貸款保證基金，協助本地電影製作公司向銀行融資。

◆ 特區政府在禮賓府舉行酒會，慶賀香港運動員在釜山亞運會獲得 4 枚金牌、6 枚銀牌和 11 枚銅牌。

◆ 警務處高級督察劉國輝以特區政府給公務員減薪違反基本法為由，向高等法院申請司法覆核。

10 月 18 日

◆ 市區重建局宣佈，將展開旺角新填地街重建項目。該項目計劃動用 2.2 億港元，興建 4000 平方米的 66 個住宅單位，以及 800 平方米的零售商舖，預計 2006 年完工交付使用。

◆ 香港警隊本地督察協會主席廖潔明、海外督察協會主席霍邁能、員佐級協會主席劉錦華和警司協會主席謝樹俊等人到高等法院申請司法覆核，指特區政府立法減薪違反基本法，應判無效。

10 月 19 日

◆ 香港特區政府和美國聯邦政府簽訂諒解備忘錄，協議進一步開放香港與美國之間的航空服務。

10 月 20 日

◆ 特區政府發言人表示，將繼續鼓勵各公共交通機構儘可能調低收費或提供優惠，降低市民的交通支出。但基於自由營商的制度和精神，個別營辦商是否減費或提供優惠，屬於商業決定。

10 月 21 日

◆ 特區政府憲報公佈，行政長官委任梁錦松為就業專責小組委員會主席，成員有政府官員、立法會議員、工商界代表、工會代表和學者等共 25 人。

◆ 立法會保安事務委員會和司法及法律事務委員會舉行聯席會議，選舉民建聯議員劉江華為主席。聯席會議的職責是就基本法第二十三條立法問題聽取社會團體和公眾的意見。

10月22日

◆ 行政長官會同行政會議批出新專營權給城巴有限公司、龍運巴士有限公司和新世界第一巴士服務有限公司。新專營權為期十年，共涉及 129 條巴士線。

10月23日

◆ 特區政府發言人就 44 名學者在美國報章刊登聯署公開信反對落實基本法第二十三條立法表示遺憾。發言人指出，有關學者是基於過分簡單化的觀點提出他們的反對意見。

◆ 香港國際機場在泰國曼谷舉行的 TTG 旅遊大獎選舉中，獲得最佳機場獎。

10月23日－10月24日

◆ 工商及科技局局長唐英年赴墨西哥出席亞太經合組織部長級會議。

10月25日

◆ 錢其琛在美國休斯敦接受香港亞洲電視台訪問時表示，在基本法第二十三條立法問題上，中央政府沒有向特區政府施加壓力。

◆ 梁錦松在出席立法會財經事務委員會特別會議時表示，要解決財赤問題，振興經濟和開源節流缺一不可，尤以振興

經濟為重。如果消費不振、通縮持續，特區政府的收入將繼續減少，開支也難以增長。在開源方面，政府會致力推動產品和服務出口以及旅遊業的發展，這些都是振興經濟見效比較快的領域。在節流方面，政府正在研究削減部門開支，縮減公務員編制和降低公務員薪酬。政府有決心、有能力在 2006/2007 年度恢復收支平衡。

◆ 香港撲滅罪行委員會公佈，2002 年首九個月香港的整體罪案數字為 56221 宗，較 2001 年同期上升近 4%，暴力罪案上升 5.5%，整體罪案破案率上升 42%，暴力罪案破案率上升 50%。

◆ 美國司法部長阿什克羅夫特結束訪問北京的行程後，經香港作短暫停留，與署理行政長官曾蔭權、律政司司長梁愛詩和保安局局長葉劉淑儀會面，討論了反恐合作和打擊洗黑錢等問題。

10月25日－10月27日

◆ 江澤民在墨西哥洛斯卡沃斯出席第十次亞太經濟合作組織（APEC）領導人非正式會議期間，於 10 月 27 日與同來參會的董建華共進早餐，聽取香港最新情況的匯報。

董建華分別與泰國總理他信、墨西哥總統福克斯會面，就共同關心的問題交

換了意見。會後董建華發表談話指出，完全認同 APEC 經濟體系的共同目標，希望加強各成員之間的商貿合作，提升金融及資訊系統的安全和效率。香港是一個國際金融中心，特區政府將致力確保香港不會被洗黑錢之徒所利用，並致力打擊恐怖主義融資活動。

10 月 26 日

◆ 特區政府發言人就大律師湯家驊的有關言論發表聲明指出，基本法第二十三條授權特區自行立法，保障國家安全，這是落實"一國兩制"原則的一個明顯例子。保安局和律政司官員出席了超過四十次會議和論壇，與不同的團體和組織接觸，聽取他們的意見和所關注的事項。特區政府會充分考慮收集到的意見，然後向立法會提交條例草案。

◆ 醫院管理局主席梁智鴻出席一電台節目時表示，該局目前正面對六億港元的赤字。為維持醫管局的服務質量，公立醫院需要調高部分收費，但特區政府會繼續向無能力負擔醫療費用的市民提供資助。

◆ 政府公園遊樂場管理員工會主席沈文禮與公務員總工會委員梁達華入稟法院，控告特區政府立法削減公務員薪金影響了公務員的士氣，對經濟有問題的公務員造成困擾。同時，立法減薪會影響根據薪金計算的長俸，因此違反了《退休金條例》和《退休金利益條例》。

10 月 28 日

◆ 錢其琛在美國接受香港鳳凰衛視記者專訪時表示，中央政府並未就香港基本法第二十三條立法事宜向特區政府施壓，中央只定了一個原則規定，具體執行由特區政府自行立法，中央不會具體干預。

10 月 29 日 – 10 月 30 日

◆ "第六屆北京·香港經濟合作研討洽談會"在香港會議展覽中心舉行。京港兩地業界人士就兩地商貿等領域的合作進行了專題研討，達成了廣泛共識，簽署了 25 個項目合作協議。

10 月 30 日

◆ 特區政府發言人就有報道指一些本地學者會聯手向政府提交就實施基本法第二十三條立法的意見表示，政府歡迎就基本法第二十三條立法建議發表任何意見。

10 月 31 日

◆ 特區政府公佈本財政年度上半年情況。截至 9 月 30 日的財政赤字為 708

億港元，已經遠超全年赤字 452 億港元的預期，是香港有史以來最高的財赤水平。同期政府的財政儲備下跌至 3017 億港元。

◆ 房屋委員會租住房屋小組宣佈，繼續凍結公屋租金一年，同時決定放寬申請租金援助的資格，使合資格申請的家庭增至 12.8 萬戶。

◆ 香港貿易發展局發表題為《香港作為台商在內地投資的商貿服務平台》的研究報告。

11 月 1 日

◆ 香港特區第十屆全國人大代表選舉會議在九龍灣國際展貿中心舉行第一次會議。全國人大常委會秘書長何椿霖致辭。全國人大常委會副秘書長劉鎮、全國人大法工委副主任喬曉陽、國務院港澳辦副主任徐澤等出席會議。會議推選董建華、霍英東、李嘉誠、馬臨、莊世平、李東海、李祖澤、余國春、張永珍、查濟民、鍾士元、徐四民、梁振英、廖長城、譚耀宗共 15 人為選舉會議主席團成員。董建華為選舉會議常務主席，李祖澤為新聞發言人。

◆ 香港特區第十屆全國人大代表選舉會議主席團發出第一號公告：香港特區第十屆全國人大代表選舉會議主席團於 2002 年 11 月 1 日舉行會議。會議確定 11 月 4 日至 18 日為代表候選人提名時間；提名的代表候選人名額如果超過應選名額 1/2 的差額比例，選舉會議將於 11 月 29 日進行預選；如果沒有超過應選名額 1/2 的差額比例，選舉會議將於 12 月 3 日直接進行正式選舉。

◆ 董建華就港區十屆全國人大代表選舉會議的舉行表示，選舉香港同胞到全國最高權力機構參與國事，履行國家主人的職責，對香港來說是一件值得自豪的大事。他代表特區政府和香港市民預祝選舉成功。

◆ 香港青年獎勵計劃頒獎典禮在禮賓府舉行，董建華為 147 名獲獎青年頒獎。

◆ 港區第十屆全國人大代表選舉會議主席團發言人李祖澤在新聞發佈會上表示，回歸前，港區全國人大代表選舉採取的方式是協商選舉。回歸後，香港第一次作為獨立選舉單位選舉產生 36 名港區第九屆全國人大代表，採取的方式是間接選舉。從回歸前的協商選舉到回歸後的間接選舉，以及港區全國人大代表選舉會議成員從第九屆的四百多人擴大至第十屆的九百多人，都說明國家的政治文明在發展，體現了循序漸進發展民主的原則。

◆ 入境事務處宣佈，從即日起，台灣居民如以就業或依親居留等目的來港，除通過認可的航空公司遞交申請外，申請人也可以選擇通過香港的保證人將入境許可證申請遞交（郵寄或親身遞交）入境事務處，而有關的審批結果將會通過香港的保證人傳達申請人。

11月4日－11月18日

◆ 香港特區第十屆全國人大代表選舉提名工作於 4 至 18 日進行。提名期共有 99 名人士領取參選人登記表，其中取得十個或十個以上選舉會議成員提名的有78 位。

11月5日

◆ 行政會議通過增加公營醫療收費的決定。衛生福利及食物局局長楊永強宣佈，重整公營醫護服務收費制度後，醫院管理局轄下公立醫院的急症室服務從11 月 29 日起，每次求診收費一百港元。2003 年 4 月 1 日起，一般病床每天收費將由 68 元增至 100 元。此外，特區政府對公營醫護服務的整體補貼，將由 98%減至 96%。

11月6日

◆ 曾蔭權在香港董事學會成立五週年晚宴上致辭表示，特區政府公務員編制已從 2000 年初的 19.8 萬人，減至目前的17.2 萬人，相當於上個世紀八十年代中期的人數。削減公務員人數和推行資源增值計劃，平均每年可節省財政開支 60 億港元。實施公務員減薪後，每年可再節省開支 32 億港元。各決策局和部門也正在通過其他措施節省開支，務求在未來五年內削減 5% 的營運成本，以達到財政司司長在 2002/2003 年度財政預算案中提出的要求。

◆ 立法會通過《入境（修訂）條例草案》。條例規定，所有以公職身份來港工作的內地人士，不會被視為通常在港居住，即他們不會因為連續留港七年而成為香港永久居民。有關法例涵蓋的人員包括：中央政府駐港聯絡辦、外交部駐港特派員公署、解放軍駐港部隊和在港中資機構的內派公職人員。

11月7日

◆ 香港美國商會的一項調查顯示，約四成被訪者對香港 2003 年經濟前景表示"滿意"。美商會會員仍視香港為設立亞太區總部的熱門選擇。在香港設有亞太區總部的受訪公司中，八成六表示未來三年會維持其在港總部。

11月7日-11月12日

◆ 第四十一屆東南亞獅子會大會在香港舉行，董建華出席開幕式並致辭。五千多名獅子會成員參加。

11月8日

◆ 中共中央總書記江澤民在中國共產黨第十六次全國代表大會上作報告時指出，香港和澳門回歸祖國，豐富了"一國兩制"的理論和實踐。事實證明，"一國兩制"方針是正確的，具有強大的生命力。中央政府將堅定不移地實行這一方針，嚴格按照香港基本法和澳門基本法辦事，全力支持香港和澳門兩個特別行政區行政長官和政府的工作，廣泛團結港澳各界人士，共同維護和促進香港和澳門的繁榮、穩定和發展。

◆ 加拿大亞太事務國務部長 David Kilgour 率商貿代表團訪問香港，並出席"香港 —— 通往中國的快線"商貿會議及研討會。

11月10日

◆ 特區政府發言人表示，政府關於基本法第二十三條立法建議符合基本法保障人權的規定，歡迎市民就立法建議發表意見。因應社會各界要求，保安局擬在藍紙草案刊憲前，發表一份類似白紙草案的條文式文件讓公眾參考。

11月11日

◆ 亞洲電視行政總裁陳永棋以3.6億港元向麗展集團購入32.75%的亞視股份。交易成功後，陳永棋所持股份上升至45%，成為亞視第二大股東。

◆ 鷹君、恒隆、置地、希慎、新鴻基、太古和九倉七家地產商以"電費關注組"的名義聯名致函特區政府，表達對電費調整機制的關注。

11月12日

◆ 美國傳統基金會和《華爾街日報》公佈2003年經濟自由度指數報告。香港連續九年獲評為全球最自由經濟體系。

◆ 行政長官會同行政會議批准亞洲電視有限公司和無線電視廣播有限公司的本地免費電視節目服務牌照再續期12年。

11月13日

◆ 房屋及規劃地政局局長孫明揚在立法會宣讀特區政府房屋政策聲明，公佈九項穩定樓市的措施：（1）停止拍賣土地，取消本財政年度內餘下兩次土地拍賣；暫停"勾地"至 2003 年底。以後新土地只會以"勾地"方式提供。（2）地鐵和九鐵直至 2003 年底前，不會進行土地招標或鐵路沿線物業發展項目。（3）公屋的興建數目維持在輪候時間平均三年的水平上，估計未來數年需要興建兩萬多個公屋單位；但實際的建屋量將視乎低收入家庭的需求、公屋住戶的流通量等釐訂。（4）2003 年起無限期停售及停建居屋，只留少量剩餘及回購的單位提供予綠表申請者。（5）推行置業貸款計劃幫助低收入家庭置業；幫助公屋居民改善居住環境及維持公屋租戶的流動性，促進公營房屋循環分配。房委會將按每年的實際需求，調整資助名額。（6）全面停止混合發展計劃、房委會私人參建計劃和房協的資助自置居所計劃。（7）2003 年第六期租者置其屋計劃推出後，將終止計劃。（8）政府會全面檢討《業主與租客（綜合）條例》，以放寬私人樓宇的租住權管制，減少政府干預私人合約的程度。（9）取消預留給承建商作內部認購的單位，及每名買家只限購買一個住宅單位和兩個停車位的控制炒賣措施。

◆ 警務處副處長李明逵證實，曾有恐怖分子的資金流入香港金融機構，但流入次數並不多。他強調，香港不會成為恐怖分子的基地，也沒有證據證實恐怖分子曾在香港策劃破壞活動。

11 月 14 日

◆ 中央政府駐港聯絡辦主任高祀仁當選為第十六屆中共中央委員；副主任鄭坤生當選為中央紀律檢查委員會委員。

◆ 受律政司委託、為特區政府落實基本法第二十三條立法問題提供建議的英國御用大律師、人權法權威彭力克（David Pannick）表示，特區政府就基本法第二十三條的立法建議完全符合基本法和兩個國際人權公約的規定，在法律原則上也沒有不恰當之處。基本法第二十七條、第三十九條和《公民權利和政治權利國際公約》所賦予的權利不是絕對的，均需在個人利益與其他利益之間取得平衡。

◆ 代表世界主要軟件發展商的業界組織"商業軟件聯盟"向工商及科技局局長唐英年頒獎，以表揚香港特區政府和唐英年本人在保護知識產權方面所作出的努力和所取得的成績。

◆ 台灣"行政院"完成《志願士兵服役條例》修正草案政務審查程序，其中稱，"大陸及港澳地區來台役男，在台灣地區應設籍滿二十年，始得參加志願士兵甄選"。

11月15日

◆ 中國電信在香港交易所上市。首日掛牌交易暢旺。

◆ "基本法第二十三條關注組"召開記者會，發表自行編製的小冊子，內容為基本法第二十三條立法如何影響港人的自由。該關注組由大律師吳靄儀、張健利、湯家驊、李志喜、余若薇、梁家傑及香港大學法律學院院長兼大律師陳文敏、香港中文大學政治與行政學系教授戴大為、律師 Mark Daly 和前立法會議員陸恭蕙等組成。

11月18日

◆ 特區政府宣佈，自12月18日開始，斯洛伐克共和國將給予香港特區護照持有人免簽證入境九十日的待遇。香港特區於同日起給予斯洛伐克共和國國民來港免簽證九十日待遇。

◆ 英國駐港總領事館就香港特區政府落實基本法第二十三條立法發表聲明，稱這是香港回歸以來着手制定的一項最敏感的法例，英方將密切留意條例通過後的執行情況。

11月18日–11月20日

◆ 朱鎔基總理訪港。18日，朱鎔基抵港，晚上出席行政長官董建華為他舉行的私人晚宴。19日，朱鎔基出席第十六屆世界會計師大會開幕式並發表演講。朱鎔基表示，香港回歸祖國五年多來的事實證明，實行"一國兩制"，不僅可以使香港保持原有的制度和特色，繼續發揮國際貿易、金融、航運等中心的地位和作用，而且可以從祖國內地獲得更多有力的支持和更為廣闊的發展空間。中央政府將一如既往全力支持香港的發展，繼續促進香港與內地優勢互補，共同發展。其後接見中央駐港機構和中資企業的代表。晚上，朱鎔基出席特區政府為他舉辦的歡迎晚宴並發表了講話。朱鎔基表示，解決經濟問題的良策就在香港本身的力量之中，而香港的優勢亦沒有削弱過，競爭力仍很強。香港有開放的經濟體系、較完善的法治、高效率的政府公務員、優秀的企業管理人才，以及與國際廣泛聯繫的特性，使香港成為國際、亞洲的金融、貿易、服務中心。20日上午，朱鎔基乘船遊覽維港景色，並視察了葵涌貨櫃碼頭、青馬大橋、竹篙灣迪士尼樂園建築工地和香港國際機場。下午，朱鎔基返京。

2002 年 11 月 18 日，朱鎔基總理與
夫人勞安抵港，翌日出席第十六屆世
界會計師大會開幕典禮並發表演講。

11月18日-11月21日

◆ 第十六屆世界會計師大會在香港召開。主題是"知識經濟與會計師"。來自近百個國家和地區的五千多名政府官員和業界人士出席。

11月19日

◆ 朱鎔基會見出席行政長官特設國際顧問委員會第五次會議的十名委員。該委員會成立於1998年，由董建華任主席，相關特區官員和多家跨國企業領袖任委員，主要就香港長遠發展策略向行政長官提供意見。

11月20日

◆ 行政長官辦公室發言人就朱鎔基總理訪港期間的講話發表聲明：（1）朱總理訪港期間的講話，充分表達了中央對香港的支持和愛護。他與行政長官會面的時候，也表示中央政府大力支持香港。特區政府對此衷心感謝。（2）特區政府一直積極推動經濟轉型，刺激經濟增長，解決通縮財赤，以及為各行各業開拓新的和更多的發展空間。（3）行政長官一直強調，只要我們背靠祖國，面向世界，致力鞏固特區的優勢，加強在金融、物流、旅遊、經貿等各方面的發展，香港定可走出目前的困境。（4）行政長官與財政司司長會就施政報告和財政預算案廣泛咨詢市民，聽取各方面對香港發展的意見。（5）香港的未來發展，取決於特區政府和市民間的團結互信，大家共同克服目前的挑戰。

11月21日-11月23日

◆ 律政司司長梁愛詩率香港法律界和專業界代表團訪問四川省成都市。

11月22日

◆ 行政長官董建華會見前來香港進行學術訪問的中國人民大學校長紀寶成等內地學者。

◆ 外交部駐港特派員公署發言人就英國政府人士評論基本法第二十三條立法問題答記者問時表示，香港特區政府按照基本法規定就基本法第二十三條自行立法，是必要的和符合法律程序的。這完全是中國內政和香港特區內部事務，包括英國在內的任何外國政府和組織對此進行干預都是不能接受的。

◆ 特區政府憲報刊登《2002年教育（修訂）條例草案》，以便在資助學校推行一個有多方參與、公開、透明和問責性的校本管理管治架構。草案提出校董會須註冊為法人團體，以及校董會應加入家

2002 年 11 月 18 日至 21 日,主題為 "知識經濟與會計師" 的第十六屆世界會計師大會在香港舉行。

長、教師代表等七項新建議。

◆ 特區政府憲報宣佈，行政長官已委任馬道立為高等法院上訴法庭法官，由 2002 年 11 月 15 日起生效。

◆ 美國海軍航空母艦"星座"號訪問香港。

11 月 22 日 – 11 月 30 日

◆ 財政司司長梁錦松訪問荷蘭、英國、比利時、法國和愛爾蘭，與當地政、商界人士會面，介紹香港最新經濟情況，希望加強香港與有關各國的經貿聯繫。

11 月 23 日

◆ "第六屆滬港經濟發展與合作會議"在上海舉行。主題為"上海、香港在區域經濟一體化中的作用與地位"。兩地政府官員和業界代表一百五十多人出席。

11 月 24 日 – 11 月 28 日

◆ 政務司司長曾蔭權訪問日本，並為香港旅遊發展局在東京舉辦的"香港新潮流"展覽主持了開幕儀式。

11 月 25 日

◆ 香港特區第十屆全國人大代表選舉會議主席團舉行第二次會議，聽取關於港區十屆全國人大代表參選情況的匯報，確認本次選舉參選人為 78 名，並宣佈將於 11 月 29 日選出 54 名正式候選人。

◆ 解放軍駐港部隊進行駐港以來的第五次輪換。駐軍發言人表示，部隊輪換後，駐軍在香港特區的部隊員額和裝備數量，與輪換前相比沒有變化。

11 月 26 日

◆ 特區政府決定規範足球博彩活動，發出單一牌照給香港賽馬會經營足球博彩，為期五年。

11 月 26 日 – 11 月 29 日

◆ 公務員事務局局長王永平率團訪問上海和杭州。這是特區政府官員按照"內地與香港高層官員互訪計劃"首次訪問內地城市。該計劃是王永平於 2001 年 4 月訪問北京時與內地有關部門商定推行的，內地有 4 個直轄市和 15 個副省級城市參與。

11 月 27 日

◆ 國務院審批通過《深港西部通道工程可行性研究報告》。根據該報告，工程將於 2003 年展開，總投資 15.7 億元人民幣，其中全長為 5154 米的深圳灣大橋由深港雙方合建。口岸將建在深圳境內，佔地面積約 109.87 公頃。西部通道建成後，將是中國目前設施最完善、通行能力最大的公路口岸，車輛的日通過能力達七至八萬輛。

◆特區政府公佈香港高等教育發展藍圖，對香港高等院校角色分工、學位課程學額、課程撥款、大學管治等方面進行了調整，鼓勵高等院校作策略性的定位、提升教學研究質量，並為學生提供更多選擇和升學銜接機會。

◆香港各界婦女聯合協進會副主席伍淑清和香港瑞安集團主席羅康瑞當選全國工商聯副主席。

11 月 27 日－11 月 30 日

◆香港警方與內地公安機關第十次工作會晤在港舉行。行政長官董建華會見來港出席此次會晤的公安部部長助理朱恩濤。

11 月 28 日

◆香港特區政府與歐洲共同體在布魯塞爾簽署《重新接收未獲授權居留人士的協定》。根據該協定，在互惠情況下，香港和歐共體確保可以迅速及有效辨認並送回非法進入或居留在對方地區的人士。

11 月 29 日

◆港區第十屆全國人大代表選舉進行預選，874 名選舉會議成員出席會議。會議以無記名投票方式從 78 位候選人中選出得票最多的 54 名人士，作為 12 月 3 日選舉的正式候選人。

◆特區政府憲報宣佈，行政長官委任馮華健為廣播事務管理局主席，任期兩年，由 2002 年 12 月 1 日起生效。

◆第三屆珠江三角洲五大機場（香港國際機場、廣州白雲國際機場、深圳寶安國際機場、澳門國際機場、珠海機場）研討會在澳門舉行。與會者簽署意向書，承諾在發生緊急事故和災害天氣時相互提供航班備降服務，還將在資源運用和技術支援等方面尋求合作。

◆美國海軍"小鷹"號航空母艦戰鬥群到港訪問。

11 月 30 日

◆國泰航空公司引進的首架空中巴士 A340-600 長程寬體客機飛抵香港。

12 月 1 日

◆民主黨舉行會員大會，改選領導層。楊森當選為主席。

12月1日－12月7日

◆ "2002年亞洲電信展"在香港會議展覽中心舉行。行政長官董建華、國務院信息產業部部長吳基傳、財政司司長梁錦松、工商及科技局局長唐英年、國際電聯秘書長內海善雄等出席開幕式。這是香港第二次獲選為電信展的東道主城市。

12月2日

◆ 梁錦松接受亞洲電視訪問時表示，特區政府總體開支中有60%多與薪酬福利有關，要壓縮開支就要考慮削減薪酬福利。開源方面，不會開徵銷售稅，但正研究會否開徵其他新稅。長遠來説，政府要研究稅收與經濟發展的關係，以決定是否要修訂稅收政策。

12月2日－12月4日

◆ "21世紀罪犯矯正與康復國際研討會"在港舉行。香港特區終審法院首席法官李國能、保安局局長葉劉淑儀、中國監獄學會會長金鑒以及兩百五十多名來自世界各地的懲教機構官員、犯罪學學者和罪犯康復專業人士出席會議。

◆ 香港台灣工商協會組團赴台出席第二十三屆世界華商會議。

12月3日

◆ 香港特區第十屆全國人大代表選舉會議在九龍灣國際展貿中心舉行第三次全體會議。會議以無記名投票方式選舉產生了36名港區全國人大代表。他們是（以得票多少排列）：范徐麗泰、王如登、吳清輝、鄭耀棠、譚惠珠、王英偉、馬力、楊耀忠、王敏剛、陳有慶、鄔維庸、曾德成、費斐、袁武、曹宏威、葉國謙、馬逢國、吳康民、溫嘉旋、曾憲梓、林廣兆、朱幼麟、釋智慧、李宗德、劉佩瓊、李澤添、李鵬飛、黃宜弘、羅叔清、黃國健、薛鳳旋、李連生、梁劉柔芬、吳亮星、簡福飴、高寶齡。

◆ 行政長官董建華在禮賓府會見吉林省省長洪虎，就加強吉港兩地經貿和旅遊方面的合作交換了意見。

12月4日

◆ 香港金融管理局和外匯基金投資有限公司宣佈，由2003年1月開始，管理外匯基金香港股票長期投資組合的工作，由外匯基金投資有限公司移交給金融管理局。

◆ 香港航空牌照局批准港龍航空公司開設由香港往返漢城、東京、馬尼拉、曼谷和悉尼的五條新航線。牌照為期五年，由 2002 年 12 月起生效。

12 月 4 日－12 月 5 日

◆ 行政長官董建華訪問廣州和深圳，與張德江、盧瑞華、林樹森、黃麗滿、于幼軍等廣東省、廣州市和深圳市領導會面，就粵港合作問題交換意見。

12 月 4 日－12 月 8 日

◆ "2002 香港－吉林友誼週" 在港舉行。吉林省省長洪虎、常務副省長王儒林，特區政府財政司司長梁錦松出席開幕儀式。

12 月 5 日

◆ 特區政府宣佈，由 2003 年 1 月 1 日起，安哥拉給予香港特區護照持有人免簽證入境旅遊九十天的待遇。

12 月 6 日

◆ 城市規劃委員會通過灣仔第二期發展規劃。計劃以 2.1 公里的海濱長廊為核心，沿途興建綜合娛樂、展覽和旅遊設施，周邊興建商業樓宇、中環灣仔繞道和擬議中的第四條過海鐵路等。

12 月 7 日

◆ 董建華在特區政府總部會見新聞界時表示，政府會從三方面處理財赤問題：一是促使經濟復甦，二是大量節流，三是適當開源。政府已就節流制訂了一個財政目標，即把 2006/2007 財政年度的經常性開支再削減兩百億至兩千億港元，加上開源和經濟復甦方面的措施，務求恢復財政收支平衡。解決財赤是政府優先處理的最重大問題，全社會都要作出共同的承擔，但政府一定要以身作則。

◆ "基本法第二十三條與香港法制" 論壇在香港舉行。論壇由亞太法律協會舉辦，樹仁學院校監胡鴻烈大律師主持，律政司司長梁愛詩、行政會議成員廖長城、基本法委員會委員譚惠珠和前香港最高法院上訴庭大法官廖子明作主題發言。與會的兩百多名香港法律界人士就基本法第二十三條立法問題進行研討。

12 月 8 日

◆ 特區政府發言人回應有關基本法第二十三條立法問題時表示，特區政府的立法建議是以香港現有法例為基礎，並在香港制定，絕對沒有將內地有關國家安全的法例和概念引進香港，也不會削弱香港人目前享有的人權和公民自由。在發展

2002 年 12 月 1 日至 7 日，由中國
政府主辦的 "國際電信聯盟 2002 年
亞洲電信展" 在香港會議展覽中心
舉行，這個兩年一度的亞洲電信界
盛會，是繼 2000 年之後再次在香港
舉行。來自 25 個國家和地區的 325
家客商參展。圖為行政長官董建華
為電信展剪綵。

2002 年 12 月 3 日，香港特區第
十屆全國人大代表選舉會議在九龍
灣國際展貿中心舉行第三次全體會
議，選舉產生了 36 位港區全國人大
代表。

民主方面，特區政府根據基本法的規定向前推進，目標是立法會和行政長官由普選產生，由現在直至 2007 年，政府會檢討選舉安排，並公開咨詢，然後作出最後決定。

12月8日 – 12月10日

◆ 全國政協副主席、香港培華教育基金監事霍英東率香港培華教育基金慶祝成立二十週年訪問團到北京訪問，並出席"培華教育基金培訓成果追蹤座談會"。在京期間，賈慶林會見訪問團。

12月9日

◆ 廣東省公安廳再次降低廣東居民赴港定居批准分數線。凡 1995 年 1 月 1 日前分居的夫妻可獲即時批准，共有 4846 人符合條件。

◆ 陽光文化網絡電視控股公司宣佈，與成報傳媒的三大股東（中策集團、錦興集團和東方魅力集團）達成協議，以 9290 萬港元收購成報傳媒 55.09% 的股權。

12月9日 – 12月11日

◆ 行政長官董建華到北京述職。江澤民、朱鎔基、胡錦濤、錢其琛等國家領導人分別會見董建華。江澤民表示，"一國兩制"是一項長期事業。香港回歸五年來已經邁出了成功的第一步，並在實踐中積累了比較豐富的經驗。其中最重要的一條，就是要始終堅定不移地按照"一國兩制"方針和基本法辦事，全力支持行政長官和特別行政區政府的工作，維護基本法的權威，努力促進香港各界人士在愛國愛港旗幟下的廣泛團結。朱鎔基表示，解決香港的財赤問題，要開源和節流。開源方面須調整產業結構，那不是容易的事，需要一個過程。中央政府將會採取一切必要的措施，促進香港的繁榮穩定。

董建華在離京前向傳媒表示，此次述職的具體成果體現在"四大突破"：（1）中央領導認為，珠江三角洲和香港的緊密合作，既可以促進三地經濟持續發展，又可以提升珠江三角洲的國際地位。中央領導鼓勵繼續鞏固珠江三角洲的優勢，與此同時要進一步輻射到全國。中央領導再三提醒，香港在這方面有不可取代的優勢，也是香港最終經濟轉型成功的基石。關於修建貫通港、澳、珠三地的大橋，中央政府的看法是正面的。（2）關於香港和內地最緊密經貿關係方面的發展，中央領導表示，應該全面督促這方面的商談，務求於 2003 年 6 月底前落實安排。（3）中央領導知道物流和人流在邊界的暢通涉及兩地基本利益，認為應該積極處理，儘快落實。中央領導希望在春節時，可以在皇崗口岸實施人流 24 小時通關。（4）特區政府已向中央建議，內地進一步開放更多的遊客來香港。中央領導對此表示支持，並指示有關部門積極跟進和配合。

12 月 9 日 – 12 月 15 日

◆“江蘇·香港週”活動在南京國際展覽中心舉行。江蘇省副省長梁寶華、王榮炳，特區政府財政司司長梁錦松、工商及科技局局長唐英年出席開幕式。

12 月 10 日

◆政制事務局公佈 2004 年立法會選舉安排建議，並擬於 2003 年首季向立法會提交有關條例草案。主要建議是：（1）成功當選或取得 5% 或以上有效選票的候選人每票可獲十港元資助，最多為選舉開支的一半。（2）將註冊中醫納入醫學界功能組別。（3）選舉管理委員重新研究在選票上印上候選人所屬政黨或組織名稱和標誌或候選人照片。（4）按照基本法規定將功能組別增至三十個，取消選舉委員會議席。

12 月 11 日 – 12 月 13 日

◆立法會就基本法第二十三條立法進行動議辯論。曾蔭權、梁愛詩、葉劉淑儀出席會議。

12 月 12 日

◆由公務員事務局、廉政公署和香港六大商會聯合舉辦的“2002 領導論壇”在會議展覽中心舉行。董建華和八百多名政府高級官員、商界人士及學者出席了論壇。

12 月 13 日

◆政制事務局公佈 2003 年區議會選舉安排建議。建議把選舉開支限額維持在 4.5 萬港元的水平；點票工作改在個別投票站進行，投票站在投票結束後立即改為點票站，以節省點票時間。投票站主任負責監督點票工作，並在點票完畢後公佈點票結果。選舉管理委員會負責修訂相關規例，並提交立法會審議。

12 月 13 日 – 12 月 16 日

◆“2002 年香港海關與國家海關總署業務聯繫年會”在香港舉行。雙方同意繼續加強情報交換和簡化陸路口岸通關程序的合作。

12 月 14 日

◆ 中華廠商聯合會在港舉辦 "第三十七屆香港國際工業產品展銷會"。霍英東、董建華、高祀仁、吉佩定等出席開幕式。

12 月 17 日

◆ "21 世紀中華文化世界論壇" 在香港大會堂舉行開幕儀式。這次論壇由中華炎黃文化研究會、香港浸會大學及香港中華文化促進中心主辦，香港大學、香港中文大學、香港科技大學等十個學術機構合辦，董建華、高祀仁出席並任主禮嘉賓，來自兩岸和港澳地區的 130 位專家、學者與會。

12 月 18 日

◆ 特區政府委任保德信亞洲管理服務有限公司主席馮國經、東方海外主席董建成和太古主席何禮泰為亞太經合組織（APEC）商貿咨詢委員會的香港代表。

◆ 立法會三讀通過《2002 年選舉條文（雜項修訂）條例草案》。條例規定 2003 年區議會選舉將在離島、元朗和西貢三個區議會共增加十個議席。

12 月 19 日

◆ 立法會保安事務委員會和司法及法律事務委員會聯席會議舉行第六次、也是最後一次公聽會，就《實施基本法第二十三條咨詢文件》聽取社會人士的意見。

◆ 香港各界一千五百多個團體聯合成立 "支持立法保障國家安全大聯盟"，並在報章刊登跨頁聯署聲明，表示支持特區政府為基本法第二十三條立法。

◆ 招商局集團舉行成立一百三十週年慶祝酒會。董建華、高祀仁、吉佩定、梁錦松、梁振英、鄭坤生、曾憲梓以及各界人士一千多人出席。

12 月 19 日－12 月 20 日

◆ 梁愛詩率團訪問重慶，並參加 "內地與香港訴訟制度研討會"。香港特區政府律政司與重慶市司法局、香港大律師公會與重慶市律師協會分別簽署合作協議書。

12 月 19 日－12 月 24 日

◆ 林瑞麟率團訪問北京。先後拜訪外交部、國務院港澳辦、國務院台辦、全國人大法工委等部門。

12 月 20 日

◆ 世界貿易組織報告指出，香港奉行"一國兩制"，享有高度自治，回歸後香港的貿易和投資政策沒有改變，香港作為區域貿易中心和開放經濟體系的地位沒有改變。

◆ 歐洲議會通過有關香港基本法第二十三條立法的決議案，稱香港高度自治是歐盟與中國未來發展進一步關係的關鍵因素。

12 月 21 日

◆ 特區政府憲報公佈，行政長官委任梁君彥出任香港生產力促進局主席，任期由 2003 年 1 月 1 日開始。

12 月 22 日

◆ "支持立法保障國家安全大聯盟"發起的"國家安全，人人有責"大集會在維多利亞公園足球場舉行。來自政黨、工商界、專業界、婦女界、青年界、地區團體、同鄉組織以及工會的一千五百多個團體和組織，逾四萬名市民參加集會。大會宣讀聲明，呼籲所有市民支持特區政府就基本法第二十三條進行立法，就立法內容提出意見，為保障國家安全盡一分力。

12 月 23 日

◆ 曾蔭權訪京並與有關部門達成共識，決定 2003 年春節前夕在落馬洲－皇崗口岸開始實行 24 小時客流通關。

◆ 民政事務局局長何志平出席由基本法研究中心舉辦的"基本法第二十三條立法問題研討會"時表示，特區政府已就基本法第二十三條立法問題咨詢了 18 個區議會，有 16 個區議會支持立法。

◆ 加拿大駐港領事館就基本法第二十三條立法發表聲明稱，該立法是香港回歸後最重要的一項立法，加拿大明白特區政府有責任立法。香港的透明度、獨立的司法制度和尊重人權等方面一向為國際社會所尊重，而這也是有利香港經濟發展和港人生活的。加拿大希望香港能保持上述方面繼續發展。

12 月 24 日

◆ 特區政府就實施基本法第二十三條立法的咨詢期結束。署理保安局常任秘書長湯顯明總結時表示，在三個月咨詢期內，政府共收到九萬多份由團體和個人提交的意見書，政府也派人出席了 250 場研究會、聽證會和傳媒訪問，並派發了一百萬份宣傳材料。反對和支持立法建議的意見均有。政府在制定法例前，會詳細

2002 年 12 月 22 日，"支持立法保障國家安全大聯盟"在維多利亞公園舉行大集會，大聯盟的 27 個發起團體、一千五百多個聯署團體代表及四萬多市民參加，支持特區政府就基本法第二十三條立法。

研究和考慮咨詢期內收到的所有意見，儘快提交條例草案，讓大家可以更清楚瞭解立法內容，也讓立法會和全港市民有充分時間研究草案並提出意見，直至整個立法過程結束。

◆ "支持立法保障國家安全大聯盟"的十多名代表到特區政府總部遞交收集到的 12.4 萬多個市民簽名，支持特區政府就基本法第二十三條立法。

◆ 葡萄牙外交部宣佈，將關閉該國駐香港領事館，有關工作由駐澳門總領事館接手辦理。

12月24日－12月28日

◆ 香港福建社團聯會主席李群華率團訪問北京和浙江。賈慶林會見訪問團。

12月26日

◆ 日本經濟研究中心公佈一項 "潛在競爭力" 調查結果，在全球 31 個調查對象中，香港排名第二，以一分之差落後美國。

12月27日

◆ 開曼群島移民局宣佈，即日起給予香港特區護照持有人免簽證入境旅遊三十日的待遇。

12月30日

◆ 新聞處開通政府新聞網站，加強特區政府與香港市民和海外人士的溝通。

◆ 特區政府發表名為《工作進度報告 —— 施政方針 2001》的文件表示，施政報告承諾的 1368 項工作中，有 96% 即 1309 項已經完成、如期進行或正在檢討中。其餘 4% 即約六十項則未能按原定計劃如期推行，主要是由於工程延誤以及草擬法例過程中須作更廣泛咨詢。

12月31日

◆ 實行 14 年的 "自置居所貸款計劃" 截止申請。從 2003 年 1 月 1 日起，將由 "置業資助貸款計劃" 取代。

2003年 ....

1月1日 元旦

◆ 國家副主席胡錦濤在全國政協新年茶話會上發表講話指出，中央政府將繼續堅定不移地落實"一國兩制"方針，嚴格按照香港基本法和澳門基本法辦事，全力支持香港、澳門特別行政區政府和行政長官的工作，廣泛團結港澳各界人士，共同促進香港和澳門的繁榮、穩定和發展。

◆ 教育統籌局與教育署合併，合併後名稱為教育統籌局。

◆ 香港佛教界舉辦"祝願香港特區繁榮安定萬人祈福法會"。董建華、高祀仁、吉佩定、梁愛詩、范徐麗泰等出席儀式。

◆ 入境事務處簽發新版香港特別行政區護照。

◆ 從即日起，英屬安圭拉島給予香港特區護照持有人免簽證入境旅遊待遇，逗留期為三個月。

1月3日

◆ 特區政府宣佈，行政長官已委任蔡元雲為禁毒常務委員會主席，任期由2003年1月至2004年年底。

1月6日

◆ 選舉管理委員會公佈2003年區議會選舉選區劃分和名稱的臨時建議圖，由即日起進行為期四週的咨詢。

1月8日

◆ 董建華發表第二屆任期內首份施政報告《善用香港優勢　共同振興經濟》。報告分析了香港經濟困難的背景和成因，提出振興經濟的計劃，並着手解決財赤問題。報告指出，要強化和提升作為香港經濟主要支柱的金融、物流、旅遊和工商支援服務，並充分利用國家發展勢頭來加快香港經濟轉型，加強與內地經濟合作。同時要促進經濟增長、大力節省公共開支和適當增加收入三管齊下解決財赤問題。縮小政府規模，包括在2006/2007年度把公務員編制減少一成，全面暫停招聘公務員和推出第二輪自願退休計劃。

◆ 董建華在特區政府總部舉行的記者會上指出，經過數年探索，已經找到香港經濟發展方向，其基礎是善用香港的優勢：一是利用現有優勢，鞏固及進一步推動金融、物流、旅遊、工商支援服務四大經濟支柱。二是進一步加強與珠三角地區融合，為經濟帶來活力。

◆ 中央政府駐港聯絡辦社會工作部新年酒會在香港會議展覽中心舉行。高祀仁、劉山在、陳鳳英出席。

◆ 香港明天更好基金和香港國際商會公佈"2002 年商業信心調查"結果。其中，50% 的受訪者對香港未來十二個月的營商環境表示樂觀，比 2001 年增加 12%；84% 的受訪者對香港未來三年的商業前景極具信心，比 2001 年增加 4%；96% 的受訪者預測公司將有良好或滿意表現。

◆ 公安部出入境管理局進一步放寬港澳居民在內地子女前往港澳探親的限制，將對香港或澳門居民在內地 18 週歲以下子女申請赴香港或澳門探望父（母），簽發一個月一次、三個月一次或三個月多次探親簽注。

1月9日

◆ 董建華出席立法會施政報告答問大會時表示，特區第二屆政府的主要任務和最大挑戰是帶領香港經濟走出困境，恢復市民對前景的信心。香港經濟發展路向是善用現時所有優勢，強化四個支柱產業：金融、旅遊、物流、工商支援服務，以及配合推動創意產業和創新科技，支持中小企業多元發展，加快香港與珠三角的經濟合作，促進香港經濟轉型，增加香港市民就業機會。

◆ 由特區政府中央政策組、香港總商會和貿易發展局聯合主辦的"珠三角新時代：進一步融入世界經濟體系研討會"在香港會議展覽中心舉行。研討會內容包括香港在珠三角的定位、如何加強香港與珠三角的融合、珠三角在世界經濟體系中的重要性，以及香港作為珠三角與世界各地之間的橋樑角色。政府官員、商界代表、學者、專業人士，社會領袖及外國使節等約五百人出席。董建華出席並致辭。

◆ 環境運輸及工務局局長廖秀冬主持九廣鐵路落馬洲支線工程動工儀式。

1月9日-1月11日

◆ 董建華會見到訪的斯洛伐克總統魯道夫·舒斯特（Rudolf Schuster）。雙方就合作商機、通過香港開拓中國內地市場等問題交換了意見。

1月12日

◆ 香港迪士尼主題公園建設工程在大嶼山竹篙灣舉行動工儀式。董建華出席並致辭。

◆ 由宗教界、教育界和社工界人士組成的"反對賭波大聯盟"舉行集會遊行，表達對賭球的反對立場。

1 月 13 日

◆ 2003 年法律年度開啟典禮在香港會議展覽中心舉行。終審法院首席法官李國能在典禮上致辭時表示，香港法治的持續發展得益於社會對法治、司法獨立的重視和警覺意識。律政司司長梁愛詩致辭時表示，律政司會確保基本法第二十三條立法建議符合基本法和《公民權利和政治權利國際公約》，決不會與市民的基本人權和自由相抵觸。

1 月 15 日

◆ 政制事務局局長林瑞麟公佈 2004 年第三屆立法會選區劃界建議，建議維持五個地方選區和比例代表名單投票制，每個選區將按人口比例增加議席，由過去每區四至六個議席增加為四至八個議席。

◆ 政制事務局發表《主要官員問責制實施成效中期報告》。

◆ 中央政府駐港聯絡辦在華潤大廈舉行 "2003 年香港台灣同胞迎春酒會"。

1 月 17 日

◆ 特區政府憲報公佈，行政長官再度委任林李翹如為大學教育資助委員會主席，任期由 2003 年 2 月 1 日至 2006 年 3 月 31 日。

1 月 21 日

◆ 章新勝副部長代表教育部在香港中文大學接受邵逸夫兩億港元捐款。捐款將用於興建內地西部三百多所大中小學校。邵逸夫向內地教育機構捐助累計 26 億多港元。

1 月 22 日

◆ 立法會公營房屋建築問題專責委員會公佈公屋 "短樁事件" 調查報告，指出港英政府在 1997 年 6 月公營房屋發展計劃中制訂的目標不切實際，是導致 "短樁事件" 的導火線。負責公屋事務的多個政府部門，因未能制訂有效的應對方法和監察不力也難辭其咎。報告建議政府應就此進行檢討。1999 年起，廉政公署先後查出天水圍天頌苑、沙田圓洲角、石蔭及東涌的工程項目中存在貪污導致的質量問題。2001 年，立法會成立專責委員會，調查連串公屋短樁醜聞的原因。

1 月 22 日 – 1 月 24 日

◆ 由香港廉政公署和國際刑警組織聯合舉辦的 "跨域攜手滅貪污" 國際反貪會議在香港舉行。61 個司法管轄區、8 個國際組織的五百多名代表參加。

1 月 23 日

◆ 中央軍委主席江澤民簽發命令，任命王繼堂為駐港部隊司令員，駐港部隊原司令員熊自仁為南京軍區副政治委員。

◆ 國務院司法部在北京人民大會堂向 95 名香港律師頒發委託公證人證書。國務院副總理錢其琛、司法部部長張福森等出席儀式。會後，錢其琛接見了全體委託公證人。錢其琛表示，這是他第三次參加這樣的活動。第一次是在 1995 年，還是在香港回歸祖國之前，第二次是 2000 年。這次又新增了 53 位委託公證人，隊伍進一步擴大了。這說明委託公證人制度在不斷發展和完善，也說明這項制度作為落實"一國兩制"方針的實踐是成功的。他希望委託公證人珍惜這一榮譽，本着對法律負責、對社會負責、對當事人負責的精神，努力辦好每一項公證事務，使委託公證人制度不斷煥發生機和活力，維護兩地民眾的合法權益。張福森表示，委託公證人制度有效解決了一個國家內部、不同法律制度、公證制度下公證文書的相互使用問題，保障了證明文書的真實性和合法性，為香港居民回內地處理民事、經濟事務提供了一條便捷有效的法律服務途徑，維護了兩地民眾的合法權益。

委託公證人制度從 1981 年建立以來，通過委託公證人辦理發往內地使用的各類公證文書近六十萬件。

◆ 董建華設宴餞別熊自仁，並歡迎王繼堂。

◆ 台灣駐港機構"光華新聞文化中心"主任路平抵港就任。

1 月 23 日－1 月 28 日

◆ 工商及科技局局長唐英年率商界領袖和政府官員組成的代表團，赴瑞士達沃斯參加主題為"建立互信"的世界經濟論壇週年會議。會議集中討論世界經濟、全球管治和企業挑戰等問題。

1 月 24 日

◆ 立法會財務委員會通過向入境處撥款 3.5 億港元，用以推行第二期全新資訊系統策略計劃。

◆ 立法會財務委員會批准設立五千萬港元的電影貸款保證基金。

1 月 24 日－1 月 27 日

◆ 民政事務局局長何志平率團訪問新加坡，與當地官員就文物保存、藝術、文化和體育推廣、社區發展政策等方面的問題交換意見，並聽取當地足球博彩政策的介紹。

1月25日

◆ 第九屆全國政協常務委員會公佈第十屆全國政協委員名單。其中香港委員122人。

◆ 香港《文匯報》舉辦"紀念江澤民主席八項主張發表八週年座談會"。林瑞麟在會上表示，特區政府完全支持兩岸"三通"，歡迎台灣同胞來港工作、投資、旅遊和生活，親自感受和體驗"一國兩制"，或者以香港為工作和生活基地，到廣東和珠三角從事各類投資。

1月26日

◆ 廣東省委書記張德江、省長黃華華與霍英東、馬萬祺等港澳知名人士在廣州舉行座談會，就粵港澳合作與發展交換意見。

◆ 兩岸"春節包機"業務開始實施。首航由一架台灣中華航空公司客機從上海經停香港飛抵台灣。參與"春節包機"經停港澳的還有遠東、長榮、華信、立榮、復興等五家台灣航空公司。

1月27日

◆ 落馬洲管制站/皇崗口岸由零時起開始實施24小時通關服務。

1月28日

◆ 行政會議討論基本法第二十三條立法咨詢報告。董建華在會後向傳媒表示，經過詳細分析和研究所有收集的資料，政府為立法建議作出了澄清和解釋，並就下一步的法律草擬工作訂出了清晰和明確的指引。新聞自由是香港成功的基石，政府根本無意、亦絕對不容許新聞自由受到損害。政府會依照有關指引，儘快完成草擬法例的工作。在此期間，政府會繼續聽取各方面意見。在未來整個立法過程中，亦會繼續小心聽取市民意見。

◆ 保安局局長葉劉淑儀表示，在基本法第二十三條立法建議咨詢期內共收到97097份本地人士提供的意見書，340513個簽名。在仔細研究意見書後，特區政府就立法建議作出進一步解釋。一是明確定義，釐清概念。條文中的定義將更清楚，如叛國罪中的"戰爭"清楚訂定為實際戰爭或武裝衝突，並適用於分裂國家罪和顛覆罪。二是廢除隱匿叛國罪。三是廢除管有煽動刊物罪。四是更清晰界定未經授權下披露受保護資料有關"未經授權取得"的定義，即只限於通過黑客、盜竊、搶劫、入屋犯法、賄賂等指定犯罪手法取得的資料。五是"中央與特區關係"資料清晰界定。六是清晰界定禁制機制。

由 2003 年 1 月 26 日午夜起，落馬洲管制站為旅客提供 24 小時通關服務，新安排是改善過境設施的一個重要里程碑。圖為首輛從落馬洲入境的穿梭巴士。

2003 年 1 月 27 日零時起，皇崗口岸為旅客提供 24 小時通關服務。圖為香港海關工作人員為進入香港的人士辦理入境手續。

七是更嚴謹調查權力。只有總警司或以上職級的警務人員，才可在極少數緊急情況下授權行使調查權力。在絕大部分的情況下，必須向法庭申請手令。八是清楚訂定叛國罪適用範圍。九是司法保障。被指控干犯叛國、分裂國家、煽動叛亂、顛覆或任何非法披露罪的人，都可以選擇由陪審員審訊，入罪與否，由陪審員最終決定。

◆ 特區政府宣佈，黎高穎怡任公務員事務局常任秘書長，由 2003 年 2 月 24 日起生效。

2月4日

◆ 香港《大公報》報道，資深大律師麥高義在《香港律師》上發表文章指出，政府關於基本法第二十三條立法建議中根據基本法第二十三條所訂定的叛國罪、顛覆罪，沒有違反國際人權公約，甚至大為收窄普通法下叛國罪的範圍，加之香港法律制度的四重保障（基本法、律政司司長、刑事檢控專員、私人執業大律師），可以確保有關立法的應用既顧及國家安全，同時也符合人權。

◆ 2003 年區議會選舉劃界咨詢期結束，選舉管理委員會共收到兩百多份意見書。

2月5日

◆ 金融管理局宣佈，已向台北國際商業銀行授予銀行牌照，並已於 2003 年 1 月 30 日生效。

2月7日

◆ 特區政府在禮賓府舉行新春酒會。董建華、高祀仁和港區全國人大代表、全國政協委員及各界人士六百人出席。董建華致辭。

2月11日

◆ 中央政府駐港聯絡辦在香港會議展覽中心舉行 2003 年新春酒會。霍英東、董建華、高祀仁、吉佩定、王繼堂、王玉發和香港各界人士約四千人出席。高祀仁致辭時表示，在新的一年裡，中央政府駐港聯絡辦將繼續堅定不移地貫徹"一國兩制"、"港人治港"、高度自治方針，支持以行政長官董建華為首的特區政府依法施政，認真履行中央賦予的各項職責，積極促進香港與內地各領域的交流與合作，維護香港的長期繁榮穩定。

◆ 終審法院常任法官李義就一印度籍男子居港七年後申請永久居民資格被拒的上訴案作出裁決，裁定《入境條例》中限制外地人士居港條件附表中的部分內容違反基本法。

2月12日

◆ 立法會三讀通過《村代表選舉條例草案》。草案規定村代表選舉實施雙村長制，允許非原居民出任村代表。並提出多項修訂，包括容許公職人員在沒有利益衝突和不損害公正形象下，參選村代表。

2月13日

◆ 特區政府召開記者會，公佈《國家安全（立法條文）條例草案》全文。草案對叛國、顛覆、分裂國家、煽動叛亂、竊取國家機密、危害國家安全、緊急調查權力等作了清晰的定義。葉劉淑儀表示，政府沿用現行針對危害國家安全罪行的法例，而不是將內地法律引申到特區。

◆ 大律師公會和香港律師會的多名代表先後與律政司法律政策專員區義國會面，就《國家安全（立法條文）條例草案》的內容交換看法。

2月14日

◆ 特區政府憲報刊登《國家安全（立法條文）條例草案》。

◆ 葉劉淑儀向立法會議員介紹《國家安全（立法條文）條例草案》內容。

根據草案條文，叛國罪將只適用於中國公民。條文中的各個概念亦有清晰的界定。例如，"公敵"是指與中國交戰的外國政府，或外來武裝部隊。而"交戰"，是指武裝部隊之間的公開武裝衝突，或公開的宣戰。一般示威、衝突和暴亂，不列為戰爭。同時，政府接受公眾意見，不把"隱匿叛國"列為罪行。

關於分裂國家罪，咨詢文件中有關"威脅使用武力"和"抗拒行使主權"的提述，不會納入條例草案，而"武力"和"嚴重犯罪手段"，亦須達致危害國家領土完整，才構成有關罪行。

關於顛覆罪，和分裂國家罪行一樣，只有涉及進行戰爭、使用嚴重的武力或類似恐怖活動的嚴重犯罪手段，才會被列為顛覆。咨詢文件中有關"威脅使用武力"的提述，不會納入條例草案中。而"武力"和"嚴重犯罪手段"，亦須達致危害國家穩定，才構成顛覆罪。

關於煽動叛亂罪，現行的《刑事罪行條例》第十條，已明文規管"管有煽動性刊物"此項罪行。政府決定透過今次的立法過程，廢除現行純粹管有煽動性刊物的罪行，以確保言論、學術自由得以保障。葉劉淑儀又指出，處理煽動性刊物的行為，根據條例草案的條文，除了實質行為外，還須具備 "意圖" 這個元素，方可入罪。即控方必須在毫無合理疑點下，證明有關人士的確有煽惑他人干犯叛國、分裂國家或顛覆罪的意圖。

關於竊取國家機密罪行，經認真考慮後，特區政府決定在條例草案中明確這類資料定義為：與香港特區有關，並根據基本法是由中央管理的事務。

基本法第二十三條訂明須禁止外國的政治性組織或團體在香港特區進行政治活動，及禁止香港特區的政治性組織或團體，與外國的政治性組織或團體建立聯繫。關於這方面的立法問題，葉劉淑儀表示，經研究後，認為現行《社團條例》內的條文，對於禁止這兩類活動已十分足夠及恰當。因此，政府決定繼續沿用現有條文，不作任何增刪。

葉劉淑儀還對公眾特別關注的相關問題作了說明。關於取締從屬於內地組織的本地組織的問題，在作出取締某本地組織的決定前，保安局局長必須依循條例草案的各項條文，作出多項考慮。同時，除非任何人士在保安局局長作出取締決定後，仍繼續參加該組織的活動或擔任職務等，否則取締本身並不會引起刑事罪行。

關於新增有關國家安全的緊急調查權力問題，可以授權進行緊急調查的警務人員職級，由警司級提升至總警司級或以上。而條例草案亦清楚列明這項權力，只能在符合嚴謹法定條件的緊急情況下行使。在調查基本法第二十三條的罪行時，如需搜查或檢取新聞材料，必須先行取得法院手令，保障新聞自由。

為進一步保障市民的權益，條例草案訂明被控干犯最高刑罰達終身監禁的叛國、分裂國家或顛覆罪的人士必須透過陪審團審訊；而干犯刑罰較輕的煽動叛亂或非法披露罪行的人士，除可按一貫程序由地方法院或裁判官作審訊外，亦可自行選擇在原訟法庭進行陪審團審訊。

香港居民現時根據基本法所享有的自由和權利，將繼續受到保障。條例草案亦會明文規定，所有條文的解釋、適用及執行，必須符合基本法第三十九條，即包括符合國際人權公約的標準。

◆ 選舉管理委員會公佈新界鄉村《村代表選舉活動指引的建議》，並開始公開咨詢，至 3 月 15 日結束。

◆ 香港特區政府與菲律賓簽署文化合作備忘錄，加強雙方在文化、藝術和教育方面的合作。

◆ 美、英、匈、法等多個國家駐港總領事館就特區政府憲報刊登有關基本法第二十三條條例草案，回應記者咨詢。美國駐港總領事館發言人表示，高興見到特區政府對香港各界和國際社會的多項疑慮作出回應，並期望港人的言論自由長久得到保障。英國駐港總領事館表示，對特區政府刊憲的條例草案與咨詢文件中的建議提出多項改善表示歡迎。

2月14日–2月16日

◆ 工商及科技局局長唐英年出席在日本東京舉行的世界貿易組織非正式部長會議。會議就多哈發展議程的議題交換意見，並為 2004 年 9 月在墨西哥坎昆舉行的世貿第五次部長級會議作準備。

2月14日–2月18日

◆ 世界衛生組織鼻咽癌防治國際會議在香港召開。

2月15日

◆ 特區政府憲報刊登《選舉管理委員會（選民登記）（村代表選舉）規例》。根據規例，選民登記冊共分為兩類。一類為現有鄉村選民登記冊，另外一類是原居鄉村暨共有代表鄉村選民登記冊。

◆ 反戰爭求和平委員會、綠色和平、樂施會、亞洲學生聯會等 23 個香港團體舉行集會遊行，呼籲和平解決伊拉克危

機，並向美國和英國駐港領事館遞交反戰聲明。

2月17日

◆ 特區政府就《公民權利和政治權利國際公約》在香港的實施情況撰寫了報告大綱，並展開為期一個月的公眾咨詢。報告將由中央政府交予聯合國。

◆ 第二次"粵港澳文藝合作高峰會"在澳門舉行。三地政府主管文化工作的官員出席了會議。

◆ 美國第七艦隊旗艦"藍嶺"號訪問香港。

2月18日

◆ 外交部駐港特派員公署舉行新春酒會。霍英東、董建華、高祀仁、王繼堂、王玉發以及香港各界人士四百多人出席。

◆ 工業貿易署發言人表示，由本月 24 日起，每家中小企業可從中小企業市場推廣基金和中小企業培訓基金獲得資助的上限，分別由原來的 1 萬和 1.5 萬港元，增至 4 萬和 3 萬港元。

◆ 香港電影城建設工程在將軍澳舉行動工典禮。工程投資總額達 11 億港元，預計 2004 年 6 月完工。

◆ 香港特區政府與比利時王國政府簽

署刑事事宜司法互助協議。根據協議，雙方可以在刑事案件中就取證、執行搜查和檢取要求、出示文件、移交人員以協助調查、沒收犯罪得益和送達文件等方面要求對方協助。

2 月 19 日

◆ 立法會通過《2002 年教育重組（雜項修訂）條例草案》。

◆《文匯報》、《星島日報》、亞洲電視、鳳凰衛視等九家媒體聯合主辦的"2002 年特區政府施政十件大事"評選活動公佈結果並舉行頒獎禮。獲選的十件大事為：（1）展開基本法第二十三條立法咨詢。（2）實行高官問責制。（3）確定皇崗口岸 24 小時通關。（4）九項措施穩定樓市。（5）第二屆行政長官選舉，董建華連任。（6）立法落實公務員減薪。（7）推行賭波規範化。（8）急症室和其他醫療收費調整至合理水平。（9）三管齊下解決財赤。（10）居留權問題獲得解決。

◆ 國際貨幣基金組織代表團完成香港"第四條磋商"後發表聲明，指出香港特區政府開支增加，收入基礎日漸收窄，使財政預算結構性結餘顯著惡化。要成功推行緊縮財政政策，政府必須大幅削減開支，但在收緊教育、衛生和社會服務方面的開支將面臨嚴峻的挑戰。聲明還支持特區政府繼續推行聯繫匯率制度。

◆ 董建華會見訪港的美國貿易代表佐立克（Robert B. Zoellick），向他介紹了香港經濟發展及與珠三角聯繫的最新情況。

2 月 20 日

◆ 特區政府宣佈，由即日起，克羅地亞給予香港特區護照持有人免簽證入境旅遊九十日的待遇。

2 月 20 日 – 2 月 21 日

◆ 衛生福利及食物局常任秘書長尤曾家麗、禁毒專員盧古嘉利出席在廣東省中山市召開的"第二屆粵港澳打擊濫用及販賣毒品政策研討會議"。

◆ 全國人大常委會辦公廳、全國政協辦公廳和中央統戰部在深圳舉辦學習班，邀請 36 名十屆港區全國人大代表和約四十名十屆港區全國政協委員參加。學習班以中國憲法和法律、全國人大制度、職能和角色等為專題。劉延東、高祀仁、鄒哲開參加了有關活動。

2 月 21 日

◆ 特區政府憲報刊登《2003 年立法

會（修訂）條例草案》。根據草案，第三屆立法會將取消選舉委員會的六個議席，地方選區直選產生的議席由 24 席增至 30 席。全港將劃分為 5 個地方選區，分別設 4 至 8 個議席。功能界別的數目和組成保持不變。

◆ 特區政府和公務員團體達成共識，同意採用"零三三"減薪方案，即公務員薪酬在 2003 年凍結，2004 年減薪 3%，2005 年再減 3%，目標是把公務員薪酬減至 1997 年時的水平。公務員事務局局長王永平表示，特區政府將通過立法實施這個減薪計劃。

◆ 立法會財務委員會通過撥款 21 億港元實行公務員第二輪自願退休計劃，並通過追加 1.1 億港元撥款，作為公務員和司法人員的退休金和賠償。

◆ 立法會財務委員會通過撥款 2.5 億港元，作為綜援金追加部分，以應付領取綜援個案數目上升的需求。

2 月 22 日－2 月 23 日

◆ 台灣"陸委會"就八十名台灣"法輪功"分子被入境處拒絕入境，向特區政府"表示嚴重的抗議"。政制事務局局長林瑞麟回應稱，入境處處理所有個案都完全按照香港法例，所採取的行動是完全合理、合法、專業和克制的。

2 月 24 日

◆ 董建華在禮賓府會見訪港的比利時首相伏思達（Guy Verhofstadt）。

◆ 衛生福利及食物局局長楊永強舉行記者會，解釋行政會議通過按通縮削減綜援的有關決定。楊永強表示，特區政府決定按通縮削減綜援 11.1%。截至 2003 年 1 月，領取綜援個案高達 26.7 萬多宗，按年增長率為 9.8%，同期失業綜援個案達 4.1 萬宗，增幅達 37.6%。根據這個上升趨勢，2002/2003 財政年度用於綜援的 160 億港元已不足以應付所需開支。社會福利署署長林鄭月娥表示，政府在調低綜援金額之餘，會加強發展工作福利計劃，並推出四項新措施協助有工作能力的綜援人士達致"自力更生"，包括提高入息豁免至 2500 港元，以增加綜援人士尋找工作的意慾。

2 月 25 日

◆ 中央政府駐港聯絡辦在華潤大廈宴請港區全國人大代表和全國政協委員。霍英東、高祀仁、王鳳超、劉山在、鄒哲開、陳鳳英、鄭坤生、王如登，以及 33 位港區全國人大代表和一百二十多位政協委員出席。高祀仁致辭。

◆特區政府公佈公務員薪酬調整方案：將公務員薪酬調低至 1997 年 6 月 30 日的水平（以現金數值計算），調整分兩次在 2004 年 1 月 1 日和 2005 年 1 月 1 日實施，每次調整幅度大致相同。

◆特區政府宣佈按通縮削減綜援 11.1% 的決定。從 2003 年 6 月 1 日起，健全人士將一次性削減，長者和傷殘人士分兩期削減，2003 年 10 月先減 6%，其餘在 2004 年 10 月再減。預計有關措施首年將使政府減少十多億港元支出。

◆特區政府公佈二十家政府資助機構的檢討報告，建議醫院管理局、康體發展局、藝術發展局和管弦協會有限公司四家機構，更改高層管理人員的薪酬條件或管理編制。政府決定由 4 月起推出新指引，要求受資助機構須就其高層人員薪酬作定期檢討，並每年向所屬政府部門提交有關報告。

◆行政會議通過《人口政策專責小組報告書》。報告提出吸引東南亞投資移民來港，投資金額確定為 650 萬港元的水平；建議進一步放寬內地優才和專才人士來港，不再規限行業和人數；建議對由內地抵港的低技術成年人進行再培訓。

2 月 26 日

◆《國家安全（立法條文）條例草案》在立法會進行首讀和二讀。葉劉淑儀表示，咨詢期內共收到超過十萬份意見書，特區政府經過細心聆聽並採納多項建議後，才草擬條例草案。

◆政務司司長曾蔭權在立法會發表《人口政策專責小組報告書》。報告書建議政府採取包括擴大現行移民政策吸引投資移民，放寬內地人才和專業人士入境限制等 33 項措施，以提升香港人口素質，以及調配資源定期對人口政策進行檢討。

◆陽光文化網絡電視控股公司宣佈，全面收購成報傳媒小股東持有的 44.73% 股權，使其在成報傳媒的股權增至 99.82%，公眾持股僅 0.18%。

2 月 27 日

◆統計處公佈的對外商品貿易數字顯示，香港整體出口連續八個月增長，1 月份的整體出口與 2002 年同期比較增長 26.7%，是自 1994 年 1 月以來的最大升幅。

◆香港華僑華人總會代表團拜訪最高人民法院，並贈送"依法護僑、公正廉明"的金匾，以感謝最高人民法院在維護華人華僑合法權益中的努力。

◆ 特區政府發言人在回應英國外交及聯邦事務部向英國國會提交的第 12 份香港報告書時表示，香港有憲制責任立法維護國家安全。特區政府對基本法第二十三條立法建議進行咨詢後，已就有關的立法建議作出澄清和完善。特區政府將確保基本法所保障的自由和權利，香港作為資訊自由流通的國際金融和商業中心地位不會改變。

2 月 28 日

◆ 特區政府憲報公佈可持續發展委員會成員名單，政務司司長曾蔭權任主席，成員有鄭維健、郭炳江、蔣麗莉、高保利、方敏生、狄志遠、林健枝、捷成漢、潘樂陶、廖長城、蔡素玉、徐立之、戴希立、房屋及規劃地政局局長、經濟發展及勞工局局長、衛生福利及食物局局長、環境運輸及工務局局長。委員會任期兩年，由 2003 年 3 月 1 日起生效。

◆ 立法會內務委員會通過優先審議《國家安全（立法條文）條例草案》，並決定稍後成立《國家安全（立法條文）條例草案》委員會。

◆ 立法會主席范徐麗泰致信全體議員，不點名批評有議員在議事堂擅自站立及展示標語抗議，提醒議員在議事堂內表現須莊重，議員行為應受《行政指令》規管。

立法會首讀《國家安全（立法條文）條例草案》時，有 21 名議員不遵守議事規則舉牌抗議。

◆ 香港理工大學陳王麗華和蔡忠龍的"一種新型的壓電及熱釋電材料研究與應用"研究項目，獲國家技術發明獎二等獎。香港科技大學黃勁松的"半單李群上的非交換調和分析"研究項目和香港城市大學李述湯的"金剛石及新型碳基材料的成核與生長"研究項目分別獲國家自然科學獎二等獎。

3 月 1 日

◆ 新界鄉村村代表選舉的選民登記工作開始，至 3 月 21 日結束。

3 月 2 日

◆ 霍英東就香港《南華早報》題為"董先生是時候升上神台"的社論表示，有關社評對董建華極不公道，不能把港英時期遺留下來的問題都歸咎於董建華。

◆ 全國政協新聞發言人表示，港澳地區的委員人數在全國政協委員中所佔比例比其他省（市、區）大，表明中央對香港特區和澳門特區非常重視。

◆ 香港天文台在尖沙咀總部舉行放置時間囊儀式，慶祝成立一百二十週年。

3月4日

◆ 2003 年香港國際珠寶展在會議展覽中心開幕，首次增設鐘錶館。

3月4日-3月5日

◆ 董建華列席十屆全國人大一次會議開幕式，並在北京飯店舉行酒會招待出席"兩會"的港區全國人大代表和全國政協委員。

3月5日

◆ 國務院總理朱鎔基在十屆全國人大一次會議作政府工作報告時強調，維護香港、澳門的繁榮、穩定和發展，是中國政府堅定不移的目標。中央政府將繼續貫徹"一國兩制"方針，嚴格按照香港基本法和澳門基本法辦事，積極促進內地與香港、澳門在經貿、教育、科技、文化等領域的交流與合作。

◆ 錢其琛副總理在人民大會堂會見出席十屆全國人大一次會議的港澳地區代表時指出，香港要積極發展新優勢，而在這個方面，內地與香港的優勢互補非常重要。香港要發展，要有穩定的局面。中央

政府放手讓特區政府去做香港事務，並會繼續支持特區政府。

◆ 財政司司長梁錦松在立法會發表 2003/2004 年度財政預算案。強調要平衡各方利益，提出三管齊下方案，即開源兩百億港元、節流兩百億港元和振興經濟三百億港元，希望消滅現時七百億港元的政府財政赤字，在 2006/2007 年度回到平衡預算。開源方面提出五項新加稅措施；節流方面的措施包括公務員減薪、削減綜援、減少公務員編制、政府將厲行節約等。振興經濟方面，將加強與珠三角合作，加快落實香港與內地更緊密經貿關係安排，強化金融、物流等中心地位，推動創意工業、高科技產業發展，並致力增加就業機會。

◆ 特區政府決定，由 4 月起，新簽約外傭的最低工資降至 3270 港元，比以前減少 400 港元。

3月6日

◆ 高祀仁在十屆全國人大一次會議香港代表團小組會上作了題為《推進兩地合作，促進共同繁榮》的發言。高祀仁表示，內地實行改革開放以來，香港與內地之間的合作關係越來越密切。香港回歸祖國五年來，這種合作關係呈現新的特點，

一是全局性，二是多樣性，三是廣泛性，四是有序性，五是自覺性。這些為兩地合作進一步發展提供了必要條件。在新形勢下提高兩地合作交流水平，一要始終堅持"一國兩制"原則。二要把握"引進來"和"走出去"兩個戰略方向。三要注重"三大地域板塊"。四要抓好四個環節，即政府協調，市場引導，人才培養，觀念更新。

高祀仁表示，中央政府駐港聯絡辦作為中央派駐香港特區的機構，在促進兩地合作交流方面有四句話：一是職責所在，這是中央賦予聯絡辦的重要職責之一；二是義不容辭，我們廣泛聯繫香港社會各界人士，結交了很多好朋友，為大家服務是我們應盡的義務；三是具備條件，我們對兩地的情況比較熟悉，與中央各部門、各省、自治區和直轄市政府有密切的聯繫，具備做好服務工作的條件；四是力促其成，只要對國家發展和香港繁榮穩定有利，我們就要盡最大努力，促進香港與內地之間各領域的合作交流不斷發展，取得共同繁榮。

◆ 立法會《國家安全（立法條文）條例草案》委員會舉行首次會議。經選舉，葉國謙、劉漢銓分別任委員會正、副主席。

◆ 陽光衛視與其持有六成股權的日本 Jet TV 和台灣東森電視合組陽光娛樂電視，註冊資本為兩億港元。

3月7日

◆ 胡錦濤在全國政協禮堂會見參加全國政協十屆一次會議的港澳地區全國政協委員時表示，對於中央既定的香港、澳門特別行政區的一系列方針政策，新一屆中央領導集體都會堅定不移一以貫之地貫徹執行，不會有任何改變。過去幾年，我們在"一國兩制"實踐中積累了一些經驗，概括起來，就是嚴格按照基本法辦事，全面支持行政長官及特區政府，港澳各界人士在愛國愛港愛澳的旗幟下，努力保持社會穩定和諧與經濟繁榮發展。今後還要始終不渝地堅持這些重要經驗。同時要有與時俱進的精神，不斷豐富和發展這些經驗。無論今後遇到什麼問題，我們都將嚴格按照基本法辦事，繼續恪守不干預香港和澳門特別行政區自治範圍內事務的原則，全力支持兩個特別行政區行政長官及其領導下的特區政府工作。保持香港、澳門特別行政區經濟的繁榮發展，是中央政府義不容辭的責任，中央政府將採取一切必要政策措施，全力支持和幫助香港、澳門特別行政區振興和發展經濟。胡錦濤說："我記得，江澤民主席在與九屆全國人大一次會議的香港特別行政區代表團座談的時候，作過非常重要的講話，他說，正確觀察香港形勢，估量香港力量，審視香港前景，應該堅持四個基本原則，第一，鄧小平同志提出的'一國兩制'的偉大構想和'港人治港'、高度自治的方針是完全正確的。為香港的繁榮穩定奠定了良好的基礎。因為，有了'一國兩制'，有了基本法，就有了好的政治基礎。第二，香港同胞完全有能力有辦法將香港治理好，說明要搞好香港有社會基礎，香港同胞是有能力有智慧解決好這些問題的。第三，董建華先生為首的特區政府，具有的智慧與經驗是能夠治理好香港的，這是從組織保證來講。第四，偉大的社會主義祖國，是香港保持繁榮穩定，和戰勝前進中困難和風險的堅強後盾。這就是說，中央政府和內地作為香港的後盾。我想這四條對澳門特別行政區也是適用的。因此今後我們觀察香港澳門的形勢，要開展香港澳門的工作，就要堅持這幾條原則。"

◆ 吳邦國參加十屆全國人大一次會議香港代表團小組會議，向代表們介紹政府工作情況，並聽取部分代表的發言。吳邦國重申，香港回歸後，中央政府嚴格依照基本法辦事，中央在支持行政長官董建華施政這一點上是堅定的。

◆ 民政事務局向立法會遞交文件，建議分兩階段檢討現行六百個咨詢和法定組織制度。第一階段由民政事務局找出需要處理的事項和問題，並建議制定主導原則；第二階段由個別決策局根據主導原則深入檢討。

◆ 立法會財務委員會通過額外撥款三千八百多萬港元制訂香港中藥標準，加上之前通過的八百萬港元撥款，整個計劃耗資四千六百多萬港元。

3月8日

◆ 特區政府宣佈，由 3 月 10 日起，安哥拉國民可免簽證來港旅遊不超過十四天。

3月9日

◆ 全國政協副主席、中華全國總工會主席王兆國在中國職工之家看望了出席"兩會"的港澳勞工界全國人大代表和全國政協委員。

3月10日

◆ 董建華就財政司司長梁錦松在調整汽車購置稅前購置私家車作出回應時表示，梁錦松對這件事的處理疏忽、不恰當，但相信是無心之失。並相信他會汲取教訓，提高政治敏感度。同時，董建華要求每一位特區高官，特別是問責官員，處理有關利益衝突時，要有最高度的警惕，對自己要有最高的要求和標準。

3月10日－3月12日

◆ 醫院管理局 10 日承認，沙田威爾斯醫院有醫護人員出現病毒性上呼吸系統病症。至 12 日，證實被感染的醫護人員增至十人。同日，世界衛生組織派專家抵港展開調查。

3月11日

◆ 行政長官會同行政會議通過"資本投資者入境計劃"和"輸入內地人才計劃"的執行細節。保安局局長葉劉淑儀舉行記者招待會，公佈上述兩項計劃的詳情。

3月12日

◆ 立法會三讀通過《2001 年少年犯（修訂）條例草案》，將負刑事責任的最低年齡由七歲提高至十歲。

3月13日

◆ 衛生福利及食物局局長楊永強表示，由於大批醫護人員感染非典型肺炎

情況特殊，特區政府已成立由他領導的督導委員會，成員包括醫院管理局總裁何兆煒、衛生署署長陳馮富珍和多名專家。政府正就最近威爾斯等幾間醫院出現的病毒性呼吸系統疾病進行調查。該病症其後被世界衛生組織定名為嚴重急性呼吸系統綜合症（Severe Acute Respiratory Syndrome，簡稱 SARS），是非典型肺炎的一種，為致命疾病。香港媒體將該病按英文簡稱音譯為"沙士"。

◆ 全國政協辦公廳、中共中央統戰部在釣魚台國賓館舉行招待會，招待參加全國政協十屆一次會議的港澳地區委員。賈慶林致辭。錢其琛、王忠禹、廖暉、劉延東、霍英東、羅豪才、張克輝，以及國務院港澳辦、中央政府駐香港、澳門聯絡辦負責人等四百多人出席。

◆ 第十屆全國政協常委會選舉產生新領導層，其中有 15 位來自香港。他們是：全國政協副主席霍英東，全國政協常委會委員陳永棋、余國春、吳光正、劉漢銓、郭炳湘、黃光漢、梁振英、楊孫西、伍淑清、徐展堂、鄒哲開、張永珍、李澤鉅和何柱國。

◆ 房屋署官員在出席"兩岸四地房地產服務業發展機會研討會"時表示，未來的房屋政策將會確定三大方向：一是着

重幫助沒有能力租住私人樓宇的低收入家庭，為他們提供租住公屋；二是把政府干預市場的程度減至最低；三是根據市場需求供應土地，私人樓宇的建成量則由市場按需求決定。

◆香港基督教、天主教、回教、佛教、道教和孔教等六大宗教團體領袖，致函聯合國安全理事會，呼籲美伊領袖維護世界和平。

3月14日

◆董建華視察威爾斯醫院，瞭解市民和醫務人員感染嚴重急性呼吸系統綜合症（SARS）的情況。董建華表示，香港正面臨一次比較大的挑戰，特區政府在人力、物力和財力方面一定會給予大力支持，最重要的是防止病症擴散。

◆破產管理署公佈最新破產統計數字：2002年全年破產個案高達2.5萬多宗，較2001年的9200宗上升近兩倍。

◆特區政府憲報公佈，行政長官已委任譚耀宗為僱員再培訓局主席，任期由2003年4月1日至2004年3月31日。

◆中國銀行（香港）有限公司發表題為《香港經濟轉型的方向和策略》研究報告，提出香港經濟轉型的方向和定位應是"立足香港、服務以中國為主導的亞洲經濟整合，成為中國和亞洲的主要服務中心"。

◆擁有《星島日報》的泛華集團以兩千萬港元收購因裸照風波停刊的《東週刊》。

3月15日

◆十屆全國人大一次會議舉行第五次全體會議，曾憲梓當選為十屆全國人大常委會委員。

◆全國政協十屆常委會舉行第一次全體會議，三名香港委員擔任十屆全國政協轄下專門委員會的負責人。其中，鄭家純任經濟委員會副主任，譚耀宗任社會和法制委員會副主任，胡應湘任港澳台僑委員會副主任。

◆行政長官董建華向財政司司長梁錦松發函，批評其在2003年初買車事件中嚴重疏忽，行為極不恰當，違反《問責制主要官員守則》。梁其後發表聲明，完全接受行政長官對其作出的正式批評。

3月17日

◆特區政府宣佈，行政長官委任廖柏偉接替劉兆佳出任行政會議成員。

◆日本駐港總領事橫田淳在香港日本文化協會舉辦的午餐會上發表題為"日港

關係前瞻"的演講。他指出，行政長官董建華在施政報告中提出進一步加強香港與珠三角的經濟融合非常有見地，作為日本駐港機構將幫助更多日本企業認識珠三角與香港的商機。

3月18日

◆ 溫家寶在十屆全國人大一次會議記者會上表示，香港回歸五年來，在行政長官董建華及特區政府領導下，認真貫徹執行"一國兩制"方針和基本法，維護法律賦予香港同胞的自由和權利，戰勝亞洲金融風暴帶來的經濟困難，保持了穩定和發展。目前香港經濟確實遇到較大困難，尤其是失業率增高及財赤加大，這些問題源於國際經濟形勢出現變化，以及香港自身經濟結構調整。但香港的優勢還在，包括雄厚的物質基礎、擁有完善的法制、有利的區域優勢和優秀的管理人才。香港現在需要的是團結和信心。中央政府完全相信香港同胞的智慧和能力，在以董建華為首的特區政府領導下，一定能夠克服眼前的困難。中央政府會一如既往，竭盡全力支持香港的穩定和發展。

◆ 吳邦國在會見參加十屆全國人大一次會議的香港、澳門全國人大代表時表示，希望各位代表繼續發揚愛國愛港、愛國愛澳的光榮傳統，更好地履行人大代表的職責，積極參與國家事務管理，同港澳同胞保持密切聯繫，大力支持以行政長官為首的特區政府工作，為祖國富強昌盛，為香港、澳門繁榮穩定作出貢獻。全國人大常委會將一如既往地支持港澳代表工作。王兆國、何魯麗、盛華仁參加會見。

◆ 香港律師會代表團訪問廣東佛山、東莞和深圳，與當地律師協會就加強雙方的實質性合作進行磋商。

◆ 陳馮富珍向六十多位各國駐港領事通報香港部分醫護人員感染 SARS 事件的最新情況。

3月19日

◆ 胡錦濤和溫家寶分別會見列席十屆全國人大一次會議閉幕式的董建華。胡錦濤說，香港回歸祖國以來，以董建華先生為首的特區政府認真貫徹"一國兩制"方針和基本法，克服亞洲金融危機和國際經濟環境變化帶來的種種困難，保持了香港大局的穩定。第二屆政府就任後，又根據形勢變化，採取一系列積極措施，提高政府行政效率，恢復和振興香港經濟。對此，中央是充分肯定的。新一屆中央政府將堅定不移地貫徹中央既定的方針政策，全力支持特區行政長官和政府的工作。溫家寶表示，香港回歸祖國五年多來，中央政府堅決執行"一國兩制"方針，嚴格按照基本法辦事，遵守所做出的莊嚴承諾，受到國際社會的普遍讚譽。以董建華先生為首的特區政府依法施政，克服種種內外困難，保持了經濟和社會穩定。近年來，中央政府為加強內地與香港的經濟合作做了大量工作。新一屆政府將繼續貫徹執行中央既定的對港方針政策，加緊研究和落實有關進一步密切內地與香港經貿關係的安排。香港目前經濟確實有困難，但它的優勢仍在。香港現在需要的是團結和信心。

◆ 十屆全國人大常委會通過新一屆香港基本法委員會成員名單：主任喬曉陽、副主任黃保欣，委員王光亞、鄔維庸、劉鎮、李飛、吳康民、陳佐洱、陳弘毅、夏勇、梁定邦、譚惠珠。

◆ 立法會三讀通過《2002 年房屋（修訂）條例草案》，賦予行政長官可以彈性委任房屋及規劃地政局局長擔任香港房屋委員會主席一職，以及將房屋及規劃地政局局長委任上訴委員會的權力移交行政長官。

◆ 陳馮富珍證實，近日香港發現的 SARS 源頭來自旺角京華國際酒店。

3 月 20 日

◆ 房屋委員會通過房屋署的建議，決定由 2003 年 4 月 1 日起，連續三年收緊公屋輪候冊入息和資產限額，平均減幅為 3.8% 和 5.1%。

◆ 政府統計處公佈，2002 年香港本地生產總值為 12711 億港元，較 2001 年下跌 0.6%；本地居民生產總值為 12985 億港元，同比下跌 1.6%。

◆ 東區裁判法院對伍國雄燒毀國旗案作出判決，裁定伍國雄侮辱國旗罪名成立，判入獄三個月，緩刑兩年。

◆ 香港反戰聯盟二十多位成員到美國駐港總領事館示威，抗議美國對伊拉克開戰。

3 月 21 日

◆ 董建華與傳媒機構高層會面時表示，香港成功落實"一國兩制"，代表完成了第一階段的轉型，目前正步入第二階段轉型 —— 經濟轉型。香港社會必須抱着共同目標及理念，方可渡過目前經濟轉型的難關。對於特區政府經常性開支太大，導致入不敷支的情況，董建華表示，政府必須當機立斷地處理嚴峻的財政赤字問題，包括增加稅款、減少政府內部薪酬開支。董建華還讚揚前線醫護人員、多位特區政府官員和醫院管理局高層能積極應對 SARS 事件的挑戰。

◆ 梁錦松宣佈，政府決定額外撥款一千萬港元，協助醫管局購買藥物和進行測試，以抗擊 SARS 病毒。

3月22日

◆ 香港大學公佈，導致嚴重急性呼吸系統綜合症（SARS）的病原體是一種冠狀病毒。

3月23日

◆ "香港中學生國民教育計劃 2003"舉行開幕禮。85 所中學的 1700 名學生和八十多名教師參加了該計劃。

3月23日–3月26日

◆ 曾憲梓率領香港中華總商會第四十三屆首長和常務會董訪問北京。賈慶林、廖暉、劉延東、黃孟復會見訪問團。

3月25日

◆ 賈慶林在北京會見香港《文匯報》社長張國良時表示，香港《文匯報》大有可為。要多報道中央方針政策，多報道政協的活動，堅持正確輿論引導，為香港的繁榮穩定，為祖國的統一大業作貢獻。

◆ 嚴重急性呼吸系統綜合症（SARS）高層督導委員會成立，董建華擔任主席，成員包括相關主要官員。委員會主要職責是督導政府對抗 SARS 的工作。

3月26日

◆ 青年事務委員會在中央圖書館舉行《青少年持續發展和就業機會報告書》發佈會，建議政府為全港 11 萬名 15 至 24 歲失學和失業青年的就業機會和持續發展作出評估並訂立目標。

◆ 特區政府發言人就歐洲議會香港報告的有關內容表示，基本法第二十三條立法建議是參考普通法原則和其他司法管轄區的國家安全法例而制定，完全符合《公民權利和政治權利國際公約》；有關 2007年以後的政制發展，基本法說明將最終達至行政長官和全部立法會議員由普選產生的目標。

3月27日

◆ 特區政府就 SARS 疫情舉行記者會，董建華宣佈政府將採取四項措施：全港學校由 29 日起停課九日；強制與SARS 病患者有密切接觸人士必須由 30日起的十日內，每日前往指定診所報到，在出現 SARS 病症時及時送院隔離治

2003 年 3 月 22 日，香港大學公佈，
嚴重急性呼吸系統綜合症（SARS）
病原體為一種冠狀病毒。

療；入境者須申報健康情況；加強與內地疫情通報。並表示這是香港五十年來最嚴重的傳染病爆發事件。

◆ 高祀仁就香港近日爆發 SARS 疫情致函醫管局，向前線醫護人員表示親切慰問。

◆ 特區政府發言人回應英國外交大臣韋明浩（Bill Rammell）就香港正在立法的國家安全條例草案所發表的聲明。指出，《國家安全（立法條文）條例草案》完全符合基本法所規定的"一國兩制"原則，完全符合國際公約對人權的保障，而有關權力也是必須的，使得香港能夠處理威脅國家安全的有組織罪行。

◆ 埃塞俄比亞政府宣佈在港設立駐港澳領事館。

3月28日

◆ 特區政府憲報刊登《選舉管理委員會（選舉程序）（村代表選舉）規例》。

◆ 特區政府憲報刊登《2003年教育（雜項修訂）條例草案》，提出取得認可教師資格的才可註冊為檢定教員，並就有關日校和夜校註冊、上訴委員會、教師的專業水平以及在公眾假期授課等事宜提出修訂。

◆ 由香港報業公會主辦的"2002年香港最佳新聞獎"頒獎典禮在灣仔君悅酒店舉行。

3月29日

◆ 特區政府規定，從即日起所有抵港旅客必須在機場、各水路和陸路邊境管制站填寫並提交健康申報表。

3月31日

◆ 董建華會見傳媒，解釋政府將淘大花園 E 座隔離的決定。他指出，這是在特殊的情況下必須採取的特殊措施。政府已作出一連串的安排，將隔離對居民的影響減至最少。他感謝屋苑居民對政府措施的體諒和合作，以及社會各界對政府採取措施的支持，並讚揚傳媒的積極參與。此前，特區政府舉行記者會，依據香港法例第一百四十一章《防止傳染病蔓延規例》第二十四條賦予的權力，宣佈把淘大花園 E 座整座樓宇由即日早上 6 時至 4 月 9 日午夜 12 時隔離十天。

◆ 特區政府推出新的"中小企業信貸保證計劃"。該計劃提供三類政府信貸保證，分別是營運設備和器材信貸保證、聯繫式營運資金信貸保證、應收賬融資信貸保證。

◆ 立法會財務委員會通過向衛生福

利及食物局額外撥款兩億港元，以防止SARS 疫情在社區內蔓延。

◆ 菲律賓勞工部宣佈，恢復批准家庭傭工到香港工作。

市民對可持續發展的認識，並負責日後成立的可持續發展基金的運作。

◆《證券及期貨條例》和《2002 年銀行業（修訂）條例》生效。

4 月 1 日

◆ 全國人大常委會辦公廳覆函港區全國人大代表表示，SARS 疫情已引起中央政府高度關注，內地將繼續密切關注疫情發展，並會採取一切有效措施，協助香港特區抗擊疫情。此前 36 名港區全國人大代表聯署致函吳邦國，表示香港正處於全民抗擊 SARS 的嚴峻時刻，希望全國人大提請國務院採取必要協助措施，提請粵港政府檢討 SARS 防治問題的溝通與合作，加強防治疫症通報，及時交流經驗。

◆ 衛生署署長陳馮富珍在特區政府總部發表聲明：“香港特區政府並沒有計劃，亦沒有需要宣佈香港成為疫埠。香港的機場和一切對外交通設施如常運作，而香港物資的供應非常充足。”

◆ 可持續發展委員會舉行首次會議，就委員會的職責範圍及初期工作重點達成共識。會議決定成立由鄭維健領導的可持續發展策略工作小組，負責統籌策略的公眾參與和咨詢工作；成立由方敏生領導的教育和宣傳工作小組，透過不同途徑提高

4 月 2 日

◆ 世界衛生組織發出香港旅遊警告，呼籲遊客如非必要，應避免前往。

◆ 董建華會見傳媒高層時表示，理解廣大市民對 SARS 擴散的憂慮，但政府能掌握整個形勢，疫情已逐漸穩定。中央非常關心香港，會視需要提供支持和幫助。董建華還宣佈，政府將在短期內採取四大補救辦法：粵港合作，就公共衛生問題建立良好的溝通合作機制；指示有關部門增加經費，積極支持兩所大學醫學院的研究工作；為香港市民創造優質的居住環境；設立疾病通報的內部機制。

◆ 香港六大紀律部隊發表聲明表示，六萬多名紀律部隊人員會繼續堅守崗位，全力支持政府抗擊疫情，並會視情視需，動員全體會員進行支援。

◆ 董建華在禮賓府設宴款待訪港的烏克蘭總統列昂尼德·達尼洛維奇·庫奇馬。同日，香港特區政府與烏克蘭政府簽訂海上運輸協議和關於刑事司法互助的協定。

◆特區政府發言人回應美國政府 2002 年《全球人權狀況年報》表示，美國政府認為香港特區政府尊重香港市民的人權，認同根據基本法第二十三條立法，以及香港特區有憲制上的責任保障國家安全。報告也注意到香港不斷保證就實施基本法第二十三條而草擬的法例是符合國際人權標準的。

◆瑞士政府頒佈限制令，限制香港廠商和遊客參加或參觀在巴塞爾和蘇黎世舉行的"世界珠寶及鐘錶展"。工商及科技局局長唐英年對此表示失望。他説，特區政府已即時召見瑞士駐港總領事表達不滿，並要求瑞士政府澄清禁制令適用範圍。

4 月 3 日

◆特區政府宣佈，委任香灼璣為公民教育委員會主席，任期兩年。

◆刑事檢控專員江樂士在 2002 年刑事檢控科工作回顧記者會上表示，2002 年律政司共進行 21 萬多宗檢控個案，比 2001 年減少兩萬多宗；提供逾 1.6 萬項刑事法律指引，比 2001 年少約八百宗；各級法院外判個案共 975 宗，由政府律師擔任檢控的案為 1888 宗，節省了 3750 萬港元。

◆特區政府接納賑災基金咨詢委員會的建議，再批出兩項共約兩百萬港元的賑災款予香港世界宣明會和中國福音事工促進會，以緊急援助新疆維吾爾自治區的地震災民。

◆霍英東宣佈向北京奧委會捐款兩億港元。

4 月 4 日

◆特區政府憲報公佈，行政長官已委任房屋及規劃地政局局長孫明揚為房屋委員會主席，任期由 2003 年 4 月 1 日起生效。

4 月 5 日

◆溫家寶到中國疾病預防控制中心考察時表示，中央政府對香港特區和台灣地區出現的 SARS 十分關注，願與香港特區和台灣地區開展多種形式的疫情控制和疫病防治合作。

4 月 6 日

◆特區政府決定把 2003 年區議會選舉投票日定於 11 月 23 日。

4 月 7 日

◆四名台灣"法輪功"成員與香港

"法輪功"組織發言人,向香港高等法院申請司法覆核,要求法庭裁定入境事務處違法並賠償其損失。

4月8日

◆董建華舉行特別記者會,表示特區政府將積極研究措施,協助受 SARS 嚴重影響的旅遊、零售、飲食和娛樂行業,並在短期內會公佈紓緩困難的措施。

◆民政事務局發表題為《公營架構內的咨詢及法定組織 —— 角色及職能檢討》的咨詢文件。文件旨在就檢討咨詢及法定組織制度的方式和建議採用的領導原則,咨詢公眾意見。咨詢期為兩個月。文件建議各政策局根據文件所建議的九個方面的主導原則,對轄下的咨詢及法定組織作深入檢討。其中包括重組架構及減少層級、委任程序、"六年任期"規定、"六個委員會"規定等。

4月9日

◆公務員事務局成立公務員薪酬調整機制督導委員會和咨詢小組。

◆立法會三讀通過 2003/2004 年度財政預算案。按照基本法,將向中央政府備案。

◆香港首條 24 小時跨境快線(由荃灣至皇崗口岸)直通巴士啟用。

◆世界衛生組織專家 Tracee Treadwell 應衛生署邀請,視察 SARS 疫情嚴重的牛頭角下邨,搜索病毒擴散的途徑,為衛生署提供意見。

◆林瑞麟與台灣駐港機構"中華旅行社"總經理張良任舉行會面,就港、台兩地受到 SARS 影響問題交換意見。

4月10日

◆特區政府宣佈實施家居隔離令,強制與 SARS 患者有緊密接觸的人士在住所隔離十天。

◆香港交易所宣佈,委任周文耀為新任行政總裁,接替將於 4 月 15 日卸任的鄺其志,任期由 2003 年 5 月 1 日生效。

4月11日

◆董建華宣佈兩項離境檢疫措施:一是從 4 月 14 日開始,與 SARS 患者有密切接觸的可能潛在受感染者禁止離境;二是要求香港航空公司為所有乘搭飛機離境的旅客測量體溫,凡有發燒等 SARS 病徵的人士將被禁止登機。

◆衛生福利及食物局官員率團訪問廣州,與廣東省衛生部門及有關專家就 SARS 交換意見。雙方決定儘快成立專家組，並建立三方面的合作：定期交流病情數據；加強醫療和科研合作；建立傳染病通報機制，確保在最短時間內互相公佈疫情。

◆ 香港《文匯報》報道，香港大學法律系教授陳弘毅表示，《國家安全（立法條文）條例草案》的整體設計和基本原則均恰當，既廢除不合時宜的規定，也能在"一國"和"兩制"中間取得平衡，咨詢過程已充分體現香港的言論、思想和新聞自由。他又表示，若無限期拖延立法，特區政府可能會違反憲制義務。

◆ 大律師公會公佈對《國家安全（立法條文）條例草案》的意見書，指條例中部分用字須清晰界定，而《官方機密條例》和《社團條例》的修訂超出基本法第二十三條的要求，部分條文甚至可能違反基本法。

◆ 特區政府憲報公佈，行政長官再度委任陳祖澤為香港科技大學校董會主席，任期由 2003 年 4 月 1 日生效。

◆ 特區政府憲報公佈，行政長官再度委任胡應湘為香港理工大學校董會主席，任期由 2003 年 4 月 1 日生效。

4 月 12 日

◆ 胡錦濤在深圳會見董建華。董建華

向胡錦濤匯報了香港近期的社會經濟形勢和特區政府處理 SARS 疫情的措施。胡錦濤表示，中央政府高度重視香港同胞的福祉和健康，十分關心香港的防治工作，全力支持和協助香港戰勝疫病。並對香港 SARS 患者及其親屬表示親切慰問，對在防治疫病中作出貢獻的香港醫護人員、公務人員和社會工作者表示衷心感謝。相信在特區政府的領導下，各界共同努力，一定能克服困難，香港一定會恢復蓬勃生機。假如特區政府有困難需要內地協助，中央政府一定全力支援。

◆ 立法會《國家安全（立法條文）條例草案》委員會舉行首次公聽會。共有 28 個團體和個人代表參加。

◆ 香港基本法推介聯席會議舉行基本法頒佈十三週年研討會。梁愛詩在致辭時表示，香港回歸五年來，涉及基本法的訴訟不少，這是因為，第一，基本法的實施，在香港法律史上是新的一頁，對它的釋義有個不斷加深理解的過程；其次，基本法是一個不同法律體系產生的法律，也是香港在 1997 年以後的法律體系的骨幹，它與普通法及本地原有法律的交匯，也要經過一個磨合期；再次，市民的公民意識增強，對基本法賦予他們的權利漸漸瞭解，對法制捍衛他們的權利有信心，並且懂得透過憲法性的訴訟去維護自己的權利。經過這些訴訟的案例，基本法在普通法制度下得以充實，得以發展，並充分顯示了它的生命力。梁愛詩還表示，基本法第二十三條立法草案，正是"一國兩制"的表現。國家安全事關整個國家，而基本法第二十三條責成特區政府就叛國、顛覆、分裂國家、煽動叛亂、竊取國家機密及外國人與外國政治團體的政治活動自行立法，是對特區的高度信任和尊重。

◆香港特區投資推廣署與深圳市對外貿易經濟合作局在美國舊金山聯合舉辦"香港－深圳投資環境介紹會"。

◆國際會計師公會向特區政府提交八項振興經濟建議。

4月14日

◆衛生食物及福利局常任秘書長尤曾家麗和衛生署長陳馮富珍向外國駐港領事和商界代表通報 SARS 疫情的最新情況。

4月15日

◆香港總商會、中華總商會、中華廠商聯合會、香港工業總會的代表會見梁錦松，提出九項"SARS救市"措施。

◆香港《星島日報》報道，美國國務院發表 2002 年度的《美國－香港政策法案》，稱香港仍是全球最自由和開放的經濟體系之一，享有高度自治，對特區政府大力支持全球反恐怖主義行動表示讚賞。特區政府發言人對有關報告表示歡迎，強調香港會繼續在國際舞台擔當重要角色。

◆保安局局長葉劉淑儀與馬來西亞駐港總領事 Abd Aziz Harun 會面時表示，特區政府已加強措施控制 SARS 蔓延，馬來西亞沒有必要對香港居民實施旅遊限制。

4月16日

◆董建華表示，絕對不會因 SARS 疫情而考慮將粵港兩地口岸封關一段時間。

◆財經事務及庫務局局長馬時亨發表證券經紀業營商環境工作小組提交的報告。報告提出幫助中小型經紀行提升競爭力的 23 項建議。

◆新一屆香港交易所董事會舉行首次會議，決定繼續委任李業廣為港交所主席。

4月17日

◆特區政府憲報刊登《2003 年防止傳染病蔓延（修訂）規例》，賦予獲授權人員為抵港和離港人士測量體溫，並禁止曾與 SARS 患者接觸的人士離港。

◆ 特區政府公佈淘大花園爆發 SARS 疫情的調查報告。3 月 14 日至 4 月 17 日，淘大花園共有 321 人感染 SARS。報告就病源、起因、爆發高峰期進行了推斷，並作出相關結論。

◆ 特區政府憲報公佈，行政長官委任許晉奎為香港康體發展局主席，任期由 2003 年 4 月 1 日至 2004 年 3 月 31 日。

◆ 馬來西亞代總理阿都拉發表聲明，收回對香港、加拿大和台灣人士入境馬來西亞的限制措施。

4 月 17 日－4 月 18 日

◆ 衛生署與廣東省衛生廳官員在廣州會談，就兩地溝通機制、疾病控制等問題交換意見，並達成三項共識，建立 "點對點" 對口交流機制和及時通報其他傳染病疫情。

4 月 22 日

◆ 特區政府公佈 2003 年村代表選舉臨時選民登記冊，供公眾人士查閱。廉政公署在全港七百多個鄉村展開《廉潔村代表選舉》宣傳教育活動。

4 月 23 日

◆ 特區政府推出八項涉及總額達 118 億港元的紓困措施，協助社會各界渡過難關。這八項紓困措施是：（1）減免各行業差餉、水費、排污費、工商業污水附加費和政府管理物業的租金，涉及 10.9 億港元。（2）寬免受疫症打擊嚴重行業（包括旅遊、飲食、娛樂、的士、小巴、校巴和旅遊車）的各項牌費一年，涉及 2.8 億港元。（3）為旅遊、飲食、零售和娛樂業設立一個 35 億港元的短期貸款計劃，以支付僱員薪金，保障員工就業。（4）減免市民的差餉、水費和排污費，以及退還部分薪俸稅予納稅人，涉及 40.7 億港元。（5）開創 2.15 萬個培訓和短期職位，涉及 4.3 億港元。（6）預留 10 億港元，在疫症受到控制後，在國際社會、內地和香港作大規模的宣傳推廣活動。（7）撥款 15 億港元，用作防治疫症、醫療研究，以及為醫護人員提供協助和培訓。（8）在未來六個月內，不調整任何政府收費。

◆ 終審法院首席法官李國能向行政長官提交法官和司法人員的薪酬檢討報告書，表示不支持司法人員跟隨公務員減薪，建議立法禁止司法機構減薪，以維護司法獨立的原則。

4月24日

◆ 世界衛生組織專家應衛生署的邀請，到港協助進行 SARS 的調查工作。

4月25日

◆ 行政長官董建華與廣東省省長黃華華在深圳會面，就粵港兩地 SARS 最新疫情和抗炎工作交換意見。

◆ 高祀仁在接受香港中華總商會和全國政協委員張永珍向衛生部捐款時表示，以行政長官董建華為首的特區政府勇敢面對突如其來的疫情，沉着應對，採取的措施已初見成效，疫情穩中趨緩。他還對一直採訪報道抗炎工作的傳媒表示敬意和關心，並通過傳媒對前線醫務工作者表示敬意和感謝。

◆ 特區政府憲報公佈，行政長官委任王葛鳴為教育統籌委員會主席，任期由 2003 年 5 月 1 日至 2005 年 4 月 30 日。

◆ 香港恆生指數收報 8409 點，創四年半以來的低位。

4月26日

◆ 立法會《國家安全（立法條文）條例草案》委員會舉行第二場公聽會。有三十多個團體和個人代表參加。

4月26日－4月27日

◆ 中國疾病預防控制中心與香港大學在港大醫學院聯合舉辦"非典型肺炎"聯席會議。兩地代表簽署合作意向書，同意在流行病學、臨床管理、病毒及致病機理和感染控制方面互相合作。

4月27日

◆ 新華社發表題為《無畏無懼，攜手踏平崎嶇 —— 記站在抗炎最前線的香港特區政府》的長篇通訊。全面回顧了以董建華為首的特區政府，在中央政府的全力支持下，沉着應對 SARS 疫情衝擊的過程。

4月28日

◆ 中央政府駐港聯絡辦副主任鄒哲開與"香港是我家"籌款運動負責人會面時表示，特區政府在對抗 SARS 的工作中表現得非常好，應對有力。並強調"支持董建華先生，在某種意義上就是支持中央政府"。

◆ 選舉管理委員會公佈《區議會選舉活動指引的建議》咨詢文件，咨詢期為一個月。新增指引內容包括：問責官員參與選舉活動必須遵守《問責制主要官員守則》；問責官員不應動用公共資源參與選舉活動，並避免產生利益衝突；候選人須把選舉廣告的聲明及樣本，預先向選舉主任繳存等規定。

◆ 歐元結算系統正式啟用。通過這一系統，香港和亞太區的金融機構將可在亞洲時區內即時結算歐元交易。該系統於 2002 年 7 月開始由香港金融管理局着手籌建，並委任渣打銀行為結算機構。

4 月 28 日 - 4 月 30 日

◆ 行政長官董建華出席在曼谷舉行的關於 SARS 問題的東盟－中國領導人特別會議。會議期間，溫家寶會見董建華，就內地與香港建立疫情通報機制、交流疫病防治經驗等方面進一步交換意見。

4 月 30 日

◆ 特區政府發言人回應歐洲聯盟發表有關香港實施基本法第二十三條建議的聲明時表示，《國家安全（立法條文）條例草案》符合 "一國兩制" 原則，建議的取締組織權利符合香港法律和國際人權原則。"所有取締組織的決定都可以在香港的法院提出上訴"。"建議的煽動叛亂罪已大幅度收窄現行條文的定義"，而 "現行條文基本上是根據英國法律制定的"。

5 月 1 日 "五一" 國際勞動節

◆ 特區政府在禮賓府舉行 "五一勞動節" 慶祝酒會，社會各界人士近五百人出席。董建華致辭。

◆ "全港青年五四抗炎創未來" 誓師大會在啟德高爾夫球城舉行。高祀仁、梁愛詩出席並主禮。

5 月 2 日

◆ 特區政府憲報公佈，行政長官委任孫大倫為香港藝術中心監督團主席，任期由 2003 年 4 月 1 日至 2006 年 3 月 31 日。

◆ 特區政府憲報公佈，行政長官委任梁國輝為香港教育學院校董會主席，任期由 2003 年 4 月 25 日至 2006 年 4 月 24 日。

◆ 13 名外籍公務員聯署入稟高等法院，指政府削減公務員薪酬違反基本法，要求司法覆核。

5 月 3 日

◆ 立法會《國家安全（立法條文）條例草案》委員會舉行第三、第四兩場公聽會。共有五十多個團體和個人代表參加。

5月4日

◆ 由工聯會、香港廣東社團總會、香港福建社團聯會、港島各界聯合會、九龍社團聯會、新界社團聯會、香港教育工作者聯會和香港中國企業協會聯合發起、一千多個社團參與的"全民抗炎大行動"在維多利亞公園舉行啟動儀式，誓言將抗擊 SARS 的戰役進行到底。高祀仁、何志平出席，五千多名市民參加。

5月5日

◆ 董建華宣佈四項防疫和重振經濟措施：一是成立政務司司長曾蔭權領導、跨部門的"全城清潔策劃小組"，負責改善香港的環境衛生。二是由財政司司長梁錦松成立"振興經濟專責小組"，制訂推廣香港和振興經濟計劃。三是研究成立類似疾病控制和預防中心的機構，撥款五億港元鼓勵大學進行傳染病科研工作。四是統籌各個就 SARS 事宜設立的民間機構和基金。

◆ 立法會否決對財政司司長梁錦松不信任議案。

◆ 香港最高法院前首席大法官楊鐵樑接受香港《文匯報》採訪時表示，市民對《國家安全（立法條文）條例草案》的憂慮可以理解，但不必過分擔憂。批評者不適宜過早對法例下定論，香港市民身為中國人應當承擔保護國家的責任。

5月6日

◆ 全城清潔策劃小組舉行首次會議。決定邀請社會上微生物學、建築業、規劃界的專家，商界，志願團體和地區人士等參與不同範疇的工作。並希望分別就短期和長期的改善措施，提交具體建議和落實的時間表。

◆ 香港公益金"心連心全城抗炎大行動"基金公佈籌得一千萬港元。

5月7日

◆ 特區政府為香港首位在抗擊 SARS 前線殉職的屯門醫院護士劉永佳舉行隆重葬禮。董建華率特區政府官員出席。38 歲的劉永佳是在搶救患者過程中感染病毒並於 4 月 26 日逝世的。自爆發 SARS 以來香港已有 368 名醫護人員和醫科學生受到感染。

◆ 廣州呼吸病研究所所長鍾南山接受香港《文匯報》專訪時表示，香港防治 SARS 有兩件事相當值得肯定：一是與美國、聯合國等國際組織合作，香港大學發現 SARS 的原兇或至少原兇之一是冠狀病毒。二是對淘大花園採取隔離措施，並將

2003 年 5 月 4 日，工聯會、香港廣
東社團總會等團體發起 “全民抗炎
大行動”。

病人隔離治療。

5月8日

◆ 中央政府支援香港抗擊 SARS 第一批醫療物資交接儀式在深圳皇崗口岸舉行。唐家璇、董建華出席並講話。唐家璇表示，香港發生 SARS 疫情後，胡錦濤、江澤民、溫家寶等黨和國家領導人多次指示有關部門和地方，盡最大努力支持香港奪取防治 SARS 鬥爭的全面勝利。以董建華先生為首的特區政府團結和帶領香港各界人士，沉着應對，迎難而上，勇於負責，措施得力，在治療、預防和控制 SARS 方面做了大量艱苦細緻的工作，取得了積極的成效。中央政府對香港特區所有 SARS 患者和他們的親屬表示親切慰問，對在防治疫情中作出貢獻的公務人員、社會工作者，尤其是以劉永佳為傑出代表的香港醫護人員表示衷心感謝和由衷敬意。相信香港一定能夠克服暫時困難，奪取抗擊 SARS 疫情的全面勝利，實現新的、更大的發展。香港特區必將再次煥發出蓬勃的生機。

董建華表示，患難中，中央政府向香港傳送了內地同胞的真情，送來了內地同胞支持香港人徹底戰勝 SARS 的信念和承諾，這批珍貴的物資，不僅解決了實際需要，更產生出精神力量，鼓勵香港市民更加頑強地對抗 SARS。他代表全體香港市民，向中央政府和內地同胞，表示最衷心的感謝。

◆ 行政長官董建華與廣東省省長黃華華、深圳市市長于幼軍在深圳會面，通報粵港兩地抗擊 SARS 的最新情況，並討論加強合作，恢復粵港居民的正常生活和經濟、社會活動。

5月9日

◆ 高祀仁、鄒哲開受賈慶林、王忠禹、鄭萬通、劉延東的委託，看望霍英東，祝賀他八十歲華誕。

5月12日

◆ 吳儀副總理在國際護士節向香港特區全體護理工作者發出慰問信，向他們致以節日的祝賀和親切的慰問，對奮戰在抗炎最前線的醫護人員給予了高度評價。

5月13日

◆ 特區政府宣佈，行政長官會同行政會議通過將《公職人員薪酬調整（2004年/2005年）條例草案》提交立法會，以實施分別在 2004 年 1 月 1 日和 2005 年 1 月 1 日生效的公務員減薪安排。

◆香港《星島日報》報道，瑞士洛桑管理學院發表《2003年全球競爭力評估報告》，香港在兩千萬人口以下組別中排第四名。在評分的四項指標中，香港的經濟表現排第六位、政府效率排第三位、商業效率排第二位、基建方面排第十七位。

5月15日

◆董建華出席立法會答問大會，回答了議員提出的 SARS 疫情檢討處理、振興經濟等問題。董建華表示，已責成衛生福利及食物局局長楊永強儘快成立一個專門小組，對抗擊 SARS 工作作出總結和全面檢討。聯繫匯率的穩定對香港經濟發展和社會安定十分重要，政府把這件事情作優先處理及考慮。政府判斷，假如無法在四至五年內達到收支平衡，香港的聯繫匯率就會受到衝擊。現在需要刻不容緩去做事情，儘快落實各項經濟援助的安排、推動經濟轉型的步伐等工作。

◆由香港工商界發起成立的"工商界關懷非典受難者基金"籌得 2800 萬港元。發起人之一田北俊表示，截至 12 日，已通過社會福利署將 712.7 萬港元發給受 SARS 影響的 240 宗個案。並決定向中國紅十字總會捐款 1500 萬港元，發放援助金給予內地的 SARS 受難者及其家屬。

◆亞洲電視行政總裁陳永棋購入麗新發展持有的 33% 亞洲電視權益。

5月15日–5月17日

◆全國防治非典型肺炎科技攻關組副組長、中國科學院副院長陳竺率團訪問香港。董建華會見了代表團。

5月16日

◆立法會財務委員會通過撥款 4.3 億港元，以供政府三個部門近期開設逾兩萬個就業臨時職位和培訓額，為長者和有需要人士提供小型維修服務、改善社區環境等。

◆世界衛生組織公佈的淘大花園爆發 SARS 的調查結果與政府早前報告吻合，該報告認為淘大花園的疫情是由於一連串獨特的環境因素和衛生事件同時出現而引發的。

5月17日–5月18日

◆26 家駐港外國商會在銅鑼灣時代廣場舉辦"We Love Hong Kong 愛心行動"。

5月18日

◆ 吳儀在日內瓦接受香港記者採訪時表示，在董建華為首的香港特區政府和全體市民的努力下，香港特區政府在抗擊 SARS 方面取得很大成就。當前香港應盡快恢復旅遊業，帶動經濟復甦。中央正在研究進一步密切香港和內地的經貿合作。

5月19日 – 5月28日

◆ 衛生福利及食物局局長楊永強到日內瓦出席主題為"讓兒童擁有健康的環境"的第五十六屆世界衛生大會。

5月20日

◆ 九廣鐵路公司發行五年期和十年期總值為五億港元的零售債券。這是香港首次有半官方機構發行十年期的零售債券。

◆ 香港《明報》報道，"亞洲政經風險評估"評級機構公佈評估報告，香港在報告中排行第四位，得 5.7 分。報告稱香港當前的環境衛生素質"正在改善中"。

◆ 港區全國人大代表向醫管局、衛生署轉贈一百盒由北京華大公司生產的 SARS 基因快速測試劑。

5月23日

◆ 世界衛生組織撤消對香港的旅遊警告。董建華舉行記者會，向全體香港市民所作的努力表示敬意和謝意，並感謝國家對香港的關懷和支持。高祀仁致函董建華，向特區政府和香港市民表示祝賀。

◆ 特區政府憲報公佈，行政長官已委任劉健儀為保安及護衛業管理委員會主席，任期兩年。

5月24日

◆ 香港演藝人員協會在香港大球場舉辦"1:99 音樂會"，為"茁壯行動"籌得 1780 萬港元善款。這是自世界衛生組織宣佈撤消香港旅遊警告後舉行的首個大型活動。

5月25日

◆ 國務院批准實施衛生部提交的粵港澳疾病控制合作方案。

5月25日 – 5月31日

◆ 廉政專員李少光出席在韓國首爾舉行的"第十一屆國際反貪會議"，並以中國代表團成員身份參加"第三屆全球反貪論壇"。

5月28日

◆ 董建華宣佈成立專家委員會，檢討

有關處理和控制 SARS 的工作，楊永強任主席。專家委員會將在 10 月 2 日向行政長官提交報告書。

◆ 全城清潔策劃小組公佈《香港環境衛生改善措施中期報告》，計劃在第一階段將執行七十多項措施。

◆ 經濟發展及勞工局局長葉澍堃表示，2003 年 2 月份，訪港旅客共有 141 萬人次，較 2002 年同期上升 26%；3 月份受 SARS 影響，訪港旅客為 135 萬人次，較 2002 年同期只有 4% 增長；4 月份則較 2002 年同期下跌 65%，只有 49 萬人次。酒店業方面，2 月份平均入住率為 81%，3 月份為 79%，4 月份則大幅下跌至不足 20%。

◆ 立法會否決司徒華議員提出的"本會呼籲：毋忘六四事件，平反八九民運"動議。

5 月 29 日

◆ 正在俄羅斯訪問的國家主席胡錦濤會見隨團訪問的香港記者時表示，"以董建華先生為首的特區政府，廣泛地依靠香港的廣大民眾和各界人士，依靠醫護人員的頑強努力，做了大量的工作"。"應該說，香港的防治非典工作，取得了明顯成效"。"雖然非典疫情對香港的經濟發展、

對香港民眾的生活帶來一些暫時困難，但我相信，只要香港同胞團結一致，自強不息，迎難而上，就一定能夠徹底消除疫情"。談及中央政府協助香港重振經濟時，胡錦濤表示，內地與香港的更緊密經貿安排會在 6 月底公佈，相信透過市民的努力，香港一定能實現經濟復甦。

◆ 高祀仁在接收民建聯和工聯會募集的"支援內地抗炎善款"時表示，香港社會各界給內地抗炎工作捐助的善款接近一億港元，對內地抗擊 SARS 工作給予了支持。

◆ 中央政府支援香港特區抗擊 SARS 的第二批防護用品到港。

5 月 29 日－5 月 30 日

◆ "粵港澳防治非典型肺炎傳染性疾病專家組"第一次會議在香港召開。

5 月 30 日

◆ 醫院管理局成立由社會人士和醫管局董事局成員組成的檢討委員會，負責檢討公立醫院處理 SARS 疫情危機的表現。

5 月 31 日

◆ 廣州市公安局出入境管理處宣佈簡化和放寬往來港澳商務簽注手續。

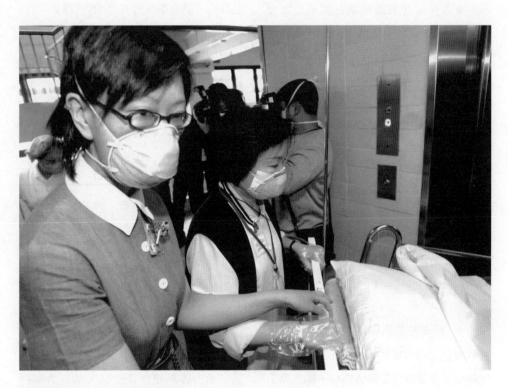

奮戰在抗擊 SARS 一線的香港醫護人員。

◆ 唐英年到泰國坤敬出席亞太經合組織貿易部長會議。

6月2日

◆ 可持續發展委員會召開第二次會議，制定可持續發展策略的計劃和內容，設立可持續發展基金的撥款指引。

◆ 歐盟駐香港與澳門辦事處工商及經濟事務秘書羅佳思表示，歐盟各國投資者沒有因香港的 SARS 疫情而撤消在港投資。

◆ 香港 12 個宗教團體的領袖出席聯合祈福會為香港祈福，並為 6 月 6 日至 8 日的各宗教團體舉行的連串追思祈福活動揭幕。

6月3日

◆ "和衷共濟抗擊非典" —— 港區全國政協委員向內地捐款儀式在全國政協禮堂舉行。全國政協主席賈慶林、副主席王忠禹、廖暉、劉延東、秘書長鄭萬通，中央政府駐港聯絡辦主任高祀仁、副主任鄒哲開以及民政部、衛生部的負責人出席。賈慶林對香港各界向內地各部門提供一億以上的捐贈表示感謝。他說中央政府會更加支持香港，加強兩岸三地交流與合作很有必要。

◆ 行政會議通過，將申領綜援資格由居港一年收緊至七年時間，未成年新移民獲豁免。

◆ 2003 年新界村代表選舉候選人提名開始，提名期將於 6 月 16 日結束。

◆ 政經風險顧問公司發表亞洲區內國家和地區的司法制度評分報告，香港位列新加坡和日本之後，排名第三。

◆ "國家職業技能鑒定香港第一屆考評員授證典禮" 在香港洲際酒店舉行。

6月3日－6月19日

◆ 由特區政府官員、勞工顧問委員會的僱主和僱員代表組成的代表團，以中國代表團顧問的身份出席在瑞士日內瓦舉行的第九十一屆國際勞工大會。

6月4日

◆ 民政事務署和新城電台等聯合舉辦 "活力香港強身健體 SHOW" 大型戶外活動。

◆ 香港市民支援愛國民主運動聯合會（簡稱 "支聯會"）在維多利亞公園舉行紀念 "六四" 燭光晚會。主辦者稱有五萬人參加，警方估計人數 1.7 萬。

6月5日

◆ 正在蒙古訪問的國家主席胡錦濤回答香港記者提問時表示，港人沒有必要擔心基本法第二十三條立法後，言論和集會自由會受影響。"按照基本法，第二十三條完成它的立法，這無論是對國家的安全，還是對香港社會的穩定，都是有好處的。而且，香港同胞的一些基本權利，也會得到充分保障"。

◆ 董建華就美國疾病控制和預防中心宣佈將對香港的旅遊警告級別由勸阻通告降低至警示通告表示歡迎。

6月6日

◆ 粵港澳三地旅遊高層會議在廣州召開。與會者就 SARS 期間及其後恢復和重振三地旅遊業的舉措等方面進行了探討。

6月7日

◆ 林鄭月娥表示，5 月份新申領綜援個案創近十年的新高，達 10220 宗，比 4 月份增加一千五百多宗。

6月8日

◆ 特區政府發表聲明反駁香港記者協會在 2003 年度香港言論自由年報中指《國家安全（立法條文）條例草案》會嚴重威脅言論自由的説法，表示條例草案符合基本法第三章內所列明的保障人權的國際公約，實施基本法第二十三條不會影響表達意見自由。條例草案審議以來，已進行了一百多個小時討論，聽取了 120 個團體的意見，並非倉促進行。

6月9日

◆ 國務院任命周波為國務院港澳事務辦公室副主任。

◆ 周大福集團以 22 億港元收購英國運輸公司 Stagecoach 集團旗下的城巴全部股權。

6月10日

◆ 高等法院法官夏正民裁定，因政府調減公務員薪酬而申請司法覆核的公務員團體敗訴。判詞指出，政府 2002 年立法調減公務員薪酬，沒有抵觸基本法，也沒有破壞政府與公務員的僱傭合約。

6月11日

◆ 特區政府宣佈成立"紀念對抗 SARS 咨詢委員會"，何志平任委員會主席。

◆ 立法會人事編制小組委員會通過政府六個政策局增刪職位的建議。政制事務局局長林瑞麟表示，推行問責制以來，已確定可刪除 18 個首長級職位和 146 個非首長級職位，節省 1.1 億多港元開支。

◆ 立法會通過兩項決議案，落實政府財政預算案有關調高賽馬特別彩池博彩稅的建議。財經事務及庫務局局長馬時亨表示，2002 至 2003 年度，這項稅收總額達 111 億港元，佔政府一般收入超過 7%，其中 27 億港元來自特別彩池博彩稅。調高特別彩池博彩稅估計會為政府帶來全年 1.5 億港元額外收入。

◆ 香港證實出現最後一宗 SARS 個案。至此，全港共有 1750 人感染 SARS，其中 299 人死亡。

6 月 12 日

◆ 香港八所大學校長舉行會議，就大學學制"三改四"問題交換意見。召集人朱經武表示，學校的立場一直是同意"三改四"。

◆ 特區政府發言人就美國國務院發表的《全球人口販運報告》表示，香港的非法入境問題已經受到控制，被堵截的非法入境者數字，由 1993 年的每日平均 100 個，大幅降至 2002 年的每日平均 15 個，證明政府的工作已取得一定成效。

6 月 13 日

◆ 董建華在禮賓府設宴款待演藝界和電影業代表時表示，政府會與業界合作，推動和協助創意產業發展，並設立基金提升香港電影業的專業技術水平，為本地電影製作提供融資保證，資助港產片參加海外電影展。

◆ 特區政府宣佈成立香港航運發展局和香港港口發展局，取代港口及航運局。兩個發展局的主席均由經濟發展及勞工局局長葉澍堃擔任。

◆ 立法會財務委員會通過撥款一億港元設立可持續發展基金。

◆ 立法會財務委員會通過成立十億港元等額補助金，為八所大專院校籌得的私人捐款提供等額補助金。

◆ "彩虹行動 —— 抗非典音樂會"在香港文化中心音樂廳舉行。

6 月 14 日

◆ 立法會《國家安全（立法條文）條例草案》委員會舉行第十九、二十次會議，完成草案"逐條審議"的工作，並通過由民建聯議員曾鈺成提出的"逐條審議已完結"的動議。

◆ 教育統籌局舉辦"教育改革進展匯報會"，五百多名教育界人士出席。董建華出席並致辭。

◆ 廣播事務管理局對商業電台"風波裡的茶杯"、"政事有心人"和"亂噏廿三"三個節目發出"警告"和"強烈勸喻"。

◆ 第五十屆威尼斯雙年展香港展館開幕。

◆ 世界衛生組織傳染病監控辦公室代表 Dr. Mark Salter 和 Dr. Mike Ryan 在"嚴重急性呼吸系統綜合症臨床診治工作坊"新聞發佈會上，讚揚香港處理 SARS 疫情的表現出色。

6 月 14 日 – 6 月 15 日

◆ 香港大律師公會、香港大學法律學院和城市大學法律學院聯合舉辦基本法第二十三條法律研討會。

6 月 15 日

◆ 董建華宣佈，為進一步紓緩 SARS 對香港經濟和就業情況所構成的壓力，政府決定動用 7.15 億多港元提供 3.2 萬個額外名額，大量增加短期職位和培訓名額，重點解決青少年及中年人的失業問題。

◆ 由民間團體發起的疫後重建香港活動 —— 千人舞龍、舞獅大巡遊在尖沙咀舉行，主題為"萬眾一心抗逆境，舞出繁榮顯新機"。

◆ 董建華在禮賓府會見來港訪問的世界衛生組織傳染病科行政總監海曼（David Heymann）。

6 月 16 日

◆ 廖暉、安民在深圳與董建華會面，商討香港與內地之間建立更緊密經貿關係的有關安排。其後，董建華在香港向傳媒表示，香港與內地更緊密經貿關係安排的磋商已經取得重大的實質性進展，雙方商定於 6 月 30 日在香港舉行簽署儀式。

◆ 立法會政制事務委員會就"檢討基本法所訂行政長官的產生辦法"的議題舉行公聽會，34 個團體出席會議。

◆ 香港《文匯報》報道，顧問公司 Maunsell 發表《鞏固香港作為國際航運中心的地位》報告，向特區政府提供發展航運中心的建議。

6 月 17 日 – 6 月 18 日

◆ 楊永強在吉隆坡出席世界衛生組織舉辦的嚴重急性呼吸系統綜合症全球會議，介紹香港的經驗。

6 月 18 日

◆ 林瑞麟就美國評論基本法第二十三

條立法致函美國駐港總領事祁俊文表示，特區政府經過檢討研究和公眾咨詢，認為目前是進行國家安全的立法工作的適當時候。

◆ 立法會以大比數通過議案，感謝中央政府對香港抗擊 SARS 疫情的支持，並促請特區政府和呼籲港人為內地提供物資和醫護支援。

◆ 立法會一致通過提高亂扔垃圾者的定額罰款數額，由 600 港元增至 1500 港元，並於 6 月 26 日起生效。

◆ 摩根士丹利旗下基金以 8.43 億港元購入位於中環的維德廣場。這項交易為香港首宗涉及國際機構投資者的整幢商廈投資買賣，也是 2003 年最大宗物業交易。

◆ 香港恆通資源集團有限公司董事局主席施子清被增選為全國工商聯第九屆執行委員會委員、副主席。

6 月 19 日

◆ 外交部發言人表示，香港特區是中華人民共和國的一部分，涉及香港的任何事務都要在基本法的框架內進行。基本法第二十三條立法問題屬中國內政，其他國家不宜說三道四。

◆ 董建華在禮賓府會見訪港的世界

衛生組織總幹事布倫特蘭（Gro Harlem Brundtland），雙方就全球對抗 SARS 的工作交換意見。布倫特蘭讚揚香港在疫情處理上嚴謹認真，並能迅速地控制疫情。

◆ "香港珠寶鐘錶展覽會"和"亞洲時尚首飾及配飾展"在香港會議展覽中心開幕，26 個國家和地區共七百多家參展商出席。這是世界衛生組織解除對香港旅遊警告後，香港舉辦的首個國際大型展覽會。

6 月 20 日

◆ 外交部發言人就美國白宮發言人有關基本法第二十三條立法的言論表示，國家安全條例草案是香港特區政府經過廣泛深入的公眾咨詢，以及大量採納各界人士意見後提出的。這個條例草案體現了保障香港居民依照基本法享有的各項權利和自由的原則，符合兩個國際人權公約也適用於香港的規定。特區政府發言人對此表示，香港特區有憲制責任自行立法保障國家安全，而條例草案完全符合"一國兩制"的原則和國際人權標準。

◆ 港區全國政協委員舉行全體例會，決定設立四個專題小組和八位召集人，以開展新一年工作。霍英東出席會議。

◆ 立法會內務委員會同意立法會大會

於 7 月 9 日恢復二讀辯論《國家安全（立法條文）條例草案》。條例草案委員會主席葉國謙向內務委員會提出口頭報告時指出，委員會先後舉行 25 次會議，審議時間超過 90 小時，期間舉行了四次公聽會，有 110 個團體和代表出席；委員會已經詳細討論了草案的政策和原則，並進行了逐條審議；委員會亦討論了政府提出的修正案。

6 月 21 日 – 6 月 22 日

◆ 唐英年出席在埃及沙姆沙伊赫舉行的世界貿易組織非正式部長會議。

6 月 22 日

◆ 超過十萬名市民參與 "2003 年世界環境日" 大型環保步行活動。

◆ 深圳市公安局出入境管理處宣佈，從 7 月 1 日開始將對六項出入境政策進行調整。（1）將非公務赴港澳企業資格認定（一年）業務下放到各行政區公安分局。（2）放開辦理有效期為三個月的商務簽注。（3）放寬個體戶辦證限制。（4）將《廣東省經濟特區居住證》（適用於港澳籍人員）的受理權限下放到鹽田分局。（5）擴充非公務赴港澳企業資格認定 "網上報備" 業務的受理量。（6）將公民因私出國

護照的遺失補發、換發、延期加注業務下放到各行政區公安分局。

6 月 23 日

◆ 世界衛生組織發表公告，正式將香港從 SARS 近期有本地傳播疫區的名單上除名。董建華到淘大花園向傳媒和市民宣佈這一喜訊，並在禮賓府接見部分 SARS 死者的子女和家人。

◆ 由香港電台與《明報》聯合舉辦的 "新聞三十年 —— 十大新聞選"，把 SARS 爆發列入三十年來香港最重要的十大新聞之一。

◆ 特區政府發言人回應加拿大駐港領事館所發表的聲明時表示，特區政府樂於看到加拿大認同香港需要就實施基本法第二十三條立法，並認同《國家安全（立法條文）條例草案》大致上與國際間其他司法管轄區（包括加拿大）的做法一致。

6 月 24 日

◆ 特區政府發言人回應國際特赦組織香港分會所發表的聲明時表示，《國家安全（立法條文）條例草案》完全符合 "一國兩制" 原則和國際人權標準，特區政府絕對不是匆匆立法。

6月25日

◆ 董建華會見吳思遠、梅艷芳、施南生等電影工作者，並表示香港的電影及其工作者均具有很強競爭力，電影業將能夠在內地與香港"更緊密經貿關係安排"中獲得更好的發展條件。

◆ 政府就《國家安全（立法條文）條例草案》提出多項新修訂。在"禁止參加受取締組織的活動"的第（1）款（e）修訂為任何人"在沒有事先獲得保安局局長書面批准的情況下，向該組織支付金錢或給予其他形式的援助"，即屬犯罪。政府建議，以下四種行為不構成8C第（1）款所訂罪行：一、參與某法律程序（不論是以本人身份參與或作為屬該法律程序的一方的組織的代表而參與）；二、尋求、提供或接受任何法律服務或就該等服務而支付或收取任何款項；三、在事先獲得保安局局長書面批准的情況下，支付款項以解除任何法律責任；四、作出（a）、（b）、（c）段提述的作為所附帶的任何作為。政府還建議，刪除8D"上述反對取締"的第（2）款條文，並將第（2）款修訂為"被推翻的取締，須當作從來沒有作出"。

◆ 立法會三讀通過《汽車首次登記稅條例草案》，以及提高薪俸稅和利得稅等收入（修訂）條例草案。估計上述稅項可分別為政府帶來3.5億和約一百億港元的收入。

◆ 高祀仁會見並宴請香港大學徐立之、李焯芬、袁國勇、何柏松，中文大學金耀基、鄭振耀、鍾尚志、霍泰輝等知名學者，對他們在SARS研究方面取得的成績表示敬意。

6月26日

◆ 董建華出席立法會答問大會，向議員介紹政府施政情況，回答有關振興經濟、SARS疫後重建、基本法第二十三條立法等方面的問題。

6月26日－6月28日

◆ 行政長官委任的嚴重急性呼吸系統綜合症專家委員會轄下醫院管理及行政小組在港舉行會議。26日，董建華會見小組成員並表示，這場疫症令大家警覺到本地公共衛生制度仍需改進，香港或需設立類似疾病預防及控制中心的專責機構，確保日後能應付類似疫潮。

6月27日

◆ 外交部發言人就美國眾議院呼籲香港特區政府撤回基本法第二十三條立法表

示，中方對美國國會眾議院這一干涉中國內政和香港特區內部事務的行徑表示堅決反對。正在立法會審議的《國家安全（立法條文）條例草案》在香港經過廣泛、深入的公眾咨詢，在保障國家安全和統一的同時，體現了保障香港居民依照基本法享有的各項權利和自由的原則，符合兩個國際人權公約適用於香港的規定，具有廣泛的民意基礎。美國眾議院有關決議案對基本法第二十三條立法説三道四是毫無道理的，也是徒勞的。

◆董建華回應美國眾議院通過無法律約束力的《支持香港自由決議案》表示，為基本法第二十三條立法是特區政府的義務和責任。立法絕對不會影響香港人的自由和人權。

◆特區政府憲報公佈，行政長官已委任羅仲榮為香港科技園公司董事局主席，任期由 2003 年 7 月 1 日至 2005 年 6 月 30 日。

◆立法會財務委員會通過由 2004 年 1 月 1 日起，所有新來港定居人士均要住滿七年才可申請綜援的規定。

◆國際貨幣基金組織（IMF）發表評估報告，高度評價香港特區的金融體系靈活穩健，且有完善的監管架構。

◆"中華人民共和國國旗、國徽、國歌展"在香港大會堂舉行。董建華、高祀仁、吉佩定和部分特區官員參觀了展覽。

◆香港工業總會、地產建設商會、中華廠商聯合會、中華總商會、銀行公會等五大商會領袖表示支持基本法第二十三條立法。

6月28日

◆董建華在禮賓府與 150 位 SARS 康復師生及學生家長舉行"點點祝福顯溫情"的聚會。

◆香港特區基本法實施六週年圖片展舉行揭幕儀式。

◆香港《星島日報》報道，基本法委員會委員、香港大學法學院教授陳弘毅接受訪問時表示，政府自 2002 年 9 月推出基本法第二十三條立法咨詢文件建議以來，已就國家安全與人權自由兩者平衡上，作出很多嘗試，現時的《國家安全（立法條文）條例草案》也比咨詢文件更為完善。

◆第十屆全國人民代表大會常務委員會第三次會議通過《中華人民共和國居民身份證法》。按照該法，香港同胞、澳門同胞、台灣同胞遷入內地定居的，華僑回國定居的，以及外國人、無國籍人士在中華人民共和國境內定居並被批准加入或者恢復中華人民共和國國籍的，在辦理常住戶口登記時，應當依照該法規定申請領取居民身份證。

6月29日

◆ 中午，國務院總理溫家寶乘專機抵港參加慶祝香港回歸六週年活動。國務委員唐家璇，全國政協副主席、國務院港澳辦主任廖暉，國家發展和改革委員會主任馬凱，商務部部長呂福源，國務院研究室主任魏禮群，國務院副秘書長尤權，總理辦公室主任丘小雄和廣東省省長黃華華等隨行。

◆ 下午，溫家寶出席《內地與香港關於建立更緊密經貿關係的安排》（CEPA）簽署儀式並發表演講。董建華出席，商務部副部長安民和特區政府財政司司長梁錦松代表雙方在協議書上簽字。CEPA 內容涉及貨物貿易、服務貿易和貿易便利化三個方面。溫家寶在演講中表示，中央政府和香港特區政府簽署的這個《安排》，是在“一國兩制”原則下和世貿組織框架內作出的特殊安排，反映了中國作為主權國家與香港作為單獨關稅區之間建立更為緊密的經貿關係，體現了中央政府和祖國人民對香港的關心和支持。這個《安排》，只是建立香港與內地更緊密經貿關係的

第一步。今後，不僅要認真執行這個《安排》，還要根據實際情況，繼續研究、充實新的政策措施；同時，進一步推動香港與珠江三角洲地區的經濟合作。“有人說，這個《安排》是一份‘大禮’。但依我看，真正的‘大禮’是：我帶來了新一屆中央領導集體的堅定決心，我們將毫不動搖地繼續貫徹‘一國兩制’、‘港人治港’、高度自治的方針和香港基本法，中央政府對香港既定的方針政策都不會改變”。溫家寶還就香港經濟發展提出三點希望：一是發揮優勢，保持特色。二是調整結構，優化產業。三是艱苦創業，拼搏奮進。只要香港各界人士堅定信心，抓住機遇，團結拼搏，就一定能夠克服各種困難，振興香港經濟。

◆ 晚上，溫家寶在禮賓府會見董建華。溫家寶表示，香港回歸六年來，“一國兩制”方針和基本法得到了全面貫徹實施。儘管這期間，香港先後遭到亞洲金融危機的衝擊、全球經濟增長放緩和 SARS 疫情的嚴重影響，但在以董建華先生為首的特區政府領導下，香港民眾團結奮進，總體上保持了經濟、金融和社會的穩定。希望在取得抗擊非典重大勝利後，特區政府團結香港民眾，抓住機遇，儘快恢復和發展經濟，紓緩民困，改善民生，維護社

內地與香港關於建立更緊密經貿關係的安排簽署儀式
Mainland and Hong Kong Closer Economic Partnership Arrangement
Signing Ceremony

2003 年 6 月 29 日，溫家寶總理
在香港禮賓府出席《內地與香港關
於建立更緊密經貿關係的安排》
（CEPA）正式協議簽署儀式。商務
部副部長安民和香港特區政府財政
司司長梁錦松共同簽署。

會穩定。

6 月 30 日

◆ 上午，溫家寶乘船視察了維多利亞港兩岸的基建項目，參觀了葵涌四號貨櫃碼頭，訪問了 SARS 重災區淘大花園、威爾斯親王醫院、沙田新城市廣場。下午，溫家寶出席抗擊 SARS 表彰大會，參觀了香港大學醫學院並與一百多位師生會面。溫家寶還在香港會議展覽中心會見了港區全國人大代表和全國政協委員。

◆ 晚上，溫家寶在中央政府駐港聯絡辦會見中央駐港機構和香港中資機構負責人並發表講話。

◆ 保安局發言人就英國駐港領事館發表的聲明表示，《國家安全（立法條文）條例草案》完全符合"一國兩制"原則和國際人權標準，條例草案絕不會損害香港居民的基本權利和自由。

◆ 特區政府憲報公佈，2003 年村代表選舉獲有效提名的 1640 名候選人名單，其中有 930 人自動當選，710 名則會在 7 月 12 日至 8 月 17 日，逢星期六和星期日舉行的村代表選舉中，競逐共 361 個村代表職位，其中原居民代表 202 個，居民代表 158 個。另外，有 189 個村代表職位並未接獲提名。

◆ 港區全國人大代表發表聲明，指出美國白宮和眾議院就香港特區政府進行基本法第二十三條立法所發表的聲明，是對中國內政事務的粗暴干涉。香港特區政府按照基本法規定就二十三條進行立法，是合法、合理和完全必要的，這關係到國家安全和香港社會穩定，不僅有利保障市民大眾的基本人身安全，還有利社會穩定，營造穩定良好的投資環境，吸引外來投資，促進經濟發展。

◆ 一百三十多位法律界人士聯署聲明，支持特區政府就基本法第二十三條立法。

◆ 唐英年接受香港《文匯報》專訪時表示，香港與內地簽訂更緊密經貿關係安排（CEPA）是雙贏之舉。為配合 CEPA 在 2004 年 1 月的正式實施，特區政府將設立協調機構，以協助香港商人開拓內地市場；並將展開新一輪業界咨詢工作，以制訂符合業界所需的措施。

7 月 1 日　香港特別行政區成立六週年

◆ 上午，香港特區政府在會議展覽中心金紫荊廣場舉行升國旗、區旗儀式。溫家寶、唐家璇、廖暉、霍英東、董建華、高祀仁、吉佩定、王繼堂、王玉發，特區政府主要官員、行政會議成員、立法會議

2003 年 6 月 30 日，溫家寶總理來
到 SARS 重災區的淘大花園，探望
了失去太太及母親的郭善雄一家。

員、司法機構法官、港區全國人大代表、全國政協委員、中央駐港機構代表、外國駐港領事館代表和各界人士約三千名嘉賓出席觀禮。其後，溫家寶前往香港會議展覽中心大會堂，出席慶祝香港回歸六週年酒會，並發表講話。他表示，香港回歸祖國六年來的實踐充分表明，"一國兩制"、"港人治港"、高度自治的基本方針和香港特區基本法是完全正確的。他強調，香港明天更美好，最重要在於堅持"一國兩制"、"港人治港"、高度自治的基本方針不動搖，堅持基本法不動搖；在於香港的優勢仍然在，而且將長期發揮作用；在於香港善於靈活應變、革故鼎新；在於香港特區政府和民眾自強不息、百折不撓；在於偉大的祖國始終是香港的堅強後盾。董建華致辭表示，實行"一國兩制"，確保香港經濟增長和社會發展，是本屆政府向市民作出的莊嚴承諾。儘快推動經濟復甦，早日實現經濟轉型，是特區政府和680萬市民的共同使命。香港將好好把握CEPA帶來的機遇，積極拓展與內地、尤其是與珠三角的經濟聯繫，同時進一步保持和發展與全球經濟的良好關係。

◆ 由香港工會聯合會、香港廣東社團總會、香港福建社團聯會等十多個團體聯合舉辦的慶祝香港回歸祖國六週年足球嘉年華在維多利亞公園舉行。主辦團體估計有六萬名市民參與。

◆ "民間人權陣線"等組織發起反對基本法第二十三條立法大遊行。遊行口號除了"反對二十三條"、"還政於民"外，還有要求獨立調查 SARS 事件、拯救負資產等。主辦團體聲稱遊行人數超過五十萬人，警方則估算有 35 萬人。

◆ 行政長官董建華就"民間人權陣線"發起大遊行發表聲明，表示關注遊行並理解市民表達的訴求，強調制定國家安全條例是特區憲制上的責任，港人有責任維護國家安全。政府承諾確保市民享有的人權和自由不會因基本法第二十三條立法受到影響，並會依據基本法循序漸進發展民主。

◆ 外交部發言人表示，香港是中國人和香港人的香港，美英等國對基本法第二十三條立法發表的言論，是對中國內政的説三道四，中方不能接受。第二十三條立法是基本法規定，也經過廣泛討論和咨詢，過程民主、透明和公開。這一立法絕不限制港人現時依法享有的各種權利和自由。

◆ 政府車輛管理處、物料供應處和印務局合併為政府物流服務署並正式投入服務。經濟發展及勞工局勞工科與勞工處合併，新機構保留勞工處的名稱。

◆高祀仁表示，由特區政府自行就基本法第二十三條立法是天經地義的事情。香港有立法史以來，此次是咨詢時間最長、咨詢規模最廣泛、聽取意見也最充分的一次，在維護社會法制和保障人權兩方面做到了平衡。特區政府就基本法第二十三條立法後，絕不會影響人權、自由，也不會影響香港社會的言論自由和人們的自由。

◆董建華召集政府高層特別會議表示，政府理解並尊重市民表達的意見，無意延遲基本法第二十三條立法。

◆立法會三讀通過《2001年版權（修訂）條例草案》，容許水貨電腦軟件合法進入香港市場，但軟件不能載有超過一定時限的音樂或電影片段。

◆商務部副部長安民在接受新華社訪問時表示，CEPA的達成，進一步消除了兩地在經貿合作和經濟整合中存在的一些制度性障礙，為內地與香港創造了更佳的營商環境，使兩地的經貿合作更上一個層次，共創雙贏。

◆外交部發言人表示，中國新一屆中央政府將一如既往、堅定不移地貫徹“一國兩制”方針，嚴格按照香港基本法辦事，全力支持香港特區政府和行政長官依法施政，保障香港居民依法享有的各項權利和自由，廣泛團結香港各界人士，共同維護和促進香港的繁榮、穩定和發展。香港特區自行立法、落實基本法第二十三條是完全必要的，符合香港和整個國家的利益，也符合國際上的立法通例。根據基本法來處理這件事情完全是特區政府的事情，中國認為一些外國政府就這一問題作評論是沒有必要的。基本法第二十三條在立法咨詢階段已經廣泛深入地徵詢香港各界人士，包括台灣人士，特別是台灣工商界在港有關人士。如果有人企圖在這個問題上藉機挑撥香港和台灣的關係，誣衊“一國兩制”方針，那將是徒勞無益的。

◆立法會三讀通過《2003年立法會（修訂）條例草案》。條例確定，2004年第三屆立法會選舉將取消六個選舉委員會議席，地區直選議席增至三十個。得票率達5%或以上的候選人，可獲政府每票十港元的資助，每位候選人享有一次免費郵寄宣傳單張服務。

◆財政司司長梁錦松在出席貿易發展

局有關 CEPA 簡報會時表示，CEPA 將有助香港經濟成功轉型，有關安排不但能鞏固香港作為國際金融和商貿中心的地位，而且可使世界各地的投資者認識到香港現在享有的獨特優勢，成為發掘內地市場巨大潛力的最好台階。

7月3日－7月5日

◆ 財經事務及庫務局局長馬時亨到北京訪問，反映香港金融界對 CEPA 實施的意見。

7月4日

◆ 自由黨主席田北俊及該黨五名立法會議員召開記者會，要求特區政府押後二讀《國家安全（立法條文）條例草案》。

◆ 香港大律師公會發表聲明稱，促請特區政府撤回在現階段恢復二讀《國家安全（立法條文）條例草案》的決定。

◆ 前香港基本法起草委員會委員、北京大學法學院教授蕭蔚雲接受香港《文匯報》專訪時表示，香港特區進行基本法第二十三條立法是完全必要且合理的，及早制定對香港特區與香港市民都有好處。

◆ 特區政府憲報公佈，行政長官已委任王見秋為平等機會委員會主席，任期三年，從 2003 年 8 月 1 日起生效。

◆ 特區政府公佈《2007 年人力資源推算研究報告》。報告旨在評估香港未來人力需求的情況，以便作出更佳的人力策劃和發展。

◆ 香港旅遊發展局和廣東省旅遊局聯合舉辦的"粵港旅遊業交流會"在深圳舉行。

7月5日

◆ 董建華與行政會議全體成員在政府總部會見記者時宣佈，為消除部分市民對基本法第二十三條立法的疑慮，政府決定對《國家安全（立法條文）條例草案》作出三個方面的重大修訂。一是取消本地組織從屬於已遭中央禁制的內地組織的有關條款；二是為加強保障公眾人士，特別是傳媒界的利益，在有關非法披露官方機密的條文中，加入以公眾利益作為抗辯理由；三是取消警方在沒有法庭手令，也可入屋行使緊急調查權力的有關條文。他再次強調，立法保障國家安全，是特區政府不可推卸的憲制責任。

◆ 全國人大常委會法工委負責人發表談話指出，特區政府在基本法第二十三條立法過程中，始終注意聽取和吸納廣大市民的意見，始終遵循基本法第三十九條的規定，切實維護香港居民的權利和自由，這次又決定對公眾存有較大疑慮的條款作進一步修訂，這種做法是恰當的。希望社會各界，從香港的根本和長遠利益着想，積極支持和配合特區政府如期完成立法。

◆ 高祀仁表示，中央政府駐港聯絡辦對行政長官有關基本法第二十三條立法的講話，特別是決定對國家安全條例草案作出三項重大修訂表示充分尊重和堅決支持。相信廣大市民會贊成特區政府如期立法。

◆ 前港英政府布政司鍾逸傑表示，《國家安全（立法條文）條例草案》總體上是可以接受的。

◆ 美國傳統基金會、加拿大費沙爾學會和全球約五十個研究機構繼續把香港列為《世界經濟自由度：2005 年週年報告》中全球最自由經濟體系。財政司司長梁錦松對此表示歡迎。

7月6日

◆ 霍英東接受新華社訪問時表示，支持特區政府如期就基本法第二十三條立法，因為這是全面落實基本法不可或缺的一環，是香港人的責任，是"一國兩制"的深層意義所在。

◆ 自由黨發表聲明，再次要求政府押後恢復二讀《國家安全（立法條文）條例草案》，並宣佈該黨主席田北俊已經向行政長官提出辭去行政會議成員一職，即時生效。

7月7日

◆ 董建華發表聲明，宣佈押後《國家安全（立法條文）條例草案》在立法會恢復二讀的安排，並接受田北俊辭去行政會議成員職務。

◆ 高祀仁表示，中央政府駐港聯絡辦尊重和支持行政長官、特區政府押後恢復二讀《國家安全（立法條文）條例草案》的決定。

◆ 外交部發言人就香港特區政府決定進一步就《國家安全（立法條文）條例草案》徵詢公眾意見表示，相信絕大多數香港同胞都是愛國愛港的，並表示支持以行政長官董建華先生為首的特區政府完成基本法第二十三條立法。

◆ 政務司司長曾蔭權向美國、英國、智利、芬蘭駐港領事介紹特區政府對《國家安全（立法條文）條例草案》作出的三項重大修訂，四國領事對有關修訂表示歡迎。

◆ 美國國務院發言人包潤石表示，美國歡迎特區政府押後二讀《國家安全（立法條文）條例草案》。

◆英國大律師公會二十三條工作小組就基本法第二十三條立法發表一份詳盡報告。報告歡迎政府提出的三項修訂，但認為必須重新審議草案。

◆"香港是我家 —— 向醫護人員致敬"大會在香港會議展覽中心舉行。大會對在抗擊 SARS 中殉職和受感染的醫護人員以及作出特殊貢獻的學術和科研代表頒授"抗炎勇士紀念章"。董建華、高祀仁等出席大會。

7月8日

◆曾蔭權會見部分香港和外國商會的代表，介紹特區政府就基本法第二十三條立法的最新進展和押後立法的程序，同時向他們解釋了三項最新修訂的內容。

◆行政會議通過於 2004 年 4 月 1 日成立體育委員會取代康體發展局，並重組體育學院，專責培訓體育精英。

◆高等法院裁定，保護海港協會的司法覆核勝訴，城市規劃委員會須重新考慮灣仔北維多利亞海港進行填海工程計劃的草圖。法官在判詞中解釋，每一項填海工程的目的和範圍必須同時符合三項原則：一是必須是為滿足一些無可爭議、有凌駕性和迫切性之需要；二是並無其他可行之選擇；三是對海港所帶來之損害必須是最低的。

◆公安部出入境管理局負責人宣佈，為配合香港特區政府實施新的"輸入內地人才計劃"，內地居民申請赴香港工作或者赴港就學，可由香港僱主或者高等院校代其向香港入境事務處提交申請。經批准後，再向其常住戶口所在地公安機關出入境管理部門申請辦理《往來港澳通行證》和就業或者學習簽注。申請人可同時向香港入境事務處為其家屬申請赴港居住。

7月9日

◆"粵港經濟技術貿易合作交流會"在港舉行。雙方共簽訂 29 個項目，涉及金額達 117 億港元。

◆加拿大駐港總領事貝道明（Anthony Burger）表示，特區政府最近就《國家安全（立法條文）條例草案》的修訂回應了加拿大政府和國際社會的關注，加拿大政府對此表示歡迎。

7月10日

◆屯門公路發生嚴重車禍，二十名乘客和司機喪生。董建華聞訊後迅速趕往現場視察並到醫院探望傷者，要求政府相關部門儘可能提供援助，同時責成有關部門儘快展開調查。高祀仁表示，中央領導人得知車禍消息後，深表關注，委託他向事故中不幸遇難者表示哀悼，對遇難者親屬和傷者表示慰問。

◆ 立法會三讀通過《2003 年博彩稅（修訂）條例草案》。

7 月 11 日

◆ 高等法院裁定，房屋委員會在押後租金檢討的司法覆核中敗訴，房委會必須根據公屋住戶入息中位數檢討租金。24 日，房委會向終審法院提出上訴。8 月 12 日，高等法院例外地正式頒令要求房委會檢討公屋租金，但無需即時執行檢討租金結果。

7 月 12 日

◆ "基本法實施六週年圖片展" 在荃灣廣場開幕，展覽由香港基本法推介聯席會議主辦。

◆ 2003 年村代表選舉開始投票。這是首次按法定架構進行的村代表選舉。

7 月 13 日

◆ 中央政府駐港聯絡辦官員回應有關內地官員是否與香港民主黨人士接觸時表示，聯繫香港社會各界人士，增進內地與香港之間的交往，反映香港居民對內地的

意見，是中央人民政府賦予中央政府駐港聯絡辦的職責之一。有關傳媒報道的情況純屬無稽之談。

7 月 14 日

◆ 政制事務局局長林瑞麟回應台灣當局就 "一國兩制" 在香港的實施發表的評論時表示，"一國兩制" 在香港已經全面和成功地落實。特區政府完全有能力根據基本法處理好基本法第二十三條立法，可以全面保障香港的人權和自由。台灣方面如果是注重民意和民情的，應積極考慮推動 "三通"，兩岸三地人民均會支持這方面工作。

◆ 香港專業聯盟推出 "青年專業人士國內交流及增值計劃"，以交流團形式提高香港專業人士對內地市場的認識，提升競爭力。

◆ 台灣恢復港澳地區來台旅客落地簽注。

7 月 14 日 – 7 月 15 日

◆ 由博鰲亞洲論壇和世界旅遊組織合辦的 "新形勢下國際旅遊合作大會" 在香港會議展覽中心舉行。48 個與會國家和地區共同發表了《振興亞洲旅遊業香港宣言》。

7月15日

◆ 香港同胞慶祝中華人民共和國五十四週年籌備委員會舉行成立大會。大會由籌委會主席團主席霍英東主持。中央政府駐港聯絡辦主任高祀仁致辭時寄語港人要齊心合力"求團結，求穩定，求發展，求進步"。

◆ 曾蔭權主持"清潔快車"命名暨啟用儀式。

◆ 行政長官會同行政會議否決東隧公司提出的隧道通行費加價申請。

◆ 香港與菲律賓簽署諒解備忘錄，以加強雙方在旅遊方面的合作。

7月16日

◆ 董建華宣佈，接受財政司司長梁錦松和保安局局長葉劉淑儀請辭。

7月17日

◆ 董建華宣佈，衛生福利及食物局局長楊永強不再擔任嚴重急性呼吸系統綜合症專家委員會主席的職務。

◆ 政府公佈的自然保育政策咨詢文件稱，香港野生動植物種類繁多，包括超過 3.1 萬種受管束植物、約五十種哺乳動物、450 種雀鳥、230 種蝴蝶等。

◆ 英國政府發表最新一期《香港半年報告書》，對特區政府押後恢復二讀《國家安全（立法條文）條例草案》和當中多項重要修訂表示歡迎。

7月18日

◆ 中央人民政府決定，任命楊文昌為外交部駐港特派員，免去吉佩定的外交部駐港特派員職務。

◆ 政制事務局發表的《主要官員問責制實施一年後報告》指出，特區政府推行問責制的整體方向正確，但在過去一年運作未能完全暢順。政府會從過去一年發生的一連串事件中汲取經驗，力求改善。

◆ 特區政府憲報公佈，經立法會同意並向全國人大常委會備案，行政長官委任馬道立為高等法院首席法官，由 2003 年 7 月 14 日生效。

◆ 特區政府憲報公佈，行政長官委任盛智文為海洋公園公司董事局主席，任期由 2003 年 7 月 1 日至 2004 年 6 月 30 日。

◆ 特區政府憲報公佈《2003 博彩稅（修訂）條例》。

◆《經濟學人》公佈 2003 年至 2007 年 "全球營商環境排名榜"，香港由 1998 至 2002 年的第五名跌至第八名。

7月19日

◆國家主席胡錦濤、國務院總理溫家寶分別會見到北京述職的行政長官董建華。胡錦濤表示，中央政府對香港特區近期的事態非常關注。只有保持社會穩定，香港才能保持良好的營商環境，保持自由港的特色和國際金融、貿易、航運等中心的地位，也才能為經濟的恢復和進一步發展創造有利條件。香港特區自行制定維護國家安全和統一的法律，是落實香港基本法的必然要求，也是香港作為中華人民共和國的一個特別行政區必須履行的責任。董建華先生是經香港各界人士組成的具有廣泛代表性的選舉委員會依法選舉產生、由中央政府任命的香港特區行政長官。中央政府堅定地支持董建華先生領導的特區政府依法施政。香港特區的政治體制，必須按照基本法的規定，從香港的實際情況出發，循序漸進地發展。

溫家寶表示，香港回歸六年來的歷程很不平坦，香港特區在各方面取得的成績來之不易。當務之急是要維護香港的社會穩定，努力發展經濟、改善民生。這是解決香港目前面臨各種問題的根本之策。中央政府有關部門和香港特區政府簽訂了《內地與香港關於建立更緊密經貿關係的安排》。中央政府將在這一安排的基礎上，加大內地市場對香港開放的步伐和程度，包括增值電訊服務、旅遊、金融服務。凡是有利於香港繁榮穩定、有利於香港和內地共同發展的事情，中央政府都將給予全力支持。曾慶紅、吳儀、王剛、唐家璇、華建敏、廖暉分別參加了會見。

◆新華社發表長篇報道《胡錦濤、溫家寶會見董建華　強調堅持一國兩制》。

◆陳馮富珍接受世界衛生組織邀請，出任世界衛生組織人類保護環境部門主管。

7月21日

◆溫家寶在北京會見英國首相布萊爾時表示，一個穩定、繁榮的香港不僅符合包括香港同胞在內的全中國人民的利益，也有利於外國在港利益。希望有關國家多做有利於香港穩定和發展的事情。布萊爾表示，六年來，"一國兩制"方針在香港執行的效果很好，是令人欣慰的。英方讚賞中方對香港最近出現的有關問題所採取的處理方式，希望找到保持香港穩定的辦法，英國願為此作出努力。

7月22日

◆行政長官會同行政會議批准，商業電台和新城電台的廣播牌照續期 12 年，新牌照有效期至 2016 年 8 月 25 日。在新牌照有效期首六年，商台和新城須分別投資 10.9 億港元和 5.67 億港元於資本投資項目和節目製作。政府會按照一貫的做法，進行中期續牌檢討。

7 月 22 日–7 月 23 日

◆ 行政長官董建華在禮賓府會見來訪的英國首相布萊爾。布萊爾出席英國商會午餐會上並發表題為 Global Opportunity（全球機遇）的演講。

7 月 23 日

◆ 立法會國家安全條例草案委員會在政府宣佈押後《國家安全（立法條文）條例草案》二讀後，首次重開會議，討論未來的路向。

◆ 香港與新加坡簽署《刑事事宜相互法律協助條例》。

◆ 台灣"行政院"通過《遊説法》草案，規定"禁止外國政府、法人、團體及個人對國防、外交及大陸事務遊説"，"大陸地區與港澳地區的人民、團體也不得自行或委託他人遊説"。

7 月 24 日

◆ 公務員事務局宣佈第二輪自願退休計劃的申請結果。在 5961 份申請中，有 5290 份獲得批准。大部分申請獲批的員工將於一年內離任，有關職位則於 18 個月內刪除。

◆ 立法會經濟事務委員會討論《香港港口規劃總綱 2020 研究》，制定規劃期內香港港口具競爭力及可持續發展的策略和總綱計劃，其中包括主要貨櫃碼頭的選址及其配套基建項目等。

◆ 英國駐港總領事何進稱，特區政府應就基本法第二十三條立法問題咨詢澳大利亞、新西蘭、加拿大和英國等普通法地區的意見。立法宜採取"最低原則"，儘量寬鬆。

7 月 25 日

◆ 特區政府憲報公佈 2002/2003 財政年度政府賬目結算。截至 2003 年 3 月 31 日，整體支出為 2392 億港元，收入為 1775 億港元，財政赤字為 617 億港元，財政儲備為 3114 億港元。

7 月 26 日

◆ 董建華召集行政會議成員、司局級官員和常任秘書長在禮賓府舉行集思會，討論香港當前的政治形勢。

7月28日

◆ 港澳個人遊計劃（自由行）在廣東省四個城市率先開始實施，東莞、中山、江門和佛山開始辦理居民以個人身份赴港澳旅遊的手續。

◆ 特區政府公佈，行政長官已委任輸入內地人才計劃咨詢委員會成員，由財政司司長擔任主席，任期兩年。

7月28日–7月29日

◆ 法國外經貿部部長 Francois Loos 率領 51 家法國公司在結束中國內地訪問後，到香港進行訪問。政務司司長曾蔭權和署理財政司司長葉澍堃分別與 Francois Loos 會面。

7月29日–7月31日

◆ 台北市副市長歐晉德率 "SARS 防治措施考察團" 訪問香港。

7月30日

◆ 中央政府駐港聯絡辦副主任劉山在出席香港青年聯會舉辦的 "香港與內地更緊密經貿關係安排" 研討會。

7月30日–7月31日

◆ 曾蔭權率政府代表團到北京參加 "內地與香港大型基礎設施協作會議"。

8月1日

◆ 吳儀、劉延東分別會見以伍沾德為團長的香港中國旅遊協會訪京團。

◆ 特區政府憲報公佈，行政長官委任伍爾夫、施廣智、韋卓善為終審法院其他普通法適用地區法官，任期三年，由 2003 年 7 月 28 日起生效；並延長梅師賢、顧安國、布仁立、艾俊彬、苗禮治擔任終審法院其他普通法適用地區法官的任期三年，由 2003 年 7 月 28 日起生效。

◆ 特區政府憲報公佈，行政長官已委任鄭慕智為足球博彩及獎券事務委員會主席，任期兩年。

◆ 振興經濟策略小組發表 "重整香港經濟" 文件，為促進香港競爭力和經濟增長制定策略，旨在把香港建設成為亞洲的世界城市並強化香港是進入內地門檻的角色。主要方向是：（1）加速香港向以知識為基礎的和高增值經濟轉型；（2）加強與內地的經濟聯繫；（3）爭奪人才。文件建議：短期措施是促進就業；中期措施是強化香港作為地區商業中心優勢；長期措施是大量投資教育，提高本地勞動人口技能，彈性的人口政策，吸引內地和海外人才等。文件指出，香港的基建發展應集中加強與珠三角地區的聯繫；利用鄰近地區優勢，促進"五流"：人流、貨流、資金流、訊息流和服務流；政府要通過減縮公共開支和活躍經濟創造收入，來對付財政赤字。

◆ 香港永亨銀行以 48 億港元購入浙江第一銀行全部股權。永亨銀行資產總值增至 850 億港元，成為香港第六大銀行。

◆ 世界傑出華人基金會在禮賓府舉行"2003 中華世界杯 —— 中華狀元紅特別表彰大會"暨"世界傑出華人基金會成立四週年慶典"。

◆ 美國海關及邊境保護局局長邦納（Robert C. Bonner）訪問香港葵涌海關大樓，考察"貨櫃安全倡議"試驗計劃在香港的運作情況。

8月1日–8月6日

◆ 楊永強出席在舊金山舉行的"國際衛生聯盟第三十三屆國際醫院大會"。楊永強是該聯盟 2001 至 2003 年度行政會議監管會主席。

8月2日

◆ 依照香港特別行政區基本法的有關規定，根據行政長官董建華的提名和建議，國務院決定，任命唐英年為財政司司長，任命李少光為保安局局長，任命曾俊華為工商及科技局局長，任命黃鴻超為廉政專員；同時免去唐英年的工商及科技局局長職務；免去李少光的廉政專員職務；免去黃鴻超的海關關長職務。

8月3日–8月7日

◆ "香港地區中國和平統一促進會"代表團訪問北京。劉延東會見代表團。

8月4日–8月6日

◆ 行政長官董建華、廣東省省長黃華華共同主持在香港舉行的粵港合作聯席會議第六次會議。會議決定，今後聯席會議將由粵港雙方行政首腦主持，在聯席會議下設"粵港合作聯席會議聯絡辦公室"，粵方由常務副省長湯炳權負責，港方由政務司司長曾蔭權負責。並決定增設"粵港發展策略協調小組"和重新整合 15 個專責小組。

8月5日

◆ 香港交易所公佈，1998 年至 2003 年 7 月 28 日止，香港交易所的成交總額為 10.65 萬億港元，其中內地企業佔 1/3；在香港上市的公司的總市值為 4.22 萬億港元，其中內地企業佔 27%。截至

2003年7月，已有242家內地企業在港上市，包括81家H股公司、73家紅籌公司和88家境外註冊的內地企業，迄今集資超過7800億港元。

8月6日

◆ 鄒哲開在香港工商界慶祝中華人民共和國成立五十四週年國慶籌備委員會成立大會上表示，沒有穩定局面，香港這個"動感之都"有可能變成"動亂之都"，以致政府無法有效施政，商家無法爭取CEPA帶來的巨大商機，市民也無法保持正常的生活、工作和學習秩序。

◆ 財政司司長唐英年宣佈，政府有意將機場管理局部分股權私有化，並計劃於2004年上半年，將所需的法例提交立法會審議。如有關法例獲得通過以及其後有合適的市場情況，政府會進行機場管理局的首次公開招股。

◆ 美國海軍航空母艦"卡爾文森"號等五艘軍艦訪問香港。這是SARS疫情後首批美國軍艦訪問香港。

8月7日

◆ 公安部副部長白景富在國務院新聞辦召開的新聞發佈會上表示，自2003年7月28日開始，廣東省中山、東莞、江門、佛山市居民個人赴香港、澳門旅遊，可以憑本人身份證、戶口簿申請辦理《往來港澳通行證》和訪問簽注，簽注有效期為三個月，分一次和兩次往返有效，每次在港澳地區停留時間不超過七天，申請次數不受限制。申請人領取通行證件後，可自行往來港澳地區。自2003年9月1日起辦理港澳個人遊的城市擴大到北京、上海、廣州、深圳、珠海，2004年5月1日將擴大到廣東全省。此外，往來港澳商務簽注的申請範圍也進一步擴大。

8月9日

◆ 盛華仁副委員長向正在內蒙古自治區呼倫貝爾市的港區全國人大代表視察團通報了全國人大常委會2003年的工作思路和關於代表視察工作的有關情況，並向港區全國人大代表提出了四點希望：一是公開言行應以有利香港穩定繁榮為大前提。二是支持行政長官董建華領導的香港特區政府依法施政，維護香港的穩定繁榮。三是支持基本法第二十三條的立法工作，對違反基本法和憲法的事情要表明態度。四是促進香港的經濟發展。

8月12日

◆ 外交部駐港特派員楊文昌拜會行

政長官董建華。楊文昌於 8 月 10 日到港
履新。

◆ "珠三角軟件產業論壇" 在香港舉
行,兩百多名來自內地和香港的政府官
員、軟件業代表出席。

8 月 13 日

◆ 台灣 KGI 中信證券轉投資的香港
凱基證券推出 "出期智勝" 網上期貨期權
交易平台,成為首家在港推出期貨期權交
易平台的台資證券商。

8 月 14 日

◆ 受賈慶林委託,全國政協秘書長鄭
萬通專程來港,向香港地區 57 名不再連
任全國政協委員的人士頒發榮譽證書和紀
念牌。高祀仁、鄒哲開、陳鳳英、梁金泉
等出席了儀式。

◆ 金融管理局宣佈,截至 6 月底,
負資產數字由 2003 年 3 月底的 8.3 萬
宗增至 10.6 萬宗,增加 2.3 萬宗,是有
記錄以來最高,升幅達 27.71%;而涉及
的按揭貸款金額亦由 1350 億港元升至
1650 億港元,升幅達 22.22%。

8 月 15 日

◆ 房屋協會推出第一個 "長者安居

樂" 屋苑,為中產長者提供嶄新的居住
環境。

◆ 香港友好協進會與中華海外聯誼會
聯合舉辦慶祝香港回歸六週年紀念晚會。

◆ 廣東省公安廳負責人表示,自 8
月 20 日起,廣州、深圳、珠海三市將正
式辦理居民個人赴港澳遊業務。根據廣
東省公安廳的最新統計,自 7 月 28 日試
辦居民個人赴港澳遊業務以來,佛山、東
莞、中山、江門四市共受理個人港澳遊申
請逾 9.1 萬人次,已發出個人港澳旅遊證
件近六萬本,持個人訪問簽注赴香港旅遊
的人數約八千人。

8 月 15 日－8 月 16 日

◆ 粵港澳文化合作會議第三次例會在
廣州舉行。會議簽署《粵港澳文化合作協
議書》,以加強三地文化藝術領域的交流
與合作。

8 月 17 日

◆ 中央政府駐港聯絡辦、民建聯、新
界社團聯會、原東江縱隊港九獨立大隊老
游擊戰士聯誼會、西貢鄉事委員會等方面
的代表兩百多人到西貢斬竹灣抗日英烈紀
念碑獻花,祭奠烈士英靈。

◆ 新界鄉村村代表選舉結束,360 位

村代表順利產生，整體投票率為 73.84%。

8 月 18 日

◆ 入境事務處開始全港性的身份證換領計劃。香港市民按年齡分批在指定期限內換領智能身份證，預計四年內完成。

◆ 統計處發表最新統計數字顯示，香港 5 月至 7 月失業率為 8.7%，創歷年最高紀錄。

◆ 英國政府委任柏聖文（Stephen Bradley）接替何進擔任英國駐港總領事。

8 月 18 日 – 8 月 23 日

◆ 由"台灣中國統一聯盟"主席陳欽銘為團長的"一國兩制參訪團"一行 19 人訪問香港。

8 月 19 日

◆ 特區政府憲報公佈，行政長官委任鄭維健為香港中文大學校董會主席，任期三年，由 2003 年 10 月 24 日起生效。

8 月 20 日

◆ 廣州、深圳、珠海和惠州四個城市開始辦理居民以個人身份赴港澳旅遊手續。

8 月 20 日 – 8 月 23 日

◆ 由余國春任團長的香港廣東社團總會代表團訪問北京。賈慶林在會見訪問團成員時表示，香港目前的形勢，"穩定壓倒一切"。當務之急，是要維護社會穩定，努力發展經濟、改善民生。他強調，發展是硬道理，穩定是發展的前提。香港各界人士都要集中精力，共同維護和促進香港的繁榮、穩定和發展。

8 月 21 日

◆ 特區政府發言人在回應澳大利亞參議院通過有關香港基本法第二十三條的動議時表示，香港特區有憲制責任就基本法第二十三條自行立法。政府提出的所有建議均完全符合基本法提供的人權保障，並已決定於 9 月再咨詢公眾。

◆ 鄒哲開在北京批評立法會議員劉慧卿早前發表的"台獨"言論。他指出，香港特區的立法會議員要宣誓效忠基本法和中國香港特區政府。基本法是"一國兩制"的法律，堅持一個中國的原則。凡是主張分裂中國、台灣獨立等言論都是錯誤的。身為香港立法會議員，更應該維護國家統一。

◆ 港台青年交流促進會主席黃英豪率團訪問台灣。

◆台灣《工商時報》報道，據台灣駐香港金融機構聯誼會統計，台灣的銀行已在港設立 13 家分行、6 家辦事處，另有 7 家台資財務公司和 13 家台資證券公司在港設立了分支機構。

8 月 22 日

◆香港特區政府投資推廣署、商務部對外經濟合作司和中央政府駐港聯絡辦經濟部在上海聯合舉辦投資研討會，推廣香港為內地企業收購合併活動的平台。

◆由香港文化交流中心、《亞洲週刊》雜誌社和鳳凰衛視聯合舉辦的"香江經貿論壇"在香港舉行。

8 月 22 日 - 8 月 28 日

◆香港特區派出 28 名特邀代表到北京出席第九屆全國婦女代表大會。

8 月 23 日

◆董建華會見部分香港學者，就香港長遠經濟發展、大學學制"三改四"、國家安全條例立法和政制改革等問題聽取意見。

8 月 24 日 - 8 月 26 日

◆行政會議成員廖長城率香港法律界人士代表團訪問北京。盛華仁、劉延東會見代表團。

8 月 25 日

◆全國政協副主席劉延東在深圳會見一百多名港區全國政協委員。

◆環境運輸及工務局局長廖秀冬與金門 -Skanska- 中鐵大橋局聯營的代表簽署興建深港西部通道香港段合約。合約價值 21.8 億港元，計劃 2005 年底完工。

◆董建華在禮賓府設午宴款待訪港的羅馬尼亞總統楊·伊利埃斯庫。

◆台灣華南銀行香港分行開辦網絡銀行系統線上轉賬和匯款服務，為兩岸和香港的台商提供更為便捷的服務。

8 月 26 日

◆政府飛行服務隊一架直升機在晚上 10 點 30 分從赤鱲角總部起飛前往長洲執行醫療求援任務，出發後不久在大嶼山撞山，兩名機員喪生。

8 月 26 日 - 8 月 27 日

◆吳邦國 26 日在人民大會堂香港廳會見第一任香港基本法委員會全體成員時，充分肯定了第一任委員會在過去五年所做的卓有成效的工作，並對新一任委員會的工作提出了希望。吳邦國表示，基本法是根據中國憲法在香港實踐"一國兩制"方針和特區制度的一項基本法律，嚴格貫徹基本法，遵循基本法的各項規定辦事，是保持香港長期繁榮和穩定的根本法律保障。全國人大常委會負有監督基本法的實施和解釋基本法的重要職責。香港基本法委員會作為全國人大常委會的專門工作機構，對貫徹香港基本法擔負着重要任務，希望第二任委員會的工作，在新的形勢下更加積極有效。王兆國、盛華仁參加了會見。吳邦國 27 日在人民大會堂向第二任香港特區基本法委員會主任喬曉陽，副主任黃保欣，委員王光亞、鄔維庸、劉鎮、李飛、吳康民、陳佐洱、陳弘毅、夏勇、梁定邦、譚惠珠頒發任命書。香港特區基本法委員會是全國人大常委會下設的工作委員會，由內地和香港各六名成員組成，任期五年。

8月27日－8月31日

◆ 新界鄉議局代表團訪問北京。國務委員唐家璇會見代表團成員時表示，對於香港近期發生的事情，中央政府有明確看法：第一，肯定以行政長官董建華為首的特區政府所做的工作，繼續大力支持特區政府依法施政。第二，堅決維護香港社會穩定，因為穩定是最重要的。第三，中央政府會以最大的努力幫助香港恢復經濟，促進長期繁榮。第四，香港政治體制檢討要按基本法規定循序漸進，從實際情況出發。第五，反對任何外國勢力干預香港內部事務。

8月28日

◆ 深港西部通道奠基典禮在深圳舉行。國務院曾培炎副總理和行政長官董建華等出席奠基典禮。

◆ 曾培炎在深港西部通道奠基典禮前會見董建華，就內地與香港經濟發展的最新情況和前景交換意見。曾培炎表示，中央十分重視粵港經濟合作，特別是對香港經濟的支持。西部通道是在內地與香港建立更緊密經貿關係及大型基礎設施協作安排下取得的重要成果，充分貫徹了"一國兩制"方針，體現了粵港互惠互利、共同發展的原則，亦反映中央政府和內地各方面支持香港經濟發展的堅定態度。西部通道這一項目的建設，對保持香港的長期繁榮穩定，促進內地經濟發展，都有積極意義。

8月28日－8月29日

◆ 財政司司長唐英年首次到北京述

職。國務委員唐家璇會見了唐英年。

8月28日－8月30日

◆ 九龍社團聯會理事長高寶齡率該會代表團訪問北京。全國政協副主席羅豪才會見代表團全體成員。

8月29日

◆ 特區政府憲報公佈，行政長官委任麥康明、林文瀚、張舉能為高等法院原訟庭法官，由 2003 年 8 月 22 日起生效。

8月30日

◆ 中國香港體育協會暨奧林匹克委員會舉辦"申辦第五屆東亞運動會開展禮"。國際奧林匹克委員會主席羅格（Jacques Rogge）和香港體育協會暨奧林匹克委員會會長霍震霆為舞龍點睛。

◆ 港珠澳大橋前期工作協調小組首次工作會議在廣州舉行。粵港澳三方代表就大橋建設的各項前期工作交換了意見，同意在珠海設立大橋籌建辦公室。

◆ 由內地、香港、澳門三地萬名青少年參與的"同心同根創明天 —— 青年大匯演"在紅磡體育館舉行。

◆ 董建華會見訪港的美國眾議院國際關係委員會東亞及太平洋事務小組主席吉姆‧利奇（Jim Leach）。

9月1日

◆ 香港賽馬會與澳大利亞、印度、日本、韓國、新加坡、新西蘭和土耳其等七個國家的賽馬會簽署《賽馬博彩好鄰居》協議。

◆ 北京和上海開始辦理居民以個人身份赴港澳旅遊申請。

9月2日

◆ 李國能出席在日本東京舉行的"第十四屆亞太區首席法官會議"。

9月2日－9月3日

◆ 香港總商會主席黎定基率香港總商會和商界高層代表團訪問北京。國務院副總理吳儀會見代表團全體成員。

9月2日－9月4日

◆ 工商及科技局局長曾俊華率團訪問北京。全國政協副主席廖暉、信息產業部部長王旭東、科技部部長徐冠華和商務部副部長安民先後會見代表團，就 CEPA 及香港經濟等共同關心的問題交換了意見。

2003 年 8 月 28 日，副總理曾培炎與行政長官董建華在深圳為第四條跨境行車通道——深港西部通道主持奠基儀式。

2003 年 8 月 30 日，國際奧委會主席羅格（右二）與香港奧委會主席霍震霆（右三）共同為"申辦第五屆東亞運動會開展禮"點睛。

9月3日-9月5日

◆ 立法會議員何鍾泰率香港工程建造界代表團訪問北京。全國政協副主席廖暉、徐匡迪會見代表團成員。

9月4日

◆ 徐匡迪在會見香港各界青年領袖才俊訪京團時表示，香港青年不要僅着眼於香港本地舞台，應該把整個中國 960 萬平方公里當作自己的大舞台。

◆ 香港特區政府發言人就台灣 9 月 1 日起正式啟用封面印有 "TAIWAN" 字樣的 "新版護照" 表示，現行台灣居民來港的申請程序和規定維持不變，台灣人士可以入境處發出的入境許可證來港，並不存在以台灣當局所發 "護照" 往來香港的問題，香港特區政府在處理涉台事務時一貫堅持一個中國原則，並不承認由台灣當局所發的 "護照"。

9月4日-9月5日

◆ 馬時亨在泰國布吉出席第十屆亞太經合組織財政部長會議，並就發展地區債券市場等議題發言。

9月5日

◆ 唐家璇在會見新世紀論壇訪京團全體成員時表示，中產階層將會在香港社會中扮演更加重要的角色，希望主要由中產階層人士組成的新論壇能夠一如既往，努力維護香港社會的繁榮穩定，並繼續向特區政府提出更多的建設性意見。

◆ 董建華宣佈，行政會議決定撤回《國家安全（立法條文）條例草案》，讓市民有充裕時間研究有關立法問題。

◆ 納米材料技術研發所在香港科技大學舉行揭幕儀式。董建華和科技大學校長朱經武主持儀式。

◆ 特區政府宣佈，計劃投資 240 億港元發展西九龍文娛藝術區，並首次邀請私營機構建造和營運大型文藝設施，計劃將該區建成香港的文化地標。

◆ 投資推廣署舉行記者會，簡介聯合國貿易和發展會議發表的《2003 年世界投資報告會》中有關香港部分，並邀請香港科技大學工商管理學院院長陳家強進行分析。報告顯示，香港的外來直接投資由 2001 年的 237 億美元下跌至 2002 年的 137 億美元，但香港仍是亞洲吸引外來直接投資第二大地方，排名僅次於中國內地，全球排名第 15 位。

9月5日-9月7日

◆ 民建聯首次以政黨名義訪問北京。

6 日，國家副主席曾慶紅會見民建聯主席曾鈺成帶隊的訪問團時提出，始終要堅持"一國兩制"、"港人治港"和高度自治，始終要相信和依靠香港的廣大同胞，始終要維護以行政長官董建華為首的特區政府的權威，始終要堅信祖國內地是香港繁榮穩定的堅強後盾。

9 月 7 日

◆ 董建華在廈門出席第七屆中國投資貿易洽談會開幕典禮。吳儀會見董建華。

◆ 鄒哲開在北京表示，香港特區政府決定撤回基本法第二十三條立法草案的決定，充分體現了"一國兩制"的精神。中央政府駐港聯絡辦完全尊重行政長官董建華先生的決定。

9 月 7 日 - 9 月 9 日

◆ 大律師胡鴻烈率亞太法律協會代表團訪問北京。全國人大常委會副委員長烏雲其木格、司法部常務副部長范方平等官員與代表團就如何落實 CEPA 有關法律服務的條文交換了意見。

9 月 7 日 - 9 月 10 日

◆ 港進聯主席劉漢銓率團訪問北京。8 日，曾慶紅會見訪京團時表示，香港若

要發展，前提是要保持穩定。中央政府將盡最大努力幫助香港恢復經濟，實現長期繁榮和發展，這是符合廣大香港人利益的。10 日，徐匡迪會見港進聯訪京團。

◆ 新界社團聯會會長張學明率該會代表團訪問北京。9 日，唐家璇會見代表團。

9 月 8 日 - 9 月 16 日

◆ 唐英年出席在墨西哥坎昆舉行的第五屆世界貿易組織部長級會議。

9 月 8 日

◆ 港基銀行大股東阿拉伯銀行集團與台灣富邦金控簽訂買賣承諾，將出讓 55% 股權，同時富邦將以每股 3.68 港元公開收購港基所有股權，預計涉及資金總額達 43.14 億港元。這是台資銀行首次收購香港銀行。

9 月 9 日

◆ 香港《文匯報》舉行成立五十五週年慶祝酒會。

◆ 第六次粵港聯席會議在香港舉行工作會議。特區政府政務司司長曾蔭權、廣東省常務副省長湯炳權出席。粵港雙方商議了工作會議目標、運作模式和溝通安

排，並審定了需要優先處理和將在近一、兩年內落實的項目。

9月9日－9月11日

◆ 工商及科技局組織大律師公會、律師會、會計師會和香港醫學會的代表訪問北京，與國家商務部、司法部、財政部和衛生部等有關部門就 CEPA 附件內的細節問題進行商談，交換意見。

◆ 衛生福利及食物局局長楊永強率團出席在馬尼拉舉行的第五十四屆世界衛生組織西太平洋區年會。

9月11日

◆ 董建華會見香港專業聯盟代表，就落實 CEPA 框架下兩地專業資格互認和香港專業人士在內地執業等問題聽取意見。

9月13日－9月16日

◆ 香港各界婦女代表團訪問北京。吳儀、劉延東會見代表團。

9月14日－9月16日

◆ 行政會議成員梁振英率香港專業人士代表團訪問北京。唐家璇、劉延東會見代表團。

9月15日

◆ 曾慶紅考察廣東期間在深圳會見董建華，就實施 CEPA，進一步推動粵港合作等問題聽取董建華的匯報。

◆ 以劉展灝為團長的香港青年工業家協會代表團訪問北京。劉延東會見代表團。

◆ 香港政策研究所、思匯政策研究所、新力量網絡在香港會議展覽中心聯合舉辦 "從香港的過去看香港的未來：不止是一個經濟城市" 研討會。

9月15日－9月17日

◆ "2003 年海峽兩岸暨香港、澳門物流合作與發展大會" 在珠海召開。會議由中國物流與採購聯合會、香港物流協會、香港生產力促進局和澳門空運暨物流業協會聯合舉辦，主題為 "CEPA 天空下的物流發展新機遇"。

9月16日

◆ 特區政府發言人回應歐洲委員會發表的第五份香港年報（2002 年）表示，特區政府會堅定不移、全面和忠實地落實 "一國兩制" 原則和基本法。該年報再次肯定過去幾年 "一國兩制" 在香港成功落實。

◆ 中央政策組發表《香港創意產業基線研究》報告。報告分析了 11 個創意產業的現狀和未來所面對的挑戰等。

◆ 行政長官董建華在禮賓府設午宴款待訪港的德國總統約翰內斯・勞。

9月16日－9月25日

◆ 曾蔭權訪問紐約、華盛頓、舊金山和聖荷西，向美國政府和商界推介香港。

9月17日

◆ 在全球擁有逾十三萬專業工程師會員的國際電機工程師學會（IEE）在香港設立亞太地區總部。

9月17日－9月18日

◆ 保安局局長李少光訪問北京，先後拜會了國務院港澳辦、公安部、最高人民法院和最高人民檢察院。

9月18日

◆ 依照香港基本法的有關規定，根據行政長官的提名和建議，國務院決定，任命湯顯明為海關關長；免去陳彥達的審計署署長職務。

◆ 香港文化藝術界慶祝中華人民共和國成立五十四週年國慶酒會在香港會議展覽中心舉行。

◆ 2003 年穗港商會聯席會議在廣州舉行。香港貿易發展局、香港生產力促進局等機構和香港總商會、香港中華廠商會等 22 家商會的代表出席會議。

9月18日－9月19日

◆ 中國人民銀行行長周小川到港出席中國銀行（香港）有限公司主辦的"CEPA香港經濟轉型的新契機"研討會，發表題為"漸進式改革和匯率機制"的演說。董建華、唐英年分別與周小川會面。

9月19日

◆ 特區政府憲報公佈，行政長官已委任倫明高為高等法院原訟法庭法官，由 2003 年 9 月 15 日起生效。

◆ 特區政府憲報公佈，行政長官再度委任高等法院上訴法院法官胡國興擔任選舉管理委員會主席，由 2003 年 9 月 29 日至 2006 年 9 月 28 日。

◆ 特區政府宣佈，林鄭月娥出任房屋及規劃地政局常任秘書長（規劃及地政），由 2003 年 11 月 1 日起就職；應耀康出任保安局常任秘書長，由 2003 年 10 月 13 日起就職。

◆ 香港宋慶齡兒童基金會在禮賓府

舉行"宋慶齡誕辰一百一十週年紀念研討會"。董建華出席。

9月20日

◆ 民間組織"保護海港協會"向特區政府發出律師信要求立刻停止中環第三期填海工程。房屋規劃及地政局局長孫明揚就此發表聲明表示,政府在考慮中環第三期填海工程的設計時已考慮《保護海港條例》,工程符合法例要求。聲明強調,工程符合高等法院較早時在判詞中就填海所列出的準則。

9月21日–9月25日

◆ 工聯會會長鄭耀棠率代表團出席在北京舉行的中華全國總工會第十四次全國代表大會開幕式。王兆國、劉延東分別會見代表團成員。王兆國表示,中華全國總工會將堅決貫徹"一國兩制"方針,繼續加強與港澳工會和勞工界的交流合作,維護和促進香港、澳門的繁榮、穩定和發展。

9月21日–9月27日

◆ 廉政專員黃鴻超率團訪問北京、上海和廣州,先後拜訪了國務院港澳辦、最高人民檢察院、公安部、監察部、國家發展和改革委員會、國務院信訪局、上海市人民檢察院、上海市公安局和廣東省人民檢察院等部門。

9月22日

◆ 衛生福利及食物局公佈對抗 SARS 疫症的預防和控制措施,並設立三級緊急應變措施,分為戒備、第一級、第二級,以便政府各部門根據級別作出配合。

9月22日–9月24日

◆ 香港報業公會主席李祖澤率香港傳媒界高層人士代表團訪問北京,中央政府駐港聯絡辦副主任王鳳超任代表團名譽團長。24日,中共中央政治局常委李長春會見代表團,希望香港媒體從香港社會的整體利益出發,發揮媒體的積極作用,維護香港的繁榮穩定。國務院新聞辦主任趙啟正、北京市代市長王岐山、國務院港澳辦副主任陳佐洱等也先後會見了代表團。

9月22日–10月3日

◆ 在加拿大蒙特利爾召開的第十一次世界航行大會上,民航處處長林光宇獲推選為此次大會的主席。

9月23日

◆劉山在出席香港友好協進會午餐會，並發表題為"抓住 CEPA 機遇，充分發揮優勢，緊密聯繫內地，積極面向世界"的演講。

9月23日－9月25日

◆自由黨首次以政黨名義訪問北京。24 日，曾慶紅在會見自由黨主席田北俊帶隊的訪問團時表示，希望自由黨在港"多見人、多溝通、多替政府解釋政策"，繼續支持特區政府依法施政。唐家璇也會見了訪問團全體成員。

9月24日

◆董建華會見高級公務員評議會、警察評議會、香港公務員總工會、政府人員協會等多個部門協商委員會的代表時表示，公務員隊伍為政府最重要資產，政府向來以擁有專業而高效率的公務員隊伍為榮。特區政府當前兩大重要任務是復甦經濟及削減財政赤字，要完成這兩項工作，公務員的參與和支持是不可缺少的。

◆"政治風險評估"最新一期報告認為，香港是亞洲眾多國家和地區中基礎建設最為完善的地區之一，排名亞洲第二，僅次於新加坡。

◆美國駐港總領事祁俊文聲稱，"七一遊行"是香港回歸後政治歷史上最重要的事件。特區政府對市民遊行的回應，反映出政府願意聆聽人民的聲音。北京在"七一"後的作為，顯示他們已成功通過一次考驗。

9月25日

◆保護海港協會正式向高等法院申請司法覆核和暫緩令，阻止政府繼續進行中環第三期填海工程。

9月25日－9月27日

◆香港高等院校教職員聯會主席岑嘉評率該會代表團訪問北京，先後拜會了國務院港澳辦和教育部。

9月26日

◆特區政府憲報公佈，行政長官已委任周梁淑怡為行政會議成員，任期由 2003 年 9 月 22 日生效。

◆董建華會見訪港的河北省省長季允石，雙方就加強兩地的經貿合作交換意見。

9月27日

◆胡錦濤在人民大會堂會見霍英東

率香港工商界知名人士代表團。曾慶紅、
吳儀、唐家璇、廖暉、劉延東參加會見。
胡錦濤指出，保持香港長期繁榮穩定，事
關六百八十多萬香港同胞的福祉和全中國
人民的整體利益，事關"一國兩制"事業
的興衰成敗和祖國和平統一大業。解決香
港目前存在的問題，實現香港經濟復甦，
需要穩定；維護香港良好的營商環境，
增強對外資的吸引力，鞏固和加強香港國
際金融、貿易、航運中心的地位，需要穩
定；推動香港各項事業全面進步，改善香
港市民生活，需要穩定。穩定是發展的前
提，是繁榮的保障，沒有穩定，什麼也談
不上。中央不久前成立了中央港澳工作協
調小組，主要是加強對內地涉港、涉澳事
務的協調，不會干預港澳高度自治範圍內
的事務。小組組長由國家副主席曾慶紅
擔任。

◆ 國務院任命李剛、郭莉（女）、周
俊明為中央政府駐港聯絡辦副主任；免去
劉山在、陳鳳英（女）的中央政府駐港聯
絡辦副主任職務。

◆ 香港大學與美國哈佛公共衛生學院
簽署合作備忘錄，以加強雙方在合辦醫療
改革和融資培訓課程、研究生和教職員交
流，以及公共衛生研究三方面的合作。

◆ 孫明揚宣佈暫停中環第三期填海計

劃的所有海事工程。

9月27日－9月30日

◆ 香港教育工作者聯會會長楊耀忠率
香港教育界知名人士代表團訪問北京。國
務委員陳至立會見訪問團。

9月28日－10月1日

◆ 香港衛生服務界赴京抗非典交流
團訪問北京。顧秀蓮副委員長會見交流團
成員。

9月29日

◆ 特區政府財政司司長唐英年和商
務部副部長安民在北京簽署《內地與香
港更緊密經貿關係的安排》的六項附件。
附件內容包括：與香港貨物貿易零關稅的
安排；貨物貿易零關稅的具體內容；內地
與香港兩地海關對零關稅貨物實行監管的
具體辦法；開放18個服務貿易的具體內
容；配合18個服務貿易的具體內容對香
港的公司進行具體界定；貿易投資便利化
的具體內容。

9月30日

◆ 特區政府公佈《資本投資者入境計
劃》（投資移民計劃）細節。該計劃於10

月 27 日開始接受申請，最快四至六個星期就可以完成有關審批程序。海外投資者只要在香港房地產和金融資產投資不少於650 萬港元，在港居住滿七年時間，就可以申請為香港永久居民。

◆ 香港基本法推介聯席會議主席黃富榮率香港"民間推廣基本法訪京團"訪問北京。全國人大法制工作委員會副主任李飛會見訪問團時表示，香港落實基本法要本着兩個原則：第一，樹立基本法的權威性；第二，處理問題要實事求是、循序漸進，以香港的社會穩定為重。

10 月 1 日　國慶日，中華人民共和國成立五十四週年

◆ 特區政府在香港會議展覽中心金紫荊廣場舉行慶祝中華人民共和國成立五十四週年升國旗、區旗儀式。霍英東、董建華、高祀仁、楊文昌、王繼堂、王玉發，及特區政府主要官員、行政會議成員、立法會議員、司法機構法官和香港各界人士七百多人出席。其後，在會議展覽中心舉行慶祝中華人民共和國成立五十四週年酒會。董建華致辭表示，特區政府將竭盡所能，通過促進經濟穩步發展紓解民困，通過不斷改善施政化解民怨，通過同市民一起共創美好未來，繼續為國家多做

貢獻，凝聚民心。

◆ 全港一百多個團體以及三萬市民參加"國慶歡樂大巡遊"活動。巡遊全程約四公里，歷時三小時。

◆ 中華人民共和國成立五十四週年國慶文藝晚會在紅磡體育館舉行。霍英東、董建華、高祀仁、楊文昌等出席。

◆ 國慶煙花匯演在維多利亞港舉行，約四十萬市民和中外遊客觀看。這是首次舉辦的"香港國際煙花比賽"的預演，分別由來自日本、意大利、香港和美國的隊伍演出。

◆ 解放軍駐港部隊赤柱、昂船洲和石崗軍營舉行開放日活動。一萬多名市民進營參觀，欣賞精彩的軍事表演，並與駐軍官兵聯歡慶祝國慶節。

10 月 2 日

◆ SARS 專家委員會發表題為《汲取經驗 防患未然》的調查報告。報告分析了導致特區政府在處理疫情時出現連番紕漏的原因，並提出了 46 項建議，包括成立衛生防護中心。

◆ 董建華舉行記者會，回應 SARS 委員會的報告。他表示，整體而言香港在處理 SARS 疫情方面表現不差，世界衛生組織也高度讚揚香港的抗疫過程。衛生福

利及食物局局長楊永強已在事件中汲取了教訓，總結了經驗。政府會詳細研究是否主動向 SARS 死難者家屬賠償。

◆ 楊永強召開記者會，回應 SARS 委員會的報告。他對疫症初期醫護體制出現的缺失向市民道歉，並表示願意虛心汲取教訓，為保障市民健康而努力。

◆ 梁愛詩在"國際仲裁的法律和語言"會議上致辭時表示，香港具有切合時代的《仲裁條例》，已成為區內首要的仲裁中心之一。

10 月 4 日

◆ "法律週 2003"在香港公園開幕，主題是"環境保護與法例"。

10 月 6 日

◆ 高等法院法官夏正民裁定，保護海港協會敗訴。

10 月 7 日

◆ 行政長官董建華在禮賓府會見訪港的愛爾蘭總統麥卡利斯。

◆ 行政會議決定，中環填海第三期工程只會恢復有限定填海（即挖淤泥），不會進行打椿柱的工程。

10 月 8 日

◆ 正在印度尼西亞出席東盟與中日韓領導人會議的國務院總理溫家寶接受香港記者提問時表示，香港回歸祖國六年，已經有很大成績："實行'一國兩制'是個創舉，我們缺乏經驗，不過，我們有一個堅定的信念，就是要堅定不移地堅持'一國兩制'方針，要相信香港人可以治理好香港，要通過發展經濟，改善香港人民的生活，要通過漸進的民主，保障香港基本法賦予港人的各項權利和自由"。

◆ 英國《金融時報》在香港國際金融中心二期設立亞太區總部。董建華出席開幕酒會時表示，《金融時報》在香港投入資源，充分證明香港這個亞洲國際商務中心前景光明。他強調，保障新聞自由和資訊自由是至關重要的。

10 月 9 日

◆ 立法會選出新一屆 18 個事務委員會的正、副主席。

10 月 10 日

◆ 特區政府憲報刊登《2003 年地方選區（立法會）宣佈令》。選管會建議維持現行五個地方選區的分界和名稱。2004 年立法會地方選區的直選議席將由

24 個增加至 30 個。增加議席的分配，香港島由原來的 5 個議席增加至 6 個，九龍東由 4 個增至 5 個，新界西由 6 個增至 8 個，新界東由 5 個增至 7 個，而九龍西的議席數目則維持 4 個。

◆ 多個台灣在港機構和團體舉行 "慶祝雙十節暨紀念辛亥革命" 系列活動。

10 月 11 日

◆ 特區政府在禮賓府舉行 2003 年度授勳典禮。董建華為 303 人頒授勳銜。其中 20 人獲頒授金紫荊星章，21 人獲頒授銀紫荊星章，37 人獲頒授銅紫荊星章，六名在 SARS 疫情中不幸殉職的醫護人員獲追頒英勇勳章。

◆ 天主教、孔教、基督教、回教、道教和佛教六大宗教領袖出席宣傳宗教與種族和諧之道的 "和而不同" 計劃開幕禮，共同呼籲政府應多聽市民意見，市民也應心平氣和地解決問題，化戾氣為祥和。

10 月 12 日

◆ 香港無線電視台舉行成立三十六週年台慶暨將軍澳電視廣播城開幕典禮。這是東南亞最大的電視廣播城，耗資 22 億港元。

◆ 港珠澳大橋前期工作協調小組在珠海舉行第二次工作會議。會議決定在廣州設立辦公室，負責大橋的前期具體工作。

10 月 13 日

◆ 香港中文大學校董會決定聘請美國斯坦福大學經濟系教授劉遵義出任該校第六任校長，任期六年，由 2004 年 7 月 1 日生效。

10 月 13 日 – 10 月 17 日

◆ 九龍總商會理事長黃熾雄率該會代表團訪問北京。羅豪才、劉延東會見了訪問團。

10 月 14 日 – 10 月 19 日

◆ 香港高級公務員協會主席陳伯芳率該會代表團訪問北京。國務委員唐家璇會見時表示，希望公務員維護基本法，支持特區政府依法施政；保持香港的繁榮穩定，紓解民困；將香港社會的整體利益作為考慮問題的出發點。

10 月 15 日

◆ 特區政府公佈多項進一步穩定樓市的措施，包括協調兩鐵物業發展、恢復 "勾地" 和延長建築年限等，以進一步協調樓宇供應量，鞏固市民信心，使房地產市場重拾活力。

◆ 李國章表示，特區政府將以三年初中、三年高中和四年大學的模式，作為學制改革的發展方向。

◆ 2003 年區議會換屆選舉報名截止。參選人數共 841 人，較上屆 799 人增加 42 人。其中，民建聯 206 人，民主黨 119 人，港進聯 40 人，民協 36 人，自由黨 25 人，前線 14 人。

10 月 16 日

◆ 董建華致函胡錦濤、江澤民和溫家寶，祝賀國家載人航天飛船成功發射和順利返回。

◆ 高祀仁向國防科工委發出賀電，祝賀我國首次載人航天飛行取得圓滿成功。

10 月 17 日

◆ 成思危副委員長會見九龍西區各界協會訪京團時表示，中央政府對香港非常關心，始終堅持三個原則：一是堅決貫徹實施基本法，這是香港立法的根本；二是堅決支持以董建華為行政長官的特區政府；三是加強內地與香港的經濟聯繫、合作，促進香港的經濟發展。

◆ 唐英年表示，工業貿易署已成立一個新的部門，處理工商界有關 CEPA 的查詢，投資推廣署也協助外地企業在香港成立辦事處，以把握大珠三角的商機。

◆ 市區重建局宣佈，準備耗資 35.8 億港元重建灣仔利東街/麥加力歌街的舊區。這是該局迄今最大型的發展項目。

◆ "中醫藥發展國際基金會" 在香港成立，美籍華人陳香梅女士擔任基金會主席。

10 月 18 日 – 10 月 24 日

◆ 中國國民黨副主席吳伯雄來港，出席國際佛光會香港協會主辦的 "星雲大師佛學講座 2003 慈善齋宴"。

10 月 19 日

◆ 太平洋地區經濟理事會宣佈計劃在年底將國際總部從檀香山遷至香港。該會國際總部於 1992 年成立以來一直設於夏威夷。

◆ 國際電訊聯盟公佈有關國際電信聯盟數碼科技普及指數，香港在 178 個經濟體系中排行第七位，在亞洲僅次於第四位的韓國。

10 月 20 日

◆ 胡錦濤在曼谷會見出席第十一次亞太經濟合作組織（APEC）領導人非正式

會議的董建華。胡錦濤在會面後向記者表示，香港最近一個時期經濟復甦，民生改善，局勢總體趨向穩定，整體工作都有新的進展。相信香港一定能夠克服困難，在經濟和社會發展方面取得更大成就。

◆ 國務院副總理黃菊在中南海會見香港船東協會主席顧國華等香港航運界人士時表示，CEPA 為香港各界提供了更多商機，依託內地市場，香港經濟必將會有新的振興和發展，希望大家為香港的繁榮穩定、為鞏固香港國際航運中心的地位做出更大努力。

◆ 前高級督察劉國輝等 12 位現役或退役警務人員入稟高等法院，就警務處處長曾蔭培拒絕他們組織工會一事，提出司法覆核。

10 月 20 日 － 10 月 21 日

◆ 香港律師會代表團訪問北京，分別拜訪了最高人民法院、司法部和全國律師協會。

10 月 21 日

◆ 以香港四洲集團主席戴德豐為團長的廣東省政協香港委員訪問團訪問北京。全國政協副主席王忠禹會見了訪問團成員。

◆ 世界貿易組織在日內瓦舉行全體成員會議，宣佈由中國香港主辦世貿組織下次部長級會議。

10 月 23 日

◆ "第七屆北京·香港經濟合作研討洽談會" 在北京舉行。會議以 "CEPA 與京港合作新商機" 為主題，探討了兩地在服務業領域的合作。

◆ "2003 粵港－韓國經濟技術貿易發展合作交流會" 在韓國首爾舉行。此次交流會是 CEPA 簽署以後，粵港兩地政府首次在境外聯合舉辦投資推介會。

10 月 24 日

◆ 北京市司法局與香港特區政府律政司在京簽署合作協議，雙方承諾儘快建立 CEPA 框架下的法律服務領域的工作機制，實現定期互訪和規範信息交流。

10 月 25 日

◆ "內地－香港商會聯席會" 2003 年度會議在北京舉行，與會者就 CEPA 條件下兩地商會合作進行了探討。

◆ 香港演藝界訪京團在北京舉行 "內地香港電影合作與交流" 座談會。

10月25日 – 10月26日

◆ 粵港澳三地衛生聯席會議在澳門舉行。衛生部副部長黃潔夫、香港特區政府衛生福利及食物局局長楊永強等出席，就粵港澳三地預防 SARS 病毒的工作機制進行了研討。

10月26日 – 10月28日

◆ 曾蔭權訪問韓國，並在首爾為香港旅遊推廣活動和香港電影節揭幕。

10月27日

◆ 吳邦國在人民大會堂會見香港立法會獨立議員代表團時表示，獨立議員是香港一支重要的力量，在回歸後對香港社會的繁榮穩定、特區政府的依法施政做了大量有益工作。希望獨立議員從大局出發，支持以董建華為首的特區政府，加強與不同階層的聯繫；堅持法治精神，嚴格根據基本法，結合香港實際情況，慎重做好香港政制改革和選舉工作。

◆ 唐家璇在釣魚台國賓館會見香港上海匯豐銀行董事會成員。

◆ 香港工業獎頒獎典禮在香港會議展覽中心舉行。董建華出席並致辭。

10月27日 – 10月28日

◆ "滬港經貿合作會議" 在香港舉行。行政長官董建華和上海市市長韓正出席，雙方就航空港投資、港口建設、世界博覽會商機、旅遊會展合作、商貿合作、教育衛生體育合作、服務領域、專業人才交流共八方面內容進行具體磋商，並達成共識。雙方同意建立全面合作的新架構，拓展全面合作的新領域。

10月28日

◆ 香港科技大學舉行酒會慶祝該校 "行政人員工商管理碩士課程"（EMBA）進入全球十大排名榜。董建華出席並致辭。

◆ 上海市人事局在香港舉行新聞發佈會，宣佈有 789 家上海企業和政府機構，有意在港聘請 1015 名管理和專業人才到滬工作。同日，"滬港人才交流合作服務辦公室" 也在港正式掛牌。

10月29日

◆ 由國際青年商會主辦的 "世界十大傑出青年" 評選揭曉，港區全國政協委員黃英豪以其在法律專業的傑出成績和對社會公共事務的重大貢獻而當選。

◆ 美國海軍第七艦隊旗艦 "藍嶺" 號

訪問香港。

10月29日-10月30日

◆財政司司長唐英年訪問日本,出席由香港特區政府與廣東省政府聯合舉辦的投資環境推介會。

10月30日-11月3日

◆台灣在港機構"香江文化交流中心"在香港中央圖書館舉辦"世紀之愛——蔣夫人宋美齡女士回顧展"。

10月31日

◆特區政府宣佈,將屯門馬禮遜樓列為古蹟永久保存。馬禮遜樓建於1936年,曾經是抗日名將十九路軍軍長蔡廷鍇將軍(1892-1968)別墅,1946年至1949年被用作達德學院的校舍。達德學院是在周恩來和董必武指示下創辦的,培育了不少青年知識分子。

◆"上海與香港更緊密經貿關係合作"研討會在港舉行。董建華出席並致辭。

◆瑞士世界經濟論壇(World Economic Forum)公佈的2003年全球競爭力評估報告顯示,香港的競爭力排名由2002年的第22位,下跌至第24位。

10月31日-11月5日

◆中國首次載人航天飛行代表團訪問香港。成員包括中國航天代表團團長胡世祥、"神舟"五號航天員楊利偉等。31日晚,特區政府在禮賓府舉行酒會歡迎代表團。11月1日上午,"中國首次載人航天飛行展"在香港科學館開幕;下午,"香港各界歡迎楊利偉一行訪港"慶祝活動在香港大球場舉行。在港期間,代表團還拜訪了中央政府駐港聯絡辦和解放軍駐港部隊。

11月1日

◆出席博鰲亞洲論壇年會的溫家寶分別會見董建華和香港商界代表團。溫家寶指出,香港的形勢最近已趨於穩定及好轉,《內地與香港更緊密經貿關係的安排》簽署,對香港經濟繁榮起了推動作用。國家的經濟發展及社會進步,是香港發展的重要保證。他相信,香港作為航運中心、金融中心、貿易中心及世界大都會的作用將會繼續發揮,地位不會被取代。

◆行政長官董建華與廣東省省長黃華華會面,就粵港合作聯席會議第六次會議後的項目進展情況交換了意見。

2003 年 10 月 31 日至 11 月 5 日，
中國首次載人航天飛行代表團訪港，
受到香港市民熱烈歡迎。圖為行政
長官董建華（左三）陪同代表團團
長胡世祥（左二）和航天員楊利偉
（左四）步入大球場歡迎會場。

2003 年 11 月 1 日，"中國首次載
人航天飛行展" 在香港科學館開幕，
"神舟五號" 太空艙吸引了大批市
民前來參觀。

11月1日-11月11日

◆ 廉政專員黃鴻超訪問歐洲,介紹香港的反貪經驗,並出席由北愛爾蘭警察事務申訴專員公署主辦的研討會。

11月3日

◆ 東亞運動會總會執委會在澳門舉行會議,決定由香港舉辦 2009 年第五屆東亞運動會。

◆ 廣東省省委書記張德江和省長黃華華在"2003 廣東經濟發展國際咨詢會"上宣佈:經廣東省政府倡議,一個包括廣東、福建、江西、廣西、海南、湖南、四川、雲南、貴州等九個省和香港、澳門兩個特別行政區在內的"泛珠三角合作計劃"正在順利推進中。

11月4日

◆ 黃華華表示,廣東省與香港已就東江水價和彈性供水的問題達成協議,待中央政府批准便可開始實施。按照新供水協議,除基本供水量外,港方可視乎需要要求增加或減少供水,水費則按量支付。

◆ 香港測量師學會與中國房地產估價師學會在深圳簽署會員資格互認協議。這是 CEPA 實施後首個正式簽署專業互認協議書的專業界別。

11月5日

◆ 唐英年表示,由於"維港巨星匯"事件引起社會廣泛關注,特區政府決定成立一個獨立調查小組對事件進行調查。調查結果將提交行政長官,並向公眾公開。

11月5日-11月6日

◆ 美國《商業週刊》第七屆 CEO 年會在香港舉行,約五百名來自全球的企業家出席。國務院曾培炎副總理出席會議並發表主題演講。

11月6日

◆ 董建華與行政長官特設國際顧問委員會成員舉行第六次會議,就全球和區域經濟發展對香港的影響進行了討論。

◆ 董建華接受平等機會委員會主席王見秋請辭,即日生效。

◆ 粵港澳投資環境推介暨經貿洽談會在珠海召開。廣東省常務副省長湯炳權、香港特區政府政務司司長曾蔭權和澳門特區政府財政司司長譚伯源出席並分別作了主題演講。

11月7日

◆ 立法會財務委員會通過撥款 1.5 億港元,設立"嚴重急性呼吸系統綜合症信託基金"，旨在為 SARS 病故者家屬、康復者和曾經懷疑患上 SARS 接受過類固醇治療而留下後遺症的患者發放特許恩恤金。

◆ 高等法院法官夏正民裁定，律政司高級助理政策專員單格全控告政府立法減薪一案敗訴。判詞指出，法庭不會插手干預政府的經濟和財政政策問題，只是裁決立法減薪是否符合基本法。他不認同單格全所指公務員與政府簽訂的僱員合約是一種"財產"，故減薪後亦不代表"財產"會因此而減少。

11月8日 – 11月14日

◆ 董建華訪問倫敦和巴黎，向當地政界和商界人士介紹了香港最近的情況，並分別與英國首相布萊爾和法國總統希拉克會面。

11月10日

◆ 曾蔭權訪問廣州，與廣東省省長黃華華和廣州市市長張廣寧見面，商談在 CEPA 框架下香港與珠三角地區如何展開雙向合作。

11月11日 – 12月1日

◆ 為紀念孫中山先生誕辰一百三十七週年，香港歷史博物館舉辦"孫中山與親屬 —— 從翠亨到香港"展覽。

11月12日

◆ 香港八所大學的校長就政府削減大學資源發表聯署聲明，表示對政府決定進一步削減教育開支感到十分失望和憂慮，但同時呼籲參與抗議政府削減資源的師生儘量避免教學活動受影響，期望師生繼續就高等教育發展及其經費需要與政府保持理性對話。

11月13日

◆ 董建華在倫敦回答記者提問時表示，香港財政赤字問題嚴重，故每一個香港人都應盡一份力。教育是特區政府最重要的一項政策，是重大的投資，有需要確保資源運用符合效益。政府在削減教育經費的同時，會致力使教育素質不受影響。

◆ "基本法四十五條關注組"宣佈成立，並就行政長官普選問題發表第一號意見書。"基本法四十五條關注組"是由"基本法二十三條關注組"發展而來，主要成員包括余若薇、湯家驊、梁家傑等。

11月14日

◆ 台灣在港機構"遠東貿易服務中心

駐香港辦事處"、"台北貿易中心"和"香港台灣工商協會"聯合舉辦"CEPA 對台商之商機"研討會。

11月15日

◆ 依照香港特別行政區基本法的有關規定，根據行政長官董建華的提名和建議，國務院決定，任命鄧國斌為香港特區政府審計署署長。

◆ 香港大律師公會與佛山市律師協會舉行《佛港兩地律師與大律師標準委託合同》協議簽訂儀式，梁愛詩出席。

11月14日 – 11月16日

◆ 全國政協副主席王忠禹、秘書長鄭萬通在深圳向港區全國人大代表、政協委員通報了全國政協常委會精神及全國政協近期工作情況。

11月16日

◆ 教育統籌局局長李國章與八所大學學生代表會面，就教育開支問題交換意見，並作出六項承諾。學生代表在會面後，決定全面取消罷課。

11月16日 – 11月19日

◆ 財政司司長唐英年訪問北京並主持

香港交易所及結算所有限公司北京代表處揭牌儀式。唐家璇出席。

11月17日

◆ "四川·香港合作發展週"開幕式在香港會議展覽中心舉行。行政長官董建華，四川省委書記張學忠、省長張中偉，中央政府駐港聯絡辦主任高祀仁，外交部駐港副特派員吳海龍、長江實業集團主席李嘉誠等主持亮燈儀式。

◆ 國家質量監督檢驗檢疫總局局長李長江與香港特區政府衛生福利及食物局局長楊永強在北京簽署合作協議。根據協議，雙方每年召開一次高層聯絡會議，並各指定兩名聯絡員負責雙方的聯絡事宜。

11月17日 – 11月22日

◆ 律政司司長梁愛詩訪問加拿大渥太華、多倫多和溫哥華。

11月18日

◆ 董建華會見台灣"工業總會"港澳粵經貿考察團。

11月19日

◆ 中國人民銀行和香港金融管理局合作備忘錄簽字儀式在北京舉行。黃菊副總

2003 年 11 月 17 日，國務委員唐家璇出席香港交易所北京代表處揭牌儀式。

理出席並會見唐英年、任志剛率領的香港銀行公會代表團。

◆ "內地與香港關於建立更緊密經貿關係的安排" 貨物貿易研討會在港舉行。此次研討會由中央政府駐港聯絡辦經濟部、香港中華廠商會、香港中華總商會、香港工業總會、香港總商會和香港中資企業協會共同主辦。

◆ 特區政府決定無限期押後添馬艦的發展工程。

11月21日

◆ 董建華召開記者會，宣佈香港證監會與中國證監會已就落實 CEPA 中有關簡化獲取證券專業資格的手續達成共識，並將簽署有關協議。

11月21日－11月24日

◆ 香港媒體代表團訪問上海。期間，代表團出席 "2003 中國（上海）傳媒業博覽會"，與上海媒體的負責人舉行了有關兩地媒體合作的交流懇談會。

11月23日

◆ 香港特區 2003 年區議會選舉結束。共有 106.5 萬選民參加投票，投票率為 44.1%。新一屆區議會共有 529 名議員，其中委任議員 129 名，民選議員 400 名。民選議員中有 74 名屬自動當選。

11月24日

◆ 解放軍駐港部隊陸、海、空三軍順利完成第六次換防。駐港部隊新聞發言人表示，部隊輪換後，香港駐軍員額和裝備數量與輪換前沒有任何變化。

◆ 民建聯舉行新聞發佈會，主席曾鈺成表示，因該黨區議會選舉失利，他決定向中委會請辭主席一職。12月2日，請辭獲中委會接納。12月9日，馬力當選民建聯新一任主席。

11月24日－11月25日

◆ 警務處處長曾蔭培訪問北京。國務委員、公安部部長周永康和副部長田期玉分別會見曾蔭培，就國際反恐形勢、亞太地區安全問題交換了意見，並同意加強反恐方面的合作交流。

11月24日－11月28日

◆ 財政司司長唐英年率代表團訪問上海、杭州，出席 "第二屆滬港大都市發展研討會" 和 "浙江·香港週" 等活動，並與上海市市長韓正會面。

11月25日

◆ 特區政府就"香港2030：規劃遠景與策略"研究展開第三階段公眾咨詢。咨詢期為四個月。房屋及規劃地政局局長孫明揚表示，"香港2030"是規劃署進行的一項研究，目的是制訂由現在至2030年的發展大綱。

11月25日-11月26日

◆ 海關關長湯顯明率代表團出席在韓國首爾舉行的第二十四屆海關合作會議。會議主題為CEPA如何在香港實施。

◆ "世界易和研究與中國和平統一"國際研討會在香港舉行。

11月26日

◆ 廣州市人民政府授予李家傑、田家炳、曾智明、伍沾德、何炳章等24名香港人士"2003廣州市榮譽市民"稱號，以表彰他們多年來對廣州市經濟建設和社會公益事業作出的貢獻。

11月26日-12月4日

◆ "台灣水果節2003"在香港舉行，並在全港多家大型超市舉行展銷活動。

11月27日

◆ 司法部通過《香港特別行政區和澳門特別行政區居民參加內地司法考試若干規定》、《取得內地法律執業資格的香港特別行政區和澳門特別行政區居民在內地從事律師職業管理辦法》、《香港法律執業者和澳門執業律師受聘於內地律師事務所擔任法律顧問管理辦法》、《香港特別行政區和澳門特別行政區律師事務所與內地律師事務所聯營管理辦法》和《關於修改〈香港、澳門特別行政區律師事務所駐內地代表機構管理辦法〉的決定》五個規章，自2004年1月1日起實施。

◆ 香港特區與英國達成全面開放航權的協議。新協議將在英國政府與歐盟完成必要程序後生效。

◆ "第二屆台港企業座談會"在香港舉行。會議是香港貿易發展局和台灣"外貿協會"的雙邊年度會議。

11月29日

◆ 解放軍駐港部隊新聞發言人表示，應香港特區政府邀請，經上級批准，解放軍駐港部隊於11月26日至29日參加了由特區政府組織的2003年度海上搜索和拯救演習。

◆ 香港特區政府與新加坡政府簽署航

運和空運入息避免雙重課稅協議。

◆台灣駐港機構香江文化交流中心主辦的"香江經貿論壇 —— 轉型中的大中華經濟前景"研討會在香港舉行。

<u>12月1日</u>

◆新界鄉議局舉行換屆選舉。劉皇發連任主席，林偉強、彭鏗然連任副主席。

◆公安部與香港警務處在香港舉行回歸後第十二次雙邊會議。

<u>12月1日–12月2日</u>

◆重慶市政府代表團訪問香港。董建華在禮賓府會見重慶市委書記黃鎮東等。

<u>12月1日–12月5日</u>

◆行政署署長黃灝玄率代表團出席在吉隆坡召開的"亞太地區反貪污計劃"第四屆區域會議。香港代表就香港的反貪工作和公營機構處理利益衝突等問題在會上發言。

<u>12月2日</u>

◆科學園創新中心和光電子中心舉行開幕禮，董建華出席並致辭表示，政府會堅定不移地繼續投資教育，培養科技人才，相信依靠創新科技，香港經濟能成功

轉型。

◆許嘉璐副委員長接受香港《文匯報》專訪時表示，香港經濟發展要放眼滬港渝大三角經濟合作，利用三方優勢互補合作的巨大潛力，將香港經濟的腹地推至西部。

<u>12月2日–12月3日</u>

◆行政長官董建華到北京述職。胡錦濤、溫家寶分別會見董建華。胡錦濤指出，2003年7月董建華先生來京述職以來，以董建華先生為首的香港特區政府改進施政，關注民生，為維護社會穩定、促進經濟發展做了許多工作。香港經濟呈現出復甦的勢頭，市民的信心有所增強。希望香港特區政府繼續加強與社會各界的溝通，貼近民眾，體察民情，集思廣益，不斷提高為市民服務的水平。中央對香港政治體制的發展高度關注，原則立場也是明確的，香港特別行政區的政治體制必須按照香港基本法的規定，從香港的實際情況出發，循序漸進地發展，相信香港社會對此是能夠形成廣泛共識的。溫家寶表示，香港回歸六年了，最重要的是始終堅持貫徹"一國兩制"、基本法、"港人治港"。觀察香港問題、研討香港工作，都不能離開這些基本原則，這是大原則。作為"一

2003 年 12 月 3 日，國家主席胡錦
濤會見赴京述職的行政長官董建華，
表示中央對香港政治體制的發展非
常關注。

國兩制"這樣一個新的創舉，香港在六年來取得的成績來之不易，全體香港同胞都要倍加珍惜。

12月3日

◆ 依照香港特別行政區基本法的有關規定，根據行政長官董建華的提名和建議，國務院決定，任命李明逵為警務處處長，免去曾蔭培的警務處處長職務。

12月4日

◆ 蕭蔚雲、許崇德、吳建璠、夏勇等內地學者在接受新華社採訪時表示，國家主席胡錦濤指出，香港特區政治體制是香港基本法的主要組成部分之一，它涉及"一國兩制"的全面貫徹，涉及中央與香港特區的關係，涉及香港特區的社會穩定與經濟繁榮，涉及香港各階層的利益與民主參與。有人以為行政長官和立法會的產生辦法怎麼改完全是特區內部事務，應當由港人自己決定，這是一種誤解。

12月4日－12月8日

◆ 香港島各界聯合會代表團訪問北京。羅豪才會見了代表團。

12月5日

◆ 董建華在出席寶蓮寺水陸息災法會開幕儀式和天壇大佛開光紀念碑揭幕儀式後表示，特區政府在政制發展問題上的立場很清楚：第一，會嚴格依照基本法辦事；第二，會於2004年開始政制發展的工作。他重申，特區政府會細心聽取社會各界的意見，找出一個符合香港整體利益的安排。

◆ 林瑞麟在政府總部回應記者提問時表示，中央政府在香港政制改革中是一個重要的角色，而且是香港基本法所定憲制層面的角色。

◆ 香港大學城市規劃及環境管理研究中心講座教授葉嘉安、中文大學醫學院外科學系教授劉允怡、香港大學機械工程學系講座教授章梓雄、中文大學化學講座教授和物理系榮譽物理講座教授吳奇四人當選為中國科學院院士。

◆ 許崇德、蕭蔚雲接受香港電台長途電話訪問。許崇德表示，香港是"一國"之內的特別行政區，直轄於中央，這是不能改變的事實。中央關注香港政制發展理所當然。蕭蔚雲表示，香港市民爭取任何政制改革都不能離開"一國"原則，亦不能脫離"一國兩制"和基本法框架。

12月6日

◆ 董建華出席香港中文大學四十週年校慶晚宴時表示，教育是知識時代最重要的投資，對香港未來發展具有關鍵作用。

◆ 司法機構宣佈，西區裁判法院與東區裁判法院將在 2004 年 1 月 2 日合併，2004 年年底前還將關閉北九龍裁判法院，2005 年將合併荃灣和屯門的裁判法院。

12月7日

◆ 特區政府發言人表示，社會上對區議會委任議席有不同意見，所以政府認為在未經詳細考慮和全面公眾咨詢的情況下，不適宜貿然就委任制度作出結論或草率決定。

◆ 具有 115 年歷史的天主教香港教區聖母無原罪主教座堂，獲聯合國教育科學文化組織頒發亞太區文化遺產保護榮譽獎。

12月7日-12月12日

◆ 第二十三屆亞洲及太平洋懲教首長會議在香港舉行。

12月10日

◆ 公務員培訓處併入公務員事務局。

◆ 立法會三讀通過《公職人員薪酬調整（2004 年/2005 年）條例草案》，正式確定公務員 2004 和 2005 年分別減薪 3%，使薪酬回復至 1997 年 6 月 30 日的水平。

◆ 董建華出席香港總商會與《亞洲華爾街日報》合辦的"第十屆香港商業峰會"並致辭。

◆ 香港特區政府與比利時王國政府簽署收入和資本避免雙重徵稅和防止逃稅協定。這是香港與另一經濟體系簽訂的首份全面性避免雙重徵稅協定。

◆《台商》月刊創刊。該刊在香港和台灣兩地同時註冊，由香港資深新聞界人士李曉莊任總編輯。

12月11日

◆ 外交部駐港特派員楊文昌在公署會見了由傑佛森‧福克斯（Jefferson Kemp Fox）率領的美國國會工作人員代表團。

◆ 美國駐港總領事祁俊文在美國商會午餐會上發表演講時表示，美國相信香港特區政府回應民眾的最好途徑就是全面普選。美國是香港最大的外來投資者，是香港對外出口的第二大市場，香港是美國第十四大出口市場和第十六大貿易夥伴。美國在香港的利益基礎，使美國希望香港繼續保持繁榮。

12月11日-12月12日

◆律政司司長梁愛詩訪問南京和上海，出席"南京－香港對接 CEPA 法律服務合作協議簽約儀式"和"加強滬港法律服務緊密合作研討會"。

12月12日

◆特區政府憲報公佈，行政長官委任朱楊珀瑜為平等機會委員會主席，任期一年，由 2003 年 12 月 15 日起生效。

◆東區裁判法院裁定，劉山青、伍國雄辱國旗罪罪名成立。2003 年 3 月初，伍國雄、劉山青在東區法院門外踐踏國旗。

12月13日

◆外交部駐港特派員公署發言人就美國駐港總領事言論表示，香港特區的政制發展問題是中國的內政，堅決反對任何外國對此進行干預。對於香港特區的政制發展，中國中央政府高度關注，原則立場也是明確的，即香港特區的政治體制必須按照基本法的規定，從香港的實際情況出發，循序漸進地發展。一個長期穩定、繁榮的香港不僅符合包括香港同胞在內的中

國人民的利益，也符合包括美國在內的各國投資者的利益。美國政府一再表示支持中國政府在香港實行"一國兩制"政策，我們希望美駐港領事官員以實際行動多做有利於維護香港穩定的事。

◆台灣高等教育聯展在香港"光華新聞文化中心"舉行。

12月14日

◆香港青年獎勵計劃 2003 年金章頒獎禮在禮賓府舉行。董建華向獲獎者頒發獎狀。

◆董建華會見來港訪問的菲律賓總統阿羅約夫人。

12月14日-12月16日

◆以色列總統摩西·卡察夫訪問香港。行政長官董建華在禮賓府設午宴歡迎摩西·卡察夫。

12月15日

◆唐家璇在釣魚台國賓館會見香港前高級公務員協會訪京團成員。

◆全國政協副主席黃孟復在北京會見了香港董事學會訪京團。

◆律政司宣佈，不對前財政司司長梁錦松在增加首次汽車登記稅前買車一事提

出檢控。行政長官辦公室、律政司司長、廉政公署對此相繼發表聲明，表示此事應由律政司按政策規定來決定。

12 月 18 日

◆ "香港專業服務博覽"在深圳舉行。這是 CEPA 簽署後，香港貿易發展局在內地舉辦的第一個大型服務業推廣活動。

◆ 香港律師會與深圳律師協會在深圳簽署"關於擴大業務交流、強化業務合作之協議書"。

◆ 深圳市工商局宣佈，根據 CEPA 中的有關規定，自 2004 年 1 月 1 日起，港澳居民可以到深圳各工商分局辦理申辦個體工商戶登記註冊，五個工作日內完成登記手續。

12 月 19 日

◆ 國家旅遊局與香港特區政府在香港簽署《加強內地與香港更緊密旅遊合作協議書》。

◆ 特區政府憲報公佈，行政長官再度委任田北辰為九廣鐵路公司主席，任期兩年，由 2003 年 12 月 24 日起生效。

◆ 特區政府憲報公佈，行政長官已委任楊啟彥為職業訓練局主席，任期由

2004 年 1 月 1 日至 2005 年 12 月 31 日。

◆ 特區政府憲報刊登《選舉管理委員會（立法會選舉資助）（申請及支付程序）》。該規例訂有多項程序，讓立法會選舉候選人可申請資助以支付選舉開支。

12 月 19 日 – 12 月 20 日

◆ 第二屆"中國民營企業發展（香港）論壇"在香港舉行。19 日，董建華在政府總部會見了出席論壇的全國政協副主席黃孟復，就內地民企在香港的發展前景交換了意見。

12 月 20 日

◆ 董建華主持九廣鐵路西鐵啟用儀式。西鐵連接西九龍和新界西北部，工程投資四百多億港元，歷時五年建成。

12 月 22 日

◆ "粵港過境汽車技術問題第十九輪會談"達成共識，由 2004 年 1 月 1 日起，粵港兩地小型汽車和摩托車（電單車）駕駛證可以相互試換領。

12 月 22 日 – 12 月 23 日

◆ 粵港澳防治傳染病專家組第三次會議在深圳舉行。與會者就傳染病的預

2003 年 12 月 20 日，連接新界西北和西九龍的西鐵正式通車。

防、加強三地衛生防護合作等方面進行了探討。

12月22日 - 12月26日

◆ 由深圳何香凝美術館和梁潔華基金會主辦的"何香凝藝術精品展"在香港大會堂舉行。董建華、高祀仁、楊文昌、李剛、楊海峰等出席開幕禮。

12月23日

◆ 香港公共房屋計劃五十週年紀念慶典在石硤尾邨舉行。

◆ 香港交易所數據顯示，2003年港股市值增長1.6萬億港元，漲幅達44%。港股在全球股市的排名由2002年第十位升至2003年第八位。

◆ 第二十三次粵港邊境聯絡工作年會在廣州舉行。

12月24日

◆ 中國人民銀行宣佈，授權中國銀行（香港）為香港銀行個人人民幣業務清算行，為期三年。個人人民幣業務範圍包括存款、兌換、匯款和人民幣銀行卡共四項。

◆ 特區政府憲報公佈，行政長官委任羅仲榮為香港理工大學校董會主席，任期

三年，由2004年1月1日起生效。

◆ 特區政府憲報公佈，行政長官委任胡應湘為香港城市大學校董會主席，任期三年，由2004年1月1日起生效。

12月27日

◆ 行政長官董建華根據《區議會條例》的規定，委任102名人士為區議會議員，由2004年1月1日起生效，任期四年。

12月29日

◆ 匯豐銀行宣佈將動用不超過兩千萬美元內部資源，與中國平安信託投資聯手收購福建亞洲銀行，各佔50%股權，其後平安信託將向福建亞洲再注資2300萬美元，令匯豐持股比例降至27%。這是香港首家銀行入股內地的中外合資銀行。

◆ 海關總署副署長龔正在國務院新聞辦召開的新聞發佈會上表示，為方便守法企業貨物進出境，將於2004年起分階段實施內地海關與香港海關互認關鎖。

◆ 粵港澳三地政府在香港簽署體育合作交流協議，將在競技體育、群眾體育、體育人才培訓、科研發展和體育產業五個方面加強合作。

◆ 肯尼亞共和國駐香港和澳門領事館

在港開館辦公。

◆ 香港《文匯報》報道，公安部出入境管理局公佈 2004 年內地居民赴港澳地區定居審批辦法和各類申請放行分數線。

◆ 國務院發展研究中心港澳研究所成立。北京市政協副主席、原新華社香港分社副社長朱育誠任所長。

12 月 29 日 – 12 月 30 日

◆ 公務員事務局局長王永平訪問北京。期間拜會北京市人事局，簽署了關於京港兩地公務員實習交流活動協議書；訪問了外交學院、清華大學、北京大學和國家行政學院，就加強合作和委託為香港高級公務員舉辦國家事務研習課程進行研討並簽署了有關協議。

12 月 31 日

◆ 胡錦濤在題為《創造世界和平繁榮的美好明天》的新年賀辭中表示，將繼續堅定不移地貫徹 "一國兩制"、"港人治港"、"澳人治澳"、高度自治的方針，加強內地與香港、澳門的經濟貿易關係，保持香港和澳門的長期繁榮穩定。

◆ 中央政府駐港聯絡辦副主任郭莉接受香港《大公報》記者專訪時表示，CEPA 的啟動，體現了中央政府對香港經濟振興與繁榮發展的高度重視，更體現了中央對香港的支持。CEPA 不僅對香港有利，對進一步促進內地的對外開放，提高服務貿易水平，進一步完善社會主義市場經濟體制，進一步擴大對外經濟交流也是十分有利的。

2004 年 ....

1月1日 元旦

◆《內地與香港關於建立更緊密經貿關係的安排》（CEPA）零時正式啟動。從即日起，香港輸往內地的 374 個內地 2004 年稅則號列所涵蓋、並符合 CEPA 原產地規劃的香港產品，可獲零關稅優惠；18 種服務行業的香港服務提供者，可享有優先進入內地市場的待遇。

◆特區政府發言人就當日有數萬市民上街遊行一事發表聲明，指出政府會小心聆聽遊行市民的訴求，按照基本法推動香港民主向前發展。政制事務局局長林瑞麟次日在一個公開場合回應此事表示，香港是一個多元化的社會，社會上對政制發展步伐有不同意見，政府會聽取社會各階層意見，處理好 2007 年以後政制發展事宜，務求達成各方共識。

◆中央政府駐港聯絡辦副主任鄒哲開出席中華總商會 2004 年元旦團拜酒會時表示，香港所有事情都要依據基本法進行，並希望香港在新的一年更加繁榮穩定。

◆廣東省汕頭、潮州、梅州、肇慶、清遠和雲浮六個城市開始辦理居民以個人身份赴港澳旅遊的手續。

1月2日

◆特區政府憲報公佈，行政長官再度委任梁劉柔芬為婦女事務委員會主席，任期兩年，由 2004 年 1 月 15 日起生效。

◆北京出台《落實〈內地與香港關於建立更緊密經貿關係的安排〉的若干措施》，推動京港兩地在 CEPA 框架下進行更廣泛合作。主要措施有：市商務局設立香港品牌聯絡窗口、為北京市民赴港自由行提供方便、北京市發改委與香港有關部門合作以推進企業在香港主板和創業板融資等九項內容。

1月3日

◆"港澳地區連（戰）宋（楚瑜）後援會"在香港舉行造勢大會。

1月4日

◆外交部發言人就美國國務院發言人日前對香港政制發展發表不負責任的評論作出回應，反對任何外國政府以任何形式干預香港事務。關於香港特別行政區的政制發展，中國中央政府高度關注，原則立場也是明確的，即香港特區的政治體制必須按照基本法的規定，從香港的實際情況出發，循序漸進地發展。美國政府多次表示支持中國政府對香港實行"一國兩制"，無意干涉中國內政。中方要求美方信守承諾，停止任何有損香港穩定與繁榮的言行。美國國務院發言人 1 月 3 日稱，香港應進行選舉改革、普選和持續民主化。

◆ 香港郵政與國家郵政達成"內地與香港禮品專遞服務協議"。從 1 月 6 日開始，香港市民和商戶可在網上選購禮品，由國家郵政遞送到內地親友或業務夥伴手中。

◆ 由中國貿促會、香港投資推廣署和澳門貿易投資促進局聯合主辦的"CEPA 香港、澳門（內地）推廣週"京、滬、粵巡迴活動，率先在北京拉開帷幕。

1 月 5 日

◆ 政務司司長曾蔭權出席粵港合作聯席會議第六次會議第二次工作會議。

◆ 特區政府首次公佈以"應計制"會計制度編製的賬目，2002/2003 年度財赤為 434 億港元，比以往"現金制"編制的賬目財赤減少 183 億港元。賬目顯示，全港十多萬公務員是政府"最大負債"，為支付"食長糧"公務員的退休金和尚餘假期準備的款項，政府要承擔的負債高達 3281 億港元。

◆ 香港大學李焯芬和香港中文大學辛

世文當選 2003 年度中國工程院院士。連同此前當選的香港大學教授陳清泉，目前共有三名香港居民當選中國工程院院士。

1 月 6 日

◆ 中央政府駐港聯絡辦在華潤大廈舉辦"2004 年香港台灣同胞迎春酒會"。高祀仁致祝酒詞。

1 月 7 日

◆ "CEPA 港澳推廣週"在北京舉行。國務委員唐家璇主持開幕禮時表示，實施更緊密經貿關係安排是推動內地與港澳經貿關係發展的新里程碑，對港、澳經濟將產生積極作用，為兩個特區的發展帶來新機遇。

◆ 董建華在立法會發表特區第二屆政府第二份施政報告，題為《把握發展機遇　推動民本施政》。報告指出，香港已確立了"背靠內地、面向世界；善用香港優勢，鞏固支柱產業；運用新知識、新技術，向高增值提升"的策略路向，這個定位得到了廣大市民和投資者的認同，也得到中央政府的支持，各項政策措施正在陸續落實中。多項數據顯示，SARS 過後，香港本地生產總值出現 V 型反彈，失業率下降，持續了五年多的通縮也趨於緩和，

2004 年 1 月 7 日，特區政府成立由
政務司司長曾蔭權、律政司司長梁
愛詩、政制事務局局長林瑞麟組成
的政制發展專責小組。圖為專責小
組在記者會上。

整體需求疲弱的狀況正在改善。經歷了過去幾年困難後，香港經濟已明顯開始復甦，市民的刻苦努力，以及政府訂立的經濟發展策略正陸續見到成果。要繼續改善香港營商環境，採取措施，積極配合香港支柱產業的持續發展和壯大，擴寬經濟基礎，推動新的增長，繼續支持高新科技的應用，推動邁向知識型經濟。在今後一段時間裡，特區政府最緊迫的工作，是及時落實 CEPA 各項措施。

面對經濟全球化帶來的挑戰，董建華提出，要努力推動結構轉型，高度關注民生和社會穩定，幫助香港市民自我提升和應付轉變。其中，推動香港經濟轉型和建立知識型經濟體系的最主要手段，是大力投資教育，策略性地提升香港勞動人口的競爭力。

在回應香港市民訴求時，董建華強調，要貼近民情，改善施政。在新的一年裡繼續改進施政作風，在實際行動中貫徹"以民為本"的理念，爭取市民大眾的信任和支持。強化領導職能，依據法律、制度和程序辦事，尊重社會主流價值，加強政治工作；公平公正地協調各方利益和觀點，容納多方面人士參與公共政策的制訂工作，做到有利於香港的政治穩定和有秩序地發展，有利於保障香港與內地在"一

國兩制"框架內持久的良好關係。

關於香港的政制發展，董建華表示，在維護"一國兩制"和恪守基本法的基礎上，特區政府會積極推動香港的政制發展。由於 2007 年以後行政長官和立法會的產生辦法，涉及香港的政治體制，關係到基本法的實施，中央與特區的關係，香港各階層、各界別、各方面的利益，以及香港的長期繁榮穩定，特區政府一直十分重視，並多次表明了態度和立場，承諾一定會嚴格按照基本法辦事。中央已表明對香港政治體制發展的高度關注和原則立場，內地法律專家和香港一些人士也都對有關問題發表了看法，政府需要對這些重大問題理解清楚，才可對政制檢討作出妥善安排。政府決定成立一個專責小組認真研究，特別是涉及對基本法有關規定的理解問題，徵詢中央政府有關部門的意見。政府鼓勵香港各界人士繼續進行理性思考和探討，並發表意見，以便儘早明確有關安排。

◆ 國務院港澳辦發言人表示，香港特區行政長官董建華發表的施政報告，是一個積極進取而又穩妥可行的報告。中央政府較早時已向董建華表示，希望特區政府就政制發展問題與中央政府有關部門進行充分商討，再確定有關工作安排。這是香

港回歸後該辦發言人首次就行政長官施政報告發表評論。

◆ 董建華宣佈,成立由政務司司長曾蔭權領導、成員包括律政司司長梁愛詩和政制事務局局長林瑞麟的政制發展專責小組,研究政制檢討的有關問題,特別是涉及對基本法有關規定的理解,以及中央政府在政改問題上的角色等問題。

◆ 第一批享受 CEPA 零關稅、總值 23.52 萬港元的香港產品經皇崗口岸輸入內地。

1月8日

◆ 董建華在立法會答問大會上指出,中央政府對於香港政制檢討是有權有責的,對此問題表示高度關注,要求大家要有良好的溝通,是完全合理的。對於部分議員指責政府拖延咨詢進度,董建華強調,政府絕不是在拖延政制檢討。中央提出了要求,特區政府有責任做出正面響應。雖然政制檢討沒有時間表,但政府不會拖,會儘快研究有關問題。他還指出,三人專責小組的工作是為了確保"一國兩制"的落實和基本法的執行,對香港政治來說是最基本的要求。至於政制檢討,是目前正在開展的工作。

◆ 2004 年法律年度開啟典禮舉行。

終審法院首席法官李國能在致辭時表示,司法機構整體聲譽是它最寶貴的資產,為了維護及提高司法機構的聲譽,法官的行為和品德無時無刻都必須達到至高的標準,這點極其重要。律政司司長梁愛詩在致辭時表示,着手處理新的政制發展議題時,會鼓勵政府律師與大律師公會和律師會討論這些議題涉及的法理,並希望有助取得共識,尋找一些共同基礎。

◆ 曾蔭權出席電台節目時表示,中央政府有權有責審視香港政制檢討。政改與"一國兩制"的實施有莫大關係,中央的意見不容忽視。

◆ 成立長達 45 年的香港"本地高級公務員協會"正式更名為"香港高級公務員協會"。

1月9日

◆ 鄒哲開在回應美國政界人士再次談論香港政制問題時表示,"香港是中國的香港,是香港人的香港,香港的事務是中國的內政,我們不希望,亦不允許外國人說三道四"。並且重申,香港政制發展必須依照基本法進行。

◆ 特區政府憲報公佈,行政長官延長賀輔明終審法院其他普通法適用地區法官的任期,由 2004 年 1 月 12 日至 2007

年 1 月 11 日。

◆ 終審法院就灣仔北填海上訴案作出裁決，裁定城市規劃委員會敗訴。判詞認為，城規會錯誤詮釋了《保護海港條例》的法律定義。終審法院還訂立了維港填海準則，即必須符合 "有凌駕性公眾需要" 這一必要條件。

◆ 英國貿易及工業大臣賀韻芝（Patricia Hewitt）在香港英國商會午餐會發表演講時表示，CEPA 也為在港的英國公司帶來機遇。

◆ 董建華會見到訪的美國參議院外交委員會東亞及太平洋事務小組委員會主席薩姆·布朗巴克（Sam Brownback）。

◆ 入境事務處處長黎棟國與法國內政部官員 Pierre Debue 在香港簽訂合作議定書，由即日起生效。

◆ 美國傳統基金會和《華爾街日報》公佈 2003 年經濟自由指數報告。香港連續十年被評為全球最自由經濟體系。

1 月 10 日

◆ 外交部發言人對美國國務院發言人就香港政制發展問題的有關言論表示，香港的政治體制必須按照基本法的規定，從香港實際情況出發，循序漸進地發展，這符合香港各界的長遠利益。美方應信守支持香港實行 "一國兩制"、保持香港穩定繁榮的承諾，停止干涉香港內部事務，不要做有損香港穩定繁榮的事，不要做損害中美兩國關係的事。美國國務院發言人早前表示，近期連串事件反映香港市民希望根據基本法，推動民主進程。美國強烈支持香港通過選舉改革和普選，落實民主。

◆ 曾蔭權在一個公開場合表示，政制發展專責小組已正式開展工作，包括就基本法討論有關政制發展的原則和程序問題，並去信國務院港澳辦，要求儘快安排與中央官員會面，討論基本法的條文和原則。專責小組採用雙軌式進行，同時與中央及香港市民溝通，並定期向公眾和立法會作出交代。

◆ 平等機會委員會宣佈在內部成立小組，檢討人力資源政策，包括聘請、辭退工作人員的程序和步驟等。

1 月 11 日

◆ 外交部發言人就美國參議員布朗巴克抨擊香港基本法和中國政府明確指出，香港基本法是香港特區的根本大法，任何想推翻基本法、搞亂香港的圖謀都是不會得逞的。發言人強調，基本法是貫徹 "一國兩制"、"港人治港"、高度自治方針以及保持香港長期繁榮穩定的根本法律保障。香港特區的政治體制必須按照基本法的規定，從香港的實際情況出發循序漸進地發展，這符合香港各界的長遠利益。美國參議員布朗巴克日前在香港演講時抨擊香港基本法是通向民主的障礙，主張提出取代基本法的方案。

1月11日－1月16日

◆ 財政司司長唐英年訪問美國和英國。

1月12日

◆ 國務院港澳辦副主任陳佐洱會見香港陸路運輸團體訪京團談及香港政制發展時強調，"中央政府對這個問題是高度重視的"。並且指出，樂意看到香港的政治體制繼續朝着民主的方向發展，但必須在保持香港穩定繁榮、符合基本法的前提下循序漸進地發展。

◆ 董建華在香港總商會、香港工業總會、香港中華廠商聯合會、香港中華總商會舉辦的午餐會上指出，特區政府一直十分重視政制發展，並多次表明一定會嚴格遵守基本法辦事。必須先徵詢中央政府的意見，才可以對政制作出檢討。特區政府需要先行釐清部分涉及原則性和法律性的問題。

◆ 高祀仁在中央政府駐港聯絡辦社工部新年酒會致辭時指出，香港政制發展不僅僅是香港政府的事情，也是中央政府的事情；不僅僅是"兩制"的事情，還是"一國"的事情。中央政府給予高度關注，是理所當然的。

◆ 香港司法機構決定制定"法官行為指引"。終審法院首席法官李國能就此表示，為維護司法獨立和公正，維護司法機構和法官的聲譽，對法官在司法工作以外的活動，做些限制是必須的。

◆ 前香港美國商會主席詹康信（James Thompson）出席一個午餐會時表示，香港毋須急於為政制改革定下時間表，最重要是民主方向正確和不斷有進展。

1月12日－1月15日

◆ 浙江省省長呂祖善率政府代表團訪問香港，參加"2004浙江·香港週"活動。

1月13日

◆ 港區全國人大代表、全國政協委員在珠海聽取全國人大和有關政府部門去年工作情況通報。全國人大常委會副委員長盛華仁向與會的香港代表和委員介紹了修改憲法的依據和理由。

◆ 公務員事務局表示，根據 2003 年底各部門提交的首批人力計劃，初步預計於 2005 年 3 月前可精簡七千個公務員職位，將公務員編制減至 16.7 萬個。

◆ 國家工商總局出台關於貫徹落實《內地與香港關於建立更緊密經貿關係的安排》和《內地與澳門關於建立更緊密經貿關係的安排》，促進內地與香港、澳門經濟共同發展的若干意見，要求內地工商部門確保對港澳經貿順利實施。

◆ 廉政專員黃鴻超會見到訪的澳門廉政專員張裕。

1月13日－1月15日

◆ 香港警方和國際刑警組織秘書處聯合舉辦 "國際刑警全球聯絡系統 I-24/7" 訓練課程和工作坊，供亞洲地區中心局的警務人員參加。

1月14日

◆ 董建華與 18 區區議會正、副主席會面時強調，中央對香港的政制發展完全 "有權有責"。為避免日後香港與中央在政改問題上出現不同理解，給香港社會帶來衝擊，特區政府成立由政務司司長領導的專責小組，希望與中央澄清其中的法律

問題，這是恰當的做法。

◆ 解放軍駐港部隊司令員王繼堂發表新春賀辭，對香港廣大市民對駐軍依法履行職責給予的充分理解和大力支持表示謝意。

◆ 保安局資料顯示，2003 年有 9600 名港人移居海外，創過去 23 年來的新低。自上世紀九十年代出現幾個移民高峰後，外流人數持續下跌，2003 年更首次跌至四位數。美國、加拿大、澳大利亞三國仍是港人最喜愛移居的國家。

◆ 香港地鐵公司與深圳市政府正式簽署深圳市軌道交通四號線投資建設運營原則性協議。該工程是香港地鐵首次在香港以外的投資項目。特區政府政務司司長曾蔭權、深圳市政府代市長李鴻忠出席。

◆ 特區政府宣佈，由即日開始，香港特區護照持有人前往阿根廷旅遊時將獲免簽證入境待遇，最長可逗留九十日。阿根廷國民也享有對等待遇。

1月14日－1月17日

◆ 以香港中華總商會會長曾憲梓為團長的香港工商界代表團訪問上海。

1月15日

◆ 原基本法起草委員會委員、北京

大學法學院教授蕭蔚雲在接受香港《大公報》記者採訪時表示，目前香港民眾關心的基本法附件一中 2007 年行政長官選舉辦法的條款修改程序，基本法沒有寫明，如需修改，可以認真加以研究。但中央一定要參與基本法附件的修改，因為這涉及中央與香港特區的關係。

◆ 國務院任命彭清華、黎桂康為中央政府駐港聯絡辦副主任。

◆ 香港美國商會主席白瑞麗（Lucille A.Barale）表示，香港的政制改革步伐應循序漸進，並要進行廣泛和具透明度的咨詢，意見可來自香港，亦可包括北京。

◆ 18 區區議會正、副主席選舉結果公佈。

1 月 16 日

◆ 政制發展專責小組首次就政制發展問題會見政團代表。組長曾蔭權表示，專責小組將與不同界別的團體會面，盡量聽取各界對政制發展條文和原則的意見，小組將完全坦誠地向市民及立法會交代和向中央政府轉達所收集到的意見。

◆ 香港一國兩制研究中心舉辦的"政制發展與《基本法》"研討會在港舉行。北京大學法學院教授蕭蔚雲在發言中強調，香港政制發展要經全國人大常委會批准，中央有權去管，而且一定要管到底。這是中央必須履行的職權。中國社會科學院法學研究所所長夏勇在發言中強調，中央對香港的政制發展高度關注。香港的政制如何發展，最終必然是由中央決定，這是毋庸置疑的。

◆ 香港房屋協會宣佈，下年度將繼續凍結轄下 3.2 萬多個出租住宅單位租金。這是房協連續七年凍結出租屋邨的租金。

1 月 17 日

◆ 廉政專員黃鴻超總結廉署過去一年工作時指出，公務員貪污問題受到控制，除個別公務員從事與職務有關的貪污外，沒有出現集團性貪污的情況。

◆ 蕭蔚雲在接受新華社及香港多家媒體訪問時表示，中央在香港政制發展上的角色並不只限於最後的批准權。只要切實遵照基本法，可以預見香港政制發展的前景是好的。他強調，香港政制發展有三個因素：第一，基本法有明確規定。比如基本法附件一與附件二，以及基本法第四十五條和第六十八條，都對行政長官與立法會的產生辦法，作出了明確規定。第二，對香港政制發展，中央表示了要高度關注。第三，香港各界提出了各種各樣的觀點供咨詢。

2004 年 1 月 16 日，原香港基本法起草委員會委員、
北京大學法學院教授蕭蔚雲（左）和中國社會科學
院法學研究所所長夏勇（右）出席一國兩制研究中
心主辦的"政制發展與《基本法》"研討會並發表
演講，闡明中央主導香港政制發展的法理依據。

◆夏勇接受香港《大公報》記者訪問時表示，高度關注香港的政制發展是中央的職權和責任，不關注反而失職。香港的政制發展不存在中央參與與否的問題，而是怎樣參與的問題。在討論政制發展時，不應將香港民意與中央或基本法對立起來。

◆香港大學、香港電台和有線電視舉辦"2007政制研討會"，邀請不同界別人士就有關議題進行討論。

1月18日

◆經中國人民銀行批准，從即日起內地銀行發行的"銀聯"人民幣卡，可在香港四千間商店購物，並可以在指定的櫃員機上每日最多提取相當於五千元人民幣的港幣現金。

◆台灣中華航空公司與香港信德航運公司首次合作，以海空聯運方式，為深圳、東莞等地台商提供貨運服務。

1月19日

◆曾憲梓為紀念"江八點"發表九週年撰文指出，香港某些政治勢力在基本法第二十三條立法和政制發展問題上，與"台獨"分裂勢力互相呼應、沆瀣一氣。香港某些政治勢力和台灣民進黨都打出"還政於民"的旗號，掩飾他們損害和反對"一國"的政治策略和目標，值得港人警惕。

1月21日

◆受行政長官委託，司法人員薪俸及服務條件常務委員會將就確定香港法官和司法人員薪酬的適合架構、機制和方法提出建議，並於2004年10月底前向行政長官提交報告書。

◆駐港部隊對外發言人宣佈，經中央軍委批准，劉良凱接替王玉發出任解放軍駐港部隊政委。王玉發升任成都軍區空軍政治委員。

1月21日－1月24日

◆工商及科技局局長曾俊華率領政府官員和香港商界領袖代表團，出席在瑞士達沃斯舉行的世界經濟論壇週年會議。

1月24日

◆財政司司長唐英年表示，政府將以"國際大都會"的視角發展大嶼山，在拓展經濟之餘，不忘環保。

1月25日

◆香港基本法委員會委員、香港大學

法學院教授陳弘毅表示，現在最重要的是有一個適當的機制和平台，讓中央政府參與香港政制發展。建議中央政府和特區政府成立一個類似香港基本法起草委員會的聯合專責小組，負責政制發展咨詢工作。

◆ 政府統計處資料顯示，過去十年香港經濟結構明顯轉型。製造業佔本地生產總值的比重，由 1992 年的 13.5% 減至 2002 年的 4.6%；服務業所佔比重則由 78.8%，進一步升至 87.4%。

1月27日

◆《中國日報》香港版發表評論員文章，指出 2007/2008 年推行行政長官和立法會普選，不符合基本法循序漸進的原則。

◆ 特區政府公佈，由即日開始，香港特區護照持有人前往特克斯和凱科斯群島旅遊時將獲免簽證入境旅遊待遇，逗留期為三十天。

1月28日

◆ 特區政府在禮賓府舉行新春酒會，約六百名社會各界人士出席。行政長官董建華致辭。

◆ 曾蔭權在立法會政制事務委員會特別會議上指出，政制發展專責小組至今共

約見的八個團體和個別人士，大部分均對專責小組提出的法律問題或程序問題有深入研究，但欠缺對三個大原則的探討。這三個原則分別是：中央在憲制上的權責，及中央與特區的關係；基本法第四十五條和六十八條中，循序漸進和實際情況的原則；原基本法起草委員會主任姬鵬飛所提的"必須兼顧香港各階層的利益，有利資本主義經濟的發展"等。

◆ "香港發展論壇"宣佈成立。香港恆隆集團主席陳啟宗任召集人，成員包括多名商界人士、前政府高官和專業人士。該論壇宣佈五大立場：不會參加明年立法會選舉；政治中立，沒有既定政治立場；不會刻意向中央及特區政府傳遞訊息；提供平台讓不同界別人士表達意見，希望就某些課題達成共識；支持落實基本法、"一國兩制"、"港人治港"、高度自治及循序漸進發展民主。

◆ 香港駐倫敦經濟貿易辦事處、香港貿易發展局和香港旅遊發展局在倫敦聯合舉辦中國農曆猴年新春酒會，介紹香港經濟改善情況。

1月29日

◆ 唐家璇在陪同胡錦濤訪問歐洲時對香港記者表示，香港政制發展必須按照基

本法規定，循序漸進，"一步一腳印"，逐步推進。

◆董建華召集高層會議，聽取衛生福利及食物局局長匯報國際抗禦變種禽流感的情況和相應措施，並對防禦禽流感工作作出部署。

◆高祀仁出席新界八個社團聯合舉辦的甲申年新春團拜活動並致辭。

◆立法會民政事務委員會通過向內務委員會建議成立專責委員會調查平等機會委員會事宜，專責委員會的職權包括調查有關余仲賢聘任事件對平等機會委員會的公信力及相關事宜的影響，審視有關人士在這方面所須承擔的責任以及對如何挽回平等機會委員會的公信力提出建議。

◆台灣"陸委會"召開咨詢委員會議，就"香港政制改革與台港關係"進行討論。

1月30日

◆高祀仁在出席多個社團新春團拜活動時強調，政制發展不僅關乎"兩制"，亦關乎"一國"；不僅關乎特區政府，也關乎中央政府；不僅是680萬香港人的事情，也關乎13億中國人民；更加涉及行政主導體制，行政長官如何依據基本法依法施政，以及香港社會如何維持長期繁榮穩定。

◆原新華社香港分社社長周南接受香港《紫荊》雜誌訪問時指出，回歸後，香港特區行政長官和立法機構通過選舉產生，是真正的還政於民。現時部分打着"還政於民"旗號的人，在民主進程問題上，"要把五十年過渡時期內所要完成的事，在一天內就急不可待地完成"，誰不同意便搞遊行施加壓力。部分人意圖搞亂香港，要注意那些假借民意來達到推翻基本法、改變香港政治體制的力量。

◆香港《大公報》舉辦"紀念江澤民八項主張發表九週年座談會"。

2月1日

◆林瑞麟在出席一個公開活動時指出，政制專責小組以表列的形式彙集各團體意見，目的是方便今後大家參考。任何團體給予專責小組的意見書，都會全面地向中央反映及公開給予立法會審閱。

2月2日

◆全國政協副主席、中華海外聯誼會會長劉延東在深圳與中華海外聯誼會港澳地區副會長、名譽副會長和名譽理事舉行座談。並向名譽副會長和名譽理事頒發職銜證書。

◆ 曾憲梓在接受香港《明報》專訪時指出，香港是中國的一部分，不可能有執政黨，中央絕對不會容許"反華反共"的勢力在香港執政。

◆ "國際房屋會議2004"在香港舉行，董建華出席開幕式並致辭。

2月3日

◆ 特區政府發言人表示，特區政府部門、非政府組織和地區團體在推廣基本法方面做了大量工作，香港市民對基本法的認知程度有所改善。政府將繼續向香港社會各界推廣基本法。

◆ 中央政府駐港聯絡辦在香港會議展覽中心舉行新春酒會。高祀仁向香港各界恭賀新春並介紹了中央政府駐港聯絡辦最近調整充實後的領導班子成員：副主任王鳳超、彭清華、鄒哲開、鄭坤生、李剛、郭莉、周俊明、黎桂康，主任助理王如登，秘書長趙廣廷。

2月4日

◆ 立法會通過有關議案，規定在以後立法會選舉的選票上，需要印上候選人的個人照片，以及所屬團體和支持團體的徽號與名稱。

2月5日

◆ 房屋及規劃地政局局長孫明揚出席"亞太房屋研究網絡學術會議"時表示，政府仍然會為沒有能力的家庭提供居所，繼續將平均輪候時間維持在約三年的水平，並會檢討當前調整公屋租金的機制和編制政策，不斷改善居住環境。

◆ 工商及科技局局長曾俊華接受香港《文匯報》專訪時表示，政府欲推動的"科技服務"主力不在科研方面，而是中介服務。

2月7日

◆ 原香港基本法起草委員會委員邵天任接受新華社記者訪問時表示，香港回歸以後，有立法會議員至今仍參加旨在推翻中國政府的組織，或公開宣稱反對基本法，公開發表支持"台獨"的言論，這都是與基本法的規定相違背的。議員們不應忽視我國政府對香港特區籌委會有關確認港英最後一屆立法局議員的過渡條件所作出的明確解釋。他指出，在考慮行政長官和立法會產生辦法是否需要修改時，必須認真回顧基本法有關規定在特區的落實情況。只有全面貫徹實施"一國兩制"方針和基本法，香港政制發展才不會偏離正確方向。

2月9日

◆ 外交部駐港特派員楊文昌出席香港友好協進會新春團拜活動,並發表題為"國際形勢風雲變幻,中國外交與時俱進"的演講。

◆ 原香港基本法起草委員會委員、北京大學法學院教授蕭蔚雲在北京表示,香港政制發展的原則就是根據特區的實際情況,"循序漸進"地進行。按照基本法的規定,最後的決定權在中央。但中央也要按照基本法辦事,要根據香港實際情況辦事。

◆ 高等法院裁定三千多名現職和前懲教署職員就"通宵候召"向政府索償案敗訴。這是歷來最大宗公務員向政府索償的案件。

◆ "粵港經濟融合與邊境工業區"座談會在香港城市大學舉行。

2月9日-2月10日

◆ 以政務司司長曾蔭權為團長的香港特區政府政制發展專責小組訪問北京。在京期間分別與國務院港澳辦副主任徐澤、全國人大法工委副主任李飛和內地七位法律專家舉行座談,就香港的政制發展問題交換意見。曾蔭權介紹了政制發展專責小組 2004 年 1 月成立以來的工作情況,並反映了該小組所收集到的香港社會團體和個人的意見。徐澤表示,香港特區的政制發展關係到"一國兩制"方針和基本法的貫徹實施,關係到中央與香港特別行政區的關係,關係到香港社會各階層、各界別、各方面的利益,關係到香港的長期繁榮穩定,中央政府對此高度關注。應當明確,"一國"是"兩制"的前提,"港人治港"是以愛國者為主體的港人來治理香港,高度自治是香港特區在中央授權下實行高度自治。香港特區的政治體制應與香港特區是直轄於中央政府的一個地方行政區域的法律地位相適應。未來特區行政長官和立法會的具體產生辦法,必須符合基本法的規定,堅持從實際情況出發、循序漸進的原則,有利於鞏固和完善行政主導體制,有利於社會各階層的均衡參與。中央政府在考慮這一問題時,最大的着眼點是要有利於保持香港的長期繁榮穩定。香港特區的政治體制是全國人大通過基本法予以確定的,在研究上述兩個產生辦法的問題時必須聽取中央的意見。內地法律專家着重介紹了基本法有關規定的起草背景,並就有關法律問題發表了意見。

2月10日

◆ 原香港基本法起草委員會委員、中

國人民大學教授許崇德在北京表示，香港特區政制發展要在三大原則下進行，包括港人對基本法認知的普及程度，港人都應充分瞭解"一國兩制"的精神和瞭解香港特區在國家的法律地位。

◆ "中華旅行社"總經理張良任稱，2003 年台港貿易總額達三百億美元，香港往台灣的旅行者達 41 萬人次，台灣到香港的旅行者 78 萬人次，顯示兩地人員往來密切。

◆ 台灣富邦金控收購香港港基銀行案獲香港金融管理局核准。

2 月 11 日

◆ 曾蔭權向立法會通報政制發展專責小組首次訪京情況，並回答議員提問。曾蔭權表示，小組此行切實扮演了橋樑角色，一方面如實地向中央表達了香港人對政制發展的看法，另一方面也向香港人如實地反映中央的關注。小組在北京與有關政府部門的官員及內地法律專家會面時感受到，雙方的目標是一致的。小組此行對特區政制發展來說是重要一步。

◆ 特區政府消息人士就政制發展專責小組首次訪京發表談話指出，中央政府歡迎港人提出各種意見，但亦十分坦誠地向專責小組解釋了當年制訂對香港政策以及

政制方案的立法原意和各種考慮。中央對香港政制改革的關注點集中在以下七個方面：（1）如何體現香港是中國不可分割的一部分。（2）如何體現香港是直轄於中央的特別行政區。（3）如何保證新產生的行政長官仍然是由中央任命，向香港特區負責。（4）如何界定問責制的具體內容。（5）如何體現政制改革循序漸進的精神。（6）如何體現可以無損各階層的利益。（7）如何體現有利於資本主義經濟發展的原則。對政制發展的原則問題有六點考慮：（1）考慮國家利益。（2）考慮香港的長遠利益。（3）考慮香港的法律地位。（4）考慮香港的經濟發展。（5）考慮基本法的貫徹落實和實際運作情況。（6）考慮香港的社會民生和各階層的利益。

◆ "CEPA 香港、澳門（內地）推廣週"活動的最終站在廣州舉行。

2 月 13 日

◆ 香港發展論壇在香港會議展覽中心舉行首次公開論壇，主題為"福利主義與普選政治"，共有三百多人出席。

◆ 民主黨主席楊森去信曾蔭權，就香港政制發展提出三項要求：一是立即就政制改革制定時間表；二是即時發表咨詢文件；三是制定評估民意機制，歸納民意並

向中央反映。

◆ 由唐英年領導的大嶼山發展專責小組舉行首次會議。初步選定大嶼山若干發展建議，成立一個由經濟發展及勞工局牽頭，多個相關部門協助的工作小組，加快落實建議。

◆ 香港各界婦女聯合協進會主辦的"2004 婦女研討會"在香港會議展覽中心開幕。

2 月 14 日 – 2 月 17 日

◆ 財經事務及庫務局局長馬時亨率香港保險業界代表團訪問北京，並出席 CEPA 專業服務高層會議。

2 月 15 日

◆ 政制事務局發言人回應立法會議員楊森有關鞏固行政主導令人不安等言論時表示，上個世紀八十年代起草基本法時，行政主導是設計香港政治體制和維繫香港有效管治的一個重要考慮。未來行政長官和立法會的具體產生辦法，必須符合基本法的有關規定，以及有利於鞏固和完善行政主導體制。

◆ 教育統籌局就多個教育團體聯合發起遊行反對削減教育經費發表聲明，強調政府一直視教育為香港長遠發展的一項重要投資，儘管目前財政緊絀，但政府對教育的承擔仍是毋庸置疑。聲明還就試行小班教學、"三三四"學制改革和教育資源投放等作出回應。

2 月 16 日

◆ 選舉事務處總選舉事務主任李榮向立法會議員簡介將於 9 月舉行的第三屆立法會選舉安排。

◆ 香港基本法委員會委員譚惠珠向政制專責小組提交意見書表示，2007/2008 年不適合普選行政長官或立法會。因為，普選必須有政黨運作，而在未有一個政黨可兼顧各階層利益前，不宜普選行政長官或立法會。功能組別議員代表不同界別，可"對口"監督或協助政府部門工作，符合行政與立法互相制衡和配合所需，兼顧各階層利益。

◆ 全國婦聯名譽主席彭珮雲與香港各界婦女代表在中央政府駐港聯絡辦舉行座談會。

2 月 16 日 – 2 月 17 日

◆ "CEPA 專業服務高層會議"在北京舉行。商務部副部長安民與香港特區政府財政司司長唐英年主持，商談 CEPA 框架下專業人士資格互認和其他相關事宜。

2月16日-2月24日

◆ 保安局局長李少光訪問美國和加拿大。

2月17日

◆ 政府統計處公佈，截至2003年底香港人口為680.01萬人，較2003年增加2.4萬人，增幅為0.4%。其中香港常住居民有661萬人。

◆ 特區政府宣佈，由即日開始，香港特區護照持有人前往英屬維爾京群島將獲免簽證入境待遇，最長可逗留三十日。

2月18日

◆ 民政事務局就香港目前的文物建築保護政策檢討發表咨詢文件，進行為期三個月的公眾咨詢。

◆ 台灣精碟科技香港子公司精創公司獲工業貿易署核准，成為台灣IT業首家取得CEPA認可的公司。

2月18日-2月19日

◆ "第二屆世界收藏家論壇"在香港會議展覽中心舉行。論壇發起"海外流失文物回歸"運動，並召開2004中華海外流失文物回歸展組委會第一次全體會議。

2月19日

◆ 新華社重新發表鄧小平的重要講話《一個國家，兩種制度》（1984年6月22日、6月23日分別會見香港工商界訪京團和香港知名人士鍾士元等的談話要點），並加了編者按強調：今天重溫這篇談話，尤其是關於"一國兩制"的論述，關於"港人治港"的內涵及愛國者標準的論述，仍有很強的現實意義。

◆ 特區政府就政制發展提出12條問題咨詢公眾意見：（1）香港的政治體制發展如何能符合基本法中香港是中國不可分離的部分（見基本法第一條）？（2）香港的政治體制發展如何能符合基本法中香港特區直轄於中央人民政府（見基本法第十二條）？（3）香港的政治體制發展如何能符合基本法中行政長官由中央人民政府任命，既對中央人民政府負責，又對香港特區負責（見基本法第四十三及四十五條）？（4）"實際情況"應包含什麼？（5）"循序漸進"應如何理解？（6）香港的政治體制發展如何才能"兼顧社會各階層的利益"？（7）香港的政治體制發展如何才能"有利於資本主義經濟的發展"？（8）你認為怎樣才是附件一和附件二中修改行政長官和立法會產生辦法的最合適立法程序：修改附件一和附件二及本地立法；或只是本地立法？(9)修改附件一和附件二中有關行政長官和立法會產生辦法，是否需要援引基本法第一百五十九條的程序？(10)修改行政長官和立法會產生辦法應如何啟動？(11)如未能就修改 2007 年以後的立法會產生辦法達成共識，第四屆立法會是否沿用第三屆立法會的產生辦法？(12)"2007 年以後"應如何理解：是否包括 2007 年？

◆李剛在出席一公開活動時表示，香港人最近討論了很多愛國愛港的定義，新華社重提鄧小平的講話，有助大家統一思想和認識。

2 月 20 日

◆董建華在政府總部召開記者會表示，中央政府自表示對香港特區政制發展高度關注以來，已透過各種不同的方式，表達對多項原則性問題的看法，包括"一國兩制"是在"一國"前提下實行"兩制"，"一國"就是中華人民共和國；"港人治港"是以愛國者為主體的港人治港；愛國者的具體標準就是要尊重自己的民族、誠心誠意擁護"一國兩制"、不做損害國家和香港的事情；"高度自治"是在中央授權之下的高度自治；"行政主導"是基本法設計的重要原則，香港政制的

任何演變都不能背離這項原則；"均衡參與"，即香港的政制一定要照顧到香港社會的各個階層和界別；政制發展要循序漸進和充分切合香港的實際情況等。相信絕大多數香港市民是愛國愛港的，不會做損害國家和香港的事情。希望社會各界從高瞻遠矚的角度，站穩愛國愛港的立場，以冷靜、理性的態度，認真思考和深入討論中央所提的原則性問題，這對港人是有很大好處的。

◆許崇德在北京接受香港傳媒的訪問時表示，北京重提鄧小平有關"一國兩制"和愛國者標準的言論，主要是希望香港能夠選出符合愛國者標準的人來管治香港。挑選治港人才必須有一個公認的標準，鄧小平的論述就是一個經過時間考驗的公認的標準。

◆內地傳媒人覃輝宣佈成為持有香港《成報》業務的創業板上市公司"現代旌旗"最大股東。

◆香港科技大學教授葉玉如、湯子康和王克倫的研究成果"神經肌肉突觸及紫外激光發射"，獲得 2003 年度國家科技獎自然科學獎二等獎。

2 月 21 日

◆曾蔭權在廣州出席一個研討會後表

示，對於愛國這個問題，雖然社會各方面發表了不同意見，但最重要的是，要由一些愛香港的人，不會損害香港的人，及愛中國而不會損害中國的人來管理香港。

◆ 唐英年接受香港《英文虎報》和《星島日報》聯合訪問時表示，香港當然一定要由愛國的人來管治，"我相信世界上沒有一個國家，可以容忍由不愛國的人來管治"。

2 月 22 日

◆ 新華社發表中國社會科學院法學研究所所長夏勇的署名文章《"一國"是"兩制"的前提和基礎》。文章指出，按照香港基本法的規定，香港特區是直轄於中央政府的一個地方行政區，其高度自治權來源於中央的授權。香港特區行政長官和主要官員由中央政府任命，行政長官和立法會產生辦法的任何修改必須經過中央同意。在香港政制發展問題上，嚴格按照憲法和香港基本法的規定辦事，自覺維護、堅決行使中央的主導權和決定權，乃是"一國兩制"方針的應有之義。

◆ 特區政府在 16 家香港報章上刊登半版廣告，向市民徵求對政制發展的意見。該廣告闡明了政制發展三大原則和五大法律程序等問題，並列出向市民徵求意見的八條問題。

2 月 23 日

◆ 由粵、港、澳 14 個商會聯合主辦的 "粵港澳商會 2004 年慶新春共發展聯歡晚會" 在香港會議展覽中心舉行。

2 月 24 日

◆ 外交部發言人在回應英國最新公佈的《香港問題半年報告》時表示，香港是直轄於中央人民政府的地方行政區域。正確認識和全面把握 "一國兩制" 方針，是保持香港長期繁榮穩定的根本保證。香港特區的政治體制必須符合香港基本法的規定，這有利於香港的長期穩定與繁榮發展，也符合香港的整體和長遠利益。保持香港的長期穩定和繁榮符合包括香港同胞在內的全體中國人民的利益，也符合國際社會的利益，特別是外國投資者的利益。希望英方以行動兌現英國領導人多次表示要使香港成為中英友好關係橋樑的承諾。

◆ 新華社發表《瞭望》雜誌社副總編輯湯華的署名文章《切實保證以愛國者為主體的港人來治理香港》。文章指出，只有以愛國者為主體的港人來治理香港，才能體現 "一國兩制" 的原則精神；才能在特區切實維護國家的主權、統一和領土完整，防止片面強調"兩制"，忽視甚至不要"一國"的錯誤傾向；才能維護"一國兩制"的政治基礎；才能把保持香港的資本主義與堅持國家主體的社會主義統一起來，使"一國兩制"事業沿着正確的政治方向健康發展；才能維護"一國兩制"的法律基礎；才能把維護憲法的權威與維護基本法的權威統一起來，使"一國兩制"獲得可靠的法律保障；才能維護"一國兩制"的群眾基礎；才能切實地把維護國家和民族的根本利益與維護香港同胞的福祉統一起來，從而使"一國兩制"方針得到包括廣大香港同胞在內的全中國人民的普遍理解和擁護。

◆ 滬港經濟合作項目研討會在香港舉行。這是首個在 CEPA 框架下滬港兩地經濟合作的務實性研討活動。

2 月 25 日

◆ 林瑞麟在立法會回答議員提問時表示，特區政府一直致力推廣基本法，並以提高市民對基本法的興趣和認知程度為目標，有關工作已取得一定成效。為加強青少年對基本法的認識，已在小一至中七的課程內，加入不少的基本法相關內容。政府還通過資助計劃，讓大專院校和社區團體舉辦面向大專學生的推廣基本法活動。

林瑞麟還表示，自 2001 年 1 月香港與內地實施相互通報機制以來，至 2004 年 1 月底，內地已向香港作出共兩千次通報，涉及近一千六百名香港居民。其中有一千四百多名港人因為在內地觸犯刑事罪行而被拘留或檢控。

◆ 香港 27 間銀行正式開展個人人民幣存款、兌換和匯款三項業務。由 4 月 30 日起，香港銀行還會發行人民幣扣賬卡和信用卡，供香港市民在內地使用。

◆ 國際貨幣基金組織發表《有關香港與中國融合的研究報告》。報告預期香港通縮可望提早在下半年消失。

2 月 26 日

◆ 外交部發言人就美國國務院發表的全球人權狀況年報，對香港的人權狀況進行評估作出回應，表示香港問題是中國的內部事務，中方反對外國干涉香港任何事務。特區政府政制事務局發言人對此作出回應，表示"美國當局應該尊重特區政府按照基本法的原則及有關規定，處理政制發展的事宜"。

◆ 董建華在政府總部與部分港區全國人大代表會面，就香港當前的形勢、政制和經濟發展問題交換意見。

◆ 特區政府宣佈，行政長官委任馮國

經為珠三角商務委員會主席，任期兩年，由 2004 年 3 月 1 日起生效。

◆ 平等機會委員會主席朱楊珀瑜表示，該會在 2003 年接獲的投訴和查詢數字均較 2002 年增加 31%，查詢數字達到 13626 宗，為歷年最高數字。

2 月 29 日

◆ 新華社發表許崇德署名文章《鄧小平理論永放光芒 —— 重讀鄧小平同志關於"一國兩制"的重要論述》。

◆ 霍英東就記者提到最近香港社會有關愛國者的爭論時表示，雖然香港社會最近對愛國者的問題出現爭論，但這只是反映了不同的聲音，不代表香港社會出現分化，並認為絕大多數香港人都是愛國的。

◆ 律政司司長梁愛詩表示，普選不只是理想，而是一個能夠保障民主的體制。因為成熟民主制度的配套也是大眾對民主的期望，例如均衡參與、少數人的意見得到適當表達和尊重、有效管治、財政穩健、社會安定、法治、人權、自由、公民意識和參政能力、廉潔公正選舉等。而有效管治又涉及社會共識、行政和立法機關的關係、政策定向和政府的認受性，因此要達到民主制度的選舉辦法，必須考慮到整個政治體制，而不僅是市民對一人一票選舉的要求。

◆ 中央政策組首席顧問劉兆佳在接受新華社記者專訪時表示，香港政制發展須遵循的原則，包括"一國兩制"、"行政主導"、"均衡參與"、"循序漸進"、"保障資本主義體制"、"維持良好的中央與特區、香港與內地的關係"等等。若不能確保"以愛國者為主體的港人來治理香港"，這些原則根本無法得到貫徹和體現。

3 月 1 日

◆ 董建華會見香港自行車（單車）總教練沈金康和奧運金牌得主李麗珊等多名教練員和運動員。

◆ 中國香港體育協會暨奧林匹克委員會會長霍震霆與訪港的國家體育總局副局長兼中國奧委會副主任于再清簽訂體育交流與合作協議，雙方同意在北京 2008 年奧運會和香港 2009 年東亞運動會籌備工作方面進行合作。

3 月 1 日 – 3 月 2 日

◆ 衛生福利及食物局常任秘書長尤曾家麗率團出席在北京舉行的中國與東南亞國家聯盟防治禽流感特別會議。

3月2日

◆ 金融管理局總裁任志剛在香港工業總會發表演說時表示，香港要鞏固國際金融中心地位，必須確保金融渠道的安全和效率，還應注意多元化發展。

3月3日

◆ 賈慶林在全國政協十屆二次會議作工作報告時指出，要堅決貫徹"一國兩制"、"港人治港"、"澳人治澳"、高度自治的方針，嚴格按照香港基本法和澳門基本法辦事；及時向港澳委員通報有關政策和會議精神，組織港澳委員在內地視察，為港澳委員瞭解情況、履行職能創造條件；人民政協要進一步發揮各級政協組織中港澳委員的作用，團結廣大愛國愛港愛澳人士，支持特區政府和行政長官依法施政，促進香港和澳門的繁榮、穩定和發展。

◆ 高祀仁在北京出席十屆全國人大二次會議時向記者表示，中央政府非常關心香港，也非常關心香港市民的福祉，凡是對香港經濟發展有利的事情，凡是對香港繁榮穩定有利的事，中央政府肯定會做。關於愛國者問題，高祀仁指出，鄧小平對愛國者的涵義和標準，都講得非常清楚，判斷一個人是不是愛國，要聽其言，觀

其行。

◆ 林瑞麟就立法會議員李柱銘等準備出席美國參議院聽證會表示，香港政制發展由中央與特區根據基本法處理，立法會議員到外國議會討論的做法不恰當。他強調，外國政府與議會不應干預香港的政制發展，而香港議員也應尊重基本法賦予立法會和特區政府的角色，不應參與外國議會舉行的聽證會，討論香港政制發展。

◆ 民事司法制度改革小組發佈有關改革提議的《最後報告書》，就現行的訴訟程序和規則共提出 150 項提議。

◆ 衛生部常務副部長高強表示，粵港兩地建立疫症通報機制後，有關疫症經國家實驗室或國際級實驗室確診，廣東可直接向香港有關方面通報傳染病病情。

3月4日

◆ 唐家璇就香港立法會議員李柱銘等赴美作證一事回答記者提問時表示，香港民主是中國的、也是香港的內部事務，香港基本法已就香港民主的發展和港人的民主權利作了切實保障。應該相信包括香港同胞在內的中國人完全有水平、有能力、有智慧處理這個問題。

十屆全國人大二次會議大會發言人姜恩柱在首次新聞發佈會上重申，香港事

務包括民主問題是中國人的內部事務，中國堅決反對任何干預中國內政的企圖。李柱銘等香港立法會議員，要履行擁護基本法和效忠特區的誓言。

外交部發言人回應此事表示，中國人有足夠的智慧依法處理好香港事務，無需外部勢力說三道四，中國堅決反對任何干涉中國內政的圖謀，中方已經向美國表明了上述立場及有關關切。

3月5日

◆ 溫家寶在十屆全國人大二次會議作政府工作報告時指出，2003年簽署的內地與香港、內地與澳門建立更緊密經貿關係的安排，增強了內地與港澳的經貿聯繫。要切實做好內地與香港、澳門建立更緊密經貿關係安排的工作。我們對香港、澳門的前景充滿信心。

◆ 外交部長李肇星在北京對美國"香港的民主問題會影響中美關係"的言論作出回應說，香港問題是中國內政，香港民主事務不容美國插手。

◆ 高祀仁在全國人大香港代表團會議上作了題為《牢牢抓住難得的發展機遇》的發言。他指出："香港社會目前面對的經濟、民生、政治、社會問題很多，各方面的訴求多種多樣。但抓住機遇發展經濟、改善民生，比什麼都重要"。

◆ "香港基本法教育協會"在港成立。城市大學副教授梁美芬任會長，成員全部是在香港、內地大學執教的學者。

◆ 香港《大公報》報道，國家宗教局負責人在全國政協開幕式接受採訪時表示，香港天主教作為宗教團體不應該干預政治，不應該參與政治。

3月6日–3月7日

◆ 胡錦濤和溫家寶分別會見了赴京列席十屆全國人大二次會議開幕式的董建華。董建華還分別與商務部部長薄熙來、廣東省委書記張德江、省長黃華華舉行了工作會晤。

6日，胡錦濤會見董建華時表示，中央政府將一如既往地支持以董建華為首的香港特區政府依法施政，幫助香港振興經濟，促進香港各項事業的發展。希望特區政府和各界人士同心同德，團結進取，排除干擾，克服困難，為開創香港更加美好的未來而不懈努力。胡錦濤還對香港正在進行的關於"一國兩制"重要原則的討論給予積極評價。他說，重溫鄧小平同志關於"一國兩制"的重要論述，對全面準確地理解"一國兩制"方針，指導"一國兩制"的實踐具有積極意義。

7日，溫家寶會見董建華時強調，希望香港特區政府和社會各界人士團結一致，全面貫徹"一國兩制"方針和基本法，抓住機遇，集中精力，發展經濟，改善民生。中央政府會繼續採取有關政策措施，支持香港實現經濟振興。

3月6日

◆賈慶林在全國政協禮堂參加港澳委員聯合小組會議時指出，必須妥善處理香港政制發展問題，這關係到"一國兩制"方針和基本法的貫徹實施，關係到香港各階層、各界別的切實利益，關係到香港的長期繁榮穩定，也關係到中央與港澳的關係。

◆美國航空母艦"小鷹"號抵香港停留訪問。

3月7日

◆吳邦國參加十屆全國人大二次會議香港代表團小組會議時表示，香港政制發展一定要根據基本法辦事，按照香港的實際情況，以循序漸進的原則進行，要達到行政主導、均衡參與的原則。中央會一如既往，不干預香港的內部事務，但不代表不可以有所作為。

◆喬曉陽在北京指出，愛國者治港有

明確的法律依據，中國憲法適用於香港，是香港保持資本主義制度的法源。香港的法律地位就是中華人民共和國的特別行政區，憲法的效力是在全國範圍內有效的，因此它的效力不可能不及於香港。否則，就等於限制了一個國家主權行使的範圍。香港保持資本主義制度，五十年不能變，香港實實在在地搞資本主義，這是憲法的精神。

3月8日

◆黃菊、唐家璇、劉延東宴請來自工商界的港澳地區全國政協委員。

◆國家發展改革委員會主任馬凱在十屆人大二次會議記者會上表示，建設珠港澳大橋，對加強粵港澳三地經濟聯繫，整合三地資源，提高整個珠江三角洲的國際競爭能力，促進香港、澳門的繁榮發展，都有積極作用。

3月9日

◆高等法院對中環三期填海工程的司法覆核案作出判決，裁定政府勝訴。政府隨後決定在一個月內全面恢復填海工程，"追回"延誤時間。並宣佈成立"共建維港咨詢委員會"，邀請民間人士就餘下填海工程、海旁設計和管理提供意見。

3月10日

◆ 財政司司長唐英年在立法會發表 2004/2005 年度財政預算案。唐英年指出，2004 年經濟復甦勢頭會更穩固和全面，本地生產總值可望有 6% 的實質增長。

◆ 政制發展專責小組與香港大律師公會代表見面聽取意見。

3月12日

◆ 全國人大常委會法制工作委員會、全國政協社會和法制委員會、全國人大常委會香港基本法委員會在人民大會堂香港廳舉辦紀念香港基本法頒佈十四週年座談會。喬曉陽主持座談會，王兆國、盛華仁、唐家璇、廖暉、劉延東等出席座談會。盛華仁發表講話。

◆ 特區政府憲報公佈，行政長官委任戴婉瑩為申訴專員，任期由 2004 年 4 月 1 日至 2009 年 3 月 31 日。

◆ 董建華會見訪港的歐盟貿易專員拉米（Pascal Lamy）。

◆ 香港與馬來西亞達成全面開放的航權協議。

3月13日

◆ 國務院發展研究中心港澳研究所所長朱育誠表示，中央對香港政策將繼續以"不干預"為主，但在事關國家主權和安全的重大問題上不能撒手不管，特別在政改問題上會"有所作為"。

3月14日

◆ 溫家寶在十屆全國人大二次會議中外記者會上重申，中央將毫不動搖地堅持"一國兩制"、"港人治港"、高度自治的方針。凡是有利於香港繁榮穩定、有利於內地與香港共同發展的事情，中央都會積極去做、全力支持。

◆ 行政長官辦公室發言人回應溫家寶在中外記者會上有關香港的談話時表示，香港特區感謝中央政府的關懷和支持。特區政府將和全體市民一起努力，堅決落實"一國兩制"，進一步促進特區的繁榮和穩定，不會辜負國家的期望。

◆ 董建華向中央提出進一步幫助香港經濟發展的要求，涉及旅遊、金融、基建協調、航空、產業零關稅和服務業六大領域。

3月15日

◆ 香港一國兩制研究中心、香港推介基本法聯席會議、香港基本法研究中心在會展中心舉辦座談會，紀念香港基本法頒佈十四週年，董建華到會並致辭。座談會由梁振英主持，李剛、梁愛詩、人大常委會基本法委員會辦公室主任陳斯喜和蕭蔚雲、邵天任、許崇德、王振民，香港特區全國人大代表、全國政協委員，原基本法咨詢委員會委員、原香港特區籌委會委員、原香港特區籌委會預委會委員、原港事顧問，以及香港社會、政治、工商社團及地區組織主要負責人等三百六十多人出席座談會。許崇德、蕭蔚雲、邵天任、王振民分別在會上發言。

3 月 16 日

◆ 曾蔭權表示，國務院成立的港澳研究所是一個學術組織，有關政制發展的務實工作仍然由特區政府政制發展專責小組負責，專責小組不會被架空。他歡迎各方對政制發展作深入研究，相信對整個過程會有幫助。

◆ 新華社發表《瞭望》雜誌社副總編輯湯華的署名文章《香港事務不容外國干涉》，抨擊個別美國人士企圖把中國主權範圍內的香港政制事務"國際化"，利用香港問題影響中美關係。

3 月 17 日

◆ 曾蔭權在立法會就"尊重及遵守基本法所訂定的原則"答辯時表示，香港政制的任何發展，都必須符合基本法謹慎進行，政制發展不單是香港內部事務，還要得到中央的同意。他強調，政制發展的關鍵不僅是法律層面上誰有權修改選舉方法，更重要是必須達至政治層面上的共識，這才是香港社會各界共同面對的真正挑戰。

◆ 清華大學法學院副院長王振民接受香港傳媒採訪時指出，香港要推行普選，需要先制訂合理和有效的機制，確保愛國人士能夠當選行政長官和立法會議員。

◆ 許崇德與新界鄉議局成員座談時指出，在"一國兩制"的原則下，"兩制"的特殊性不可高於"一國"的共通性，不能因為"兩制"的特殊性而忽略、不理會、甚至否定"一國"的共通性。

3 月 18 日

◆ 長江實業集團董事局主席李嘉誠表示，香港不能承受不安定的局面，處理政制發展問題必須按部就班。並希望從事政治的人，不要為選票而出位，而應該以香港民生、香港人的前途、福利來考慮。

◆ 大珠三角商務委員會召開首次會議，討論 2004 年的工作計劃。委員會主席馮國經在會後表示，委員會將研究三大問題，包括吸引大珠三角區內的企業來港投資；協助華南加工出口廠商進軍內地的內銷市場；研究令粵港貿易便利化的方法。

◆ 唐英年出席"第三屆香港旅遊研討會"致辭時表示，2003 年雖受 SARS 影響，但訪港旅客仍高達 1500 萬人次，其中大部分是內地旅客。

◆ 日本駐港總領事橫田淳表示，香港各界以開放態度討論政制發展的問題，並不會影響日本企業在香港投資的意願，近兩年在港投資的日本公司數量持續增加。

3 月 19 日

◆ 中央政策組首席顧問劉兆佳接受新華社記者採訪時表示，基本法頒佈十四年、實施近七年來，遇到一些新情況，引發大討論，是很正常的。但作為凝聚廣泛智慧的政治結晶，基本法的根本原則不可改變。

◆ 李國能宣佈，接納民事司法制度改革工作小組在《最後報告書》中提出的改革提議。已成立由高等法院首席法官馬道立出任主席的民事司法制度改革督導委員會，負責全面實施這些改革提議的事宜，預計需要兩至三年時間。

◆ 金管局副總裁韋柏康在出席銀行公

會例會後表示，最新的負資產總數已回落至六萬宗以下，相信樓價上升可進一步紓緩負資產問題。

◆ 香港特區政府與泰國政府達成共識，進一步開放雙邊民航安排。從即日起，雙方航空公司經營香港與泰國任何地方的客運服務，將不再受任何航線或機種的限制。

3 月 22 日

◆ 選舉管理委員會公佈 2004 年 9 月立法會選舉活動的新指引，並向公眾展開為期一個月的咨詢工作。

◆ 公民教育委員會和青年事務委員會召開會議。兩個委員會均認為香港"國民教育"不足，正構思成立一個"聯合工作小組"，探討"以香港人的模式"推廣國民教育。

3 月 23 日

◆ 香港特區政府與日本政府簽署首份《資訊及通訊科技合作安排》，加強兩地在資訊和通訊科技方面的發展與合作聯繫。

3 月 24 日

◆ 政制發展專責小組完成首階段咨

詢工作。曾蔭權表示，專責小組成立兩個多月以來，先後與 77 個團體及其代表會面。初步總結發現，社會各界對政制發展有關法律程序的分歧較少，但原則問題分歧較大，稍後將整理收集到的意見並撰寫報告書，向中央反映。

◆ 立法會通過《2003 年版權（修訂）條例草案》，於 2004 年 9 月 1 日實施。條例規定，任何人為作牟利經營的複製服務業務的目的或在該項業務的過程中，若管有一份在書本、雜誌或期刊中發表版權作品的侵權複製品，即屬犯罪。

◆ 香港中文大學博文講座教授、數學科學研究所所長丘成桐獲國務院頒發 2003 年度 "中華人民共和國國際科學技術合作獎"。

3 月 25 日

◆ 前港英政府布政司、原港事顧問鍾逸傑爵士表示，香港是中國的一部分，香港和中國的將來聯繫在一起，所做的事都要配合中國的步伐，不能自己 "想做什麼就做什麼"。他還表示，只要目前負責選出行政長官的選舉委員會具有廣泛的代表性，就沒有什麼不妥，外國不少領袖都是間接選舉產生的。

◆ 粵港醫療交流會在廣州舉行。雙方衛生官員就兩地 SARS 的新情況、預防控制措施和經驗，傳染病通報機制和信息交流工作的成效，粵港兩地人禽流感疾病的現況、預防控制措施和經驗等方面進行了交流。

3 月 26 日

◆ 吳邦國主持全國人大常委會第十四次委員長會議。全國人大常委會法工委副主任李飛對香港基本法附件一第七條和附件二第三條解釋草案的有關問題作了匯報發言。會議決定，將該解釋草案提交 4 月 2 日至 6 日舉行的十屆全國人大常委會第八次會議審議。根據香港基本法的有關規定，會議還決定，徵詢全國人大常委會香港基本法委員會對該解釋草案的意見。

◆ 董建華與政制發展專責小組成員在政府總部會見新聞界，就基本法附件一第七條和附件二第三條解釋草案提交十屆全國人大常委會審議發表談話。董建華說，中央將政制發展問題提升到國家最高權力機構的層次去討論，顯示中央對香港政制發展的高度重視。全國人大常委會按照憲法和基本法行使解釋基本法的權力，對政制發展問題作出權威性的決定，不但可以消除香港社會的疑慮，減少爭拗，還可以確保日後處理具體方案和相關立法工作是完全合憲、合法的。

◆ 新華社發表清華大學法學院副院長王振民的署名文章《依法治港的必要之舉》。文章指出，全國人大常委會對基本法附件一第七條和附件二第三條進行解釋十分必要，也完全符合憲法和基本法的規定。全國人大常委會行使基本法解釋權是全面準確地貫徹"一國兩制"方針和基本法的需要。

◆ 許崇德在北京表示，全國人大常委會解釋基本法具有充分的憲法和基本法依據。人大解釋基本法，不是修改基本法，而是進一步說明基本法。人大一旦釋法，就具有法律效力，大家都要遵守。

◆ 曾蔭權強調，人大釋法合情、合法、合憲。基本法第一百五十八條第一款列明人大常委會有權解釋基本法，人大釋法擁有足夠的法理依據，更不會損害香港的高度自治，社會無須就人大釋法作出過分揣測。

3月27日

◆ 全國人大常委會法工委有關負責人在北京表示，人大常委會主動就基本法有關香港政制發展條文進行釋法，是希望有助解決現時的爭論，確保香港長期穩定繁榮。

◆ 全國人大常委會法工委與香港基本法委員鄔維庸、吳康民、黃保欣和陳弘毅等會面，咨詢基本法有關修改行政長官和立法會產生辦法條文的意見。

◆ 蕭蔚雲出席澳門舉行的"一國兩制二〇〇四論壇"時，發表題為"香港政治體制發展"的演講，就香港政制發展的內容、原則等問題作出詳細闡述。

3月27日–3月28日

◆ 全國人大常委會香港基本法委員會會議在北京召開。會議由喬曉陽主持，主要收集委員對人大常委會提出解釋基本法草案的意見。

3月28日

◆ 梁愛詩在一個公開場合回答記者提問時表示，全國人大常委會解釋法律的權力是憲法和基本法賦予的。基本法第一百五十八條非常清楚地指出基本法的解釋權屬全國人大常委會。

3月29日

◆ 林瑞麟在外國駐港總領事的簡報會上向部分駐港外國領事講解這次人大釋法的背景。

◆ 陳弘毅指出，人大常委會就基本法

條文進行解釋，是因為在香港政制發展的討論過程中顯示出，基本法附件一和附件二仍然有不清楚的地方，釋法是希望明確有關條文的含意，是適當的。

◆ 曾蔭權舉行記者會表示，全國人大常委會代表在深圳與政制發展專責小組舉行了非常坦誠和友好的會面，並細心聆聽了小組對政制發展法律程序的看法，以及香港團體和個人提交的相關意見。

◆ 政制發展專責小組公佈第一號報告：《〈基本法〉中有關政制發展的法律程序問題》。曾蔭權表示，報告對專責小組收集到的意見及其法理與論據，作了客觀和專業的分析，並綜合社會各方面意見，就五個法律程序問題提出了政府的看法：（1）修改基本法附件一和附件二中行政長官和立法會產生辦法的立法方式，應採用兩個層次的修改程序，即先按基本法有關附件的程序修改產生辦法，然後修訂本地選舉條例落實細節安排。（2）若要修改兩個附件的產生辦法，可依照有關附件所載列的特別程序作出修改，只要有關修改不偏離基本法的主體條文，便毋須援引基本法第一百五十九條的修改程序。（3）倘若確定了需要修改產生辦法，便須按照有關附件的程序處理，而參照基本法第七十四條，只有特區政府才可以在立法會提出有關政治體制的法律草案。（4）如果未能就第四屆立法會的組成達成共識，可沿用第三屆的組成方法。（5）"2007 年以後"可以理解為：包括 2007 年第三屆行政長官的產生辦法，也可以考慮修改。

◆ 公務員事務局表示，過去十年已經有 52000 名公務員參加了"國家事務研習課程"。

◆ 房屋委員會召開特別大會通過豁免綜援公屋租戶租金、其他租戶減租一成的方案。

◆ 曾俊華出席"數碼媒體中心"啟用儀式時表示，數碼媒體中心的開幕標誌着特區政府踏出重要的第一步，為培養大量本地數碼娛樂公司提供所需要設施，是香港資訊科技界的重大發展。

◆ 政府統計處公佈，香港 2003 年本地生產總值增長 4.4%，高於 2002 年的 3.5%。

◆ 永隆銀行深圳分行開業，這是首家香港銀行受惠於 CEPA 進入內地設立分行。

3 月 29 日 – 4 月 2 日

◆ 海關關長湯顯明率團出席在新西蘭奧克蘭舉行的"世界海關組織第十屆亞太區行政首腦會議"。

3月30日

◆ 上午，全國人大常委會副秘書長、基本法委員會主任喬曉陽，全國人大法工委副主任李飛，港澳辦副主任徐澤在深圳會見了香港政制發展專責小組成員，討論有關香港政制發展的問題。下午，喬曉陽、李飛、徐澤和中央統戰部副部長梁金泉在深圳會見港區全國人大代表和全國政協常委，聽取他們對香港政制發展和人大常委會即將釋法的意見。

◆ 外交部發言人表示，不認同陳水扁指香港"一國兩制"徹底失敗的言論，重申中央在香港實施基本法的決心是不會動搖的。陳水扁是在接受美國《華盛頓郵報》專訪時作出上述表述的。發言人還表示，美國駐港總領事祁俊文 29 日對中國全國人大解釋香港基本法的有關言論表明，美國官員對香港基本法缺少最起碼的瞭解。

◆ 香港交易所召開董事會，李業廣再次獲選港交所主席。

◆ 貿易發展局在內地的三個 CEPA 商機中心在北京、上海、廣州三地同時開幕。

◆ 廣州貿促會、廣州進出口商會、香港貿易發展局、澳門貿易投資促進局共同主辦的"粵港澳三地海關落實 CEPA 政策介紹會"在廣州舉行。

3月31日

◆ 外交部部長李肇星接受波蘭《論壇報》記者提問時指出，香港回歸近七年以來，香港居民的政治權利不存在"縮水"的問題，而是得到比回歸前更廣泛的自由與權利。"一國兩制"的成功實踐，得到廣大香港居民的充分肯定與國際社會的認同。中央政府對香港貫徹"一國兩制"、落實基本法的立場不會動搖。

◆ 中央政府駐港聯絡辦研究部部長曹二寶在中央政府駐港聯絡辦會見立法會議員馮檢基、涂謹申、何秀蘭，聽取他們對全國人大常委會解釋香港基本法兩個附件有關規定的意見。這是香港回歸以來中央有關部門官員首次會見所謂民主派人士。曹在會見中表示，"全國人大常委會釋法是在廣泛聽取香港各界意見的基礎上，依照憲法和基本法的規定作出的，對香港政制發展將起釋疑止爭的作用，是必要和及時的。希望身為中華人民共和國香港特別行政區立法會的議員，對國家最高權力機關的這項重要決定，作出正面、建設性的反應，也有責任對部分香港市民的一些疑慮作出説明和解釋"。會見結束後，曹向記者表示，"反映港人意見是中央政府駐

2004 年 **3** 月 **31** 日上午，中央政府駐港聯絡辦研究
部部長曹二寶在中聯辦大樓會見了馮檢基、涂謹申、
何秀蘭三名香港立法會議員。圖為曹二寶在聽取他
們對全國人大常委會決定解釋香港基本法兩個附件
有關規定的意見後會見記者。

港聯絡辦的一項職責"，會負責任地把三位議員的意見向中央有關部門反映。"同時也希望香港立法會議員按照他們的身份和所聯繫的群眾，多提一些正面、建設性的建議，共同把人大釋法落到實處，共同把香港政制發展問題處理好。"

◆ "香港工商界經濟論壇" 宣佈成立。論壇由香港青年工業家協會發起，二十多家商會共同合辦。

◆ 林瑞麟表示，特區政府不準備在台灣設官方辦事處，目前通過與台灣駐港機構 "中華旅行社" 的溝通渠道足以應付突發事件。

4月1日

◆ 特區政府宣佈，由即日開始，日本政府將給予香港特區護照持有人和英國海外屬土公民護照（BNO）持有人免簽證入境旅遊待遇，逗留日本九十天，且在申請短期停留以外的簽證時，可獲免除簽證費的待遇。

4月2日

◆ 曾蔭權回應部分反對人大釋法的示威者衝擊政府總部時表示，"香港人表達對任何一件事的憂慮，都有充分的渠道。"政制發展專責小組會儘量聽取香港

人各方面的意見，將意見轉達給中央。他相信，更重要的是，香港人會以和平、守法的方式表達意見，希望學生和青年人要尊重這個傳統。

4月2日－4月6日

◆ 十屆全國人大常委會第八次會議審議並通過了《全國人大常委會關於中華人民共和國香港特別行政區基本法附件一第七條和附件二第三條的解釋》。

2日，全國人大常委會法制工作委員會副主任李飛受委員長會議委託就《全國人民代表大會常務委員會關於〈中華人民共和國香港特別行政區基本法〉附件一第七條和附件二第三條的解釋（草案）》作了説明。

3日，會議分組審議了全國人大常委會委員長會議提請審議的關於香港基本法附件一第七條和附件二第三條的解釋草案。

4日，全國人大法律委員會主任委員楊景宇作了全國人大法律委員會關於《全國人民代表大會常務委員會關於〈中華人民共和國香港特別行政區基本法〉附件一第七條和附件二第三條的解釋（草案）》審議結果的報告。

6日上午，會議表決通過了全國人大

常委會《關於〈中華人民共和國香港特別行政區基本法〉附件一第七條和附件二第三條的解釋》。

全國人大常委會委員長吳邦國表示，中央始終高度關注香港政治體制發展問題。為確保對基本法的正確理解，確保香港的政治體制按照基本法的規定健康發展，全國人大常委會依法對香港基本法附件一和附件二的有關規定作出解釋，是必要的、也是適時的。並強調，香港基本法是最高國家權力機關 —— 全國人民代表大會制定的一部全國性法律，在香港特別行政區具有凌駕於特區法律之上的地位。全國人大常委會依法對基本法有關規定作出的法律解釋，與基本法具有同等的效力，各方面都必須遵守和執行。

4月3日

◆ 李肇星在北京接受香港一家電視台訪問時表示，中國不需要其他國家干預香港事務，香港是中國的香港，中國人民、中國政府有決心、有能力、有信心維護香港的穩定和繁榮。

◆ 外交部駐港特派員公署發言人就美國國務院發表《美國─香港政策法報告》表示，目前香港社會對基本法附件的有關規定存在着不同理解和認識，為了保證基本法得到正確理解和實施，根據憲法和基本法的規定，中國全國人大常委會對基本法附件有關條款進行解釋，符合憲法和基本法的規定，也是十分必要的。希望國際社會尊重中國政府對香港的主權，尊重香港基本法，尊重中國全國人大常委會對基本法的解釋權。

◆ 蕭蔚雲在北京表示，修改基本法的啟動權在中央。因為修改基本法必須要由全國人大常委會批准，加上這是涉及中央與特區關係的事，是涉及香港整體利益的事，應該由中央主導。

◆ 新華社發表《瞭望》雜誌社副總編輯湯華的署名文章《確保香港政制沿着基本法軌道發展》。

◆ 律政司司長梁愛詩就全國人大常委會對香港基本法附件有關條款解釋覆信嶺南大學學生會。梁愛詩表示"港人治港"的理念，是由中央政府授予香港特區行使高度自治權。我們的國家是單一制國家，所有權力集中在中央政府，地方政府的權力來自國家授權，重大決策由中央掌握，地方政府只有執行和建議權。"兩制"中的香港制度，也就是基本法規定的制度，受基本法的每一條約束。因此，對全國人大常委會釋法的抗拒，就是對香港體制的抗拒，也就是不支持"一國兩制"，不支持基本法。

◆ 政制事務局發言人就美國國務院的《美國一香港政策法報告》發表聲明，表示"香港政制發展是我們國家內部事務，由中央及特區按照基本法處理。美國政府應尊重這立場，不應干預"。

4月4日

◆ 政制事務局舉辦基本法頒佈十四週年學生升旗儀式暨推廣基本法電視宣傳短片首映禮。

4月5日–4月7日

◆ 英國下議院首席議員兼威爾士事務大臣韓培德（Peter Hain）訪問香港。董建華、梁愛詩和范徐麗泰分別會見韓培德。

4月6日

◆ 國務院新聞辦召開記者會，請喬曉陽、李飛、徐澤介紹全國人大常委會對香港基本法附件一和附件二有關規定的解釋情況，並回答記者提問。

◆ 董建華與政制發展專責小組成員就全國人大常委會表決通過全國人大常委會《關於〈中華人民共和國香港特別行政區基本法〉附件一第七條和附件二第三條的

解釋》會見香港新聞界。董建華表示，香港政制發展問題是國家大事，中央有權有責主導。特區政府會認真研究全國人大釋法內容，部署下一步政制發展的工作。

◆ 鄒哲開會見基本法四十五條關注組成員湯家驊和余若薇，就全國人大常委會對香港基本法附件的有關規定作出法律解釋交換意見。

◆ 英國駐港總領事館發言人表示，英方對香港憲制發展的立場不變，希望儘快落實行政長官和立法會由普選產生。

4月7日

◆ 特區政府憲報公佈，行政長官委任鄧國楨為高等法院原訟法庭法官，任期由2004年4月2日起生效。

◆ 美國國務院發言人表示，香港持續成功有賴於北京創立的"一國兩制"架構所給予的"高度自治"。

◆ 國家民航總局與香港民航處在京簽署《航空器事故調查和搜尋救援合作安排》。

4月7日–4月9日

◆ 喬曉陽、李飛、徐澤等到香港出席由特區政府與中央駐港聯絡辦聯合主辦的三場研討會，闡述全國人大常委會解釋基

香港特區政府和中央政府駐港聯絡辦聯合主辦研討
會，邀請全國人大常委會副秘書長喬曉陽、法工委
副主任李飛，國務院港澳辦副主任徐澤，專程來香
港出席並發表演講，說明全國人大常委會就香港《基
本法》附件一第七條和附件二第三條的解釋。圖為
2004 年 4 月 7 日下午在香港禮賓府舉行的香港政制
發展座談會。

本法的有關問題，並廣泛聽取意見。

8日，喬曉陽、李飛和徐澤在研討會上分別發表了題為《從一國兩制的高度看待釋法的必要性和合法性》、《以史為鑒，以法為據》、《在基本法軌道上發展香港政制》的演講。行政會議成員、立法會議員、港區全國人大代表、政協委員和工商界人士與會。喬曉陽在會後表示，這次訪港是抱着"理性對話、良性互動、坦誠交流、尋求共識"十六字宗旨與香港各界人士進行真切的交流。

4月8日

◆ 外交部發言人就英國政府關注全國人大常委會對香港基本法附件有關規定作出法律解釋表示，全國人大常委會解釋基本法符合憲法和基本法，既有必要，也有利保持香港長期繁榮穩定，希望國際以正確和理性的態度看待這件事。

4月9日

◆ 外交部發言人在回應英國外交部官員批評全國人大常委會釋法損害《中英聯合聲明》的言論時表示，中國全國人大常委會釋法，是行使憲法和香港基本法賦予的權力，是為了全面準確地貫徹落實基本法。並對英國外交部官員干預中國香港特

區的事務表示強烈不滿和堅決反對。

4月13日-4月16日

◆ 財政司司長唐英年訪問德國法蘭克福和瑞士巴塞爾。

4月15日

◆ 喬曉陽在人民大會堂接收特區政府提交的《關於香港特別行政區2007年行政長官和2008年立法會產生辦法是否需要修改的報告》和政制發展專責小組第二號報告：《〈基本法〉中有關政制發展的原則問題》兩份報告。並表示，全國人大常委會將按照法定的職責和法定的程序對報告進行審議，嚴格按照香港基本法第四十五條和第六十八條的規定，根據香港的實際情況和循序漸進的原則，依法作出相應的決定。

◆ 董建華在政府總部會見傳媒，介紹向全國人大提交的報告書內容。董建華表示，在考慮修改2007年行政長官和2008年立法會的產生辦法時，必須顧及九項因素：(1)特區在研究政制發展的方向及步伐時，必須聽取中央的意見。(2)政制發展的方案必須符合基本法規定。不能輕言修改基本法規定的政治體制的設計和原則。(3)方案不能影響中央對行政

長官的實質任命權。（4）方案必須鞏固以
行政長官為首的行政主導體制，不能偏離
這項設計原則。（5）達至普選的最終目標
必須循序漸進，按部就班，以保持特區繁
榮穩定。（6）衡量實際情況時，必須考
慮市民訴求，亦要檢視其他因素，包括特
區的法律地位、政治制度發展現今所處階
段、經濟發展、社會情況、市民對“一國
兩制”及基本法的認識程度、公民參政意
識、政治人才及參政團體成熟程度，以至
行政立法關係等。（7）方案必須有利於社
會各階層在政治體制內都有代表聲音，並
能通過不同途徑參政。（8）方案必須確保
能繼續兼顧社會各階層利益。（9）方案不
能對現行載於基本法的經濟、金融、財政
及其他制度產生不良影響。

◆ 政制發展專責小組發表的第二號報
告指出，截至 4 月 14 日，小組共收到有
關原則問題的公眾意見書 532 份、會談
紀要 140 份。

◆ 選舉管理委員會發表 2003 年區議
會選舉報告書。該報告書在 2004 年 2 月
21 日已提交行政長官。

◆ 香港國際機場連續四年被英國航空
調查機構 Skytrax 評為全球最佳機場。

◆ 香港特區政府與澳大利亞政府達成
開放航權協議。

◆ 捷克共和國總統瓦茨拉夫・克勞斯
訪問香港。16 日，行政長官董建華在禮
賓府設宴款待瓦茨拉夫・克勞斯。

◆ 立法會政制事務委員會就政制發展
專責小組公佈第二號報告召開特別會議。
曾蔭權表示，報告提出修改政制發展的方
案需要考慮的九項因素，並非附加條件，
任何方案滿足上述因素的程度越高，立法
會、行政長官和中央達成共識的機會便越
高，更有把握將政制發展向前推進。

◆ 中央政府駐港聯絡辦副主任李剛出
席一個公開活動時表示，香港回歸才六年
多，到 2007 年也只不過是十年，在如此
短的時間內實行普選，未免太倉促。他又
表示，行政長官日前向全國人大常委會提
交的報告，是在聽取香港各界意見的基礎
上提出來的報告，代表了香港大多數人的
意見，是一份負責任的報告。

◆ 董建華在禮賓府設宴歡迎拉脫維亞
共和國總統瓦伊拉・維凱・弗賴貝加。

◆ 律政司司長梁愛詩公開回應大律師
公會主席陳景生對政制發展專責小組第二

號報告書的質疑。梁愛詩表示，中央有憲制權力和責任審視特區的政制發展，特區傾聽中央意見，原是應有之義。

4 月 18 日

◆ 前港英布政司、原港事顧問鍾逸傑在香港電台《給香港的信》節目中表示，從維持香港穩定的角度看，香港無法負擔政治實驗失敗的後果。並指出，現時推選行政長官的選舉委員會是一個具創意的選舉方法。建議擴大選舉委員會選民基礎，使其更具代表性。

4 月 19 日

◆ 十屆全國人大常委會第十六次委員長會議在北京舉行。會議建議，十屆全國人大常委會第九次會議的議程為：審議香港特區行政長官提出的《關於香港特別行政區 2007 年行政長官和 2008 年立法會產生辦法是否需要修改的報告》並作出相應決定。會議還決定，委派專人就香港特區行政長官的報告，聽取港區全國人大代表、全國政協委員、香港基本法委員會港方委員、香港各界人士和政制發展專責小組的意見。董建華發表聲明，感謝人大常委會把香港政制發展的報告，納入十屆全國人大常委會第九次會議議程。

◆ 立法會政制事務委員會否決民主黨議員楊森提出的"不接納行政長官提交予全國人大常委會就香港的政制發展報告"動議。

◆ 政府公開發售總額為六十億港元的"五隧一橋"債券。這是香港有史以來最大規模發行證券化債券，也是香港首次可供散戶投資者認購的證券化債券。

4 月 20 日

◆ 香港大學校長徐立之獲選美國國家科學院院士，這是首名香港人獲此榮譽。

4 月 21 日

◆ 審計署署長鄧國斌公佈任內首份署長報告書。報告批評政府創新科技署等十個部門浪費近二十七億港元公帑。

4 月 21 日－4 月 22 日

◆ 喬曉陽、李飛、徐澤和中央統戰部副部長梁金泉在深圳會見港區全國人大代表、政協委員和香港各界人士，就行政長官向全國人大常委會提交的政制改革報告聽取意見。喬曉陽還會見了政制發展專責小組成員，聽取小組介紹政制發展第二號報告和香港社會的整體反應。

4月22日

◆中央政府駐港聯絡辦有關部門負責人就部分議員要求到深圳會見喬曉陽接受中通社記者訪問時表示，這些議員及其所代表的團體和人士有關香港政制發展的意見，已通過傳媒等形式充分表達。

◆香港國際機場獲國際航空運輸協會頒授"全球最佳機場特別嘉許獎"，以表揚機場在 SARS 爆發前後提供的卓越服務。

4月22日－4月28日

◆財政司司長唐英年率團出席在上海舉行的亞洲及太平洋經濟社會委員會第六十屆全體會議。會議的主題為"加強區域發展合作，迎接全球化時代的挑戰"。

4月23日

◆國家主席胡錦濤在海南省出席博鰲亞洲論壇年會時會見了香港特區行政長官董建華、澳門特區行政長官何厚鏵及與會的港澳人士。胡錦濤表示，香港經濟明顯復甦，成績得來不易。港澳應抓住機遇，充分發揮自身優勢，共同努力，團結奮鬥，儘快把港澳經濟搞上去，這是港澳當前的要務，也是全國人民共同的願望。胡錦濤強調，中央對落實"一國兩制"、高度自治和"港人治港"的方針政策是堅定不移的，中央為香港做任何事的出發點都是為香港人的基本利益及香港人的福祉。

4月25日－4月26日

◆十屆全國人大常委會第九次會議通過了《全國人民代表大會常務委員會關於香港特別行政區 2007 年行政長官和 2008 年立法會產生辦法有關問題的決定》。吳邦國表示，全國人大常委會的決定，是在認真審議香港特區行政長官提交的有關報告、充分聽取各方面意見的基礎上，嚴格依照法定程序作出的。該決定的內容符合基本法規定的根據香港特區實際情況、循序漸進發展香港民主制度等原則，體現了中央主張並支持在香港特區發展民主的一貫立場。

4月26日

◆曾慶紅在上海會見唐英年時表示，內地和香港的經濟合作向來都是互惠互利的，希望特區政府和各界人士，珍惜來之不易的良好局面，抓住機遇、共謀發展。

◆董建華在政府總部舉行的記者會上表示，"全國人大常委會表決通過香港特區 2007 年行政長官和 2008 年立法會產生辦法有關問題的決定，正式啟動了基本法附件的修改機制，現在是適當時候把政制發展工作向前推進。"政務司司長曾蔭權表示，政制專責小組將依照人大常委會的決定，儘快提交第三號報告。

◆ 中央政府駐港聯絡辦負責人就十屆全國人大常委會第九次會議審議通過《關於香港特別行政區 2007 年行政長官和 2008 年立法會產生辦法有關問題的決定》發表談話。該負責人表示，全國人大常委會的這一重要決定，是根據香港特區的實際情況，依照香港基本法的規定及其有關解釋，在廣泛聽取香港各界和中央政府主管部門意見的基礎上，就正確處理香港政治體制發展問題採取的重要舉措。決定有利於香港各界就 2007 年特區行政長官產生辦法和 2008 年特區立法會產生辦法如何修改，展開理性討論和逐漸形成共識，有利於香港民主選舉制度在基本法的軌道上穩步健康地向前發展。中央一向重視和支持香港特區在基本法的框架下逐步發展適合自身情況的民主制度。我們堅決支持董建華先生為首的香港特區政府和社會各界一道，繼續為此創造條件。

◆ 香港總商會、香港工業總會、香港中華廠商聯合會、香港中華總商會發表聲明，表示支持全國人大常委會關於 2007 年行政長官和 2008 年立法會產生辦法的決定。

◆ 英國外交事務大臣韋明浩（Bill Rammell）發表聲明稱，全國人大常委會否決香港在 2007 年推行普選的決定，影響中英聯合聲明和基本法賦予香港的高度自治。

◆ 美國國務院發言人在會見記者時表示，美國對人大常委會決定感到失望，該決定沒有適當反映香港人所表達的支持普選和民主的願望。美國支持民主目標，並將繼續密切注意局勢發展。

◆ 香港賽馬會與泰國、菲律賓、馬來西亞、巴林、巴基斯坦、阿曼、卡塔爾、毛里求斯和澳門九個國家和地區簽訂"好鄰居"協議，以打擊非法賭博和尊重彼此賽馬博彩權益。

4 月 26 日 - 4 月 27 日

◆ 特區政府與中央政府駐港聯絡辦在香港聯合主辦兩場"全國人大常委會關於香港特區 2007 年行政長官和 2008 年立法會產生辦法有關問題的決定座談會"。港區全國人大代表、全國政協委員、社會各界人士、特區政府主要官員、行政會議成員和區議會正、副主席分別出席。喬曉陽發表了題為《以求真務實的精神探求香港政制發展的正確之路》的講話。李飛發

2004 年 4 月 26 日，十屆全國人大常委會第九次會
議就香港政制發展問題作出決定，2007 年行政長官
選舉及 2008 年立法會選舉均不採用普選辦法。行
政長官和立法會的具體產生辦法，可按照基本法的
有關規定，作出符合循序漸進原則的適當修改。

表了題為《秉國之鈞 四方是維》的講話，徐澤發表題為《以對港高度負責精神貫徹人大決定》的講話。喬曉陽表示，全國人大常委會這次決定不是香港民主的終結，而是一個新的起點，為香港未來政制發展留下很大空間。

4 月 27 日

◆《人民日報》發表題為《發展符合香港實際情況的民主制度》的評論員文章，闡述了全國人大常委會《關於香港特別行政區 2007 年行政長官和 2008 年立法會產生辦法有關問題的決定》的重要意義。

◆ 外交部發言人在記者會上表示，全國人大常委會關於香港特區 2007 年行政長官和 2008 年立法會產生辦法有關問題的決定，是在認真審議香港特別行政區行政長官提交的有關報告、充分聽取各方面意見的基礎上，嚴格依照法定程序作出的。對於全面貫徹落實 "一國兩制" 方針和香港基本法，切實維護香港社會各階層、各界別和廣大香港同胞的利益，保障香港特別行政區的民主制度按照基本法的規定循序漸進地健康發展，保持和促進香港的長期繁榮穩定，具有重大而深遠的意義。該決定的內容符合基本法規定的根據香港特別行政區的實際情況、循序漸進發展香港的民主制度等原則，體現了中央主張並支持在香港特別行政區發展民主的一貫立場。

4 月 27 日 – 4 月 28 日

◆ 前英國首相梅傑（John Major，港譯：馬卓安）在港出席商界研討會被問及對全國人大常委會決定的意見時稱，人大常委會限制香港的政制發展是錯失機會，他對此感到失望。

4 月 28 日

◆ 溫家寶在北京接受路透社總編輯利內班克訪問時表示，回歸七年來，香港的民主不斷發展。香港的政制發展需要與香港的民主發展和經濟狀況相適應，我們的目標沒有改變，基本法規定的目標沒有改變，最終會實現特區行政長官和立法會的直接選舉，但這需要一個過程。全國人大常委會做出的決定，是充分發揚了民主，反覆聽取了各方面的意見。中央政府對於在香港實行 "一國兩制"、"港人治港" 的方針和貫徹基本法是堅定不移的。

◆ 立法會三讀通過 2004/2005 年度財政預算案。按照基本法，將向中央政府備案。

◆ 政府公佈共建維港委員會成員名單。該委員會負責就維多利亞港現有和新海旁的規劃、土地用途和發展，向政府提供意見。

4月28日–5月1日

◆ 曾蔭權率領香港工商代表團到廣東省湛江和陽江考察。期間，曾蔭權就香港部分人士日前聲稱將不再向特區政府提交任何有關政制發展的咨詢意見的言論表示，人大常委會的決定，不但使 2007 行政長官和 2008 年立法會的產生辦法制度更加開放、民主，同時也避免了出現急變對社會有任何的衝擊。對於前政務司司長陳方安生指人大常委會此舉是削弱香港的"一國兩制"和高度自治，令香港人失去信心，曾蔭權表示，香港人每天每時都享受到"一國兩制"和高度自治這一個基本的權利，自 1997 年至今，高度自治未曾有一分一毫削弱過，且比 1997 年前更加自由，更加開放。唯一不能達到共識的是政制發展問題，因為政制發展不單純是特區事務，而是全國的事務。這一方面還要尋求全國的共識。

4月29日

◆ 國家副主席曾慶紅在北京會見香港工聯會訪京團時表示，全國人大常委會就香港政制發展的決定，是合憲、合法、合情、合理的，符合香港實際情況和基本法規定的循序漸進的原則；是本着對國家高度負責、對香港高度負責、對港人高度負責的精神作出的，是非常慎重的。中央對香港的所有方針、政策、舉措，出發點和落腳點都是為了保持香港的長期繁榮穩定，為了香港好，為了廣大香港同胞的福祉。

◆ 國務院發展研究中心港澳研究所在北京舉行"紀念香港基本法頒佈十四週年座談會"。

◆ 新華社發表了題為《為了香港的長期繁榮穩定 —— 全國人大常委會關於香港兩個選舉產生辦法問題決定出台記》的文章，詳細介紹了人大常委會就香港特區政制發展問題作出決定的過程。

4月30日

◆ 特區政府憲報公佈，行政長官委任鄭維新為市區重建局董事會主席，任期由 2004 年 5 月 1 日至 2007 年 4 月 30 日。

◆ 立法會主席范徐麗泰作出裁決，不批准民主黨議員李柱銘在 5 月 5 日提出有關"譴責人大常委會否決雙普選"的修訂議案，指修訂案超出原議案的範圍，以及修訂案的措詞涉及對全國人大常委會依據憲法和基本法而作出的決定提出指控，不符合立法會議事規則。

4月30日–5月5日

◆ 為慶祝中國人民解放軍海軍誕生五十五週年，海軍八艘艦艇組成的編隊共1500名官兵訪問香港。4月30日，董建華、高祀仁、楊文昌、王繼堂，梁愛詩、林瑞麟、李少光及社會各界人士近千人出席了在駐港部隊昂船洲海軍基地舉行的歡迎儀式。

5月1日 "五一"國際勞動節

◆ 特區政府在禮賓府舉行慶祝"五一"國際勞動節酒會。董建華出席並致辭。

◆ 工聯會舉行慶祝"五一"勞動節酒會。董建華、高祀仁、楊文昌、梁愛詩、鄭耀棠和各界人士近千人出席。

◆ 廣東省韶關、河源、汕尾、陽江、湛江、茂名和揭陽七個城市開始辦理居民以個人身份赴港澳旅遊的手續。

5月2日

◆ 香港青年會等團體聯合舉辦香港各界青年紀念"五四運動"八十五週年座談會。

5月3日

◆ 瑞士洛桑國際管理學院發表的《全球競爭力報告2004》表示，在全球六十個國家和地區中，香港的整體競爭力由2003年的第十位躍升至第六位，美國和新加坡分列前兩位。

◆ 由商界環保協會舉辦的"共創我們的海港"國際會議在香港舉行。房屋及規劃地政局局長孫明揚在致辭中表示，政府會在城市發展和保護環境之間取得平衡，使香港能夠不斷發展，成為美好的安居之所。

◆ 首批參與京港公務員交流計劃的北京公務員訪問團抵港，進行為期三個月的專業交流實習。

5月4日

◆ 立法會政制事務委員會召開特別會議，辯論全國人大常委會關於香港特區2007年行政長官和2008年立法會產生辦法的決定。政務司司長曾蔭權表示，大家應該用坦誠的態度去討論，尋求共識。香港政制發展進程仍有很大空間，政府將秉承公開、開放態度聽取各方意見。

2004 年 4 月 30 日至 5 月 5 日，為慶祝中國人民解
放軍海軍誕生五十五週年，由兩艘導彈驅逐艦、四
艘導彈護衛艦和兩艘潛艇及兩架艦載直升機組成的
解放軍海軍北海、東海、南海三大艦隊的艦艇編隊
訪港。圖為大批香港市民到昂船洲海軍基地參觀訪
港的解放軍海軍艦艇。

5月4日-5月8日

◆ 香港青年聯會主席容永祺率領香港各界青年才俊團訪問北京。全國政協副主席羅豪才、國務院港澳辦副主任陳佐洱和中央統戰部副部長婁志豪先後會見了訪問團。

5月5日

◆ 中央政府駐港聯絡辦副主任黎桂康在出席香港友好協會午餐會時表示,當前香港形勢有三個特點,一是理解與支持中央決定成為民意的主流。二是務實探討、理性對話的呼聲越來越高。三是社會上一小部分人仍在執意挑戰全國人大常委會的權威,堅持走極端路線,香港的不穩定因素仍然存在。

5月6日

◆ 董建華宣佈,特區政府於即日發出指引,要求有關部門嚴格保障外判服務工人的工資和工時措施,使其達到市場同類服務的中位數,並要求所有外判服務承辦商遵守新規則。

◆ 立法會主席范徐麗泰發表書面聲明,反駁民主黨立法會議員何俊仁指她身兼全國人大代表有角色衝突的言論。

5月7日

◆ 中央政府駐港聯絡辦負責人接受新華社訪問時表示,注意到香港特區有立法會議員在立法會提出對全國人大常委會4月26日決定"表示遺憾和不滿",以及所謂"強烈譴責"的動議。他認為,這些都是挑戰全國人大常委會作為最高國家權力機關的常設機關的行為,違反憲法和香港基本法,不符合香港特區立法會作為地方立法機關的憲制地位,也超越了基本法賦予立法會的職責和權限。對此表示高度關注。

◆ 香港衛生防護中心與英格蘭及威爾士衛生防護局簽署合作備忘錄。雙方衛生防護機構將建立更緊密聯繫,在培訓、在職實習、應變計劃、研究和發展等多方面加強合作。

5月10日

◆ 由特區政府中央政策組委託中文大學亞太研究所撰寫的《香港與珠三角西部:從跨境角度看協作發展》終期報告完成。報告認為,在大珠三角(即珠三角加香港和澳門)的框架下,大珠三角西翼將成為新的發展焦點,發展潛力將比東翼更大。

◆ 香港發展論壇舉辦"香港管治問題

研討會"。

◆ 香港中文大學向教育資助委員會提出於 2006/2007 年成立法律學院的申請獲批准。

◆ 台灣"陸委會"舉行香港事務局長（即中華旅行社總經理）交接儀式，原"陸委會"主任秘書鮑正鋼接替張良任擔任局長。

5月10日－5月12日

◆ 香港工業總會主席梁君彥率領工總高層代表團訪問北京。唐家璇、劉延東、陳佐洱會見了代表團。代表團拜會了商務部、中國國際貿易促進委員會，就加快香港與珠三角地區經濟融合、工總在內地投資等問題交換意見。

5月10日－5月13日

◆ 溫家寶訪問歐洲時多次闡述香港問題。10 日，溫家寶在倫敦與英國首相布萊爾（Tony Blair，港譯：貝理雅）舉行會談時表示，全國人大常委會就香港政制發展進行釋法並作出決定是嚴肅和慎重的，廣泛徵求了香港各界意見，體現民主精神，有利香港長遠繁榮和穩定。基本法規定行政長官最終將實現普選，這個目標沒有改變，但需要一個過程，現在採取循序漸進

的做法，就是為了實現這個目標。13 日，溫總理離開愛爾蘭前，主動向記者講到對港人有三點期望：要有信心、要自強、要奮鬥。

5月11日

◆ 政制發展專責小組發表第三號報告：《關於 2007 年行政長官和 2008 年立法會產生辦法可考慮予以修改的地方》，公開咨詢市民意見。董建華表示，第三號報告是香港不斷邁向普選目標的一個過程，可協助社會各界更積極和聚焦討論 2007 年行政長官和 2008 年立法會選舉的產生辦法以及其他有關課題。

◆ 政府斥資 27.6 億港元興建全長 1596 米的昂船洲大橋，工程預計於 2008 年 6 月完成。該橋是八號幹線的主要組成部分，落成後為世界最長的斜拉索橋。

◆ 台灣"最高法院"認定，港澳是有別於大陸地區的特別區域，可以視為第三地。今後從港澳地區走私，應視同從"國外"走私。

5月11日－5月12日

◆ 上海市港口管理局和香港物流發展局聯合舉辦"滬港港口物流研討會"。

5月12日

◆ 立法會否決司徒華議員提出的"本會呼籲：毋忘六四事件，平反八九民運"動議。

5月12日－5月16日

◆ 工商及科技局局長曾俊華出席在巴黎召開的經濟合作及發展組織成員和十五個發展中經濟體系的貿易部長非正式會議，就新一輪多哈多邊貿易談判的進度和前景交換意見。

5月12日－5月19日

◆ 曾蔭權訪問瑞典和俄羅斯，推介香港的營商環境。

5月13日

◆ 國家體育總局與香港特區民政事務局簽署體育交流與合作協議。協議主要內容有：（1）兩地的體育團體將依據香港基本法規定的"互不隸屬、互不干涉、互相尊重"的原則進行交流活動。（2）國家體育總局與香港特區民政事務局加強高層接觸和互訪。（3）雙方加強2008年北京奧運和2009年香港東亞運動會的合作。（4）雙方就國際體育事務舉行不定期會議，加強彼此溝通和協調立場。（5）鼓勵兩地民間體育組織的體育交流活動。（6）加強兩地在運動科學、運動醫學、運動心理學和興奮劑檢測方面的合作。

5月14日

◆ 特區政府宣佈，羅智光任環境運輸及工務局常任秘書長（運輸），何鑄明任財經事務及庫務局常任秘書長（財經事務），郭家強任環境運輸及工務局常任秘書長（環境）。上述任命由2004年第三季起生效。

5月15日

◆ 香港基本法推介聯席會議主辦的"基本法頒佈十四週年研討會"在怡東酒店舉行。彭清華、梁愛詩、林瑞麟出席。梁愛詩致辭。

◆ 政府宣佈委任一個獨立調查委員會，負責調查平等機會委員會招聘及終止聘用余仲賢為平等機會委員會行動科總監一事及相關事宜；調查影響平等機會委員會公信力的事件，並就有助於恢復平等機會委員會公信力的措施提出建議。委員會主席為香港公開大學榮休校長譚尚渭，成員為胡定旭和黎葉寶萍。

5月16日

◆ 董建華會見到訪的美國專責東亞及太平洋事務的助理國務卿凱利，就香港最近的經濟、政制以及兩地的貿易發展等問題交換了意見。

◆ 為期六週的第三屆立法會選舉選民登記活動結束。政制事務局局長林瑞麟表示，政府共收到超過 69 萬份選民登記表格。本屆立法會選民登記活動由 4 月 3 日開始。

◆ 海關關長湯顯明赴雲南考察，與當地海關就香港和內地打擊跨境毒品販運的最新情況進行交流。

5月17日

◆ 特區政府公佈 "維港巨星匯" 獨立調查小組的報告。報告提出 15 項結論和 7 項建議。隨後，董建華發表聲明，表示接納報告的結論和建議，小組意見可以作為政府日後舉辦類似活動的參考。2003 年 SARS 疫症後，特區政府接受美國商會建議，撥款一億港元舉辦 "維港巨星匯" 大型表演活動，邀請香港和國外多位歌手和樂隊演出多場演唱會。但因入場人數不夠理想和政府經費的使用問題，引來輿論批評，政府其後成立獨立小組調查事件。

◆ 國家科學技術部與香港特區工商及科技局簽署《內地與香港成立科技合作委員會協議》。委員會由雙方高層代表或指定的官員組成，每年至少召開一次例會，主要職能是組織和協調內地與香港的科技交流及合作。

5月18日

◆ 董建華會見來港參加 "2004 年安徽（香港）投資說明會" 的安徽省委書記王太華、省長王金山。

5月19日

◆ 立法會通過政府於 2004 至 2005 年度發行兩百億港元債券的議案。

◆ 立法會公營房屋建築問題專責委員會發表第二份調查報告，公佈天水圍天頌苑短樁事件的調查結果。

5月19日–5月20日

◆ "2004 粵港經濟技術貿易合作交流會" 在香港會議展覽中心舉行。這是自 CEPA 實施後粵港經貿合作首個大型交流洽談會。廣東省常務副省長湯炳權率領廣東 21 個城市的代表出席。董建華、高祀仁出席開幕禮。

5月20日

◆ 中央政策組舉辦"香港與區域經濟合作圓桌會議"。

◆ 最高人民法院組織召開的"內地與港澳地區商事法律實務研討會"在深圳舉行。

◆ 中國交通運輸協會、香港物流協會、台灣物流協會、澳門空運暨物流業協會在廈門簽署四方合作備忘錄。

5月21日

◆ 終審法院首席法官李國能就"名嘴封咪"事件表示，香港人仍然有言論自由的空間，因為基本法已保證香港有言論自由，有關的權利是受到保障的。從5月3日起，香港商業電台的三位主持人鄭經翰、黃毓民、李鵬飛相繼以"政治生態惡化"、"不能夠暢所欲言"等理由宣佈不再主持節目。香港媒體將這一連串事件稱為"名嘴封咪"事件。

◆ 香港特區政府與肯尼亞政府在港簽署民用航空運輸協定。這是香港與其他民航夥伴簽署的第52份同類協定。

◆ 第六次粵港合作聯席會議第三次工作會議在香港舉行。廣東省常務副省長湯炳權、香港特區政府政務司司長曾蔭權出席。會議就如何更好落實CEPA措施進行了重點討論，並建議將聯席會議下的"粵港城市規劃專題小組"與"信息交流專責小組"合併為"粵港城市規劃及發展專責小組"。

◆ 世界著名企業聯盟等單位舉辦"第三屆反'獨'促統世界易和大會"在香港舉行座談會。

5月22日

◆ 董建華在禮賓府與立法會SARS專責調查委員會多名議員舉行閉門會議，回答了議員提出的有關政府處理SRAS工作的問題。

5月23日

◆ 特區政府發言人表示，香港居民向來擁有及享受言論和新聞自由。這些自由備受香港法律保障。目前，言論和新聞自由的空間並沒有壓縮，"香港的傳媒自由蓬勃發展，所有電台'烽煙'節目繼續進行，繼續評論政府的政策、措施、立場和表現，嚴厲的批評亦隨時聽到。時事評論員、聽眾、專欄作家、新聞工作者和讀者每天繼續自由發表意見，並無受到任何限制。"發言人表示，特區政府絕不會容忍任何損害言論自由和法治精神的行為。

◆ 特區政府發言人回應立法會議員

余若薇有關香港政治氣氛壓抑的言論時表示，法治、開放和自由的社會、大公無私的政府、公平競爭的環境和保持香港的國際聯繫，是香港的核心價值。今天的香港既是一個具領導地位的國際金融中心，是世界上最大的貿易經濟體系之一，也是一個奉行普通法多年的司法區，外來投資者與香港社會同樣對香港充滿信心 —— 這就是以上核心價值繼續發揮效力的最佳證明。

◆ 由香港島各界聯合會組成的參觀團到解放軍駐港部隊深圳基地教導團營區慰問官兵。

5月24日

◆ 特區政府就政制發展專責小組第三號報告舉行首場政制發展研討會。曾蔭權、梁愛詩和林瑞麟參加了小組討論。會上達成六點共識：（1）行政長官選委會委員人數應予增加。（2）行政長官選委會選民基數應予擴大。（3）行政長官候選人提名人數可設上限，或降低提名門檻。（4）立法會選舉應該符合均衡參與和普及參與的原則。（5）立法會直選和功能界別議席可增加。（6）立法會功能界別的組成可予檢討，並擴大選民基數。

5月25日

◆ 新華社引述中央政府駐港聯絡辦有關負責人表示，國家立法機關目前尚未啟動制定《統一法》的立法程序，近日香港社會上由所謂《統一法》引申出來的言論是沒有根據的。

◆ 政府自 2002 年以來首次恢復賣地。此次賣出馬鞍山和沙田的兩塊地皮為庫房帶來 29.55 億港元收入。

5月25日－5月29日

◆ 全國政協副主席、中央統戰部部長劉延東訪問香港。25 日，劉延東拜訪霍英東；出席行政長官在禮賓府舉行的晚宴。26 日上午，劉延東主持佛指舍利瞻禮祈福大會開幕典禮。中午，劉延東與七十多位香港工商金融界人士共進午餐。下午，劉延東會見港區全國人大代表、全國政協委員、中華海外聯誼會理事、全國工商聯常委、全國僑聯常委等三百多人，並發表了題為《保持繁榮穩定，維繫港人福祉》的演講。

5月25日－5月31日

◆ 財經事務及庫務局局長馬時亨訪問印度尼西亞、新加坡和馬來西亞。

5月25日－6月5日

◆ "佛指舍利" 來港接受供奉。25日，"佛指舍利" 及二十件國家一級文物在兩百多人組成的迎請團、護法團護送下，從陝西省迎抵香港，圓滿安奉於香港會議展覽中心。26日 "香港佛教暨各界迎請佛指舍利瞻禮祈福大會" 在香港會議展覽中心舉行開幕典禮，劉延東、董建華、王鳳超、葉小文以及香港宗教領袖和佛教信徒、外國駐港領事官員等近千名嘉賓出席。截止6月4日，在短短的十天時間內，上百萬人次的信眾與市民爭相瞻拜，盛況空前。

5月26日－5月28日

◆ 財政司司長唐英年率代表團訪問重慶，出席 "重慶・香港週" 活動。

5月27日

◆ 中央政府駐港聯絡辦有關部門負責人在接受記者查詢時表示，香港某人士近日曾就其身為港區全國人大代表與出任某電台節目主持人身份是否有衝突和矛盾一事，徵詢過全國人大有關方面的意見，有關方面已明確答覆他沒有任何衝突和矛盾。全國人大有關方面的答覆與中央堅定不移地貫徹執行 "一國兩制" 的方針、嚴

格按照基本法辦事的一貫立場是完全一致的。發言人重申，香港回歸祖國以來的事實充分證明，香港居民的言論自由和新聞自由是完全有保障的。

◆ 特區政府發言人就四百名學者在報章刊登關注言論自由的聯署聲明表示，香港人的權利和自由均受到法律保障，政府堅決維護言論自由。

5月28日

◆ 董建華出席香港政府華員會九十週年會慶酒會並致辭表示，公務員始終是管治香港的中堅力量。

◆ 由中央政策組委託香港一國兩制研究中心所作的《香港與泛珠三角區域合作背景報告》發表。

5月31日

◆ 解放軍駐港部隊與香港民航處、政府飛行服務隊、民眾安全服務處、消防處、水警和海事處在香港果洲群島東南海域聯合舉行短程搜尋和拯救演習，展示了各單位的協同搜索能力。這是駐港部隊第六次參加特區政府組織的同類演習。

◆ 特區政府舉行酒會，歡迎出席 "泛珠三角區域合作與發展論壇" 的中央部委負責人，以及九省（區）和澳門代表團。

2004 年 5 月 26 日，"香港佛教暨各界迎請佛指舍
利瞻禮祈福大會"開幕典禮在香港會展中心隆重舉
行。全國政協副主席、中共中央統戰部部長劉延東
（右三）、行政長官董建華（左三）和中國佛教協
會會長一誠法師（左二）、香港佛聯會會長覺光法
師（右二），以及國家宗教局局長葉小文（左一）、
中聯辦副主任王鳳超（右一）等在開幕式共同啟動
亮燈按鈕。

董建華致辭。

6月1日

◆ 國務委員唐家璇在北京出席一項公開活動時表示，最近香港有人指電台主持人相繼"封咪"是中央指使的講法，完全不符合事實。

◆ 全國人大常委會法工委副主任李飛來港出席"一國兩制"有關文獻出版和贈書儀式。

◆ 衛生防護中心正式運作。該中心隸屬衛生署，是特區政府採納 SARS 專家委員會報告的建議而設立的。

◆ 前布政司鍾逸傑撰寫的回憶錄《Feeling the Stones（石點頭）》由香港大學出版社出版。

6月1日–6月2日

◆ 首屆亞洲航空、港口和鐵路保安博覽會在香港會議展覽中心舉行。香港機場保安公司榮獲博覽會"機場保安卓越大獎"。

6月1日–6月3日

◆ "首屆泛珠三角區域合作與發展論壇"先後在香港和廣州舉行。1日，以"合作發展，共創未來"為主題的"首屆泛珠三角區域合作與發展論壇"在香港會議展覽中心開幕。內地九省區（福建、江西、湖南、廣東、廣西、海南、四川、貴州、雲南）、香港和澳門特別行政區（簡稱"9+2"）的政府領導人出席。3日，論壇在廣州降下帷幕，"9+2"政府領導人共同簽署《泛珠三角區域合作框架協議》。此次論壇建立了"三機制、兩平台"。三個合作機制為：政府行政首長聯席會議制度；政府秘書長協調制度和部門銜接落實制度。兩個合作平台為：每年舉辦"泛珠三角區域合作與發展論壇"和"泛珠三角經貿合作洽談會"。

6月2日

◆ 台灣"經濟部投審會"副執行秘書嚴重光到港，接任台駐港機構"遠東貿易服務中心駐香港辦事處"主任。

6月2日–6月3日

◆ 工商及科技局局長曾俊華赴智利出席亞太經濟合作組織貿易部長會議。

6月3日

◆ 財政司司長唐英年宣佈，香港成功獲得 2006 年 12 月國際電訊聯盟世界電訊展的舉辦權。這是世界電信展自 1971

年創辦以來，首次在日內瓦以外的地方舉行。

◆台灣寶來證券獲准成立香港分公司，成為台灣首家開設海外分公司的券商。

6月4日

◆特區政府憲報公佈，行政長官委任黃福鑫為投訴警方獨立監察委員會主席，任期由 2004 年 5 月 25 日至 2006 年 5 月 31 日。

◆中共中央政治局委員、廣東省省委書記張德江在廣州與董建華會面，就"泛珠三角區域合作與發展論壇"總結成績並交換意見。

◆英國"埃克塞特"號驅逐艦和"格雷漫遊者"號輔助艦抵港訪問。這是自 2000 年 8 月以來，英國艦艇首次訪港。

◆"支聯會"在維多利亞公園舉行紀念"六四"燭光晚會。主辦者稱有 8.2 萬人參加，警方估計人數 4.8 萬。

6月5日-6月6日

◆北京大學和清華大學在會展中心舉辦在港免試招生教育展覽會，吸引逾千名香港學生到場參觀。

6月6日-6月13日

◆港澳工商專業界人士考察團經北京赴東北考察，全國政協副主席、國務院港澳辦主任廖暉任團長，財政司司長唐英年陪同。6 日，曾慶紅在北京釣魚台國賓館會見了考察團一行。

6月7日

◆李國能宣佈，決定成立一個律師出庭發言權工作小組。該工作小組負責研究律師目前的出庭發言權應否擴大，及考慮應如何訂定機制，將擴大的出庭發言權賦予律師。工作小組將由終審法院常任法官包致金任主席。

◆"粵港地區經濟融合引起的社會議題"座談會在廣州舉行。

6月8日

◆中央政府駐港聯絡辦有關負責人在接受新華社記者採訪時表示，不認同陳方安生在《時代》週刊發表文章稱中央在處理香港問題上的手法"令人聯想到文革時的做法"，並"引起外界對言論自由的憂慮"等觀點。該負責人表示，中央汲取了"文革"的慘痛教訓，在處理包括內地和香港在內的各種問題上，十分強調社會穩定和經濟發展。中央一直充分相信並支持

2004年6月5日至6日，北京大學、
清華大學首次來港免試招生。

254

特區政府依法施政。正是為了儘早解決一些紛爭，使全體香港民眾擰成一股力量共謀經濟社會發展，中央才會在充分聽取和依據港人意見的基礎上，按照基本法作出釋法和決定。他還表示，中央完全尊重香港的言論自由，基本法也保障了港人的言論自由。

6月9日

◆林瑞麟在立法會就"七一展示人民力量"動議辯論發言時表示，絕大部分香港市民是愛國的，是支持香港回歸的，是認同國家發展的；相信任何倡議香港獨立的立場在香港社會沒有市場，也不會得到市民支持。

◆廉政公署在網上推出"廉政頻道"，利用互聯網傳遞反貪倡廉的信息。

◆香港和斐濟、澳大利亞、新西蘭和馬來西亞等國警方經十四個月追查，成功摧毀了一個以斐濟為製毒基地、港人為主的龐大跨國販毒集團。

◆國際機場協會太平洋區辦事處由溫哥華遷至香港。

6月9日－6月10日

◆"中國－東盟博覽會推介會暨桂港投資項目簽約儀式"在香港會議展覽中心舉行。董建華會見了廣西壯族自治區黨委書記曹伯純。

6月10日

◆董建華回應部分"民主派"人士提出與中央應該"釋出善意，加強溝通"時提出，"民主派"要進一步有實質行動，去推動這一工作。並表示，願意在"民主派"與中央政府溝通過程中，擔當一定角色。

◆香港旅遊業議會、廣東省旅遊協會和法國旅遊局簽署關於開展旅遊交流的合作協議書。

◆特區政府投資推廣署和深圳市人民政府在日本東京聯合舉行投資環境介紹會。

6月10日－6月13日

◆第十八屆香港國際旅遊展在香港會議展覽中心舉行，來自七十個國家和地區的五百多家參展商展示了其旅遊產品和服務。

6月11日

◆楊文昌特派員出席一個公開活動後表示，和解要比衝突好。香港任何黨派，只要是抱着冷靜的態度和特區政府展開認真的對話，尋找解決問題的辦法，就一定能找到一個有利於香港保持長期繁榮的解決辦法。

◆ 政制發展專責小組舉行第二次政制發展研討會。

6月12日

◆ 董建華會見聯署《香港核心價值宣言》的多名學者和專業人士代表。董建華在會後表示，特區政府重視這個宣言和這些核心價值。香港現有的核心價值，包括法治人權、廉潔公平和包容多元等，是所有香港人都珍惜的，也是香港的生命線。特區政府有決心和香港市民一起攜手維護這些核心價值。

◆ 立法會議員劉千石在出席電台節目時指出，改善中央與"民主派"之間的關係，比爭取選舉議席更加重要。應該將目前"民主派"與中央敵對的關係變成大家庭成員對話的關係。

6月13日

◆ 特區政府發表聲明，對立法會議員楊森批評特區政府無法捍衛香港的核心價值和市民利益一事作出回應，重申香港的言論自由受基本法保障，政府會致力維護香港作為一個自由開放和包容社會的特色，繼續竭盡所能維護香港的核心價值，不會容許任何個人或團體削弱這些核心價值。

6月15日

◆ 一國兩制研究中心主辦的電影《鄧小平》首映活動在香港會議展覽中心舉行。董建華出席並致辭。

6月16日

◆ 特區政府發言人回應美國國會美中經濟安全委員會報告，該報告質疑中央政府在"一國兩制"下維持香港高度自治的承諾，發言人表示"一國兩制"繼續在香港運作良好，港人的人權和自由繼續得到保障。

◆ 立法會三讀通過《2000年稅務（修訂）條例草案》。財經事務及庫務局局長馬時亨指出，這次修訂涉及的利息扣除和專利權費條文，將有效遏止利用現存漏洞進行的避稅活動，有助收回或防止數以百億元計的稅款流失。

◆《全球財富報告》顯示，截至2003年底香港"百萬富翁"（以美元計）人數共有4.5萬人，即平均每151個港人之中便有一個是百萬富翁，人數較2002年急升30%。

6月16日-6月19日

◆ 深圳市市長李鴻忠率政府代表團訪問香港。董建華在禮賓府舉行歡迎儀式。政務司司長曾蔭權與李鴻忠舉行深港合作會議，並簽署了加強兩地合作備忘錄和加強法律服務、工業及貿易、投資推廣、經貿交流、旅遊、科技、高新技術等方面合作的多份協議。

6月17日

◆ 楊文昌特派員就美中經濟安全評估委員會發表的年度報告作出回應，指出報告有關香港的闡述曲解了"一國兩制"與"高度自治"的含義，並予以強烈反駁。

◆ "蘇港合作促進週"舉行開幕儀式。江蘇省省長梁保華致開幕辭，董建華、高祀仁、楊文昌等出席。

6月20日

◆ 特區政府宣佈，成立2009年東亞運動會籌備委員會，統籌2009年東亞運動會的前期工作。民政事務局局長何志平任會長，中國香港體育協會暨奧林匹克委員會會長霍震霆任主席。

◆ "青年民建聯"（Young DAB）成立，張國鈞擔任主席。

◆ 連接香港和深圳的新羅湖橋建成通車，該橋由港深政府共同投入2300萬元人民幣興建。

6月21日-6月26日

◆ 應全國學聯邀請，香港大學學生會代表團赴北京訪問。代表團中有六人為專上學聯成員，這是自1989年以來首次有專上學聯成員到北京訪問。

6月22日

◆ 中央政府駐港聯絡辦副主任彭清華在出席一公開活動時表示，溝通需要有誠意與祥和的氣氛，"民主派"應提出建設性建議，而非對抗。

6月23日

◆ 曾慶紅結束在突尼斯的訪問時與記者茶敍，就香港"民主派"表示希望與中央和解、溝通一事表示，中央從來沒有和任何人有衝突，所以根本不存在和解問題。他指出，溝通本身就是一件好事，中央樂意與任何界別和階層人士進行溝通。但溝通要有基礎，就是要貫徹"一國兩制"和為香港好。如果任何事都加以反對，溝通就很難進行。香港市民有權表達不同的意見，但多溝通，少紛爭，求同存異，對整體社會發展有利。

6月23日 – 6月24日

◆ 解放軍藝術團在香港紅磡體育館舉行慶祝香港回歸七週年大型文藝晚會。

6月24日

◆ 中央政府駐港聯絡辦負責人就立法會通過呼籲港人團結，與中央政府攜手合作議案回答新華社記者提問時表示，日前立法會表達的有關加強與中央溝通的意見和通過的相關議案，符合香港市民希望社會穩定和諧，集中精力發展經濟、改善民生的願望；中央政府與任何擁護"一國兩制"和基本法的團體和人士、包括持不同意見者溝通的大門是敞開的。

6月25日

◆ 外交部發言人表示，中國堅決反對美國參議院通過所謂"支持香港自由"的議案。發言人指責該議案罔顧事實，是粗暴干涉中國內政及香港特區事務，並敦促美國國會停止這種干涉中國內政、傷害中國人民感情的行徑。

◆ 粵港青年交流促進會在香港會議展覽中心舉行成立典禮。

6月26日

◆ 香港旅遊發展局首次主辦的"2004

香港購物節"隆重開幕。

◆ 由交通部、中國海上搜救中心主辦的"2004年南海聯合搜救演習"在三亞市附近的海域舉行。香港飛行服務隊首次參加演習。

6月28日

◆ "關注香港發展"聯席會議舉辦"香港核心價值面面觀"座談會。

◆ 總部設在美國費城的全球華人"反獨促統"聯盟發表致香港同胞的公開信，呼籲香港同胞在"一國兩制"的框架內，與中央政府溝通，相互尊重與理解，走好"一國兩制"這條從來沒有人走過的道路，發揮香港同胞的愛國傳統，制止破壞"一國兩制"的圖謀，為中國的統一與強大貢獻力量。

6月30日

◆ 香港郵政舉行"中國人民解放軍駐香港部隊"特別郵票發行儀式。這套郵票分"威武文明之師"、"社會服務"、"開放日"、"陸軍"、"海軍"和"空軍"等六個主題。

7月1日　香港特別行政區成立七週年

◆ 上午，特區政府在金紫荊廣場舉行

升國旗、區旗儀式。董建華、高祀仁、楊文昌、王繼堂，特區政府主要官員、行政會議成員、立法會議員、司法機構法官、港區全國人大代表、全國政協委員、中央駐港機構代表、外國駐港領事館代表和各界人士約三千多人出席。升旗儀式後，特區政府在香港會議展覽中心舉行慶祝酒會。董建華在致辭中表示，香港經濟呈現強勁復甦，社會氣氛好轉，市民對前景的信心加強。政府將致力確保經濟持續增長，令香港經濟成功轉型。他表示，相信有了七年實踐"一國兩制"的寶貴經驗，香港一定能夠再接再厲，繼續克服前路上的各種挑戰。他有信心，香港明天一定會更好。

◆ 特區政府憲報公佈回歸以來第七份授勳名單，共有 367 人獲授勳和嘉獎，為歷年之最。其中獲授金紫荊星章15 人，銀紫荊星章 23 人，銅紫荊星章63 人。

◆ 解放軍駐港部隊開放石崗、昂船洲和赤柱三個軍營，有 4.5 萬名市民入營參觀。這是回歸以來規模最大、活動內容最豐富的軍營開放日。

◆ 工聯會為慶祝香港回歸祖國七週年，舉辦"七年來基本法在香港實施的回顧"研討會。研討會由會長鄭耀棠主持，

行政會議非官守成員召集人梁振英、基本法委員會委員譚惠珠和中央政府駐港聯絡辦研究部部長曹二寶擔任主講嘉賓並分別作演講。梁振英指出，基本法已有具體的條文規定香港政治體制，香港政治體制有三個要點：中央和香港特別行政區的關係、行政和立法機關的關係、行政長官的角色和產生辦法。政治體制設計時已體現了國家對香港的基本方針政策："一國兩制"、"港人治港"、高度自治。希望大家切實瞭解基本法有關條文，推動香港政治體制在基本法框架內循序漸進地穩步發展。譚惠珠指出，香港回歸七年，雖然曾經兩次經由全國人大常委會對基本法條文作出解釋，但對普通法在香港的運作和應用，並無產生障礙。普通法仍是活力十足地發揮保障法治、人權、自由，分清權利與責任的作用。曹二寶引述鄧小平關於"香港總有一些事情沒有中央出頭你們解決不了，保持中央某些權力對香港有利無害"的講話指出，全國人大常委會"4.26"決定有助香港釋疑止爭。中央為香港所做一切，包括政治、經濟、文化等措施，都是為了香港好。

◆ 福建、江蘇、浙江三省的九個城市（福州、廈門、泉州、南京、蘇州、無錫、杭州、寧波和台州）開始辦理內地居

民以個人身份赴港澳旅遊的手續。

◆ 民間人權陣線發起主題為 "爭取 07、08 普選" 的大遊行。民陣稱遊行人數為 53 萬，警方估計人數為二十萬。

◆ 董建華在禮賓府會見傳媒，就部分市民參加 "七一遊行" 表示，無論市民大眾用何種方式表達意見，政府都會細心聆聽、認真對待，以及積極作出回應，因為這是政府的責任所在。

◆ 中央政府駐港聯絡辦負責人就香港部分市民上街遊行發表談話表示，根據香港基本法的規定，香港市民回歸以來一直享有集會、遊行、示威的權利和自由。保持和維護香港社會穩定，促進香港經濟已經出現的良好復甦勢頭和民生的進一步改善，是香港市民的福祉所在，也是全國人民的共同願望。我們願意與香港各界人士一道，共同為此作出不懈的努力。但也必須指出，一些遊行組織者在遊行中使用的標語、口號是不恰當的，也不符合香港市民求穩定、求發展、求和諧的普遍心願。希望這些組織和人士順應香港市民的這一願望，在維護香港的穩定和繁榮方面真正發揮建設性的作用。

◆ 中國外交部發言人批評最後一任港督、歐盟對外事務專員彭定康在印尼發表的關於香港問題的談話。發言人指出，香港回歸中國，按照 "一國兩制" 和高度自治的原則，維持了香港的安定繁榮，香港人擁有前所未有的民主，這是國際社會認同的。香港是中國內部事務，中國政府和中國人民有能力和智慧去解決香港的問題，中國反對外國干預香港事務和說三道四。

7月2日

◆ 民陣公佈 "七一" 遊行數字引起較大爭議，因多個民間機構統計都不足二十萬人。港大社會科學研究中心主任白景崇以攝影慢格點算最多為 11.5 萬。港大統計及精算學系高級講師葉兆輝以精算統計最多為 19.2 萬等。港大民意研究計劃估算也只有 18 至 20.7 萬。

◆ 外交部發言人就美國務院副發言人埃雷利有關 "應由香港民眾和香港政府來決定民主步伐和範圍" 的言論作出回應指出：香港事務是中國的內政，任何外國對此說三道四都是不合適的，也是中國堅決反對的。香港回歸以來 "一國兩制"、"港人治港"、高度自治方針得到全面貫徹落實，香港居民依法享有的各項權利和自由得到了充分保障。中國一貫主張發展符合香港特區實際情況的民主制度，特區的政治體制只有按照基本法的有關規定循序漸進地向前發展，才符合香港社會各階層、各界別的利益，有利於香港社會的長期繁榮和穩定。

同日，特區政府發言人也作出回應，重申在憲法和基本法下，中央有權責審視香港的政制發展。要改變 2007 年以後的選舉制度，需要得到立法會、行政長官和中央的同意。發言人表示，自回歸以來，中央信守承諾，致力維護"一國兩制"的原則，並獲得全面落實。

◆ 立法會財務委員會通過撥款 3.28 億港元，向在政府處理禽流感過程中自願退還活家禽牌照或公眾街市租約的活家禽零售商發放特惠補助金，並向受影響的業界工人提供再培訓和一筆一次性補助金，同時還為繼續營業的活家禽零售商提供貸款。

7月3日

◆ 外交部駐港特派員公署新聞發言人就個別外國駐港領事官員對香港特區政治事務發表評論一事發表談話指出，根據《維也納領事關係公約》，外國駐港領事官員作為外國政府駐港代表，對香港特區的政治問題發表評論是不合適的。

7月5日

◆ 高祀仁在出席民建聯成立十二週年酒會後指出，中央政府駐港聯絡辦作為中央在香港的辦事機構，一直都與香港各界人士有聯繫和溝通。

7月6日

◆ 董建華、李剛在禮賓府共同主持"香港領袖生獎勵計劃：國情教育課程"研習班授旗典禮。

7月7日

◆ 董建華宣佈接受衛生福利及食物局局長楊永強的請辭。2003 年 SARS 爆發期間，楊永強負責處理抗疫工作，其表現受到立法會 SARS 調查報告的批評。為平息 SARS 康復者和死者家屬對政府的不滿，體現"問責"精神，楊永強向行政長官提出辭職。

◆ 渣打銀行（香港）在港註冊成為持牌銀行。聘請原地鐵有限公司行政總裁周松崗出任董事局主席。

7月8日

◆ 梁智鴻宣佈辭去醫院管理局主席一職。

◆ 立法會三讀通過《2002 年教育（修

訂）條例草案》（簡稱《校本條例》）。條例規定全港津貼學校最遲必須在 2012 年成立包括家長和教師代表的法團校董會。教育統籌局局長李國章表示，這條以引入民選家長、教師以至校友代表參加治校的法案，是香港學校校政民主化的起點。

7月8日－7月12日

◆ 科威特首相薩巴赫率領政府高層和商界領袖訪問香港。9 日，行政長官董建華會見並設宴款待薩巴赫一行。

7月9日

◆ 立法會通過《調查政府與醫院管理局對嚴重急性呼吸系統綜合症爆發的處理手法專責委員會的報告》。政務司司長曾蔭權在立法會討論 SARS 專責委員會報告時強調，衛生福利及食物局局長楊永強、前衛生署署長陳馮富珍、醫院管理局主席梁智鴻和全體醫護人員全情投入，以勇氣、毅力和專業才能控制 SARS 疫情。他們的努力應得到肯定，這也是國際醫療專家對他們的評價。

7月10日

◆ 選舉管理委員會發表新的《立法會選舉活動指引》。新修訂內容包括簡化處理有問題選票程序，任何空白票、重複蓋印、損毀等選票，一律作廢票論；而"蓋過界"的選票，則作問題選票處理。

7月11日

◆《內地與香港關於相互承認高等教育學位證書的備忘錄》在北京簽署。協議明確，內地學士學位獲得者可到香港高校攻讀研究生學位和進行職業學習；內地碩士學位獲得者可以直接攻讀香港高校的博士學位。同樣，香港高校學士學位獲得者可以到內地高校攻讀研究生學位和進行職業學習；香港碩士學位獲得者可以直接攻讀內地高校的博士學位。

◆ 中央政府駐港聯絡辦副主任郭莉接受香港《星島日報》訪問時強調，中央支持香港經濟發展的原則，不會受政治爭拗影響。

◆ 來自十個界別的團體、二十多個行業商會和近百個商業機構宣佈成立"反銷售稅大聯盟"。

7月12日

◆ 三聯書店（香港）有限公司在香港會議展覽中心舉行紀念鄧小平誕辰一百週年暨《鄧小平論"一國兩制"》出版發行儀式。董建華、高祀仁在儀式上致辭。這

紀念鄧小平誕辰100週年
暨
《鄧小平論"一國兩制"》出版發○儀式

2004 年 7 月 12 日，紀念鄧小平誕
辰一百週年暨《鄧小平論"一國兩
制"》出版發行儀式在香港會議展
覽中心舉行。董建華、高祀仁在儀
式上致辭。

是該公司繼回歸前出版《鄧小平論香港問題》後，經中央文獻研究室授權，第二次將鄧小平有關 "一國兩制" 的重要文章結集出版，比前書 9 篇文章多了 8 篇，共 17 篇。

◆ 董建華在禮賓府設酒會，答謝首次來港的海外和內地投資者。

7 月 13 日

◆ 香港同胞慶祝中華人民共和國成立五十五週年籌備委員會舉行成立大會，香港各界人士共 826 人應邀參加籌委會工作。大會由全國政協副主席、國慶籌委會主席團執行主席霍英東主持。

7 月 14 日 - 7 月 17 日

◆ "首屆泛珠三角區域經貿合作洽談會" 在廣州舉行。本屆洽談會簽約共 847 個，總金額近 2900 多億元人民幣，廣東以成交 1630 億元居首位，香港位居第二，達 563 億元，項目涉及基建、產業投資，及商貿等領域。

7 月 15 日

◆ 可持續發展委員會發表首份有關香港可持續發展策略建議的咨詢文件 ——《為我們的未來作出抉擇》。

◆ 根據美國卡托研究所、加拿大費沙爾學會，以及全球 57 個研究機構發表的最新一期《世界經濟自由度：2004 年週年報告》，香港仍是全球最自由的經濟體系。

7 月 15 日 - 7 月 21 日

◆ 劉延東率 102 名港區人大代表、政協委員和中華海外聯誼會理事組成的香港東北考察團到大連、瀋陽、長春、哈爾濱考察。

7 月 17 日

◆ 政務司司長曾蔭權主持 2004 年立法會選舉啟動儀式。

7 月 20 日

◆ 駐港部隊對外發言人在駐軍總部舉行新聞發佈會，宣佈駐港部隊將於 8 月 1 日建軍節當天舉行隆重閱兵儀式，邀請香港各界人士出席觀禮。同時宣佈，中央軍委主席胡錦濤簽署命令，駐軍司令員王繼堂由少將晉升中將。

◆ 中央政府駐港聯絡辦有關部門負責人發表談話指出，在世界各國，閱兵儀式在政治、軍事上都是一項非常嚴肅、重大的活動，其主要意義在於彰顯國家主權、突出國防實力，展示政府維護國家和地區安全的力量和決心。這次駐港部隊在軍營公開舉行"八一"閱兵，在香港特區和全國範圍都是第一次，對回歸祖國七年的香港來說，更有意義。

7月21日

◆ 選舉事務處公佈立法會選舉正式選民登記冊。地方選區的登記選民人數為 320.7 萬人，比 2000 年增加了 15.2 萬人，增長近 5%。28 個功能界別的選民人數為 20 萬人，比 2000 年增加 2.4 萬人，增幅為 13.6%。

7月22日

◆ 外交部發言人回應英國政府向英議會提交《香港問題半年報告書》表示，中國全國人大常委會就香港特區基本法附件的有關規定作出解釋以及就香港 2007 年行政長官和 2008 年立法會產生辦法的有關問題作出決定，是依法正當行使職權，不僅是必要的，而且有利於香港的政治體制按照基本法穩健地發展，符合香港公眾的根本利益，根本不存在所謂"損害香港高度自治的問題"。中國政府對英國政府在此問題上妄加評論表示強烈不滿和堅決反對。

◆ 深港西部通道港方口岸設施建造委託協議書簽署儀式在深圳舉行。保安局局長李少光出席。

7月23日

◆ 由五名中學生組成的香港代表隊在韓國舉行的第三十五屆國際物理奧林匹克比賽中，奪得一金一銀一銅的佳績。

◆ 香港《大公報》報道，"各省區市政協港區委員慶祝香港回歸祖國七週年"活動日前在香港會議展覽中心舉行。

7月24日

◆ "9+2"泛珠三角地區的十一家主要媒體負責人，在廣東省佛山市舉行首屆"泛珠三角媒體合作論壇"。會上簽署了《泛珠三角媒體合作框架協議》，確立了"9+2"媒體合作的宗旨。

7月25日

◆ 香港工會聯合會網站與中國勞動力市場網站實現相互鏈接。

7月27日

◆ 行政長官辦公室就報業公會聲明希望行政長官關注廉政公署搜查多間報館的事件作出回應，重申行政長官不會干預廉政公署的獨立調查。24 日，廉署在調查某上市公司貪污案期間，持法庭搜查令到香港《星島日報》等七家傳媒機構，並帶走一批新聞資料。其後《星島日報》入稟高等法院，要求廉署提供誓章副本和撤消搜查令。

7 月 28 日

◆ 特區政府首次推出並發行的兩百億港元環球債券在香港交易所成功上市。這是亞洲地區首次以港元和美元同時向投資者發售的最大規模的債券。

7 月 28 日 – 8 月 4 日

◆ 來自 36 個國家和港澳地區的近四千名青少年參加了 "2004 海外華裔及港澳地區青少年中國尋根之旅" 夏令營活動。代表團分別到北京、上海、蘇州等地參觀訪問。8 月 4 日，許嘉璐副委員長在人民大會堂接見了參加夏令營活動的港澳學生。

7 月 29 日

◆ 特區政府舉行第二十八屆奧運會中國香港代表團授旗儀式。香港代表團有 33 名運動員參加這屆奧運會比賽，人數為歷屆之冠。

◆ 解放軍駐港部隊司令員王繼堂、政委劉良凱在 "八一" 建軍節前接受香港《大公報》專訪。王繼堂指出，在香港這樣一個資本主義制度的環境下駐軍，在中國人民解放軍歷史上是第一次，是一項全新的考驗。他表示，駐軍完全有能力履行好香港的防務職責，保障香港的安全。一旦有突發事件需要駐軍提供協助，駐軍將會嚴格按照基本法、駐軍法的規定，給予全力支援。

7 月 30 日

◆ 特區政府憲報公佈，行政長官再度委任盛智文為海洋公園公司董事局主席，任期由 2004 年 7 月 1 日至 2007 年 6 月 30 日。

7 月 31 日

◆ 新華社發表題為《鑄造新的輝煌 —— 人民解放軍駐港部隊紀事》的文章，敍述解放軍駐港部隊在七年來有效地履行香港防務職責，親民愛港，為保障香港的繁榮穩定所作出的貢獻。

8 月 1 日

◆ 解放軍駐港部隊在石崗軍營公開舉行首次盛大閱兵儀式。霍英東、董建華、

2004年8月1日，中國人民解放軍
駐香港部隊在石崗軍營公開舉行回
歸後首次盛大閱兵儀式，3500名官
兵分為九個徒步方隊、兩個裝甲車
方隊通過長跑道，四架直升機編隊
也在上空飛過。三萬香港市民冒酷
暑觀看閱兵儀式。

高祀仁、楊文昌，特區政府主要官員、行政會議成員、立法會議員、港區全國人大代表、全國政協委員、社會各界知名人士和三萬多名香港市民觀看了閱兵儀式。

8月2日

◆ 全國人大常委會委員長吳邦國在與來訪的美國參議院臨時議長史蒂文斯舉行會談時指出，香港回歸以來，中國政府切實貫徹"一國兩制"、"港人治港"、高度自治的方針，嚴格按照香港基本法辦事。香港大局穩定，國際貿易、金融和航運中心地位進一步鞏固。希望美方履行在香港問題上的承諾。

8月4日

◆ 為期兩週的第三屆立法會選舉候選人提名期結束，共有 162 人報名競逐 60 個議席。功能界別獲提名的有 72 人，其中 11 個界別的候選人將在沒有競爭者的情況下自動當選。他們分別是：鄉議局林偉強、漁農界黃容根、保險界陳智思、航運交通界劉健儀、地產及建造界石禮謙、商界（第一）林健鋒、商界（第二）黃宜弘、工業界（第一）梁君彥、工業界（第二）呂明華、金融界李國寶和進出口界黃定光。

◆ 粵港合作聯席會議第七次會議在廣州舉行。董建華和廣東省省長黃華華共同主持會議。會議決定粵港雙方在聯合招標研發項目、建立研發平台予企業使用、內地在政策層面提供優惠予高新科技企業等三個方面進行長期合作。會議原則同意深港西部通道新口岸建成後命名為"深圳灣口岸"，並以"一地兩檢"形式通關。雙方同意新增三個粵港合作專責小組，即粵港共同推進"泛珠三角"區域合作專責小組、粵港城市規劃交流與合作專責小組和粵港公務員交流專責小組。

8月5日－8月9日

◆ 由中國基督教"三自"愛國運動委員會和中國基督教協會主辦的全球首次"中國教會聖經事工展"在會展中心舉行。丁光訓、董建華、高祀仁、葉小文、朱維群等主禮。全國政協副主席丁光訓致辭。這是內地教會首次在香港舉辦展覽。

8月6日

◆ 特區政府憲報公佈，行政長官委任伍達倫為職業安全健康局主席，任期三年，由 2004 年 8 月 22 日起生效。

◆ "香港工商界同胞慶祝中華人民共和國成立五十五週年籌備委員會"正式成

立，並舉行首次會議。

◆由香港地區中國和平統一促進會主辦、以"兩岸關係與亞太安全"為題的"中國和平統一論壇"開幕。全國政協副主席、中國和平統一促進會會長張克輝出席並致辭。中央政府駐港聯絡辦副主任彭清華、台灣海峽兩岸和平統一促進會會長梁肅戎應邀擔任主禮嘉賓。

8月8日–8月12日

◆為紀念鄧小平誕辰一百週年，由《大公報》、無線電視台、亞洲電視台、有線電視台、《成報》、《明報》、《星島日報》、《經濟日報》和《香港商報》等香港九家傳媒組成訪問團，赴鄧小平家鄉四川省廣安市進行了為期五天的專題採訪。

8月9日

◆為紀念鄧小平誕辰一百週年，亞洲電視製作的全面描述鄧小平與香港關係的大型電視紀錄片《小平與香港》舉行首映禮。

◆"第八屆北京·香港經濟合作研討洽談會暨奧運經濟市場推介會"新聞發佈會在北京舉行。

◆經濟發展及勞工局局長葉澍堃在雷克雅未克代表香港與冰島共和國政府簽署民用航空運輸協定。

8月10日

◆高等法院就廉政公署搜查傳媒機構一案作出裁決，裁定《星島日報》勝訴，並撤消廉署有關搜查令。高院法官夏正民質疑廉署不依正常程序要求報館自動交出材料，在沒有證據顯示報館或記者會毀滅證據的前提下，廉署應遵照英國權威案例訂下的正常程序，先行着令傳媒交出有關材料，而非第一時間行動搜報館，嚴重地侵害了新聞自由和消息來源的保密性。

◆香港社會服務聯會與廣東省民政廳簽署《合作開展社會福利服務工作備忘錄》。

8月11日

◆曾蔭權宣佈，政制發展專責小組第三號報告的咨詢期將延長一個月，至9月30日止。到目前為止，專責小組已舉行了11場政制發展研討會，收到一百四十多份公眾意見書。

◆香港工會聯合會與中華全國總工會和廣東省總工會在港舉行設立工聯會內地辦事處的簽約儀式。工聯會在內地港人工作較為集中的深圳、廣州和東莞設立辦事處，為他們提供緊急資訊、勞資糾紛、遺失證件等援助和法律咨詢服務。

8 月 11 日 - 8 月 14 日

◆ 香港九龍東區各界聯會組團赴北京訪問。

8 月 12 日

◆ 國際工商聯合會代表拜會中央政府駐港聯絡辦副主任郭莉，就該會擬於 2004 年 11 月在香港舉辦 "首屆國際法律年會暨 CEPA 高峰論壇" 交換了意見。

8 月 13 日

◆ 特區政府憲報公佈，行政長官委任李啟明為強制性公積金行業計劃委員會主席，任期兩年，由 2004 年 8 月 25 日起生效。

8 月 14 日

◆ 香港特區奧運會代表團在奧運村舉行升旗儀式。

8 月 16 日

◆ 以 "羅湖橋畔的思念" 為主題的紀念鄧小平誕辰一百週年圖片展在《香港商報》展示中心隆重舉行開幕典禮。圖片展共分兩部分，第一部分是 "鄧小平與香

港"；第二部分是 "鄧小平與深圳"。

◆ "內地與香港建築師資格互認 —— 資格證書頒授儀式" 在大連舉行，99 位內地建築師和 106 位香港建築師獲頒互認證書。這是 CEPA 簽署後一項重要的具體成果。

8 月 18 日

◆ 香港胡關李羅律師行與國浩律師集團（北京）事務所正式聯營，並舉行授牌儀式。這是 CEPA 協議簽訂後，北京首個獲得政府主管部門批准的律師聯營體。

◆ 貿易發展局總裁林天福在香港台灣工商協會和 "台北貿易中心" 合辦的 "如何運用泛珠三角之商機研討會" 上表示，希望擴大台北辦事處的功能，形成一個港、台、大陸的商貿網絡，協助台商更容易使用香港的商貿平台。

8 月 20 日

◆ 為了紀念抗戰勝利五十九週年，西貢斬竹灣抗日英烈紀念碑園舉行揭碑典禮，八十多位抗日老戰士出席。

◆ 內地房地產估價師與香港測量師（產業）資格互認頒證大會在北京舉行。這標誌着 CEPA 安排中的內地房地產估價師與香港測量師（產業）首批認證工作

完成。

◆ 香港浸會大學、北京大學、北京師範大學和新加坡國立大學簽署合作協議，宣佈成立"北京－香港－新加坡非線性與複雜系統聯合研究中心"，並發展成亞洲首個物理學研究聯盟。

8月21日

◆ 國務院港澳辦有關負責人在接受新華社記者專訪時表示，鄧小平以一個偉大政治家的遠見卓識，對香港過渡期內和回歸後可能出現的問題作出了準確判斷。今天重溫他的思想，對做好當前的香港工作，有着非常現實的意義。

◆ 在第二十八屆雅典奧運會乒乓球男子雙打決賽中，香港男雙組合高禮澤和李靜為香港贏得首面銀牌。董建華致電表示祝賀。

◆ 香港中國企業協會舉辦"紀念鄧小平誕辰一百週年報告會"。中央政府駐港聯絡辦研究部部長曹二寶作《重溫鄧公論述增強"一國兩制"信心》的演講。

◆ 九龍總商會舉辦"鄧小平一百週年誕辰圖片展覽"。

8月22日

◆ 胡錦濤在鄧小平誕辰一百週年紀念大會上指出。要繼續貫徹"一國兩制"、"港人治港"、"澳人治澳"、高度自治的方針，嚴格按照特別行政區基本法辦事，支持特別行政區政府依法施政，保持香港、澳門長期繁榮穩定。

8月23日

◆ 在特區政府舉辦的香港經濟定位高峰會上，與會人士就香港經濟定位達成四點共識：一是鞏固市場主導，政府促進工作；二是面向世界；三是加強人才培訓，成為人才匯聚中心；四是面對周邊國家和地區急起直追，不能放慢腳步。

◆ 政府發言人表示，香港終於結束自 1998 年 11 月以來持續 68 個月的通縮期，出現了輕微通脹。這標誌着過去長達五年多的消費物價通縮終結。

◆ 中央電視台、中央新聞紀錄電影製片廠、中央政府駐港聯絡辦和鳳凰衛視在香港會議展覽中心聯合舉辦大型文獻紀錄片《小平您好》放映會。

8月24日

◆ 為紀念鄧小平誕辰一百週年，由香港《大公報》編印的《永遠的鄧公 ── 香港及海內外名人訪談》出版。

2004 年 8 月 21 日，香港運動員李
靜、高禮澤在雅典奧運會乒乓球男
子雙打比賽中為香港贏得首面銀牌。

8月25日

◆為紀念鄧小平誕辰一百週年，董建華、曾蔭權、唐英年、梁愛詩等特區政府主要官員分別在香港《大公報》發表紀念文章和談話。董建華發表紀念文章題為《香港人民不會忘記》。

◆香港工會聯合會與廣州市總工會在廣州舉行"廣州工聯咨詢服務中心"成立揭幕儀式。

8月26日

◆"世紀偉人 —— 紀念鄧小平誕辰一百週年展覽"在香港展覽中心開幕。霍英東、董建華、高祀仁、孫家正、陳佐洱、王繼堂、吳海龍和鄧小平三個女兒鄧林、鄧楠、鄧榕出席了典禮。董建華、高祀仁先後致辭。

8月27日

◆CEPA第二階段協議（補充協議一）在北京簽署，進一步擴大貨物和服務貿易的開放措施。措施包括：從2005年1月1日起，雙方就內地對第二批713種原產港貨實行零關稅，加上首階段的374種，零關稅產品增至1087種；包括法律、會計、銀行、個體工商戶、醫療、視聽、建築、分銷、證券、運輸及貨物代理

的11個服務貿易行業將進一步放寬進入內地市場的限制，並新增開放包括機場服務、文化娛樂、資訊技術、職業介紹、商標代理、專利代理、人才中介機構及專業技術人員資格考試八個服務領域等。

◆特區政府憲報公佈，行政長官委任李澤培為法律援助服務局主席，任期由2004年9月1日至2006年8月31日。

◆"廣東企業投資香港介紹會"在香港舉行，曾蔭權出席並致辭。

8月29日 - 8月31日

◆由董建華、高祀仁任榮譽團長的香港工商科技界聯合訪問團訪問北京、天津。中央政治局委員、天津市委書記張立昌和全國政協副主席黃孟復先後會見訪問團。

8月30日

◆首屆香港金融博覽會在上海舉行。近四十家香港金融及相關企業參加。

◆董建華致函何厚鏵，祝賀他當選澳門特區新一任行政長官。

8月31日

◆參加雅典奧運會的香港奧運代表團返港。特區政府在機場和尖沙咀文化中心

2004 年 8 月 26 日，由中華文化城、《大公報》、
民政事務局、中國國家博物館、中華文化總會、鳳
凰衛視、華潤（集團）有限公司、香港友好協進會
等單位合辦的 "世紀偉人──紀念鄧小平誕辰一百
週年展覽" 在灣仔華潤大廈香港展覽中心開幕。鄧
小平的三位女兒鄧林、鄧楠、鄧榕，以及全國政協
副主席霍英東、香港特區行政長官董建華、中央政
府駐港聯絡辦主任高祀仁、文化部部長孫家正、國
務院港澳辦副主任陳佐洱、解放軍駐港部隊司令員
王繼堂、外交部駐港特派員公署署理特派員吳海龍
等出席了典禮。

舉行歡迎儀式。

9月1日

◆旅遊發展局最新數字顯示，7月份訪港旅客為199萬人次，其中116萬人次來自內地，兩項數據都創下歷來單月新高。2004年1至7月訪港旅客超過1200萬人次，較2003年同期增加65.8%。

9月2日

◆由香港青年聯會、上海市青年聯合會、香港滬港經濟發展協會和上海海外聯誼會聯合主辦的"2004滬港青年經濟發展論壇"在上海舉行。

◆經國家廣電總局批准，翡翠台和明珠台可在珠三角地區落地播放。

9月2日–9月3日

◆"第八屆北京·香港經濟合作研討洽談會暨奧運經濟市場推介會"開幕儀式在香港會議展覽中心舉行。北京市市長王岐山主持。北京市市委書記劉淇、香港特區行政長官董建華、中央政府駐港聯絡辦主任高祀仁分別致辭。

京港經貿合作會議第一次會議在禮賓府舉行。會議決定建立一個由政府三層架構組成的合作機制，確立了包括經貿、專業人才交流、教育、文化、旅遊、環保和奧運經濟七個合作領域。

9月3日

◆律政司司長梁愛詩在出席第八屆京港經濟合作研討洽談會時表示，2008年北京奧運會將為工商界提供更多商機，有助本地法律界在內地拓展業務，推動香港成為國際仲裁中心。

9月6日

◆香港特區政府宣佈成立粵港科技合作資助計劃。香港創新科技署和廣東省科學技術廳將各撥1.7億元，資助大學、科研機構和企業進行應用研究。

◆香港與內地正式簽署《內地和香港特別行政區間航空運輸安排》。新安排要點包括：分三階段放寬"一航線一航空公司"的限制；增加兩地客運運力和貨運航班數目；擴大內地航空公司第五航權；雙方航空公司在所有航線上作代碼共享等。

◆香港特區與澳門特區簽署"更方便澳門居民入出境香港的安排"備忘錄，由9月10日起，澳門永久性居民持智能身份證便可來港旅遊，最多逗留14日。

9月6日-9月8日

◆ 國家奧運金牌運動員代表團訪問香港。特區政府在禮賓府舉行歡迎酒會，霍英東、董建華、高祀仁等五百人出席。代表團在香港大球場舉行奧運金牌精英大匯演，並分別到九龍公園泳池、修頓室內運動場和伊利沙伯體育館作示範表演。

9月7日

◆ 第一屆"邵逸夫獎"頒獎禮在香港會議展覽中心舉行。董建華致辭，近五百名海內外科學家和企業領導人出席，六位世界知名科學家獲獎。

9月7日-9月9日

◆ 財政司司長唐英年率團赴廈門出席第八屆中國國際投資貿易洽談會。

9月8日

◆ 世界銀行《營商 2005：搬走增長的障礙》報告顯示，145 個國家和地區中，香港的營商環境列第四位，排在新西蘭、美國和新加坡之後。

◆ 特區政府宣佈，墨西哥政府同意給予特區護照持有人免簽證入境待遇。

9月10日

◆ "行政長官卓越教學獎"暨表揚教師計劃頒獎典禮在香港會議展覽中心舉行。董建華出席。

◆ 特區政府宣佈，將在 2004/2005 年度恢復聘請不多於三十位政務主任。政府為了在 2006/2007 年度把公務員編制減少至約十六萬個職位，自 2003 年 4 月 1 日起暫停招聘公務員。

◆ 商務部與國務院港澳辦聯合發出《關於內地企業赴香港、澳門特別行政區投資開辦企業核准事項的規定》的通知，大幅縮減內地企業來港投資的審批時間。並將部分審批權力下放到省級商務主管部門。通知還明文規定內地企業來港投資的方式和各項審批標準，審核過程將更具透明度。

9月11日

◆ 林瑞麟就美國國務院聲言"關注"香港特區第三屆立法會選舉表示，香港所有事情都依照自身的法例進行。希望外國政府尊重特區政府，一切本地事務由特區政府自行處理。

9月12日

◆ 香港特區第三屆立法會選舉圓滿結

2004 年 9 月 6 日，國家奧運金牌運
動員代表團一行 68 人抵港訪問，在
機場受到熱烈歡迎。

束。地區直選投票率 55.6%，投票人數 178.4 萬人，創歷史新高，比 1998 年的 148.9 萬人還多約三十萬人；功能組別選舉投票率為 70.1%。此次選舉共產生 60 名議員，其中地區直選 30 名，功能界別選舉 30 名。民建聯取得 12 個議席，成為立法會內最大政黨；自由黨和民主黨分別獲得 10 席和 9 席。

9 月 13 日

◆ 喬曉陽在北京接受香港《文匯報》記者採訪時表示，第三屆立法會選舉標誌着香港民主政制發展按照基本法循序漸進的規定進入新階段。不管選舉結果如何，都不會改變基本法關於行政與立法關係的規定。

◆ 香港工商界婦女舉行慶祝中華人民共和國成立五十五週年酒會。

9 月 14 日

◆ 全國人大外事委員會負責人、外交部駐港特派員公署新聞發言人發表談話，反對美國眾議院通過所謂 "支持香港自由" 的決議案。

◆ 特區政府發表聲明指出，美國國會的決議案並不反映香港實際情況。事實上，香港是全球最自由的城市之一。特區

政府堅決維護市民行使基本法所保障的自由和權利。

◆ 慶祝香港中華廠商聯合會成立七十週年晚宴在會展中心舉行。黃孟復、董建華、楊文昌等出席。

9 月 15 日

◆ 香港文化藝術界慶祝中華人民共和國成立五十五週年晚會在會議展覽中心舉行。

9 月 15 日 – 9 月 24 日

◆ 董建華分別會見民建聯、工聯會、自由黨、民主黨、"早餐派"、四十五條關注組和屬於獨立人士的候任立法會議員，就多項公眾關心的問題聽取意見。

9 月 16 日

◆ 曾蔭權出席在廣州舉行的 "首屆泛珠三角省會城市市長論壇" 開幕式。

9 月 17 日

◆ 中央政府駐港聯絡辦負責人就鄒哲開副主任會見四十五條關注組候任立法會議員余若薇、湯家驊和梁家傑發表談話。該負責人表示，中央政府駐港聯絡辦與香港法律界、司法界人士，包括四十五條關

注組成員，一直有着廣泛的聯繫和溝通。今後仍將一如既往地按照中央的授權，履行職責，繼續保持和發展與香港各界別、各階層和各方面人士的廣泛聯繫，本着"求一國之大同，存兩制之大異"的精神，加強聯繫，增進共識。

◆ 政府就禁止種族歧視立法進行為期三個月的咨詢，有關條例共涵蓋六個類別的歧視。

◆ 首屆"泛珠三角省會城市青年交流與合作"聯席會議在廣州舉行。

9月18日

◆ 396名香港居民在深圳參加2004年國家司法考試。這是港澳居民首次參加此項考試。

9月19日

◆ 中共十六屆四中全會通過的《中共中央關於加強黨的執政能力建設的決定》指出，保持香港、澳門長期繁榮穩定是黨在新形勢下治國理政面臨的嶄新課題。要堅持"一國兩制"、"港人治港"、"澳人治澳"、高度自治的方針，嚴格按照特別行政區基本法辦事，支持特別行政區行政長官和政府依法施政、提高管治水平。

9月19日 – 9月22日

◆ 終審法院首席法官李國能率香港司法機構代表團訪問北京。團員包括終審法院常任法官陳兆愷、高等法院首席法官馬道立、高等法院原訟法庭法官彭鍵基及朱芬齡、區域法院首席法官馮驊及總裁判官李瀚良等。曾慶紅、蕭揚和廖暉先後會見代表團。李國能應邀到中國人民大學發表演講。

9月20日

◆ 財政司司長唐英年出席在上海舉行的"香港金融服務博覽"開幕典禮並致辭。

◆ 保安局局長李少光在布魯塞爾與歐盟司法和內政事務專員Antonio Vitorino舉行會談，討論香港與歐洲共同體關於重新接收未獲授權居留人士協定的實施情況。李少光還與比利時司法部門簽訂兩地司法互助協議。

9月20日 – 9月21日

◆ 金融管理局總裁任志剛和銀行公會主席王冬勝率香港銀行公會代表團訪問北京。黃菊、周小川和劉明康先後會見代表團。

9 月 21 日

◆粵港澳三地警方刑偵主管第九次工作會晤在澳門舉行。

9 月 21 日－9 月 23 日

◆第四屆"福布斯全球行政總裁會議"在香港舉行。世界各地三百五十多名政商界人士出席。董建華出席並致辭。

9 月 22 日

◆"香港公務員團體慶祝中華人民共和國成立五十五週年酒會"舉行。董建華、高祀仁、楊文昌和各公務員團體的七百名代表出席。

◆深港海關通關管理經驗交流會在香港舉行。

9 月 23 日

◆律政司司長梁愛詩在出席香港工商界同胞慶祝中華人民共和國成立五十五週年酒會時表示，根據基本法第一百零四條，所有立法會議員在就職前都要按照法律宣誓，以維護基本法並效忠香港特別行政區，希望議員能夠尊重基本法的誓詞規定。

◆《2004 年世界投資報告》顯示，香港 2003 年的外來直接投資增長 40%，達到 136 億美元，在亞太區排名僅次於中國內地，全球排名第 11 位。

◆美國華盛頓州州長駱家輝訪問香港。

9 月 24 日

◆溫家寶在俄羅斯訪問會見香港傳媒時表示，香港第三屆立法會選舉體現了基本法的要求，充分發揚了民主。立法會參選人代表不同地區，不同黨派，不同界別，希望他們當選之後忠實履行基本法，代表全體香港人利益。

◆解放軍駐港部隊約四百名官兵參加香港紅十字會組織的無償捐血活動。

◆貿易發展局負責人表示，香港與內地互相投資額度自回歸以來逐年增加。香港投資內地的總額，已從 1997 年的 1199 億美元，增至 2003 年的 2226 億美元，增幅達到 86%；內地投資香港的總額，也由 248 億美元增至 762 億美元，增幅達三倍。

◆特區政府發言人就美國國會中國委員會舉行香港立法會選舉聽證會指出，香港第三屆立法會整個選舉過程是在公平、公開、公正的情況下進行的。希望外國政府和國會尊重一個原則，即香港選舉必須按照基本法的規定來進行。23 日，美國國會中國委員會就香港第三屆立法會選舉舉行了聽證會。

9月26日–9月28日

◆ 財經事務及庫務局局長馬時亨訪問東京。

9月27日

◆ 中央政府駐港聯絡辦副主任黎桂康表示，香港各界人士，包括部分"民主派"候任立法會議員獲邀赴北京參加國慶活動，"不是考慮其所屬黨派，而是其在個別業界的代表性"。

◆ 立法會助理秘書長就梁國雄將自行更改議員誓詞內容回應指出，根據香港基本法第一百零四條規定，立法會議員就職時必須依法宣誓，擁護香港特別行政區基本法，效忠中華人民共和國香港特別行政區。

◆ "和平發展 —— 中國外交五十五週年成就圖片展"在香港中央圖書館展覽館開幕。

9月28日

◆ 賈慶林會見"全國政協2004年國慶觀光團"成員時提出三點希望：一是希望廣大港澳同胞堅定不移地貫徹"一國兩制"方針和基本法，積極支持兩個特別行政區行政長官和政府依法施政，維護香港、澳門的繁榮、穩定和發展。二是希望海峽兩岸同胞加強交流，增進共識，繼續貫徹"和平統一、一國兩制"的基本方針和現階段發展兩岸關係、推進祖國和平統一進程的八項主張，共同反對和遏制"台獨"分裂勢力的活動，堅定不移地捍衛國家主權和領土完整。三是希望廣大海外僑胞繼續發揮中國走向世界、世界瞭解中國的重要橋樑作用。

◆ 曾蔭權宣佈，特區政府應部分立法會議員的要求，決定將政制發展專責小組第三號報告的咨詢期再延長兩個星期，至10月15日為止。

◆ 行政長官夫人董趙洪娉率香港各界人士中秋探訪團，到解放軍駐港部隊昂船洲海軍基地看望和慰問全體官兵。楊文昌、彭清華參加慰問。

◆ 由中華全國青年聯合會與香港青年協會共同舉辦的首屆世界華人青年論壇在北京人民大會堂開幕。來自港澳台和海外的大學生以及各界嘉賓約一千五百人出席了論壇。

9月29日

◆ 國務院發展研究中心港澳研究所所

長朱育誠強調，國慶邀請香港各界觀禮是歷來都有的慣例。中央與香港各界的溝通一直都在進行。

9月30日

◆董建華率香港社會各界代表赴北京參加國慶觀禮。董建華離港前在機場表示，2004年的國慶觀禮團人數是歷來之最，充分體現中央對香港的重視，觀禮團的成員亦能分享到祖國舉世矚目成就帶來的喜悅。

胡錦濤在人民大會堂會見香港和澳門特區各界人士國慶觀禮團時表示，中央政府對香港、澳門的未來充滿信心，並將全力維護香港、澳門的繁榮穩定。中央政府衷心希望香港、澳門各界人士，包括在一些問題上有不同意見的人士，大家都在愛國愛港、愛國愛澳的旗幟下團結起來，抓住機遇謀發展、同心同德保穩定、包容共濟促和諧。

此次香港社會各界代表訪京團成員共兩百多名，涵蓋了香港社會的方方面面，包括港區全國人大代表和政協委員、政界知名人士、工商界人士、各大傳媒負責人，法律界、教育界等專業界代表，以及部分新當選的立法會議員。其中民主黨、民協、四十五條關注組等政團的12

名人士也應邀參加。

◆工聯會舉行慶祝中華人民共和國成立五十五週年酒會。

10月1日　國慶日，中華人民共和國成立五十五週年

◆特區政府在金紫荊廣場舉行隆重的升旗儀式。霍英東、董建華、高祀仁、楊文昌、王繼堂、劉良凱，以及特區主要官員、行政會議成員、立法會議員、香港各界人士，廣大市民和遊客共三千多人參加升旗儀式。

◆特區政府在香港會議展覽中心舉行盛大國慶酒會，隆重慶祝中華人民共和國成立五十五週年。霍英東、高祀仁、楊文昌、王繼堂、劉良凱，特區政府主要官員、內地駐港機構負責人、各國駐港總領事，以及香港各界人士三千多人出席了酒會。董建華在致辭時表示，特區政府將繼續採取措施，悉心維護經濟復甦的強勁勢頭，確保經濟持續增長。要充分抓住機遇，結合內地快速增長的優勢，以切實的工作使更多市民從經濟振興中受惠，使民生得以改善。政府將繼續改善施政，廣泛聯繫各界別、各階層的市民，積極回應市民的訴求，凝聚民心。依照基本法的規定，循序漸進發展政制，推動香港民主，

2004 年 9 月 30 日，國家領導人胡
錦濤、吳邦國、溫家寶、賈慶林、
曾慶紅等在北京人民大會堂會見赴
京參加國慶五十五週年活動的港澳
國慶觀禮團成員。

達到最終普選的目標。酒會上還舉行了國民教育宣傳短片《心繫家國》的啟播儀式。

◆中央政府駐港聯絡辦副主任黎桂康出席香港廣東社團總會慶祝國慶酒會時，就中央在國慶期間邀請包括“民主派”人士在內的香港各界訪京表示，觀禮團北京之行的效果正面，類似的溝通和交流將會成為經常性的形式。

10月2日

◆香港各界慶祝中華人民共和國成立五十五週年文藝晚會在紅磡體育館舉行。

◆國際機場協會（ACI）日前公佈2004年上半年全球機場排名。香港國際機場在去年SARS事件後，客運量大幅回升，重返全球二十大機場之列，在亞洲排第三位。

10月3日

◆中央政府駐港聯絡辦副主任周俊明在出席一項國慶活動後表示，是否繼續安排香港“民主派”人士再到北京訪問，要從香港整體情況發展考慮，暫未考慮再安排香港訪問團赴京。

10月4日

◆商業電台節目“風波裡的茶杯”宣佈停播，同類節目“在晴朗的一天出發”開播。

◆律政司司長梁愛詩宴請美國國際合作委員會主席陳香梅女士和美中航運公司董事長郝福滿先生。

10月5日

◆外交部駐港特派員公署發言人發表談話指出，美國國會中國委員會今日發表的年度報告中有關香港部分，指中國關於香港的政策，從以前允許香港“高度自治”的承諾上後退，延緩發展香港大多數人民所支持的民主制度，是與實際情況不相符的。發言人強調，中國中央政府貫徹落實“一國兩制”、“港人治港”、高度自治方針是誠心誠意、堅定不移的。美國國會中國委員會應消除偏見，尊重事實，尊重“一國兩制”，尊重香港特區基本法，停止干涉中國內政和損害香港穩定繁榮的行徑。

◆中央政府駐港聯絡辦副主任郭莉應中華總商會邀請就國家的宏觀調控政策發表演講。

◆司法部律師公證工作指導司負責人介紹，目前獲准在內地執業的香港地區律師事務所駐內地代表處已達到42家。

慶祝中華人民共和國成立五十五周年
CELEBRATION OF THE 55th ANNIVERSARY OF THE FOUNDING OF THE PEOPLE'S REPUBLIC OF CHINA

2004 年 10 月 1 日上午，特區政府在香港會議展覽中心舉行盛大國慶酒會，隆重慶祝中華人民共和國成立五十五週年。圖為行政長官董建華在酒會上與主禮嘉賓一起，向在場人士祝酒。

10月6日

◆ 第三屆立法會召開首次會議。全體 60 名議員在立法會秘書長馮載祥監誓下宣誓。宣誓儀式結束後，隨即投票選舉新一屆立法會主席。范徐麗泰以 34 票當選新一屆立法會主席，並首次主持新一屆立法會會議。

◆ 高等法院拒絕接受立法會議員梁國雄就宣誓誓詞問題提出的司法覆核申請。高院法官夏正民在判詞中指出，倘梁國雄堅持採用自己更改的誓詞，將會違反基本法第一百零四條的有關規定，同時立法會秘書處便無權替梁國雄監誓。

◆ 五名獨立的立法會功能界別議員石禮謙、陳智思、呂明華、何鍾泰、劉秀成，以及四名"早餐派"的前立法會議員劉炳章、李家祥、勞永樂和吳亮星組成新組織"泛聯盟"。

◆ 特區政府在文化中心為香港傷殘人士奧運代表隊舉行祝捷酒會。董建華出席。本屆雅典傷殘人士奧運會，香港派出了 26 名運動員參加六個項目的比賽，獲得 11 金 7 銀 1 銅共 19 面獎牌，是香港在歷屆傷殘人士奧運會中獲得的最佳成績。

◆ 工業貿易署署長楊立門代表工商及科技局局長出席在智利聖地亞哥舉行的第十一次亞太經濟合作組織（APEC）中小型企業部長級會議。

10月7日

◆ 香港賽馬會捐出 1300 萬港元資助教統局開辦國情教育課程。

10月8日

◆ 根據行政長官董建華的提名和建議，國務院決定，任命周一嶽為衛生福利及食物局局長，免去楊永強的衛生福利及食物局局長職務。

10月9日

◆ 特區政府在禮賓府舉行 2004 年度授勳典禮，行政長官董建華向 355 名獲授勳人士和一名獲追授勳人士的代表頒授勳銜和獎狀。其中 15 人獲頒授金紫荊星章，21 人獲頒授銀紫荊星章，55 人獲頒授銅紫荊星章，10 人獲頒授紀律部隊卓越獎章。

◆ 香港《大公報》報道，第三屆立法會議員每月酬金和各項工作開支因應消費物價指數的變動而作出輕微調整。從 2004 年 10 月 1 日開始，立法會主席每月酬金由 110440 港元，減至 108340 港元；普通議員由 82840 港元減至 81270

港元。議員的每年工作開支償還額降至133.1160 萬港元。

◆ 香港 "2004 十大傑出青年選舉" 獲選名單公佈：牙科醫生陳建強、前香港乒乓球選手陳丹蕾、"無國界醫生" 香港辦事處董事會主席陳英凝、眼科醫生范舒屏、香港中樂團高胡首席辛小玲、東源大地有限公司總裁王喜恩、香港大學化學系教授楊丹、小提琴家姚珏、葉智榮設計有限公司董事葉智榮。

10 月 10 日

◆ 許嘉璐副委員長在人民大會堂會見香港青年工業家協會訪問團。

◆ "國民教育大使委任典禮" 舉行。143 名中學生被委任為國民教育大使，任期一年，負責在就讀學校宣揚國民教育概念，以及推廣全港性的國民教育活動，以增強年輕一代的公民意識。

10 月 12 日

◆ 李剛出席公開活動時表示，中央政府駐港聯絡辦沒有干預立法會政制事務委員會主席的選舉。對於特區政府、立法會的內部事務，由特區政府、立法會自己決定，中央政府包括中央政府駐港聯絡辦從來不干預。

◆ 立法會 18 個事務委員會選出正、副主席。在 60 位立法會議員中，有 58 位議員加入委員會，打破立法會事務委員會最多參與人數的紀錄。

◆ 由知名企業家查濟民創辦的查氏紡織集團，獲中國航天基金頒授 "中國航天事業合作夥伴" 和 "中國航天專用成衣製品" 兩項證書，成為首家獲得 "中國航天" 專用品牌冠名權的香港企業。

◆ 法國總統希拉克抵港並出席畢加索帷幕 "巡遊" 揭幕儀式，開啟為期九個月的 "法國中國年" 活動。行政長官董建華在禮賓府款待希拉克夫婦。

10 月 13 日

◆ 曾蔭權代表特區政府向立法會提交2004/2005 年度政府立法議程，簡介政府未來一年計劃立法的三十多項新的法案。

◆ 李剛出席香港武術聯會授旗儀式時，就公民教育委員會早前拍攝的《心繫家國》宣傳短片被指 "洗腦" 作出回應說，"回歸已經七年的香港，是中華人民共和國不可分割的一部分。香港的市民既是中國人，又是中國國民，從這個意義上講，增加對祖國的瞭解是非常必要的。一些友好團體，包括政府部門拍了一些宣傳短片，通過各種方法來介紹自己的祖國，我覺得這是無可非議的。"

◆ 查良鏞（金庸）等 14 位香港傑出人士獲法國政府頒授"藝術文學勳章"，表揚他們在香港和內地推動法國藝術和文化發展的卓越貢獻。查良鏞獲頒最高榮譽的"藝術文學高級騎士勳章"。法國文化部長德瓦布爾出席授勳儀式。

10 月 14 日

◆ 董建華出席第三屆立法會首次行政長官答問大會。在回答議員提問前，他向議員詳解以新作風改善施政的方向。董建華表示，"以民為本"是特區政府施政的指導原則，他和司長、局長們都有必要更小心聆聽市民對公眾事務的心聲，更直接瞭解普羅大眾對施政的意見。政府已擬訂計劃，於短期內，各司局長將定期到各區進行訪問，聽取意見。政府今後將在三個工作重點以開放誠懇的態度，與議員和社會去探討尋求共識。這三個工作重點為：（1）加緊做好協助經濟轉型的工作，盡力使基層市民能夠分享經濟復甦的成果；（2）盡全力做好 2007、2008 年政制發展的工作；（3）努力改善施政，務求更有效地做到"急市民所急，想市民所想"。

10 月 15 日

◆ 政制發展專責小組第三號報告《關於 2007 年行政長官和 2008 年立法會產生辦法可考慮予以修改的地方》為期五個月的公眾咨詢結束。截至 10 月 15 日下午，小組共接獲超過 430 份意見書。特區政府發言人表示，所有書面意見，除要求保密者外，將隨第四號報告公開給市民參閱。專責小組正在整理公眾意見書，預計在 2004 年底前發表第四號報告。

◆ 特區政府憲報公佈，行政長官已委任胡定旭為醫院管理局主席，任期由 2004 年 10 月 7 日至 2006 年 10 月 6 日。

10 月 16 日

◆ 內地、香港和澳門衛生官員在香港就《國際衛生條例》舉辦討論會，為即將舉行的世界衛生組織修訂《國際衛生條例》政府間工作小組會議，研擬中國對該條例的修改意見。

10 月 17 日

◆ 全國人大常委會副委員長韓啟德率團訪問香港，與香港醫務委員會執照醫生協會會長李深和座談。

10月17日 - 10月21日

◆ 重慶市市長王鴻舉率經貿代表團來港參加系列經貿活動。

10月18日

◆ 許嘉璐副委員長應香港城市大學的邀請，在"城大傑出學人講座系列"中發表題為《禪宗 —— 中外文化相融的範例》的演說，與香港師生暢談深層次文化問題。談到愛國問題時，他表示，愛國起碼要做到"希望中華民族崛起，希望中華民族振興"。他強調，"在香港，堅持有利於香港穩定繁榮的事情便去做，有利於穩定繁榮的話就説，不利的就不説。愛香港、愛家園本身就是愛國，這是很寬泛的理解"。

◆ 日本駐港總領事北村隆則在一個午餐會上表示，香港是日本不可代替的經濟夥伴，至2004年6月底，在港的約二千一百家日本公司中，有198家在港設地區總部，僅次於美國。

◆ 民政事務局局長何志平與克羅地亞文化部部長Bozo Biskupic簽訂文化合作協議。

◆ 香港特區政府與澳門特區政府達成的備忘錄，從即日零時起，持智能身份證的澳門永久居民毋須持其他旅行證件即可出入境香港，以訪客身份每次可逗留14天。

10月19日

◆ 曾蔭權在會晤"民主動力"代表後召開的臨時記者會上表示，特區政府不會以"公投"形式決定2007年行政長官和2008年立法會的選舉方法，倡議"公投"是將市民推向不切實際的途徑。處理政制發展，不能抵觸2004年4月26日人大常委會所作的決定。

◆ 特區政府憲報公佈，行政長官委任史美倫為行政會議成員，即日生效。

◆ 香港環境保護署與國家環境保護總局在北京進行環保人員交流計劃。

10月19日 - 10月23日

◆ 香港中華廠商聯合會高層代表團赴北京訪問，該會會長楊孫西任團長，中央政府駐港聯絡辦副主任黎桂康出任榮譽顧問。代表團先後拜訪中央統戰部、中國貿促會、全國工商聯等部門。22日，賈慶林會見代表團。

10月20日

◆ 清華大學法學院副院長王振民在港出席政制發展研討會時表示，有立法會議員提出"全民公投"決定 2007/2008 年應否進行雙普選，此舉明顯含有推翻中央決定的意圖，不符合基本法和全國人大常委會釋法規定的政制發展程序。

◆ 台灣"行政院大陸委員會"副主任委員邱太三表示，香港特區政府應"認真思考在台灣設立辦事處的必要，以增進台港關係，為在台港人提供更好的服務"。

10 月 21 日

◆ 喬曉陽會見訪京團時表示，香港與內地需要交流的法律問題很多，不必局限於政制發展一件事。自從香港回歸以來，香港大律師公會歷任主席都率訪問團來北京，不要中斷了這個聯繫。全國人大常委會已否決 2007/2008 年普選，如果仍然要求用"公投"方式表達對普選的態度，客觀上有挑戰中央的意味。

香港大律師公會代表團於 10 月 20 日至 23 日訪問北京。先後拜訪了司法部、國務院港澳辦、最高人民法院、全國人大常委會、全國政協、北京大學、全國律協和北京律協等部門和團體。

◆ 律政司司長梁愛詩表示，香港的政制發展需要根據基本法規定進行。香港沒有一個條例讓"公投"具有法律效力，"公投"不符合基本法。

◆ 行政長官會同行政會議根據《稅務條例》制定命令，實施與澳門特別行政區簽訂的民用航空運輸協定中關於雙重課稅寬免的安排。

10 月 22 日

◆ 國務院發展研究中心港澳研究所所長朱育誠表示，全國人大常委會已就香港特區 2007/2008 年選舉做出決定，按照基本法來解決香港的政制發展問題。對於有立法會議員提出，以"公投"方式咨詢公眾對 2007/2008 年選舉意見，朱育誠表示，此舉是不是挑戰中央權威，香港市民可以作判斷。

◆ 特區政府在中環大會堂紀念花園舉行紀念儀式，悼念二戰期間為保衛香港而捐軀的人士。

10 月 23 日

◆ 律政司司長梁愛詩在安徽合肥舉辦的中國律師論壇上表示，外國律師業進入中國法律服務市場已是大勢所趨，香港和內地律師應該利用 CEPA 創造的機遇，進一步加強交流合作，共同應對外部挑戰。她指出，香港法律專業服務在內地發展迅速，目前已有 47 家香港律師行在內地 11 個城市設立了 56 個辦事處，和內地同行進行了廣泛合作。

10 月 24 日

◆ 新華社記者就個別立法會議員關於 2007/2008 年行政長官和立法會產生辦法提出 "全民公投" 的動議一事，採訪了中央政府駐港聯絡辦負責人。該負責人表示，中央政府駐港聯絡辦認同政務司司長曾蔭權 10 月 19 日的表態。對於香港特區的政制發展問題，基本法已有明確規定，2004 年 4 月全國人大常委會的有關解釋和決定，也進一步明確了 2007/2008 年行政長官和立法會兩個產生辦法如需修改時應經過的法律程序和修改的空間。香港政制發展問題的處理必須遵循這些規定，任何有違這些規定的做法都是行不通的。

◆ 政制事務局發言人表示，特區政府將繼續按基本法和全國人大常委會 4 月 26 日的決定，推動香港政制發展。就 2007 年行政長官和 2008 年立法會的產生辦法，政府已經開展公眾咨詢工作。政制發展專責小組自 2004 年 1 月成立以來，發表了三份報告，專責小組將以已收集到的意見作為在年底發表的第四號報告的基礎，讓香港社會作更深入和廣泛的討論。

◆ 九廣鐵路公司管理的尖沙咀支線正式啟用。

10 月 25 日

◆ 司法機構發表《法官行為指引》。《指引》內容涵蓋法官的指導原則、履行司法職責、取消法官聆訊資格的事宜、法庭以外的專業活動和非司法活動。其中，最使人關注的是法官參與非司法活動的行為指引。該指引明確列出法官在非司法活動中應避免或不應做的多項事宜，包括應避免加入任何政治組織、不應提供法律意見、不應擔任商業公司的董事職位等。

◆ 倫敦證券交易所在香港設立亞太地區首家辦事處。

10 月 26 日

◆ 特區政府憲報公佈，行政長官委任陳智思為行政會議成員，由即日生效。

◆ 金融管理局、銀行公會和存款公司公會聯合宣佈，商業信貸資料庫成立，並於 11 月 1 日正式投入運作。

10 月 27 日

◆ 黃菊副總理在中南海會見香港交易所主席李業廣。黃菊表示，隨着 CEPA 的實施，兩地的金融界將在更多領域和更高層次上進行合作，有助於香港國際金融中心更好發展。

◆商務部和香港特區政府就 CEPA 第二階段的開放措施細則和相關實施安排，在港簽署 CEPA 補充協議。在 CEPA 第二階段，新增 713 種產品享受零關稅優惠。

◆衛生防護中心正式成立。衛生福利及食物局局長周一嶽表示，中心的成立是香港公共衛生體制發展的一個重要里程碑。在成立儀式上，香港賽馬會副主席陳祖澤代表賽馬會捐款五億港元，作為衛生防護中心初期運作經費。

◆財政司司長唐英年率團到天津出席"2004 天津‧香港週"系列活動。

10 月 27 日－11 月 3 日

◆曾蔭權訪問英國、德國、捷克、愛爾蘭等國。先後會見了德國外交部秘書長 Jurgen Chrobog、捷克總統瓦茨拉夫‧克勞斯（Vaclav Klaus）、愛爾蘭總理伯狄埃亨（Bertie Ahem）等政要和商界領袖，向他們介紹了香港經濟和政治的最新情況，以及泛珠三角合作措施為海外投資者提供的商機。

10 月 28 日

◆司法部部長張福森在深圳向 110

名香港律師頒發司法部委託公證人證書。這是司法部第五批推出委託公證人的培訓和頒證，也是最大一批。迄今已有 304 名香港律師獲此證書。

◆《法制日報》刊登司法部（第三十五號）公告，批准 35 家香港律師事務所的駐內地代表處執業。

10 月 31 日

◆世界經濟論壇最新公佈的 2004 年度全球城市綜合競爭力排名顯示，香港排名第二，僅次於新加坡。

11 月 1 日

◆董建華與 25 位立法會議員會面後主動向傳媒表示，部分議員提出就 2007/2008 年選舉進行"公投"的建議，是不切實際的做法。基本法已明確規定，任何有關 2007 和 2008 年選舉的改動，一定要得到三分之二立法會議員的通過、行政長官的同意和全國人大常委會批准、備案。全國人大常委會在 2004 年 4 月 26 日就兩個選舉辦法作出決定，是經過咨詢香港各界意見後，嚴格按照法律程序、慎重考慮後所作出的決定。"從特區政府、立法會來說，全國人大是國家的最高權力機構，它的決定我們必須遵守及執行，這樣才是‘一國兩制’下，中央與特區正常的、正確的關係和規則”。

◆律政司司長梁愛詩與來港訪問的司法部副部長段正坤會面，就 CEPA 為香港律師帶來的機遇和進一步促進內地與香港律師合作的途徑交換意見。

◆亞洲及太平洋地區民航局長第四十一次會議在香港舉行。

11 月 3 日 – 11 月 4 日

◆行政長官特設國際顧問委員會第七次會議在香港和廣州舉行。會議討論了全球化和區域發展為香港帶來的機遇和挑戰，以及香港在大珠江三角洲和泛珠江三角洲發展中扮演的角色。

11 月 4 日

◆政府發表公務員薪酬水平調查咨詢文件，建議根據相類職位將公務員的薪酬與七十至一百間私營機構的員工薪酬比較，涉及 7.4 萬多個職位，但不包括首長、紀律部隊、醫護、教育和社會福利等職系。咨詢期兩個月。

◆香港中文大學亞太研究所發表每半年的調查報告。報告顯示，港人對中央政府的多項表現，包括施政、實踐“一國兩制”、未來政治前景、信任程度，以及對

中央領導人的評價等，均有上升。

11 月 5 日

◆入境事務處表示，本地投資移民計劃實施一年來，共接到 528 份申請，有 231 宗獲批准，總投資額近十七億港元。

◆香港中華總商會第四十四屆會董就職典禮在香港會議展覽中心舉行，霍震寰當選為會長。

◆衛生福利及食物局局長周一嶽率代表團訪問北京。代表團拜會了衛生部，就香港與內地在應對預防禽流感等傳染病進一步加強合作機制問題上交換意見。

11 月 5 日 – 11 月 7 日

◆主題為“內地與香港 —— 傳媒現狀與前瞻”的第二屆中國（上海）傳媒業博覽會暨傳媒峰會在上海舉行，16 家香港媒體與會。

11 月 6 日

◆思匯政策研究所、香港政策研究所和新力量網絡聯合舉辦“政制發展前瞻 —— 跨越 07/08”研討會。

◆香港《星島日報》報道，英國《泰晤士報》首次推出一項全球最佳兩百所大學排名榜。香港大學、香港科技大學、香

港中文大學和香港城市大學分列第 39、
42、84 和 198 位。

11 月 7 日

◆ 特區政府發言人回應立法會議員李
卓人發表的有關"公投"言論時表示，"公
投"的建議不切實際，更不符合基本法規
定的程序。政府不會就政制發展作"公
投"安排。

◆ 廉政公署舉行"你我同心、共建廉
政"慈善萬人行活動，慶祝廉署成立三十
週年。

◆ 台灣"中國統一聯盟"第二副主席
紀欣率參訪團來港考察"一國兩制"實踐
情況。行政長官董建華會見了參訪團。

11 月 8 日

◆ 李剛回應所謂"以公投決定特區
政制發展"的說法時表示，香港有個別
人士提出公投方式，企圖否決全國人大常
委會釋法決定的做法，既不符合香港廣大
市民的利益，又違反基本法，是"玩火自
焚"，"搬起石頭砸了自己的腳"。他認
為，港人應遵行全國人大的決定來討論
2007/2008 年行政長官和立法會選舉的修
改辦法，抓緊時間提出意見。

11 月 9 日

◆ 香港《南華早報》舉行創刊一百週
年紀念活動，董建華出席並致辭。

◆ 董建華會見來港訪問的以色列副總
理兼外長沙洛姆（Silvan Shalom），雙方
就加強兩地外貿和投資合作交換意見。

11 月 9 日－11 月 13 日

◆ 最高人民法院院長蕭揚率代表團訪
問香港。期間，蕭揚與律政司司長梁愛詩
和終審法院首席法官李國能會面，就加強
內地與香港司法交流交換意見。代表團先
後訪問了特區終審法院、高等法院、律政
司、廉政公署等機構。

11 月 10 日

◆ 政府公佈競投發展佔地四十公頃的
西九龍文娛藝術區的三名入圍發展商，分
別是香港薈萃有限公司、生利發展有限公
司和活力星國際有限公司。

11 月 10 日－11 月 13 日

◆ 新界工商業總會會長代表團訪問北
京。成思危副委員長會見代表團。代表團
先後拜會了國務院港澳辦、商務部、中華
全國工商業聯合會、中央統戰部等部門。

11 月 11 日

◆ 政府公佈新自然保育政策，闡釋有關理想和政策目標。內容包括：訂定新政策聲明，更明確地闡釋有關理想和政策目標；採用計分制，以評估不同地點在生態方面的相對重要性，從而擬訂須優先加強保育的地點清單；為與土地擁有人簽訂管理協議和公私營界別合作這兩項新措施推行試驗計劃，咨詢期為六個月；繼續實施和加強現行自然保育措施等。政府召集專家小組根據議定的計分制，選出了 12 個優先加強保育的地點。

◆ 香港大學 "新發傳染性疾病國家重點實驗室" 成立，成為香港首間可做動物實驗的國家重點實驗室。

11 月 13 日

◆ 董建華出席青年高峰會時表示，青年人的聲音很重要，政府會考慮賦予本地青年論壇一個法定地位，使政府更能聽取青年人的意見。

◆ 董建華在政府總部會見了來港出席 "2004（香港）海南貿易與投資合作洽談會" 的海南省省長衛留成。

11 月 14 日

◆ 香港《東方日報》報道，政制事務局向立法會提交 2007/2008 年行政長官和立法會選舉產生辦法的工作概括計劃，初步工作時間表為：2004 年底發表政制發展第四號報告，2005 年中發表政制發展第五號報告，2005 年下半年處理基本法附件一、二相關修訂，2006 年上半年向立法會提交《行政長官選舉（修訂）條例》和相關附屬法例，2006 年下半年選出第三屆行政長官選舉委員會，2007 年第一季度進行第三屆行政長官選舉，2007 年內向立法會提交《立法會（修訂）條例》草案和相關附屬法例，2008 年中至第三季進行第四屆立法會選舉。

◆ 由民政事務局主辦的 "亞洲文化合作論壇 2004" 在香港舉行。來自亞洲各國的六十多位文化部長、高級官員出席。

11 月 15 日

◆ 董建華就立法會政制事務委員會將對個別議員提出的所謂 "全民公投" 動議進行表決發表談話指出，"全民公投" 動議已經引起香港社會和各方面的高度關注。特區政府認為，採取任何背離基本法和全國人大常委會有關決定的方式，尤其是部分議員動議討論 "公投" 方式去處理 2007 年和 2008 年兩個選舉辦法，是不符合既定法律程序、不切實際和誤導市民

的不恰當做法。推動"公投",不但會嚴
重損害社會的和諧氣氛、影響中央與香港
特區的良好關係,也無助香港民主的健康
發展。

高祀仁表示,中央政府駐港聯絡辦
完全贊成行政長官董建華就這個問題的
立場。

◆ "粵港澳三地反恐怖聯合演習"在
深圳、香港和澳門同時舉行。

11 月 16 日

◆ 第八屆海峽兩岸及港澳新聞研討會
在香港舉行。會議主題是"二十一世紀傳
媒發展的機遇與挑戰"。

11 月 17 日

◆ 立法會財務委員會人事編制小組
委員會通過由 2005 年 4 月 1 日起合併環
境運輸及工務局環境科與環境保護署的建
議。該建議可減少四個首長級職位,並
在 2007 年 3 月底前刪除約五十個非首長
職位。預計每年可節省開支約 3340 多萬
港元。

11 月 19 日

◆ 特區政府憲報公佈,梁振英再度獲
委任為嶺南大學校董會主席,任期三年,

由 2004 年 10 月 22 日起生效。

◆ 在英國雜誌《經濟學人》發表的
2005 世界報告中,香港在全球 111 個國
家或地區的生活素質排名中列第 18 位,
在亞洲排第 3 位。

◆ 特區政府宣佈,2003 年和 2004
年香港已先後與德國、挪威、新加坡和斯
里蘭卡政府簽訂有關航運、空運入息雙重
課稅寬免的協定,並制定了相應的命令以
實施這些協定。

11 月 21 日 - 11 月 23 日

◆ 胡錦濤在聖地亞哥出席亞太經合組
織第十二次領導人非正式會議期間會見董
建華時表示,當前香港社會穩定、經濟復
甦,求發展、求穩定、求和諧是社會的主
流共識。希望香港特區繼續保持繁榮穩定
的良好勢頭,把發展擺在首位,讓香港民
眾得到實實在在的利益。中央政府將繼續
根據特別行政區的實際需要,關心和支持
香港的經濟社會發展。23 日,胡錦濤離
開智利轉赴古巴訪問前對香港記者表示,
中央願意在"一國兩制"、"港人治港"、
高度自治和符合基本法的原則下,聽取港
人意見,將香港建設得更好。他呼籲香港
各界珍惜當前來之不易的好局面,團結一
致,齊心努力,促進經濟振興,維護香港

長期穩定。

11 月 22 日

◆ 財政司司長唐英年出席香港電台節目時表示，區域經濟發展概念已是"世界通行"，如何進一步推動珠三角或泛珠三角經濟融合，成為特區政府的"當前要務"。

◆ 經濟發展及勞工局就機場管理局部分私營化發表咨詢文件，詳列 21 項初步建議，徵詢公眾意見。

◆ 高等法院上訴法庭三位法官一致裁定，房屋委員會就公屋租金檢討的上訴勝訴，推翻原訟法庭於 2003 年 8 月要求房屋委員會檢討租金的頒令。

11 月 22 日－11 月 25 日

◆ 中華全國青年聯合會代表團訪問香港。

11 月 23 日

◆ 香港《星島日報》報道，亞洲衛星有限公司發表聲明表示，20 日晚該公司所屬的亞洲 3S 衛星轉發器被宣傳"法輪功"內容的訊號惡意干擾，致使北京、天津等地的衛星電視訊號被迫中斷近四小時。該公司強烈譴責有關干擾行為，並保留追究權利。

◆ 政府統計處公佈，10 月份綜合消費物價指數較一年前上升 0.2%，這是香港連續四個月通脹。

11 月 24 日

◆ 保安局局長李少光率團訪問北京。先後拜會了最高人民法院、最高人民檢察院、國務院港澳辦、公安部和交通部等部門，就內地與香港如何進一步聯手打擊跨境犯罪和協議移交囚犯回內地原居住地服刑等事宜交換意見。

11 月 25 日

◆ 解放軍駐港部隊陸、海、空三軍部分建制單位和裝備，完成進駐香港以來的第七次正常輪換。

◆ 中央政策組發表第一期《泛珠三角地區之社會、經濟、政治趨勢顧問研究》月報，詳細介紹粵港澳以外"泛珠三角"八省的發展情況和商機資訊。

11 月 26 日

◆ 中央政策組發起的"泛珠三角政府研究機構調研合作會議"在香港會議展覽中心舉行。內地九省區和澳門特區政府政策研究機構負責人來港出席。

◆ 國際檢察官聯合會第二屆亞太區會議在香港舉行，主題是"對付危險藥物犯罪者"。

◆ 台灣星雲法師來港主持佛學講座，並舉行甘露灌頂三皈五戒典禮。

11月29日

◆ 立法會政制事務委員會否決張超雄議員就 2007/2008 年行政長官和立法會產生辦法實行"全民公投"的動議。林瑞麟就此表示，根據基本法香港並沒有"公投"的安排，特區政府按照本身的程序處理政制發展事宜，毋須在基本法以外加添任何程序去處理有關問題，因為這是不恰當的。他強調，在香港進行"公投"無助各界就雙普選達成共識，希望不同黨派、獨立議員，求同存異，以達至 2005 年中可以有主流方案，達成共識以推進香港的政制發展。

◆ 高等法院上訴法庭裁定，政府 2002 年單方面立法調減公務員薪酬 1.58% 至 4.24% 違反基本法，公務員可以不接受減薪或終止合約。判詞指出，政府與公務員之間其實只是普通僱傭合約關係，除非合約內或法律中有條文內容容許政府單方面修改僱傭條件，否則政府只能在雙方同意下才可提出減薪，但合約和法例都沒有同類條文，因此政府不能單方面減薪。公務員事務局決定就減薪訴訟上訴終審法院。

◆ 董建華在禮賓府會見來訪的天津市市長戴相龍，就加強津港合作交換了意見。

◆《大嶼山發展概念計劃》展開為期三個月的公眾咨詢。

◆ 台灣"陸委會"通過"內政部"提交的《港澳居民進入台灣地區及居留定居許可辦法》修正案，規定從 2005 年 1 月 1 日起，凡持有香港特區護照或 BNO 護照並曾前往台灣或於港澳出生的港澳居民，可登入台灣"我的 e 政府"網站或"境管局"網站申辦入台證。

11月30日

◆ 特區政府政制事務局回應美國駐港總領事祁俊文發表支持港人"公投"的言論時表示，普選是政制發展最終目標，香港特區要根據基本法，按照循序漸進和實際情況達至普選，而政制發展專責小組會致力就 2007/2008 年的選舉方案達至共識。祁俊文接受美聯社記者採訪時表示："我們非常支持香港市民希望加快民主進程的意願。"

12月1日

◆ 董建華出席"名牌2004 —— 亞洲魅力"論壇並致辭。他強調，CEPA可讓跨國企業透過香港更迅速廣泛地打進內地市場。

◆ 中央政府駐港聯絡辦副主任鄒哲開在出席一個公開活動時表示，香港的政制檢討，必須按照基本法的規定和全國人大常委會的決定來進行。任何不符合基本法和全國人大決定的事情都是錯誤的，都不符合法律要求。在香港搞"公投"是絕對錯誤的。對於美國駐港總領事祈俊文支持香港"公投"的言論，鄒哲開指出，香港是中國的香港，是香港人的香港。香港是港人高度自治，不是外國人來治理。

12月1日－12月3日

◆ 政務司司長曾蔭權率領八十多名香港工商服務業界人士到汕頭和梅州考察。

12月2日

◆ 特區政府發言人回應美國眾議院國際關係委員會主席海德的言論時指出，有關言論是毫無根據和具誤導性的。次日，外交部駐港特派員公署新聞發言人就海德有關言論指出，中國的發展不僅符合13億中國人民的根本利益，也有利於世界的繁榮與發展。在國際政治舞台上，中國是一個負責任的國家，對維護世界和平與穩定發揮了積極和建設性的作用。海德2日在香港作"香港、中國和世界"的演講，發表"中國不阻止朝鮮和伊朗發展核武器"，"若北京強行壓制香港的民主進程，可能帶來動盪局面"等言論。

◆ 香港理工大學和台灣中正大學簽訂兩校學術交流備忘錄。

12月3日

◆ 特區政府憲報公佈，行政長官再度委任馮華健為廣播事務管理局主席，任期兩年，由2004年12月1日起生效。

◆ 董建華會見到訪的美國眾議院國際關係委員會主席海德，雙方就香港最新發展情況和港美經貿關係交換了意見。董建華表示，"一國兩制"已經在香港成功落實。回歸以來，香港市民享有前所未見的民主；香港政制正按照基本法的規定和全國人大常委會作出的決定，循序漸進發展，邁向最終普選的目標，香港人有能力處理好自己的事務。香港作為國家的一部分，根據基本法享有高度自治，但同時也要尊重基本法所規範的中央和特區之間的憲制秩序和關係。

◆ 由深圳市總工會和香港工會聯合

會合辦的深圳工聯咨詢服務中心在深圳掛牌。

12月5日

◆ 深圳市世貿組織事務中心與香港工業總會在深圳簽署合作備忘錄，計劃建立聯絡協調機制、合作培訓機制和法律援助機制，以及組建聯合工作組研究應對企業涉及的貿易摩擦和其他糾紛，並提供解決方案。

12月5日－12月7日

◆ 香港僑界社團聯會代表團訪問北京，該會會長陳有慶任團長，中央政府駐港聯絡辦主任高祀仁、副主任黎桂康任榮譽顧問，中國僑聯副主席莊世平任榮譽團長。代表團先後拜訪了全國人大華僑委員會、全國政協港澳台僑委會及中國僑聯等部門。賈慶林、劉延東、陳佐洱分別會見代表團。

12月6日

◆ 香港上海匯豐銀行和恆生銀行宣佈高層變動。現任恆生銀行副董事長兼行政總裁鄭海泉將於2005年5月中旬出任匯豐銀行亞太區主席一職。鄭海泉是匯豐銀行創立139年來首位擔任此職位的華人。前渣打銀行大中華區總裁王冬勝將出任匯豐銀行執行董事一職，主理香港和內地業務。匯豐銀行總經理柯清輝將出任恆生銀行副董事長兼行政總裁，同時擔任匯豐銀行執行董事。

12月9日

◆ 正在荷蘭訪問的國務院總理溫家寶接受傳媒訪問時表示，"香港立法會成功選舉，在香港內部、內地和國際上，都引起比較好的反響，這説明香港正在進步。既然我們有這樣大的氣魄，在香港實行'一國兩制'，我們就一定能夠使'一國兩制'成功。"他又強調，要成功落實"一國兩制"，需要認真貫徹基本法和"港人治港"，相信港人可以治理好香港。同時港人亦要團結，發揚努力拚搏的精神，將香港建設好。

◆ 衛生福利及食物局局長周一嶽率代表團訪問北京。代表團拜訪了國家質量監督檢驗檢疫總局，就港口衛生、食用動物的檢驗檢疫和食物安全保持緊密聯繫和合作等交換意見。

◆ 香港特區政府與丹麥王國政府簽署就航運入息的避免雙重課税協議。

12 月 10 日

◆ 新創建集團和新鴻基地產發表題為《尊重法治 包容民意》的聲明，表示鑒於公眾反對拆卸紅灣半島屋苑，認為此舉會對環境造成影響，為了"社會的穩定和諧"，也為了"顧全大局"，決定擱置拆卸計劃，改為重新研究改裝樓宇出售。

◆ 香港特區政府與英國政府簽訂第二份資訊及通訊科技的合作諒解備忘錄。

12 月 11 日

◆ 第三十九屆香港國際工業出品展銷會在香港維多利亞公園開幕。

12 月 12 日

◆ 民主黨舉行第六屆中委會，李永達當選為新一屆主席。

12 月 13 日

◆ 中央政策組首席顧問劉兆佳出席一個論壇後表示，近期圍繞紅灣半島的拆建風波、西九龍文娛藝術發展區的單一招標、領匯房地產投資信託基金上市遭到法律挑戰等事件引發的爭拗，主要是因為香港經濟復甦，房地產市場、尤其是豪宅市場持續上升，造成社會對政府過去作出的種種決策有新的看法，尤其是對政府在房

地產低迷下決策的質疑，提出不同意見，引發紛爭，這是很正常的。

◆ 律政司司長梁愛詩率領香港法律界代表團訪問北京，與司法部部長張福森進行了會談，並與司法部副部長吳愛英就關於推進內地與香港法律服務合作簽署了《會議紀要》。

12 月 14 日

◆ 行政長官會同行政會議決定，2005 至 2008 年將根據 "005" 方案削減大學撥款，三年的撥款總額為 307.624 億港元。同時，會議通過 2005 至 2008 年不增加大學學費，即連續十年凍結大學學費。

12 月 15 日

◆ 政制發展專責小組發表第四號報告：《2007 年行政長官及 2008 年立法會產生辦法的意見和建議》。政務司司長曾蔭權在記者會上強調，"不會再處理要求 2007/2008 年普選的訴求"。全國人大常委會已作出決定，社會再堅持有關方案是不切實際，甚至阻礙社會在政制問題上凝聚共識。曾蔭權表示，小組為撰寫報告，進行了超過五個月的全面公眾咨詢，至 2004 年 10 月 15 日止。在咨詢期間，

專責小組通過不同途徑收集意見，包括電郵、郵遞、傳真等公開途徑，共收到四百八十多份團體和個別人士意見書；專責小組又策劃多場研討會和小組討論，與會者來自不同背景、不同界別，包括行政會議成員、立法會議員、區議會議員、選舉委員會委員，以及專業團體、商會、學術機構、婦女組織、青年團體、勞工組織、街坊社團的代表等。各研討會和小組討論的出席人數約八百七十人，他們廣泛地代表了香港社會的不同界別、不同階層、不同政見和不同背景的人士，所以收集的意見是廣泛、公開和持平的。專責小組會繼續與中央溝通並舉行公開論壇，不排除會就政制發展進行民意調查。政府計劃在 2005 年中公佈第五號報告，並制定主流方案。

◆ 西九龍文娛藝術區設計建議展覽在香港科學館舉行，為發展該區而進行的公眾咨詢活動正式展開。

12 月 16 日

◆ 董建華與傳媒高層會面，就近期連串社會事件作出回應。針對領匯事件，董建華表示，領匯房地產投資信託基金上市是經長期考慮的策略，對香港整體社會利益是好事，但現在有人不顧整體社會利益搞事，將事件過分政治化。至於紅灣半島、西九龍事件被說成是官商勾結，利益輸送，董建華強調絕對沒有這樣的事情。董建華重申，合約精神和私有財產不可侵犯絕不會有變化，這是香港最基本的成功因素。

◆ 中央政府駐港聯絡辦副主任郭莉出席《中國力量》首發式活動時表示，領匯風波對香港的營商環境有影響，因為"在任何一個地方、一個地區，發展經濟都應該有一個非常和諧、穩定的環境"。

◆ 入境事務處在羅湖管制站離境大堂首次啟用三部自助出入境檢查系統（e-道），11 歲以上持智能身份證的香港永久性居民，可選用自助方式辦理出境手續。

12 月 17 日

◆ 特區政府憲報公佈，行政長官已委任陳永棋為中小型企業委員會主席，任期由 2004 年 12 月 15 日至 2006 年 12 月 31 日。

◆ 終審法院首席法官李國能就房屋委員會提出縮短領匯案訴訟上訴期限的申請裁定，由於條例沒有賦予終審法院縮短上訴期限的權力，因此拒絕房屋委員會縮短領匯訴訟案上訴期限的申請。

12 月 18 日

◆喬曉陽在澳門出席一座談會時表示，全國人大常委會在本月 25 日開始首次審議的《反分裂國家法（草案）》，不適用於香港和澳門。

12 月 19 日

◆房屋及地政規劃局局長孫明揚召開記者會宣佈，政府決定押後"領匯房地產投資信託基金"上市計劃，等待司法程序完結後再考慮重新上市。

◆香港特區基本法圖書館舉行開幕典禮。喬曉陽、鄒哲開、楊文昌、曾蔭權、梁愛詩、林瑞麟、胡漢清、史久鏞、陳弘毅等出席。圖書館位於香港大會堂高座五樓，館藏包括與基本法和世界各地憲制法律有關的書籍、文件、期刊、多媒體資料、線上資料庫和剪報等。

12 月 20 日

◆國家主席胡錦濤在慶祝澳門回歸祖國五週年大會暨澳門特區第二屆政府就職典禮上發表講話指出，"一國兩制"是一項開創性事業。在國家主體實行社會主義制度同時，按照"一國兩制"方針把實行資本主義制度的香港、澳門兩個特區管理好、建設好、發展好，保持港澳長期

繁榮穩定是中央政府治國理政面臨的嶄新課題，也是港澳兩個特區的嶄新課題。無論是中央政府或兩個特區政府，以及廣大香港同胞、澳門同胞，都需要在貫徹"一國兩制"的實踐中積極探索，不斷前進。"'一國兩制'作為一個嶄新課題，在實踐中難免會遇到一些矛盾。"要正確分析和妥善處理這些矛盾，關鍵在於堅持全面、準確地理解和貫徹"一國兩制"的方針，堅持按照特區基本法辦事，依法治港，依法治澳，堅持以愛國者為主體的"港人治港、澳人治澳"，堅持在愛國愛港、愛國愛澳的旗幟下實現最廣泛的團結，而且團結的人越多越好。這是中央從香港、澳門回歸以來的實踐中得出的重要結論，只要做到這"四個堅持"，香港、澳門的長期繁榮穩定就能夠得到切實保障，"一國兩制"事業便能夠取得更大成功。

◆國家主席胡錦濤在澳門文化中心聽取香港特區行政長官董建華述職，並會見香港特區政府代表團。胡錦濤提出三點希望：希望大家以香港的整體利益和長遠利益為重，以國家利益為重，加強團結，和衷共濟，相互支持，密切配合；希望大家樹立以人為本的施政理念，推動香港經濟發展，努力改善民生，維護好香港

的社會穩定；希望大家一起來認真回顧香港回歸七年多來實施"一國兩制"，"港人治港"、高度自治走過的歷程，總結經驗，查找不足，不斷提高施政能力和管治水平。

12 月 21 日

◆ 連接烏溪沙至大圍的馬鞍山鐵路正式通車，財政司司長唐英年出席通車典禮。該路段全長 11.4 公里，耗資一百億港元。

◆ 粵港保護知識產權合作專責小組在香港舉行第三次會議，兩地同意進一步推廣"正版正貨"承諾活動，打擊侵權行為。

12 月 22 日

◆ 據國際證券交易所聯會的數字顯示，2004 年 11 月，香港交易所市值達 8465.08 億美元（約 6.5 萬億港元），比 2003 年增長 18.5%，在全球交易所中排名上升至第九位。在亞太地區，僅次於東京位列第二。

◆ 政治風險顧問公司最新報告顯示香港社會政治風險評分是 4.08 分（0 分為最安全、10 分為最不安全），在亞洲區排行第四，僅次於新加坡、日本和馬來西亞。

◆ 第五次粵港持續發展與環保合作小組會議在香港舉行。

12 月 23 日

◆ 律政司司長梁愛詩在香港《星島日報》撰文《領匯事件不存在行政干預司法》。文章表示，在領匯事件中，批評"政府干預司法獨立"欠公允。一直以來，房委會均獨立行使決策權。自始至終，領匯上市計劃由房委會轄下的產業分拆出售督導小組負責其事，小組十名成員中只有一名政府代表。政府自事件伊始均尊重房委會的獨立自主權，並無以任何形式參與這場官司。

香港輿論稱之為"領匯事件"的情況如下：2002 年 6 月特區政府鑒於房地產市道低迷，調整相關政策，決定停建和停售居屋。受政策影響，加上經營問題，導致房屋委員會的現金結餘逐年遞減。為了擺脫困境，2003 年 7 月 24 日，房屋委員會決定將轄下 180 個零售商場及停車場設施分拆上市。同年 12 月 19 日成立領匯基金，計劃以基金方式上市。本月 6 日，領匯基金啟動上市程序，計劃全球發售 19.72 億個基金單位，集資 233 億港元。截止 9 日共接獲 51 萬份申請，凍結資金近三千億港元，創下香港歷年單一新股上市凍結資金的最高紀錄。2004 年 12 月 8 日，兩位公屋居民盧少蘭、馬基召突然聯署入稟法院尋求司法覆核阻止領匯基金上市。14 日，高等法院原訟庭裁定盧、馬敗訴，房屋委員會分拆資產上市合法。鑒於盧提出上訴，為爭取領匯基金如期上市，房屋委員會代表律師向上訴庭申請縮短上訴期，獲得接納。16 日，上訴庭駁回盧的上訴，再次裁定房屋委員會有權分拆資產上市。隨即盧表示要繼續上訴至終審法院，房屋委員會代表律師又向終審法院申請縮短該案的上訴期限。17 日，終審法院以《終審法院條例》沒有授權縮短上訴期限為由，拒絕房屋委員會的申請。

◆ 香港特區政府與丹麥政府簽署兩地刑事事宜相互法律協助的協定。

12 月 24 日

◆ 特區政府憲報公佈，行政長官已委任鄧楨為高等法院上訴法庭法官，由 2005 年 1 月 3 日起生效。

◆ 特區政府憲報公佈，行政長官已委任鄧爾邦為平等機會委員會主席，任期五年，由 2005 年 1 月 12 日起生效。

◆ 特區政府憲報公佈，行政長官已委任蔡元雲為禁毒常務委員會主席，任期兩

年，由 2005 年 1 月 1 日起生效。

12 月 27 日

◆ 入境事務處人員前往泰國和斯里蘭卡，為受海嘯影響的香港居民提供協助。截至 12 月 30 日，已有一支一百六十多人的香港跨部門支援隊伍，在泰國協助香港居民。政府其後在香港大球場舉辦籌款活動，為受海嘯影響的災民籌得 3300 萬港元。

12 月 28 日

◆ 董建華表示，高度關注在印尼海嘯災難發生地區受傷和滯留的香港人。

◆ 香港中華出入口商會在會展中心舉行慶祝該會五十金禧暨第二十七屆會董就職典禮。董建華、黎桂康、吳海龍等出席。黃定光再次當選為新一屆會長。

12 月 30 日

◆ 賑災基金咨詢委員會批出兩筆各七百萬港元款項給世界宣明會和樂施會，協助向印度尼西亞、印度和斯里蘭卡的災民提供救援物資和援助。

12 月 31 日

◆ 國家主席胡錦濤在 2005 年新年賀

辭《共同創造人類的美好未來》中強調，將繼續堅持"一國兩制"、"港人治港"、"澳人治澳"、高度自治的方針，嚴格按照香港特別行政區基本法和澳門特別行政區基本法辦事，支持特別行政區行政長官和政府依法施政，密切內地同香港、澳門的經貿聯繫，保持香港、澳門長期繁榮穩定。

◆特區政府憲報公佈，行政長官已委任林文浩為總選舉事務主任，任期由 2004 年 12 月 30 日起生效。

◆特區政府憲報公佈，行政長官已委任梁君彥為香港生產力促進局主席，任期兩年，由 2005 年 1 月 1 日起生效。

◆香港股票市場全年成交額達 39700 億港元，打破 1997 年的紀錄，顯示出股市已走出低谷，開始復甦。集資方面，香港全年新股上市和上市後的股份集資總額約二千七百億港元，列世界第三位。

2005年 ··················

1月1日 元旦

◆ 國家主席胡錦濤在全國政協新年茶話會上發表講話指出，要繼續堅持"一國兩制"、"港人治港"、"澳人治澳"、高度自治的方針，嚴格按照香港特別行政區基本法和澳門特別行政區基本法辦事，全力支持特區行政長官和政府依法施政，廣泛團結港、澳各界人士，不斷開創"一國兩制"事業的新局面。

1月2日

◆ 香港《文匯報》報道，據廣東省水利廳官員介紹，截至 2004 年 11 月，廣東省對香港供水四十年來累計突破 145 億噸。

1月3日

◆ 特區政府宣佈，行政長官委任民政事務局局長何志平為體育委員會主席，任期由 2005 年 1 月 1 日至 2006 年 12 月 31 日。新成立的體育委員會由十位成員組成，負責整體督導和協調香港體育發展事宜。

◆ 台灣"內政部"宣佈，港澳居民由即日起，可在互聯網上辦理申請台灣入出境證。

1月4日

◆ 美國傳統基金會發表《2005 年經濟自由度指數報告》，香港連續 11 年獲評為全球最自由的經濟體系。

1月6日

◆ 董建華發表聲明，決定接受林煥光辭去行政長官辦公室主任職務的申請，即時生效。

◆ 中央政府駐港聯絡辦社會工作部舉行新年酒會。中央政府駐港聯絡辦主任高祀仁、副主任周俊明和各部門主要負責人出席了酒會。周俊明會後對記者表示，中央政府駐港聯絡辦最近成立社團聯絡部及警務聯絡部，目的是加強與香港各團體聯絡，積極推動落實"一國兩制"。

◆ 立法會投票通過要求政府撤回單一招標發展西九龍文娛藝術區、取消興建天篷，以及公開入圍財團的財務安排，並延長咨詢期六個月。

1月10日

◆ 政制事務局向立法會提交文件表示，香港政制發展現階段無必要引進政黨法。文件指出，香港的政黨仍在發展階段，應該讓政黨有足夠的空間成長。現階段制定政黨法未必是促進政黨發展的最佳辦法。

◆ 律政司司長梁愛詩在廣州出席"泛珠三角及世貿夥伴合作研討會"時表示，目前已有 45 家香港律師事務所在內地 11 個城市設立 54 個代表機構，另有 3 家已獲批准分別在北京、重慶和天津開展業務。

1月11日

◆ 國務院副總理黃菊在北京會見英國太古集團前任主席施雅迪爵士和現任主席何禮泰時表示，保持香港的國際金融、貿易、航運中心地位，不僅是包括香港同胞在內的全體中國人民的願望，也符合在香港的外國投資者的利益。

◆ 粵港合作聯席會議第四次工作會議在廣州舉行。雙方在經貿、物流發展、科技合作、大型基礎設施建設及口岸合作、區域規劃、環保合作、公務員交流、知識產權保護合作及語文教育合作九個方面達成共識。

1月12日

◆ 董建華發表題為《合力發展經濟 和諧社會》的施政報告。報告總結七年多來施政的成績和不足，強調按照"以民為本"的理念改善施政，提高施政水平，積極回應市民訴求，提出增加就業、扶貧紓困、改善營商環境等方面的政策方向及實際措施。報告公佈了鞏固和加強經濟復甦的計劃，以及全面的扶貧新策略。報告重申，特區政府將繼續按照基本法的規定和全國人大常委會的有關決定循序漸進地推動政治體制的穩步發展。同時提倡包容共濟，尊重不同觀點，主張在共同維護"一國兩制"和香港繁榮穩定的基礎上，理性討論不同意見、求同存異，努力做到和而不同，團結共進。

◆ 國務院港澳辦發言人就董建華 2005 年施政報告發表談話表示，這是一個貼近民意、穩健務實的報告。過去一年，在中央政府的大力支持下，以董建華先生為首的香港特區政府帶領社會各界共同努力，促使香港經濟明顯復甦，並順利完成了第三屆立法會的選舉。目前，"求穩定、求和諧、求發展"已成為香港社會的共識。深信在新的一年裡，特區政府和香港各界人士一定能夠同心同德，包容共濟，努力維護香港的繁榮穩定，實現香港經濟的進一步發展和社會的不斷進步。

1月13日

◆ 董建華出席立法會施政報告答問大會，主要圍繞經濟、民生及扶貧等問題回答了議員提問。他表示，施政報告幾大重點都貫穿着同一個理念，即讓基層市民感受到經濟復甦的好處，並幫助他們脫貧。董建華即場責成財政司司長唐英年着手處理扶貧工作，並承諾特區政府會儘快採取措施解決貧窮問題，包括研究在職貧窮等。

1月14日

◆ 全國人大常委會副委員長盛華仁在深圳會見港區全國人大代表時指出，包容共濟、求同存異是中央一貫政策。希望香港社會集中精力發展經濟，因為唯有經濟發展才能改善民生，促進社會融合；希望港區人大代表繼續全力支持以行政長官董建華為首的特區政府依法施政；希望港區人大代表在"一國兩制"的方針下，在愛國愛港的旗幟下，實現最廣泛的團結。

◆ 特區政府憲報公佈，行政長官再度委任馬逢國為香港藝術發展局主席，任期三年，由2005年1月1日起生效。

◆ 特區政府憲報公佈，行政長官再度委任何承天為古物咨詢委員會主席，任期兩年，由2005年1月1日起生效。

◆ 特區政府發言人回應總部設於美國紐約的國際人權組織"人權觀察"發表的年度報告表示，該報告對香港特區的指控毫無根據，也完全忽略一些基本事實。根據憲制設計，中央政府"有權有責"審視香港特區政制發展事宜，而"一國兩制"從來都不應理解為香港可以自行決定改變2007年以後的選舉安排。

1月15日

◆ 董建華在香港電台節目"香港家書"中表示，香港的經濟已進入了亞洲金融風暴以來的最佳狀況。今後的兩年半時間內，政府的施政重點有五個方面，包括堅持以公正原則施政、妥善協調社會各階層、各界別的利益；建立扶貧委員會，認真處理貧窮問題；力求維持中產階級的穩定，讓中產階級有更多參與公共事務的機會；努力增強港人對國家的認識和加強中國人的身份認同；在共同維護"一國兩制"和香港繁榮穩定的基礎上做到求同存異、包容共濟。

1月16日－1月19日

◆ "2005香港·浙江週"在香港舉行。董建華和浙江省省委書記習近平出席了1月17日的開幕式。本次活動以服務業交流為主線，舉辦了"浙港商貿服務洽談會"、"浙港物流合作論壇及簽約儀式"等多場大型活動。

1月17日

◆ 中央政府駐港聯絡辦舉行 2005 年香港台灣同胞迎春酒會。

1月18日

◆ 國務委員唐家璇在北京會見以陳永棋為團長的香港工商界聯合代表團時表示，發展經濟、改善民生，關係到香港的長治久安和廣大香港同胞的福祉。中央政府對香港的發展一直十分關心，也高度重視，將一如既往地給予堅定不移的支持。

◆ 深港口岸三個跨境工程：皇崗－落馬洲口岸第二公路橋、沙頭角口岸第二公路橋及羅湖口岸人行橋改造工程竣工開通。2004 年，羅湖管制站的旅客流量達 8960 萬人次，較 1997 年上升 59%；落馬洲管制站旅客流量為 3810 萬人次，是 1997 年的六倍；兩地過境車輛總流量為 1406 萬架次，增加了 49%。

1月18日－1月22日

◆ 香港中華總商會代表團訪問北京。該會會長霍震寰任團長，中央政府駐港聯絡辦主任高祀仁、副主任黎桂康任榮譽顧問，曾憲梓、陳有慶任榮譽團長。代表團先後拜會了中央統戰部、國務院僑辦、國務院港澳辦、北京市政府、全國工商聯及國家稅務總局。19 日，國家副主席曾慶紅在會見代表團時，向香港各界提出了"四個好"的期望，"第一要把香港經濟發展好，第二要把香港和諧社會建設好，第三要把基本法、'一國兩制'貫徹實施好，第四要把治港人才培養好。"他希望香港中華總商會堅持愛國愛港傳統，與香港各界人士一起，集中精力促進香港經濟的發展，繼續支持特區政府改善施政，努力營造和諧的社會氛圍，把香港建設得更好。

1月19日

◆ 廉政專員黃鴻超在記者會上表示，2004 年廉政公署接獲貪污舉報整體下跌了 13%，當中涉及政府部門的舉報由 2003 年的 1541 宗減至 2004 年的 1286 宗，減幅達 17%。

◆ 工商及科技局局長曾俊華出席"香港影視娛樂博覽"記者會後表示，電影業對香港非常重要。政府設立的"電影發展基金"過去五年撥出約四千九百萬港元資助 72 項有助電影業發展的項目，同時也資助了 35 套本地製作的電影在國際影展和電影節中參展。

1月19日－1月22日

◆ 以色列副總理兼工業、貿易及勞工部部長埃胡德·奧爾默特訪問香港。

1月20日

◆ "日本－香港交流年2005"在港舉行。舉辦的活動包括書法展、美術展、音樂交流、食品展、日本人類學研討會和六百多人參與的日語演講比賽等。

1月21日

◆ 特區政府憲報公佈，鄭慕智再度獲委任為香港浸會大學校董會主席，任期兩年，由2005年1月1日起生效。

◆ 董建華會見來港訪問的愛爾蘭總理伯蒂·埃亨。

◆ 特區政府從賑災基金中撥出一百萬元港幣予馬爾代夫政府，為當地受海嘯影響的災民提供援助。

1月23日

◆ 董建華會見來港訪問的加拿大總理保羅·馬丁。

◆ 中央政府駐港聯絡辦副主任李剛出席一個活動時，就記者提出有特區立法會議員不遵守議事規則而引致"流會"的問題回應說，應珍惜目前來之不易的和諧社會氣氛，珍惜香港特區與中央政府良好關係，珍惜不斷向前發展的繁榮穩定的局勢和經濟發展勢頭，這是香港社會所期望的。希望香港特區立法會按照基本法所規定的職責履行自己的義務，不應該辜負了市民的期望，不應該再發生這樣的事情。

◆ "中國香港－以色列民間科技合作及促進中心"在香港舉行成立儀式。

1月24日

◆ 匯豐銀行主席艾爾敦在一個公共場合表示，香港連續11年被美國傳統基金選為全球最自由經濟體系，而美國在得分沒變的情況下，排名卻跌出十名以外。事實反映，香港絕對不能在一成不變的情況下，仍能穩居榜首位置。香港有良好的法治及企業管治、信息能自由流通、亦能自由兌換貨幣。香港的角色像倫敦，香港在服務本地經濟市場時，同時是國際及離岸的金融中心。香港擁有穩定的貨幣政策、完善的銀行系統、低成本及高度可預見的稅制，均使香港有別於其他內地城市。香港得以成功在於擁有多元的專長，能吸引不少公司。香港除了位列全球十大集資市場外，更擁有具國際經濟的管理專才。香港使內地公司具有市場觸覺，通往世界。香港亦是外國公司成立地區總部及辦事處的理想地。

1月25日

◆ 民政事務總署舉行首場"政制發展專責小組第四號報告"公開論壇。政務司司長曾蔭權、政制事務局局長林瑞麟及民政事務總署署長陳甘美華出席。約兩百名市民參加。

◆ 律政司司長梁愛詩在倫敦香港協會午餐會上發表題為《從法律方面論述"一國兩制"在香港特別行政區實施的情況》演說。她表示，自1997年7月1日以來，儘管出現了一些涉及基本權利和自由、檢控決定或政治問題的爭議，但國際社會都認同香港的司法獨立並無受損，法治穩健。

◆ 特區政府從賑災基金撥出一百萬港元予斯里蘭卡政府，為當地受海嘯影響的災民提供援助。

1月26日

◆ 工商及科技局局長曾俊華表示，CEPA在香港落實後，截止2004年底，通過CEPA零關稅進口內地的香港製造產品，總值11.5億港元，有六百六十多家香港註冊企業已取得香港服務提供者證明書，超過一千名香港居民已在廣東省成功登記為個體戶。另有約五百萬名內地旅客通過"個人遊"訪港，為香港的各行業帶來商機。

1月27日

◆ 特區政府宣佈扶貧委員會成員名單。委員會主席為財政司司長唐英年，非官方成員18人，官方成員6人，任期兩年。

1月28日

◆ 正在秘魯訪問的國家副主席曾慶紅在接見中國駐利馬使館人員及當地華僑時表示："我注意到，香港現在有'三求'：求穩定、求和諧、求發展，這是我們的主流民意，是大家共同的希望，大多數人都希望這樣。現在的重點，是怎樣發展好這個形勢。關鍵是大家珍惜這個來之不易的好形勢，團結一致、克服困難、和衷共濟、加強溝通、加強協調。溝通包括各個方面的溝通，中央與地方溝通，中央與特區的溝通，各階層相互之間的溝通。大家和衷共濟，團結努力，珍惜這個形勢。"

◆ 清華大學法學院副院長王振民在接受新華社記者專訪時表示，基本法第一百五十八條明確規定，基本法的解釋權屬於全國人大常委會，全國人大常委會授權特區法院在審理案件時對基本法關於特區自治範圍內的條款自行解釋。這一條款在當年制定基本法時經過充分討論，得到香港以及包括英國在內的國際社會認同，是早已解決的問題，不容質疑。

◆ 入境事務處資料顯示，截至 2004 年 12 月底，共收到 6232 份內地人才來港的申請，並已批准 5095 名內地人才來港工作（其中以從事學術研究的最多，有 3389 份）。

1 月 28 日－2 月 2 日

◆ 財政司司長唐英年訪問日本東京和韓國首爾，並於 28 日出席在東京舉行的 "香港·日本交流年 2005 年" 開幕儀式。

1 月 30 日

◆ 正在委內瑞拉訪問的國家副主席曾慶紅宴請香港傳媒時表示，中央希望香港特區政府和香港市民珍惜來之不易的形勢，把握 "天時、地利、人和"，做到以和為貴、和而不同。香港現時的良好形勢來之不易，要維護好，就好像掌握天時一樣；香港亦應該將自己的地利，即最自由城市的優勢充分地發揮好；至於人和，中國人重視以和為貴，同時認可和而不同，但 "和" 是前提。只要想通這六個字，特

區政府管治水平一定能夠提高。在談到行政長官董建華發表的 2005 年度施政報告，曾慶紅認為，報告既總結了經驗，又總結了教訓和不足，平實而穩健，較貼近民意。

◆ 香港特區政府發言人回應曾慶紅副主席的講話表示，曾慶紅副主席的談話是對特區政府的勉勵及期望。特區行政長官會繼續努力，落實以民為本施政方針，多聽取市民的意見，積極以行動回應市民的訴求，進一步提高施政水平。

◆ 外交部駐港特派員公署新聞發言人就美國駐港總領事祁俊文發表有關香港政制發展意見的言論表示，中央政府關於香港政制發展問題的立場是十分明確的，即必須根據香港的實際情況循序漸進地向前發展。全國人大常委會關於香港特區 2007、2008 年兩個選舉產生辦法的決定也是基於這一原則作出的，是完全合法、合情、合理的，也是符合香港保持長期穩定和繁榮長遠利益的。目前香港特區政府正就 2007、2008 年行政長官和立法會的產生辦法進行廣泛咨詢，相信通過香港社會各界的共同努力和理性協商，必定能夠形成符合香港長遠發展利益的共識，使香港的政治體制繼續沿着健康的方向向前發展。發言人認為，祁俊文先生在接受香港

傳媒採訪時再次對香港的政制事務發表不負責任的言論，明顯違背了《維也納領事關係公約》的規定，對此表示強烈不滿。

1月31日

◆ 中央政府駐港聯絡辦舉辦"香港各界紀念江澤民《為促進祖國統一大業的完成而繼續奮鬥》發表十週年座談會"。中央政府駐港聯絡辦副主任黎桂康發表了題為《攜手奮進，共創祖國完全統一美好前景》的講話。他表示，香港回歸七年來的偉大實踐，使"一國兩制"贏得了香港同胞的認同和國際社會的肯定，也為不斷豐富和發展"一國兩制"創造了良好基礎。中央政府駐港聯絡辦將嚴格遵循香港基本法，按照中央關於處理"九七"後香港涉台問題的基本原則和政策，努力推動港台關係健康有序發展。希望台灣在港機構及其成員，要嚴格遵守香港基本法和香港其他法律，以之規範自己的言行。

◆ 香港理工大學深圳研究所轄下的現代中藥研究所，獲國家科技部批准為國家級重點實驗室，同時也是全國首間專門研究中藥藥劑與藥理的研究所。

◆ 台灣"金管會"宣佈，允許經核准的台灣證券投資顧問公司推介的境外基金，投資香港 H 股和紅籌股的比率從 5% 調高至 10%，讓業者操作更具彈性。

2月1日

◆ 由香港《文匯報》等 16 家傳媒機構主辦、中銀保險和中銀人壽獨家聯合贊助、七萬多市民參與的《2004 年特區政府施政十件大事評選》結果揭曉。排名依次是：（1）房委會出售商場停車場計劃觸礁，"領匯基金"上市擱置。（2）停售居屋衍生紅灣半島賤賣及拆樓爭議。（3）成功防範疫症襲港；SARS 調查報告發表，楊永強、梁智鴻辭職。（4）成功借助 CEPA、"9+2"加強與內地合作，推動香港經濟發展。（5）宣佈教育改革方案，推行"334"新學制。（6）舉行立法會選舉，第三屆立法會順利產生。（7）西九龍文娛藝術區招標徵詢市民意見。（8）政制檢討廣泛徵詢市民意見，根據基本法推進香港民主。（9）向內地及海外推廣香港遊，訪港人次突破兩千萬大關。（10）香港運動員奧運獲佳績，中國金牌選手訪港掀熱潮。

2月2日

◆ 特區政府向立法會提交二十多份有關興建數碼港的文件和書信。工商及科技局局長曾俊華重申，當中並沒有因為個人私利或個別機構地位而進行不適當的行為，絕對不存在"官商勾結"或"利益輸送"。

◆ 立法會通過民建聯議員譚耀宗提出的修訂動議，促請政府將首長級官員退休再就業的"過冷河期"定為最少一年，並要密切監察他們退休後的工作，避免出現雙重支薪和利益衝突。

◆ 董建華出席飛利浦大廈開幕禮。荷蘭電子廠商飛利浦集團經 2004 年重組後，將亞太區總部設在香港。

◆ 投資推廣署官員表示，自 1993 年首家內地企業在香港發行 H 股以來，內地企業在港集資已超過九千億港元。截至 2004 年底，在香港交易所上市的內地企業超過三百家，佔上市公司總數約四分之一，總市值佔港交所市場總值約三成，2004 年內成交額更佔港交所總成交額的一半。

2 月 3 日

◆ 中央政府駐港聯絡辦副主任李剛與四十多位香港傳媒高層聚會時表示，曾慶紅副主席日前有關香港的講話，提倡"七氣旺港"，強調了祥和氣氛的重要。香港的"和氣、運氣、福氣"等等，均有賴在座的所有傳媒能承擔起維持社會祥和的重責，為香港繁榮穩定作出更大貢獻。

◆ 台灣鴻海集團旗下的手機製造商富士康控股公司在港上市。

2 月 4 日

◆ 特區政府憲報公佈，行政長官委任鮑文為公務員敍用委員會主席，任期三個月，由 2005 年 2 月 1 日起生效。

◆ 高等法院原訟法庭裁定，政府削減公務員薪酬的"033"方案違反基本法第一百條。律政司高級助理法律政策專員單全格在 2003 年以個人名義控告政府立法減薪違法敗訴後，2004 年 3 月再度入稟高等法院提出司法覆核申請，指年初通過的《公職人員薪酬調整 2004/2005 條例》（"033"方案）同樣違反基本法。法官夏正民在判詞中指出，上訴法庭於 2004 年裁定，政府 2002 年首次立法減公務員薪金違反基本法第一百條，有關判決同樣應用於這次個案。作為下級法院，他同樣裁定"033"方案違反基本法第一百條。公務員事務局局長王永平表示，政府已決定向特區終審法院提出上訴。

◆ 教育部同意從 2005 年開始，將香港八間大學列入國家第一批錄取重點高等院校名單內。2005 年度這八間大學可在北京、上海、江蘇、浙江、福建、山東、湖北、廣東、重慶、四川、天津、遼寧、湖南、廣西、陝西、河南及海南等 17 個省市區招生。

2月7日

◆ 特區政府宣佈，委任香港理工大學公共政策研究所就西九龍文娛藝術區發展計劃公眾咨詢期間收集到的意見，提供分析有關意見的顧問服務。

◆ 北京市政府與香港地鐵有限公司、北京基礎設施投資有限公司及北京首都創業集團有限公司組成的聯合體簽署了《特許經營協議》，合作投資、建設及運營北京地鐵四號線。該協議經國家發改委正式批准即可落實。這是中國內地軌道交通領域首個引進港資、以特許經營方式進行市場化運作的基礎設施項目。北京市市長王岐山、香港特區環境運輸及工務局局長廖秀冬出席了簽約儀式。

2月8日

◆ 董建華發表新年賀辭表示，"今年的經濟情況是七年來最好的"，"展望來年，經濟會再增長，就業會再改善。我滿有信心，只要我們繼續努力、團結、包容，一定能夠建立一個更富裕、和諧的社會"。

2月11日

◆ 公務員事務局表示，自 1995 年政府成立公務員培訓處以來，每年用於培訓公務員的支出正逐步上升。針對不同職系的公務員，公務員培訓處 2005 年將推出新培訓計劃。

2月14日

◆ 政制事務局局長林瑞麟出席港台節目"與司局長對話"時表示，2005 年是政制發展的關鍵一年，政府將致力於兩項工作：一是就 2007 年行政長官產生辦法和 2008 年立法會產生辦法儘量達成共識。二是在 2005 年下半年向立法會提交修改基本法附件一和附件二的草案，獲得立法會三分之二通過和行政長官同意，然後呈報全國人大常委會批准，完成立法程序。

2月15日

◆ 特區政府在禮賓府舉行新春酒會。霍英東、高祀仁、王鳳超、王繼堂、劉良凱、宋馬鎖，以及社會各界三百人出席。董建華致辭時表示，特區政府將盡力推動以民為本施政，多方面營造和諧環境，推動一系列團結社會、緊貼民情、利民紓困的政策措施，致力使更多市民分享經濟復甦的成果。"和氣致祥、奮進創富"，發展與和諧是政府和全體市民的共同願望，只要市民能夠同心同德，一定可以達到目標。

◆ 中央政府駐港聯絡辦副主任周俊明出席新界鄉議局新春團拜，回應有關所謂民主派就 2007/2008 年選舉推動"公投"的問題時表示，香港一定要穩定，穩定和諧發展關乎香港 680 萬人的福祉，也是社會發展的主題。

◆ 政府統計處公佈，截止 2004 年年底，香港人口為 689.55 萬人，較 2003 年增加 5.01 萬人，增幅為 0.7%。

◆ 香港保釣行動委員會及紀念抗日受難同胞聯合會等多個民間團體逾二十名成員，遊行至日本駐港總領事館，抗議日本政府接管釣魚島上右翼團體興建的燈塔。日前，民建聯、香港索償協會八十名成員由遮打花園遊行到日本駐港總領事館，抗議日本政府侵佔釣魚島。

2 月 16 日

◆ 廉政公署防止貪污處向立法會提交文件，對議員在申請發還工作開支上的規定提出建議。

◆ 民建聯與港進聯宣佈合併為"民主建港協進聯盟"，簡稱"民建聯"。

◆ 台灣在港機構"中華旅行社"舉辦新春酒會，總經理鮑正鋼在會上表示，馬英九未獲來港簽注事只是單一事件，不會使港台關係倒退。

2 月 16 日 - 2 月 17 日

◆ 特區政府主辦的"凝聚國際力量齊打擊洗黑錢"國際會議在香港舉行。

2 月 17 日

◆ 終審法院首席法官李國能在 2005 年法律年度開啟典禮上致辭時表示，法官並不在政治舞台上扮演任何角色，故不應偏離本份，以政治手法和權宜辦法解決問題。他指出，"依法判案和政治協調是兩回事"。判決糾紛必須依循應有的程序，這是法治的基本原則。

2 月 18 日

◆ 唐英年主持新成立的扶貧委員會首次會議。會議主要討論了量度貧窮的準則，以及扶貧委員會日後運作模式。

2 月 19 日

◆ 立法會政制事務委員會就 2007/2008 年行政長官和立法會產生辦法舉行公聽會。林瑞麟表示，政府會繼續仔細聽取各界對 2007 年行政長官及 2008 年立法會產生辦法的意見。他強調，全國人大常委會決定 2007 及 2008 年不實行普選，特區政府有責任按憲制秩序推動香港政制發展。

◆ 香港青年大專學生協會及城市智庫舉辦 "大學生民意調查計劃 2005" 活動，希望讓外界瞭解大學生對政治、經濟等熱門話題的意見。

2 月 19 日－2 月 22 日

◆ 貿易發展局和勞工處聯合舉辦 "2005 年教育及職業博覽會"，台灣 67 所大學來港參展，並首度實施聯招，共提供 8400 個學額。

2 月 21 日

◆ 曾蔭權出席香港電台 "與司局長對話" 節目時表示，香港的人口越趨老化，生育率更是全球最低。他鼓勵年輕夫婦多生育，"尤其是年輕力壯的（一代），最好能生育三名兒女"。

◆ 香港中國企業協會在港島香格里拉大酒店舉行 2005 年新春酒會。

2 月 22 日

◆ 中央政府駐港聯絡辦在會展中心舉行新春酒會。董建華、高祀仁、楊文昌、王繼堂、劉良凱及香港社會各界四千人出席。高祀仁致辭。

◆ 特區政府海事處與香港船東會聯合舉辦 "2004 年船舶註冊創 2550 萬噸新紀錄" 慶祝酒會，頒獎致謝 2004 年對香港船舶註冊有突出貢獻的船公司和傑出人士。香港船舶註冊登記在 2004 年創下噸量世界第五的地位。

2 月 23 日

◆ 工商及科技局數據顯示，自 2004 年 8 月底實施商務部及國務院港澳辦制定的《關於內地企業赴港澳投資開辦企業核准事項的規定》以來，截至 2004 年 12 月底，共有 68 家內地企業獲審批來港投資，佔全年總數的 42%，投資額達 4.7 億美元，佔全年總額的 48.9%。

◆ 台灣 "內政部" 修正《大陸地區人民來台從事觀光活動許可辦法》，規定從 25 日開始，第三類大陸人士（即赴國外或港澳留學、旅居國外或港澳取得當地永久居留權、旅居國外或港澳四年以上且領有工作證明者及其隨行的旅居國外或港澳配偶或直系血親）可單獨赴台，無需 "團進團出"。

2月24日

◆ 經國際小行星委員會批准，中國科學院紫金山天文台小行星命名委員會將一顆編號為 5539 的小行星命名為 "林百欣星"，以紀念剛辭世的香港麗新集團前主席林百欣先生為祖國內地和香港的教育、經濟、文化發展事業做出的卓越貢獻。

◆ 香港證監會主席沈聯濤赴台參加 "國際證券機構管理組織 2005 年新興市場區域研討會"，並與台灣 "行政院金融監督管理委員會" 主委龔照勝簽訂合作備忘錄，計劃在 4 月份簽訂意向書後，開放港台兩地註冊的基金在對方市場彼此銷售。

2月25日

◆ 外交部駐港特派員公署舉行新春酒會。霍英東、董建華、楊文昌、王鳳超、王繼堂、劉良凱及社會各界三百多人出席。楊文昌致辭。

◆ 英國《泰晤士報》公佈全球大學最佳人文學科研究排名，北京大學、香港大學、香港中文大學及清華大學躋身全球五十大優秀學府之列，分列第 7、29、31 及 35 位。

◆ 海關總署廣東分署、泛珠三角區域內 16 家直屬海關及香港海關、澳門海關在廣州召開首次泛珠三角區域海關關長聯席例會。會議公佈了《海關積極參與和推動泛珠三角區域合作的十項措施》。

◆ 廣東省公安廳出入境管理處公佈，廣東省夫妻團聚類單程赴港定居分數由即日起降低為 219.2 分，赴澳定居分數降低為 255.7 分。

2月27日–3月4日

◆ 聯合國經濟、社會與文化權利委員會主席維吉尼亞（Virginia Bonoan-Dandan）等訪問香港。

2月28日

◆ 全國政協第十屆八次常委會會議審議通過政協第十屆全國委員會增補委員名單。此次共增補八十名政協委員。其中新增補的十名港區全國政協委員是董建華、王鳳超、周梁淑怡、呂明華、劉長樂、王國強、鄧兆棠、林銘森、黃楚標、龍子明。

3月1日

◆ 外交部發言人回應美國國務院 "全球人權報告" 有關香港高度自治 "受到嚴重考驗" 的言論時表示，香港的事務是中國的內部事務，美國對屬於中國內部事務的香港問題說三道四是不合適的。中國政府在香港問題上一直嚴格依照基本法辦事，一直堅定地執行"一國兩制"、"港人治港"和高度自治的政策。

◆ 特區政府發言人回應美國國務院發表的"全球人權報告"時表示，希望外國政府和議會繼續尊重香港的選舉安排必須依據基本法制定這一原則。並強調，根據基本法，中央有憲制權責審視及決定香港政制發展。

◆ 外交部駐港特派員楊文昌接受路透社總編利內班克專訪，就香港在中國發展中的作用、公署涉港外交工作以及香港政治經濟形勢等問題回答了記者提問。

◆ 香港《大公報》報道，香港國際投資總商會會長許智明榮獲俄羅斯科學院榮譽博士和羅蒙諾索夫獎章，以表彰他對人類社會發展和扶貧事業以及俄中友好合作所發揮的作用和重大貢獻。

◆ 天津、重慶兩直轄市開始辦理居民以個人身份赴港澳旅遊的手續。

3月2日－3月6日

◆ 董建華出席全國政協十屆三次會議並列席十屆全國人大三次會議開幕式。

3月2日

◆ 瑞士銀行團 USB 發表全球生活費水平調查顯示，香港在生活費最貴城市排行榜中排名第 15 位，屬生活費第二高的亞洲城市，而漢城、台北、新加坡及上海等亞洲城市則分列第 25、36、39 及 43 位。但香港的工資水平僅排在第 36 位，落後於東京、漢城及台北。

3月3日

◆ 全國政協主席賈慶林在政協十屆三次會議上作工作報告時指出，2004 年香港和澳門特別行政區在貫徹"一國兩制"、"港人治港"、"澳人治澳"、高度自治的基本方針方面都取得了新進展。全國人大常委會就香港特區基本法的有關規定作出解釋，並就 2007 年行政長官和 2008 年立法會產生辦法的有關問題作出決定，進一步明確了香港特區政治體制發展的有關原則。香港特區第三屆立法會順利選舉產生，澳門特別行政區第二任行政長官選舉取得圓滿成功，愛國愛港、愛國愛澳力量在特區政治生活中的地位得到鞏固並有所發展。港澳地區的全國政協常委和委員積極參與了上述工作，堅定地維護基本法，支持中央政府和特區政府依法處理有關問題，為保持香港、澳門的社會穩定，促進港澳地區的經濟繁榮和發展做出了貢獻。賈慶林表示，全國政協要採取多種形式切實加強與港澳地區政協委員的聯繫，團結廣大愛國愛港愛澳人士，發揮他們在促進港澳繁榮穩定和發展中的積極作用。

◆ 特區政府發言人對英國政府向國會提交的香港 2004 年下半年主要發展報告作出回應時表示，特區會繼續落實"一國兩制"及基本法，並重申中央政府有憲制權責審視及決定香港政制發展。該報告稱過去半年，香港並無出現一些可能進一步削弱高度自治的事件，"一國兩制"整體運作良好。2004 年立法會選舉破紀錄的投票率和"七一"大規模和平遊行，都明顯表現了港人強烈和盡責地行使政治及公民權利。

◆ 民間人權陣線、香港人權監察、民主動力及香港民主發展網絡舉辦新一輪簽名運動爭取普選，並公佈名為"政府有彎轉、市民要普選"的民間聯合宣言。

3月4日

◆ 董建華在北京飯店宴請兩百多位出席十屆全國人大三次會議和全國政協十屆三次會議的港區全國人大代表及政協委員。高祀仁、王鳳超、黎桂康、陳佐洱出席。

◆ 林瑞麟出席一個公開活動時表示，政府將循三個方向繼續做好基本法的推廣工作，包括全面介紹基本法當中蘊含的原則，將宣傳基本法與國民教育工作掛鈎，繼續加強和民間團體合力推動基本法的工作。

◆ 健康與醫療發展咨詢委員會舉行首次會議。委員會主席周一嶽表示，未來醫療服務要以病人為中心。委員會將下設三個工作小組，分別就基層醫療、醫院服務和上層醫療服務提供意見。

3月5日

◆ 國家主席胡錦濤在中南海會見了出席全國政協十屆三次會議及列席十屆全國人大三次會議開幕式的香港特區行政長官董建華。胡錦濤表示，香港回歸祖國以來，在中央政府和祖國內地的大力支持下，董建華行政長官帶領香港特區政府，團結廣大香港同胞，認真貫徹"一國兩制"方針和香港特區基本法，克服亞洲金融危機和國際經濟環境變化等因素帶來的種種困難與挑戰，妥善處理了一系列重大政治、經濟和社會問題，維護了香港穩定繁榮的大局，為"一國兩制"在香港的成功實踐做了大量開創性的工作。中央政府對董建華行政長官和香港特區政府的工作是充分肯定的。胡錦濤表示，"一國兩制"是一項嶄新的事業，需要在實踐中不斷探索、豐富和發展。中央政府將堅定不移地貫徹"一國兩制"、"港人治港"、高度自治的方針，嚴格依照香港特區基本法辦事。希望香港同胞以香港穩定繁榮的大局為重，凝聚共識，加強團結，和衷共濟，鞏固和發展香港經濟復甦、社會穩定的良好局面，把香港建設得更加美好。

◆ 國務院總理溫家寶在十屆全國人大三次會議上作政府工作報告時指出，中央政府將堅定不移地貫徹執行"一國兩制"、"港人治港"、"澳人治澳"、高度自治的方針，嚴格按照香港特區基本法和澳門特區基本法辦事。全力支持香港、澳門兩個特別行政區行政長官和政府依法施政，進一步提高施政能力。加強內地與香港、澳門在經貿、教育、科技、文化、衛生等領域的交流與合作，促進香港、澳門長期繁榮、穩定和發展。

◆ 中央政府駐港聯絡辦主任高祀仁在十屆全國人大三次會議香港代表團小組會議上，作了題為《內地與香港共同面臨的兩大任務》的發言。高祀仁表示，祖國內地和香港都面臨着兩大緊迫任務：一是促進經濟發展，二是構建和諧社會。在促進

經濟發展方面可從三個方面努力：一是鞏固並發揮好香港既有的優勢；二是大力推動經濟轉型；三是進一步加強兩地經濟交流與合作。在構建和諧社會方面，一要集中精力發展經濟，用經濟發展促進社會和諧；二要兼顧效率與公平，使經濟復甦的成果儘快惠及普羅大眾；三要珍惜香港賴以生存的法治基礎和營商環境，維護良好的社會秩序；四要增強溝通與互信，共同承擔構建和諧社會的責任。

3月6日

◆ 全國人大常委會委員長吳邦國出席十屆全國人大三次會議香港全國人大代表團小組會議時表示，香港總體形勢是好的，回歸七年來，既落實了"一國兩制、港人治港"此前無古人的方針，在面對金融危機、SARS 挑戰時，也知難而上，且向好的方面發展。他要求港區人大代表繼續全力支持特區政府和行政長官依法施政，為香港發展建言獻策，毋須歌功頌德，但要提出建設性的意見。希望香港同胞齊心協力、和衷共濟，建設一個和諧社會。

◆ 國務院總理溫家寶在北京會見董建華時表示，目前香港經濟復甦，社會穩定，是特區政府和香港同胞共同努力的

結果。希望香港社會各界珍惜這來之不易的局面，和衷共濟、共謀發展。中央政府將繼續毫不動搖地堅持"一國兩制"的方針，嚴格依照香港特區基本法辦事，進一步推動內地與香港的經濟合作，促進香港的繁榮穩定和發展。吳儀、唐家璇、華建敏、廖暉等參加了會見。

◆民建聯張文韜、洪連杉，在區議會南昌中選區及北角堡壘選區補選中當選為區議員。

3月7日

◆中央政府駐港聯絡辦在香港大會堂舉行慶祝"三八"國際婦女節酒會。

◆國家外匯管理局負責人在北京表示，目前香港已吸收人民幣存款一百多億元，下一步將在可能範圍內擴大香港人民幣業務。

◆美國駐港總領事祁俊文出席香港中文大學一個講座時表示，美國2003年在港的投資達443億美元，香港是美國的第十四大商貿夥伴，而美國也有過千家公司在港設分部，因此美國對香港的成就非常關注。

3月8日

◆全國政協主席賈慶林出席全國政協十屆三次會議港澳委員聯組會議時表示，港澳各級政協委員有五千多人，是一支很大的力量，只要很好地發揮這支力量的作用，對香港和澳門的繁榮穩定具有很重要的意義。賈慶林向港澳委員提出四點希望：一是要切實為了大局履行職責；二是要堅決支持行政長官和特區政府依法施政；三是要努力建設和衷共濟的和諧社會；四是要繼續促進香港和澳門經濟持續健康發展。

◆婦女事務委員會在禮賓府舉行慶祝"三八"國際婦女節酒會。

3月9日－6月20日

◆特區政府康樂及文化事務署與新加坡孫中山南洋紀念館聯合在港舉辦"孫中山與南洋"展覽。

3月10日

◆董建華以健康理由正式向中央人民政府提出辭去香港特別行政區行政長官職務的請求。董建華在記者會上表示，"由於長時期的操勞，在去年第三季度以後，已明顯感覺到自己的健康狀況大不如前。出於對香港、對國家負責的態度，我經過慎重的考慮之後，今日向中央政府提交了辭職報告"。"香港現在各個方面的情況都不錯。此刻，我對香港的前景，比我就任之時更加充滿希望"。"我有幸在香港特別行政區行政長官這個特殊的位置上，報效國家，服務香港市民，這是我一生的光榮。為此，我衷心感謝市民給我機會，感謝中央政府對我信任，感謝所有與我工作過的同事給我的支持鼓勵"。

◆立法會否決四十五條關注組議員湯家驊提出要求減少立法會功能組別議席的動議。政制事務局局長林瑞麟回應時指出，湯家驊的動議過於片面，不符合實事求是的處事方式，如果僅僅見到增加功能組別議席，也不深究新增的功能組別是什麼，它背後所代表選民人數，以及其在社會上的代表性，便斷言建議違反基本法，未免以偏概全。

◆台灣"陸委會"副主委邱太三稱，"陸委會"一向不評論香港政府人事變動，也不清楚董建華辭職原因。希望繼任人選能讓台港間的經貿、文化等各方面的交流更為密切。

3月12日

◆國務院總理溫家寶簽署國務院第433號令，批准董建華辭去中華人民共和國香港特別行政區行政長官職務，於2005年3月12日離職。根據基本法的有關規定，曾蔭權將署理行政長官職務，並繼續擔任政務司司長。曾蔭權説，全部行政會議成員和主要官員已答應留任，直至選出新行政長官為止。政府已經有一套完整的過渡安排，目前的首要工作是選出新行政長官，將於7月10日進行有關選舉。選舉產生的新行政長官任期兩年，以填補董建華先生餘下的任期。

◆董建華在全國政協十屆三次會議閉幕式上，以2065票被增選為十屆全國政協副主席。

◆中央政府駐港聯絡辦負責人就國務院批准董建華辭去香港特區行政長官職務發表談話表示，董建華先生先後於1996年12月和2002年3月經香港當地選舉並被國務院任命為香港特區第一、二任行政長官，為"一國兩制"、"港人治港"、高度自治的方針在香港成功地付諸實踐做了大量開創性工作。中央政府駐港聯絡辦已致函董建華先生，熱烈祝賀他當選為全國政協副主席。這是祖國和人民對董先生為香港成功實踐"一國兩制"所做工作和貢獻的充分肯定，是國家和民族對他的又一重託，也是中央對香港特區高度重視的體現。該負責人還表示，在當前香港特區行政長官出現缺位的情況下，相信香港社會各界別、各階層、各方面人士都能夠以大局為重，和衷共濟，共同維護好香港經濟復甦、社會穩定這一來之不易的局面，並在香港特區政府的領導下，順利完成新的行政長官選舉的各項工作。中央政府將嚴格按照基本法的有關規定處理與行政長官更替有關的事務，全力支持署理行政長官曾蔭權先生和香港特區政府的工作，維護香港的穩定繁榮。

◆ 全國人大常委會法制工作委員會發言人就香港特別行政區第二任行政長官缺位後補選的行政長官的任期問題發表談話表示，香港特區政府對第二任行政長官缺位後補選的行政長官的任期問題所發表的意見，是符合基本法立法原意的，第二任行政長官缺位後由任期五年的選舉委員會補選的行政長官，仍為第二任行政長官，其任期應為原行政長官的剩餘任期。

◆ 律政司司長梁愛詩在記者會上就補選行政長官的任期問題作出詳細解釋。

◆ 公務員事務局就前房屋署副署長鍾麗幗退休後參與恒基西九建議書宣傳活動是否違規一事，向立法會提交調查報告。報告指鍾麗幗受僱於香港小輪並沒有引起利益衝突，但批評她在 2004 年 10 月及 11 月參與宣傳恒基西九建議書，並不在獲批准工作範圍，因此是不恰當及不可接受的。鍾麗幗作出回應時重申，前公職與現時的恒基職務無構成任何利益衝突。

◆ 英國首相布萊爾致函董建華，讚揚董建華過去擔任行政長官具有歷史意義，祝願董建華離任行政長官職務後工作順利。布萊爾又表示對香港近期的情況感到高興。

◆ 澳門特區行政長官何厚鏵發出賀詞，祝賀董建華增選為十屆全國政協副主席。

3月14日

◆ 國務院總理溫家寶在北京回答記者提問時表示，香港回歸祖國七年多來，"一國兩制"方針在香港得到了切實落實。香港的資本主義制度、法律、港人的生活方式都沒有改變。特別是要看到，香港克服了亞洲金融風波帶來的困難，經濟開始復甦，民生得到改善。在這種情況下，董建華先生出於健康原因提出辭職，是誠心誠意的，是會得到香港同胞的理解的，也得到中央的尊重。七年來，董建華先生為了貫徹"一國兩制"的方針和基本法，保持香港的繁榮穩定，做了大量的、開創性的工作，任勞任怨、敢於承擔，表現出對國家、對香港高度負責的精神。他所作出的努力和貢獻，歷史會有公正的結論，香港同胞也不會忘記。溫家寶表示，董建華辭職以後新的行政長官的產生，將完全按照香港基本法和有關法律辦事，並相信港人有能力治理好香港。

3月15日

◆ 署理行政長官曾蔭權在立法會內務委員會特別會議上表示，政府會儘快委任獨立委員會研究行政長官退休後的規管，以防止出現利益衝突。

◆ 亞洲衛星公司行政總裁翟克信在港舉行記者會，強烈譴責 3 月 14 日宣傳"法輪功"內容的電視訊號對該公司所屬亞洲 3S 衛星六個 C 波段轉發器的蓄意干擾行為，致使租用該轉發器的內地幾個省級電視台正常的電視節目中斷，嚴重違反了國際電信的有關公約，踐踏了國際公認的準則，破壞了正常的衛星通信秩序。

3月15日-3月17日

◆ 由國際刑警組織和香港警務處合辦的第十五屆國際刑警組織"警察培訓部門主管專題研討會"在香港警察總部大樓舉行，來自 55 個國家和地區約一百七十名警界代表出席。

3月16日

◆ 財政司司長唐英年發表 2005/2006

年度財政預算案。新年度的政府整體開支總額為 2478 億港元，其中教育、社會福利、衛生及保安佔整體開支超過六成。預計 2005/2006 年度會有 105 億港元財政赤字。唐英年表示，政府仍然會堅守財政紀律、先節流、審慎理財等原則，並維持香港作為"大市場、小政府"、"市場主導，政府促進"的原則。同時將繼續推行財政緊縮措施，以期在 2007/2008 年度達到收支平衡。

◆ 特區政府宣佈，署理行政長官再度委任李業廣為強制性公積金計劃管理局主席，任期兩年，由 2005 年 3 月 14 日起生效。

3月17日

◆"香港全民黨"宣佈成立。該黨於 2004 年 11 月完成註冊程序，已有超過一千名註冊黨員。秘書長兼召集人為盧重興。

3月20日

◆ 香港國際機場獲國際航空運輸協會、國際機場協會聯辦的機場服務指標計劃（AETRA）認證，被評選為全球最佳機場。

◆ 獨立人士張錫容補選為南區區議會

鴨脷洲北選區區議員。

3月21日

◆ 署理行政長官曾蔭權主持香港影視娛樂博覽開幕禮。

◆ 律政司司長梁愛詩在香港《文匯報》發表題為"政府改變立場基於尊重法治"的文章,回應有關對政府處理補選行政長官任期問題的批評。

◆ 日本沖繩縣政府在香港設立辦事處。

3月22日

◆ 政制事務局向立法會提交《行政長官選舉(修訂)(行政長官的任期)條例草案》。文件指出,行政長官職位於2005年3月12日出缺,根據基本法第五十三條規定,須於六個月內舉行補選,以選出新的行政長官,由中央政府任命以填補空缺。由於行政長官出缺後經補選產生的新行政長官任期安排事關重大,律政司司長梁愛詩經重新審慎地研究有關問題,包括詳細的法理探究,以及考慮到身兼基本法原草委的內地法律專家的意見,認為補選新的行政長官的任期應該是原有行政長官的餘下任期,這個意見也得到全國人大常委會法律工作委員會支持。由於

目前《行政長官選舉條例》第三條第(1)款規定,"行政長官任期為五年"。因此,政府建議修改《行政長官選舉條例》,為新的行政長官任期提供清晰的法律基礎,以澄清凡行政長官職位出缺,新選出的行政長官任期為原任行政長官任期的餘下部分。

3月24日

◆ 政府憲報刊登《行政長官選舉(修訂)(行政長官的任期)條例草案》。

◆ 法律援助署覆核委員會接納公屋居民盧少蘭的法援上訴申請,指令法援署要向盧少蘭批出法援,就縮短上訴時限及領匯官司案件,上訴至終審法院。

◆ "香港中小學教師國情與通識教育高級研修班"在北京師範大學舉行開學典禮,來自香港幾十所中小學的150位教師將在北京進行為期五天的學習和參觀。

3月28日

◆ 政制事務局局長林瑞麟在香港《大公報》發表題為《新憲制秩序鞏固法治基礎》的文章。文章指出,2005年7月新選出來的行政長官將填補這個職位的剩餘任期,這一看法兼顧了普通法和內地法律的意見。全國人大常委會解釋基本法

的權力和終審法院的終審權兩者均得到尊重，可以共存。由全國人大常委會解釋基本法，並不會削弱終審法院的權威。假以時日，相信兩個不同的法律制度必能互相包容磨合，讓普通法制度繼續在香港茁壯成長。

◆2004年國家科學技術獎揭曉，香港理工大學土地測量與地理信息學系教授李志林參與的"數字地表模型的多維動態構模研究"，獲得國家自然科學獎二等獎；香港建設（控股）有限公司參與的"大型沉管隧道工程技術研究"，被評選為244項國家科技進步獎作品之一。

3月28日-3月31日

◆應廣東省民族宗教事務委員會邀請，香港佛教、道教、天主教、基督教、伊斯蘭教、孔教六大宗教團體的七十多名領袖組成代表團訪問廣州。香港佛教聯合會會長覺光法師擔任總團長。

3月29日

◆外交部發言人回應美國國務院"人權和民主報告"內有關香港民主步伐的評論時表示，香港問題屬於中國的內政，中方反對其他國家在香港問題上發表不負責任的言論。香港的民主在回歸後取得了很大的發展，並將繼續發展。

◆外交部駐港特派員公署發表聲明，對於美國國務院在其所謂"人權和民主報告"中，再一次出現涉及干預中國內政和香港特區事務的內容，表示強烈不滿和反對，並要求立刻停止此類干預。

◆政制事務局發言人回應美國國務院發表的《2004-2005年度美國支持人權和民主的記錄》報告時表示，特區政府在處理香港政制發展的步伐上，一直依法行事。香港的選舉安排必須依據基本法制定，希望外國政府和議會繼續尊重這一原則。

◆署理行政長官曾蔭權在禮賓府宴請訪港的新加坡內閣資政李光耀，並介紹香港長遠發展方向及金融服務業的優勢。

◆特區政府向立法會內務委員會提供有關補選行政長官任期的背景資料，包括基本法起草委員會工作會議簡報、內地法律專家回覆律政司司長梁愛詩的書面意見，以確認行政長官任期的立法原意。

3月30日

◆英國《經濟學人》全球調查顯示，未來五年營商環境排行榜中，丹麥、加拿大、美國、新加坡分列前四位，香港的排名與五年前一樣，維持在第五位。

◆新加坡內閣資政李光耀在港出席一個午餐會時表示，SARS 過後，香港經濟能逐漸回升，內地的支持措施起了很大的作用。中國政府並不容許香港特區成為"木馬屠城記"中的"木馬"，任人衝擊及改變中國制度。如果有人企圖干預中國內地的事情，很大程度上也不會得到社會的支持。

3月30日-3月31日

◆美國候任助理國務卿希爾訪問香港。署理行政長官曾蔭權會見了希爾。

3月31日

◆特區政府向 16 萬公務員發出新版《公務員良好行為指南》，闡明了各級人員應有的行為標準，就如何避免利益衝突提供了指引，並提醒公務員應如何在履行公職時維持高尚的操守。

◆就美國貿易代表處《2005 外國貿易壁壘預測》報告認為香港需要加強打擊終端盜版、網上盜版及跨境侵權行為，特區政府發言人表示，自 2001 年起消費者使用盜版須負上刑事責任的條例生效以來，海關已與版權擁有者緊密合作，共查獲 105 個盜版工廠，發現其中 74 家公司違反版權條例，共拘捕 141 人，至今 19 宗案件已被判罪名成立。

4月1日

◆律政司發表聲明，回應香港大律師公會及香港律師會對補選行政長官任期的疑慮和誤解，表示若基本法被詮釋為規定在 2005 年 7 月選出的行政長官的任期為五年，則會產生現時於 2000 年組成的選委會選出一名任期至 2010 年才屆滿的行政長官、社會各界要等待到 2010 年才會由一個更具代表性的選舉委員會選出另一任行政長官的異常後果。根據普通法既定的法例解釋原則，若某一詮釋會產生異常的、不合理的或不合邏輯的後果，法院會避免作出該詮釋，因此把新的行政長官的任期解釋為原來五年任期的餘下部分，可避免出現異常後果，這也會對基本法所保障的民主發展和人權價值有所裨益。日前，大律師公會和香港律師會分別發表聲明，表示對政府就補選行政長官任期作出的解釋感到失望，基本法第四十六條規定特區行政長官任期五年，條文並不含糊，字眼亦很清晰，再於條文上加上其他解釋是不正確的，新行政長官任期應是五年。

◆特區政府宣佈，環境運輸及工務局環境科與環境保護署合併。新任環境保護署署長郭家強表示，未來工作主要是解決固體廢物處理問題，以及與廣東省環境保護局合作改善空氣質素，並共同制訂兩地排污交易的具體細節。

◆ 特區政府憲報公佈，財政司司長再度委任周梁淑怡為香港旅遊發展局主席，任期兩年，由 2005 年 4 月 1 日起生效。

4 月 1 日－4 月 2 日

◆ 署理行政長官曾蔭權分別會見自由黨、香港工會聯合會、泛聯盟及無黨派立法會議員，就補選行政長官任期的法律問題聽取意見。

4 月 2 日

◆ 香港基本法委員會委員譚惠珠出席一個電台節目時表示，基本法第四十五條表明 2007 年前選舉行政長官辦法應看附件一，而非第四十六條，加上 2004 年 4 月全國人大釋法時也表明了第三任行政長官在 2007 年產生。因此，2007 年前行政長官任期不可過十年，如果補選行政長官任期為五年，衝破了 2007 年，將使附件一無法實行。

◆ 香港交易所主席李業廣出席一個研討會時表示，截至 2004 年底，在港上市的公司總共有 1096 家，其中 304 家是內地企業。上市公司的總市值達到 66959 億港元，位列全球第九，較 1997 年 6 月底回歸時的 42700 億港元上升了 57%。

4 月 3 日

◆ 林瑞麟在慶祝基本法頒佈十五週年學生升旗儀式致辭時表示，過去一年多以來，香港學界的升旗活動有很好的增長，由一百間學校增至現時兩百多間。特區政府會繼續努力在香港社區推廣基本法，包括教育統籌局會繼續推動升旗隊的工作和舉辦國情研習班；還會通過民政事務局和民政處與不同的民間團體繼續合作，積極推廣基本法。

◆ 香港電台推出 "基本法七色橋" 節目，以話劇、漫畫等娛樂元素包裝嚴肅的條文，向市民推廣基本法。

◆ 台資企業紐福克斯和華胤宣佈在香港聯合證交所掛牌上市。至此，共有 31 家台資企業在港證交所掛牌上市。

4 月 4 日

◆ 選舉管理委員會主席胡國興宣佈，現屆行政長官選舉委員會現有 33 個空缺席位，分別在 17 個界別分組中，包括宗教團體 6 個席位及界別分組 27 個席位。宗教界空缺將由有關團體以補充提名方式填補，而其他界別分組席位空缺將於 5 月

1 日進行投票補選，這次補選涉及 17 個界別中的五萬多選民。

◆ 香港《文匯報》發表特約評論員文章《關於補選行政長官任期爭論的問題解答》，重點論述了有關補選行政長官兩年剩餘任期的理據，並回應了香港社會包括法律界所關注的主要問題。理據主要包括：基本法雖然對行政長官缺位後新產生的行政長官的任期問題沒有明確規定，但把基本法相關的條文結合起來看，新的行政長官的任期應當是剩餘任期；現任的選舉委員會只能選舉 2002 年至 2007 年之間的行政長官，也就是說，新的行政長官的任期是剩餘任期；完整地看基本法的規定，尤其是考慮到香港基本法制定過程中，對新的行政長官的任期是否為剩餘任期問題進行過討論，最終沒有在基本法中硬性規定是五年任期或剩餘任期，而是採用根據行政長官產生辦法來確定，是合理的安排。

4月5日

◆ 香港中華總商會、九龍社團聯會、香港青年協進會及公屋聯會等 160 個社團及商會在多家報章刊登題為"我們需要穩定和諧的社會發展經濟，建議人大盡快釋法，確定補選行政長官任期"的聯署聲明。

4月6日

◆ 署理行政長官曾蔭權向國務院提交報告，建議國務院提請全國人大常委會就基本法第五十三條有關新的行政長官的任期作出解釋。報告表示，香港特區政府律政司司長就行政長官職位出缺時經補選產生的新的行政長官的任期，於 3 月 12 日公佈香港特區政府的立場：即補選產生的新的行政長官的任期為原任行政長官任期的餘下部分。據此，特區政府需要修訂《行政長官選舉條例》，把行政長官職位在原行政長官任內出缺時經補選產生的新的行政長官的任期，以清晰明確的條文規定下來。為了確保香港的穩定繁榮和社會各方面的正常運作，特區政府現根據基本法第四十三條和第四十八條第二款的有關規定，向國務院報告，建議提請全國人大常委會對基本法第五十三條第二款就新的行政長官的任期作出解釋。

◆ 港基國際銀行更名為富邦銀行（香港），成為首家在香港上市掛牌的台資銀行。

4月7日

◆ 曾蔭權、梁愛詩、林瑞麟與全港

18 區區議會的正副主席及代表會面，解釋政府提請人大釋法的重要性。

◆ 特區政府宣佈成立"香港特別行政區行政長官報酬及離職後安排獨立委員會"，就行政長官的報酬和離職後的安排，包括參與政治或商業/專業活動的規則進行研究。委員會主席由黃保欣擔任，任期一年，由 2005 年 4 月 6 日起生效。

◆ 立法會通過對在"租樓醜聞"中漏報利益的民主黨議員涂謹申作出"訓誡"懲處的動議。

4月7日－4月9日

◆ 粵港澳三地警方刑偵主管第十次工作會晤在中山市舉行。三方一致同意將進一步加強情報交流工作，加大協作配合力度。

4月8日

◆ 特區政府憲報公佈，署理行政長官委任田北辰為僱員再培訓局主席，任期由 2005 年 4 月 1 日至 2006 年 3 月 31 日。

◆ 立法會內務委員會決定就《行政長官選舉（修訂）條例草案》成立法案委員會。

◆ 清華大學法學院副院長王振民接受香港《文匯報》專訪時表示，通過研究英、美、法等多國及地區行政首長的選舉制度，發現行政首長缺位後，繼任領導人的任期與產生領導人的機構有密切關聯。目前世界上有兩種通用的做法，一是如果繼任領導人與前任領導人是同一選舉機構產生的，那麼繼任者履行的是剩餘任期。第二種情況是繼任者與前任非同一選舉機構產生，那麼執行的就是完整任期。通過分析比較國際通行的做法，可以得出一個結論，即民意是有時效的，舊民意不能代替新民意，前一任選舉機構不能跨越法定時間，選舉後一屆政府。政府為什麼要定期換屆，正是為了保證政府建立在合法的民意基礎上，這是民主和憲政的基本原則。

4月9日

◆ 香港基本法推介聯席會議在會展中心舉辦基本法頒佈十五週年"基本法及政制發展"研討會。曾蔭權、高祀仁、范徐麗泰主持開幕禮。多位來自內地和香港的法律專家、學者與一千四百多名市民共同探討香港未來政制發展的問題。

4月10日

◆ 國務院港澳辦發言人表示，國務院決定提請全國人大常委會對香港基本法第五十三條第二款作出解釋。國務院研究認為，明確新的行政長官的任期，關係到香港基本法有關規定的正確實施，關係到香港特區新的行政長官人選的順利產生和此後中央人民政府對行政長官的任命，提請全國人大常委會對香港基本法有關規定進行解釋是完全必要的。發言人表示，國務院對香港特區政府 4 月 6 日提出的報告及時研究，決定提請全國人大常委會對香港基本法有關條款作出解釋，體現了國務院嚴格按照香港基本法辦事、全力維護香港穩定繁榮的一貫立場。

◆ 特區政府發表聲明，表示歡迎國務院接納署理行政長官曾蔭權的報告，並決定提請全國人大常委會對基本法第五十三條第二款作出解釋。聲明表示，這次提請是唯一最符合香港根本利益的做法，絕對不會影響 "一國兩制"、"港人治港" 和高度自治，亦絕對無損香港賴以成功的法治精神。

◆ 香港教育評議會、中國歷史教育學會和中史教師會等多個團體發表聲明，譴責日本政府通過歪曲侵華史的歷史教科書，反對日本成為聯合國常任理事國。日前，民建聯、新世紀論壇、香港索償協會、民協等多個民間團體代表到日本駐港總領事館遞交抗議信，抗議日本《新歷史教科書》篡改歷史。

4 月 11 日

◆ 法律改革委員會發表報告，建議改革斷定個人居籍的法律，包括廢除現時對婚生子女與非婚生子女所作的區別，而已婚女子的居籍則不再取決於其丈夫的居籍。

4 月 12 日

◆ 中央政府駐港聯絡辦在深圳麒麟山莊舉辦 "香港法律界人士座談會"。王鳳超主持座談會，香港大律師公會、香港律師會、香港法律論壇、香港基本法委員會委員、民建聯法律界代表及四十五條關注組的成員等 82 位香港法律界人士出席座談會。全國人大常委會副秘書長喬曉陽、全國人大法工委副主任李飛及國務院港澳辦副主任張曉明出席並作重要發言。喬曉陽以《就法論法　以法會友》為題發表講話，就如何以正常心態看待和處理兩地間的法律意見、為什麼補選產生的新的行政長官的任期適用基本法第五十三條而不直接適用第四十六條、怎樣正確看待人大釋法等問題作出解釋。李飛詳細介紹了全國人大常委會就補選行政長官任期問題的研究意見。張曉明以《釋法符合法治的原則和精神》為題發表講話，表示無論是特區政府請求"釋法"，還是國務院提請全國人大常委會"釋法"，都是嚴格按照基本法辦事，是符合法治的原則和精神的。張曉明還表示，維護香港的長期繁榮穩定是中央政府的一貫立場，中央政府採取的有關香港的一系列政策和舉措都是以此為依歸的。

4 月 13 日

◆ 政制事務局發言人回應美國國務院發表的《2004 年香港問題報告》時強調，希望外國政府和議會尊重香港特區政府處理政制發展的過程，以及尊重香港事務由香港人根據基本法處理的原則。發言人指出，在"一國兩制"設計下，全國人大常委會有權對基本法作出解釋，這是香港憲制的一部分。同日，外交部駐港特派員公署發言人也對此作出回應。表示不歡迎、也不需要任何外國政府就包括香港政治事務在內的中國內政發表任何評論。

◆ 公務員事務局資料顯示，2004 年廉政公署接獲舉報公務員貪污個案共 1286 宗，因貪污及相關罪行而被檢控的公務員個案 38 宗，被定罪個案則有 16 宗，分別較 2003 年大幅下降 17%、24% 及 47%。而截至 2003/2004 年度的

四年內，共有 169 名公務員因涉及濫用公職身份或不當行為而受紀律處分，其中 28%，即 48 人遭到迫令退休或革職處分。

◆ 高等法院原訟法庭接納立法會議員陳偉業就補選行政長官任期提出的司法覆核申請。法官夏正民表示，由於事件對公眾利益十分重要，律政司的代表亦沒有反對，所以接納申請。6 日，立法會議員陳偉業向高等法院就補選行政長官任期問題尋求司法覆核。陳提出兩大要求，一是要求高院頒令補選行政長官任期為五年；二是要求裁定立法會通過《行政長官選舉（修訂）（行政長官的任期）條例草案》不合法。

◆ 保安局局長李少光在立法會表示，輸入內地人才計劃自 2003 年 7 月推出至 2005 年 2 月底止，共有近 6900 宗申請，其中 5700 宗已獲批准。2003 年 10 月推出的資本投資者入境計劃，有 325 名申請人獲准在港居留，他們的投資總額約 24 億港元，平均每名投資者的投資額為 739 萬港元。

◆ 工商及科技局就 CEPA 的研究結果顯示，2004 年根據 CEPA 第一階段簽發的原產地證書逾三千份，以零關稅優惠進口內地的貨物總值為 11.5 億港元。2004

年 CEPA 第一階段帶來的服務收益達 16 億港元。2004 年"個人遊"旅客共 426 萬人次，佔內地旅客總數 34.8%，並帶來 65 億港元的額外消費。CEPA 第一階段實施的首兩年，已為香港創造約 29000 個新職位。

◆ 美國政府打擊有組織盜版策略及行動組代表訪問香港，與香港海關及知識產權署官員會面，就研究合作、加強打擊盜版和侵權活動交換意見。

4 月 14 日

◆ 律政司刑事檢控專員江樂士表示，2004 年刑事檢控科的檢控人員共進行了 232081 宗檢控，並提供了 16034 項法律指引。在這些檢控當中，商業罪案 69 宗（每宗涉及損失至少五百萬港元），貪污案件 3746 宗，版權罪 707 宗，海關方面的案件 1419 宗，其他檢控還包括觸犯入境條例、清洗黑錢、製造、分銷及管有毒品、科技罪行等等。另外，2004 年法院以中文審理的刑事案件比率普遍下降，當中區域法院跌至一成二，較 2003 年下跌 20%。

◆ 香港大律師公會發表聲明，表示該會完全認同全國人大常委會擁有基本法的解釋權，但對於特區政府提請人大常委會就基本法第五十三條釋法表示失望。

◆ 香港各界紀念抗日戰爭勝利六十週年活動籌委會代表 660 個合辦團體和三百多位全港各界代表發表聲明，反對日本篡改侵華史實，要求日本政府必須認真對待並妥善處理好侵華歷史的問題。

4 月 15 日

◆ 國務院發展研究中心港澳研究所和香港《文匯報》在北京聯合舉辦"紀念香港基本法頒佈十五週年座談會"。朱育誠、周南、許崇德、廉聖希、夏勇、饒戈平、王振民、邵善波、梁美芬、董立坤等出席，共同研討基本法的理論和實踐問題。朱育誠致辭時表示，最近圍繞補選行政長官任期問題的爭論已經持續一個多月，法律問題演變成政治問題的趨勢日益明顯。目前解決補選行政長官任期爭論唯一有效辦法，只能是全國人大常委會"釋法"，按照基本法立法原意，做出明確的具有法律效力的解釋。

4 月 16 日

◆《美國之音》電台台長傑克遜宣佈，該台決定把通宵班的編採工作由華盛頓遷移到香港，除了節省經營成本外，亦因為"香港在世界上扮演的角色越來重要"。

4月17日

◆ 近萬名香港市民上街遊行，抗議日本右翼勢力篡改歷史教科書及隱瞞侵華歷史。

4月18日

◆ 高等法院上訴庭批准公屋居民盧少蘭就領匯上市的合法性上訴至終審法院，但拒絕批准她就上訴庭縮短其上訴期限提出上訴。首席法官馬道立表示，該問題涉及公眾利益，故批准其上訴至終審法院。盧少蘭於 2004 年 12 月就領匯上市的合法性提出司法覆核，結果被高等法院原訟庭及上訴庭裁定敗訴；其後在獲批法援的情況下，她決定向終審法院提出上訴。房委會發言人表示，期望有關司法覆核程序能儘早完結，並就房委會分拆出售權力的問題得到最終判決，以便領匯房地產投資信託基金儘快重新上市。

◆ 香港亞太台商聯合總會在會展中心舉辦首屆"新世紀的兩岸關係"論壇。國民黨"立委"吳敦義代表該黨副主席江丙坤與會作主題演講。

4月19日

◆ 律政司司長梁愛詩在報刊發表題為《政府為何須尋求人大釋法》的文章，闡明特區政府請求國務院提請全國人大會常委會就基本法第五十三條第二款作出解釋，以明確新的行政長官任期的理據。

◆ 原香港基本法起草委員會委員、中國人民大學教授許崇德在香港《文匯報》發表題為《關於行政長官任期等法律問題》文章，闡述 2005 年 7 月產生的新行政長官的任期應為第二任行政長官未屆滿的剩餘任期的理據。

◆ 四十五條關注組發起"法律界反釋法"遊行。警方統計參加人數有五百人，當中包括兩百多名爭取內地子女居港權的家長和一些其他訴求的人士。

4月19日-4月24日

◆ 署理行政長官曾蔭權率領政府官員及香港商界領袖組成的代表團出席博鰲亞洲論壇 2005 年年會，並在開幕式上就"經濟全球化進程中的亞洲新角色"作專題演講。

4月20日

◆ 政府憲報刊登公告，公佈選舉委員會界別分組補選被確定獲有效提名的候選人名單，以及宗教界界別分組席位空缺的補充提名結果。這次補選共有 52 名候選人獲有效提名參與 16 個界別分組的補選。

4 月 21 日

◆ "港區全國人大代表、全國政協委員座談會"和"香港各界人士座談會"在深圳麒麟山莊召開，參加兩個座談會的人士超過三百人，有 29 位人士發言。喬曉陽、李飛、張曉明出席座談會，就補選行政長官任期及釋法問題聽取意見。喬曉陽表示，這次到深圳來召開座談會，目的就是要廣泛聽取意見，包括不同和反對的意見。他指出，試圖通過幾小時的座談會，把大家的認識都統一是天方夜譚，所以"不求達成共識，只求增進溝通，或者說對達成共識不抱奢望，對增進溝通滿懷期待。"李飛介紹了人大法工委對新的行政長官任期的研究意見。

◆ 香港基本法委員會在北京舉行會議，12 名委員一致表示支持全國人大常委會就補選行政長官任期問題解釋基本法條文，並將意見提交人大常委會。

◆ 政府統計處公佈的"1975 年至 2004 年香港生育趨勢"數據顯示，香港每年的嬰兒數目由 1975 年的 79790 名，大幅下降至 2004 年的 49796 名。而粗出生率（即一年內的出生嬰兒數目相對該年年中的人口）也由 1975 年的每千人有 17.9 人，下降至 2004 年的 7.2 人。總和生育率從 1975 年的每千名女性誕下 2666 名嬰兒，下降至 2004 年的 927 名，顯示香港的生育水平已低於日本、瑞典等低生育率地區。

4 月 22 日

◆ 全國政協主席賈慶林在海南省分別會見了參加博鰲亞洲論壇 2005 年年會的香港特區署理行政長官曾蔭權及香港工商界人士。

◆ 區域法院法官施允義裁定，廉政公署在調查廣興國際控股前執行董事李萬德被控行賄基金經理一案時，對被告進行竊聽、偷拍是非法行為，違反基本法保障市民通訊自由權利。

4 月 23 日

◆ 立法會《行政長官選舉（修訂）條例草案》委員會聽取團體意見，共有 17 個團體參加。林瑞麟回應議員及團體意見時重申，提請人大釋法顧及了香港實際情況及符合香港的整體利益，以確保如期及合法地選出新的行政長官。

2005 年 4 月 21 日，全國人大常委會副秘書長喬曉陽（左二）、法工委副主任李飛（右一），國務院港澳辦副主任張曉明（左一）及中央政府駐港聯絡辦副主任王鳳超（右二）出席在深圳舉行的座談會，分別聽取港區全國人大代表和政協委員，以及香港各界人士對全國人大常委會就補選行政長官的任期進行釋法的意見。

4月24日

◆"海峽兩岸暨港澳佛教圓桌會"在三亞舉行,兩百多位佛教界人士和學者出席。會議遵照佛陀平等、慈悲、和共生的根本理念,協商促進兩岸暨港澳佛教的合作,以及在中國大陸舉辦"世界佛教論壇"等事宜。

4月25日

◆高等法院法官夏正民拒絕首宗挑戰西九龍文娛藝術區計劃的司法覆核案。此前港澳中文作家及出版社協會就政府未將藝術發展局納入負責挑選西九龍入圍發展商的評審委員會一事申請司法覆核。夏正民指出,法庭並不理會政府政策的"智慧"好或壞,只着眼於政府有否違法,而政府沒有將藝術發展局納入挑選發展商的"評審委員會"及"督導委員會"內,並無違法或不合理之處。

◆民政事務局常任秘書長余志穩及律政司官員以中國代表團成員的身份出席在日內瓦舉行的聯合國委員會審議會議,就中國政府向聯合國《經濟、社會與文化權利的國際公約》所提交的報告,向委員會介紹香港落實公約的情況,包括立法禁止種族歧視、重建市民對平等機會委員會的信心、研究性傾向歧視問題和推行扶貧措施等。

前線召集人劉慧卿、民主黨涂謹申及香港人權監察總幹事羅沃啟等以民間代表身份到日內瓦,旁聽會議。離港前,劉慧卿與社會福利界立法會議員張超雄召開記者會,表示已草擬了一份"民間報告",批評特區政府在憲制發展及社會保障方面未達到公約要求,期望借聯合國向特區政府施壓。

4月25日–4月26日

◆全國婦聯和香港特區婦女事務委員會在北京聯合舉辦研討會,紀念第四屆世界婦女大會和《北京行動綱要》通過十週年。全國婦聯主席顧秀蓮致辭。

4月26日

◆應中共中央和中共中央總書記胡錦濤的邀請,國民黨主席連戰率中國國民黨大陸訪問團,經香港轉機前往大陸訪問。中共中央台灣事務辦公室主任助理邢魁山、特區政府政制事務局局長林瑞麟等到機場迎送。

4月27日–5月1日

◆港澳台同鄉會會長林添茂等三十多人到台灣參觀訪問。期間與陳水扁、吳釗

2005年

341

戀、馬英九會面。

4月27日

◆十屆全國人大常委會第十五次會議通過全國人大常委會關於《中華人民共和國香港特別行政區基本法》第五十三條第二款的解釋，明確了香港特區行政長官缺位後產生的新的行政長官的任期為剩餘任期。

◆特區政府發言人發表聲明，歡迎全國人大常委會對基本法第五十三條第二款就新的行政長官的任期作出解釋。

◆林瑞麟在立法會接受質詢時駁斥"陸委會"和鮑正鋼的言論，強調接待連戰事宜由中央政府和特區政府負責。4月26日中國國民黨主席連戰率訪問團經港轉機前往大陸，在連戰一行所乘航班靠橋前，台灣在港機構"中華旅行社"總經理鮑正鋼等突然出現在接機閘門口，企圖加入接機行列。遭拒絕後，鮑正鋼稱特區政府缺乏最基本的禮貌，台灣"陸委會"稱特區政府的不友善行為令人遺憾。

◆立法會三讀通過 2005/2006 年度財政預算案。

◆香港大學法律學院教授、基本法委員會委員陳弘毅表示，全國人大常委會就補選行政長官任期問題的釋法主要是依循兩項理據：第一，選舉委員會的權限是選出一屆為期五年的特區政府的行政長官，如遇上行政長官出缺，選委會有權產生新行政長官，但新、舊行政長官的總任期不應多過五年，否則便是超越被授權的範圍；第二，基本法訂明，2007 年以後的行政長官產生辦法可作修改，這對香港政制發展是一條重要界線。如新行政長官的任期是五年，便將繞過目前特區政府對2007 年行政長官產生辦法所作的政制檢討，不符合基本法的立法原意。

◆據香港《文匯報》報道，特區政府在 2004/2005 年度從賑災基金撥款 3700 萬港元，為香港以外發生災害地方的災民提供緊急救援。該基金自 1993 年 12 月成立以來，累計撥款額已接近 3.32 億港元。

4月28日

◆署理行政長官曾蔭權首次出席立法會答問大會。曾蔭權表示，"這是一次新的經驗，期望這次標誌着政府與立法會關係有新的開始。"他提出兩點期望："第一，期望行政立法加強溝通，增加互信。第二，我明白市民對政府改善施政，對行政立法改善關係有所期盼。正如廣大市民一樣，我和特區政府亦期望與立法會積極合作，為市民的福祉一起努力。"他重申，特區政府會以謙虛謹慎、理性務實和果斷明快的作風施政；並會加強政府在政策研究、政策制定、政策協調和政策推行各方面的能力；會以包容共濟的精神，與社會各界共同應對香港的重大挑戰，並讓更多的社會人士可以參與公共事務；會以開放誠懇的態度，爭取各方面對政府的信任和支持。

◆ 第六次"粵港澳文化合作會議"在東莞舉行，會議就設立"粵港澳文化信息網"、"粵港澳圖書館網"、粵劇藝術推廣及創意城市指標等進行了討論。

4月29日

◆ 特區政府憲報公佈，署理行政長官曾蔭權委任吳榮奎為公務員敍用委員會主席，任期三年，由 2005 年 5 月 1 日起生效。

◆ 特區政府宣佈，再度委任王葛鳴為教育統籌委員會主席，任期兩年，由 2005 年 5 月 1 日至 2007 年 4 月 30 日。

◆ 立法會《行政長官選舉（修訂）（行政長官的任期）條例草案》委員會經過六次會議後完成草案審議工作。委員會主席譚耀宗將於 5 月 6 日向內務委員會提交報告，並於 5 月 25 日恢復條例的二讀及三讀。

4月30日

◆ 工聯會舉行慶祝"五一"國際勞動節酒會。曾蔭權、高祀仁、楊文昌等出席。

◆ 工聯會立法會議員王國興、陳婉嫻及鄺志堅率領近百名工聯會成員由遮打花園遊行至政府總部，促請政府儘快制定最低工資及標準工時。

◆ 廣東省公安廳公佈，自 2004 年 5 月 1 日全面實施個人遊以來，至今已發放了 850 多萬人/次個人遊簽注，佔全省赴港澳簽注總數的 89.5%。其中，香港 462 萬人/次，澳門 388 萬人/次。

◆ 台北市市長馬英九接受香港電台"動感時事"節目採訪時表示，香港有良好的法治及文官制度，具有一定的民主條件。

5月1日 "五一"國際勞動節

◆ 選舉委員會界別分組補選投票。39 個投票站由早上七點半至晚上十點半開放，供 4.7 萬多名投票人投票。

◆ 工聯會及職工盟分別發起"勞工界五一大遊行"，共有近六百個團體的五千多人參與。

5月1日－5月2日

◆ 香港青年聯會舉辦"香港五四青年節 2005"系列活動，內容包括"青年心繫國家，共建和諧香港"大匯演、"第八屆青年成人禮"及"五四青年大巡遊"。曾蔭權、高祀仁、李剛、楊文昌、王繼堂、劉良凱、梁愛詩及全國青聯代表團團長王曉等出席了開幕禮。

5月2日

◆ 選舉委員會界別分組補選結果公佈。總投票率為 14.95%，總投票人數為 7094 人。會計界李家祥、梁繼昌，區議會界別曾向群、陳振彬、王國強，法律界張達明、石永泰，高教界陳竟明等 8 人成功當選。另有八個界別的 12 位候選人自動當選，他們是金融界盧重興，進出口界陳封平，工業界（一）丁午壽、陳振東，工業界（二）陳永棋，勞工界余錦強，港區政協委員黃光漢、郭炳湘，鄉議局薛浩然、鄧錦良、莫錦貴、張伙泰。

◆ 工聯會青年事務委員會、九龍社團聯會青年部等八個社團在尖沙咀舉行"繼承五四愛國傳統，反對日本篡改歷史"簽名活動，強烈要求日本政府從速更正包括在教科書內被歪曲的侵華歷史。

5月3日

◆ 94 名來自新界鄉議局、漁農界及新界各區區議會的選舉委員會委員舉行座談會，批評政府未對鄉事給予重視，要求新行政長官在行政會議中納入鄉事代表。

5月4日

◆ 衛生福利及食物局局長周一嶽表示，過去十年綜援的各類個案數目和受助人數均有上升趨勢。據政府的統計，1995 年綜援受助人數約有 17.4 萬人；2004 年達到 54.2 萬人，其中老年人約二十萬人，領取綜援的單親家庭和失業人士分別有十萬人。由於香港經濟好轉，2004 年因失業而領取綜援的個案比 2003 年減少近 7800 宗；但低收入人士領取綜援個案則由 2003 年的五萬宗大幅上升至 2004 年的近六萬宗，升幅達 20%。

◆ 評級機構標準普爾（Standard & Poor's）宣佈，將香港長期外幣評級展望由"穩定"調升至"正面"，這是自 2001 年來首次調升有關展望。

5月5日

◆ 終審法院就警方拘捕在中央政府駐港聯絡辦外行人路示威的"法輪功"學員的上訴作出裁決，裁定"法輪功"學員勝訴，其蓄意妨礙警員執行公務及毆打警員等兩項罪名不成立。終審法院首席法官李國能在判詞中稱，和平示威的自由是基本法第二十七條保障的憲法權利，且警方也沒有證據證明示威人群做出了不合理的阻礙公眾行為。

5月5日－5月13日

◆ 應中共中央和中共中央總書記胡錦濤的邀請，台灣親民黨主席宋楚瑜率親民黨大陸訪問團，經香港轉機訪問大陸。中共中央台灣事務辦公室主任助理邢魁山、特區政府政制事務局局長林瑞麟等到機場迎送。

5月6日

◆ 選舉委員會正式委員登記冊發表，政府確認負責於 2005 年 7 月選出新行政長官的選舉委員會委員為 796 人。選舉事務處解釋，由於身兼香港地區全國人民代表大會代表及立法會議員兩職的四名當然委員只能投一票，選舉委員會在行政長官選舉中的最高投票總數不會超過 796 票。

◆ 香港保華營造公司決定向台灣太平洋營造公司投資五億新台幣，這是港台兩地營造業首次在台灣合資經營。

5月8日

◆ 特區政府發言人就立法會議員余若薇在香港電台節目"給香港的信"中指責政府提請人大釋法違反基本法規定的言論作出強烈反駁，指出基本法第四十三條規定行政長官是香港特別行政區的首長，行政長官代表香港特別行政區。依照基本法的規定對中央人民政府和香港特別行政區負責。基本法第四十八條第二款規定行政長官負責執行基本法和依照基本法適用於香港特區的其他法律。由於行政長官擁有這些憲制上的職權，若署理行政長官認為為有效執行基本法須解釋基本法，則署理行政長官向國務院提交報告，建議提請全國人大常委會就基本法相關條文作出解釋，是合法合憲的做法。

5月8日－5月12日

◆ 財政司司長唐英年訪問馬來西亞和泰國，推廣香港迪士尼樂園等新旅遊景點。

5月9日－5月11日

◆ 香港特區衛生署專家小組到河內出席世界衛生組織舉辦的禽流感國際會議，就高致病性傳染病的臨床及公共衛生管理加強合作與交流。

5月12日

◆ 粵港合作聯席會議第五次工作會議在香港舉行。署理行政長官曾蔭權和廣東省常務副省長湯炳權出席並主持會議。雙方回顧了兩地自 2005 年 1 月第四次工作會議以來的合作成果，以及圍繞經貿合作、大型基礎設施建設及口岸合作、旅遊、物流發展、科技、語文教育等領域進行討論，取得共識。曾蔭權表示，未來粵港兩地可繼續從不同途徑推動 CEPA 實施，如加強合作推廣 CEPA，提高有關政策及規例的透明度，以及簡化申請開業的手續。此外，就個別新政策或安排的推行，可以考慮尋求中央批准以廣東省作為試點，先推行簡化的程序和較寬鬆的處理方法。

5月12日－5月16日

◆ 香港特區區議會正、副主席代表團訪問北京。訪問團先後拜會了國務院港澳辦和民政部。16 日，劉延東會見訪問團時贈言「堅定信心、勇擔責任、促進合作、加強溝通、謀求發展」，並期望 18 區區議會繼續全力支持特區政府依法施政，擔任市民與政府之間的溝通橋樑，發揮主人公精神，構建和諧社區，維護香港長期繁榮穩定。陳佐洱、喬曉陽、樓志豪等參加了會見。

5月15日

◆ 香港民航處首次派出官員，以中國代表團成員的身份，參加國際民用航空組織（ICAO）理事會中國常駐代表處工作。

5月15日－5月17日

◆ 署理行政長官曾蔭權出席在北京召開的第九屆《財富》全球論壇。本屆會議主題為「中國和新的亞洲世紀」。

5月15日－5月23日

◆ 香港特區衛生福利及食物局局長周一嶽以中國代表團成員的身份，列席在日內瓦召開的世界衛生組織第五十八屆大會。

5月16日

◆ 深圳羅湖口岸自動查驗系統正式啟用。深圳邊防檢查總站表示，由於出入深圳各口岸的旅客超過 70% 是港澳居民，自助通關系統主要針對港澳旅客的需求而設計。旅客只需提前錄入指紋和面相資料，憑港澳居民來往內地通行證即可辦理自助通關手續。

5月17日

◆ 劉延東在北京會見丁毓珠率領的香港親子教育訪京交流團時表示，希望香港教育機構與內地教育機構加強交流，在為香港培養人才時，也為國家人才的培養作出貢獻。

◆ 金融服務界立法會議員詹培忠舉行記者會，宣佈他將參加行政長官補選。

5月18日

◆ 特區政府公佈《高中及高等教育新學制 —— 投資香港未來的行動方案》報告，介紹"三三四"新學制的執行細節。新學制將於2009至2010學年實施。教育統籌局將投放接近一百億港元推行新學制。

◆ 保安局局長李少光表示，自1997年香港回歸至2005年4月底，共收到4372份加入中國國籍的申請，以印度尼西亞籍的申請人最多，佔近40%，即1735人；其次是巴基斯坦籍833人、印度籍552人及越南籍547人。其中有3999份申請已審核完畢，獲批准的有3786份，約佔已完成審核數目的95%。

◆ 金融管理局宣佈推行三項優化聯繫匯率制度運作的措施，包括實施雙向兌換保證，以及為港元匯率定出上下限。

◆ 立法會通過由議員馬力提出的"促請特區政府規定政府建築物、學校在國慶節、回歸紀念日及元旦日升掛國旗"動議。

5月19日

◆ 香江文化交流基金會在港舉辦"連宋大陸行後兩岸政經形勢研討會"。

5月20日

◆ 香港科技大學商學院北京中心正式開幕，成為首間在北京金融街開設高級管理人才培訓中心的學術機構。

◆ 香港特區與澳門特區簽署有關移交被判刑人的安排的協議。

5月20日－5月21日

◆ "粵港科技合作交流研討會"在廣州市舉行。工商及科技局局長曾俊華率一百五十多人的交流團參加。

5月21日

◆ 世界旅遊組織公佈的2004年全球各國遊客統計數字顯示，香港排名全球第七位，2004年共接待遊客2180萬人次，較2003年增長40%，佔全球旅客市場的2.9%。香港更成為全球遊客與市民比例最高的地區，平均每 100 名市民，便有 318 名遊客，大幅拋離美國及意大利和法國。

◆ 英國駐港總領事柏聖文在接受香港《明報》記者訪問時表示，"香港法治仍然穩固"。

5 月 23 日

◆ 共建維港委員會就灣仔海旁第二期的發展計劃舉行首場公眾論壇，各界人士均認同要美化灣仔、銅鑼灣及鄰近地區的海旁，建成有朝氣活力的景點，以及改善該區擠塞的交通情況。

◆ 最高人民法院知識產權庭負責人在 "第八屆中國北京國際科技產業博覽會 —— 創新中國與知識產權保護國際論壇" 上表示，2004 年涉港澳知識產權民事案件上升 91.83%，2004 年一審審結的知識產權案件中，涉外、涉港澳台案件 365 件，佔 4.38%，同比上升 88.14%。其中涉及香港、澳門的案件 111 件，上升 91.83%。

5 月 24 日

◆ 劉延東、唐家璇分別會見以香港宏利人壽保險（國際）有限公司主席業榮達為團長的香港僱主聯合會訪京團。

◆ 特區政府發表首份可持續發展策略報告書，就固體廢物管理、可再生能源和都市生活空間三個範疇制訂多項策略性指標。署理行政長官兼可持續發展委員會主席曾蔭權出席報告的發佈儀式時表示，"該報告是新嘗試，為可持續發展踏出第一步，共同為香港這一代和未來後代謀求福祉。"

◆ 建設部與香港特區環境運輸及工務局在北京簽署內地與香港的規劃師及工料測量師資格互認協議。目前，建造業已經有五個專業完成了互認安排，包括產業測量師、建築師、結構工程師、規劃師及工料測量師。而通過前三項互認安排，兩地先後有超過六百人取得對方的專業資格。

◆《香港特別行政區和澳門特別行政區居民參加國家司法考試若干規定》正式施行。2005 年國家司法考試將首次在港澳地區設立考區、考場。根據《規定》，香港、澳門永久性居民中的中國公民和持有來往內地通行證的中國公民可報名參加考試。

5 月 25 日

◆ 曾蔭權以參與行政長官選舉為理由，向中央政府遞交辭呈，請求辭去香港特區政府政務司司長職務。同時發表參選聲明。同日，特區政府發表聲明，根據基本法的規定，自曾蔭權辭職後，財政司司長唐英年出任署理行政長官，房屋及規劃地政局局長孫明揚署理政務司司長職務。

◆ 立法會通過《行政長官選舉（修訂）（行政長官的任期）條例草案》，條例規定經普選產生的行政長官的任期為原行政長官任期的餘下部分。

◆ 商務部公佈，為減輕徵收紡織品出口關稅措施對香港紡織業的影響，內地決定對香港到內地實施外發加工措施（OPA），且領取香港原產地證的紡織品免徵出口關稅，但對於未領取香港"OPA紡織品證明"的出口產品照章徵收出口關稅。同時取消香港 OPA 項下相應類別紡織品出口自動許可登記。

◆ 立法會否決何俊仁議員提出的"本會呼籲：毋忘六四事件，平反八九民運，悼念趙紫陽先生"動議。

5月25日 - 5月30日

◆ 保安局局長李少光訪問日本東京和韓國首爾。

5月26日

◆ 香港地鐵公司與深圳市政府簽署深圳軌道交通四號線二期特許經營協議，以及二、三號線合作備忘錄。根據協議，香港地鐵公司將成立一家註冊資本為 24 億元人民幣的項目公司，以 BOT 方式（建設—運營—轉移）負責四號線二期的建造，以及四號線全線的營運，包括四號線一期軌道設施的使用權。有關項目還包括四號線沿線車站和車廠的地塊共 290 萬平方米建築面積的物業發展權。

◆ 國家環保總局與香港特區政府簽訂開展空氣污染防治合作的安排。雙方就空氣污染管制開展課題研究，探索空氣污染防治政策及技術。

◆ 特區政府發言人回應《國際特赦組織 2005 年年報》時表示，特區政府致力保障人權。在香港，人權受到基本法、《人權法案》及多項本地法律保障，並且建基於法治和司法獨立之上。在國際社會及本地層面，香港均被公認為亞洲區內最自由的城市之一。香港市民享有與回歸前同樣的人權和自由。特區政府絕不會容許市民行使這些自由的權利被削弱。

◆ 日本民間組織"和平船"訪問香港，宣揚和平信息並進行文化交流。

◆ 香港《大公報》澳大利亞版創刊。

5月27日

◆ 特區政府憲報公佈，署理行政長官

2005年5月25日，曾蔭權宣佈參加行政長官補選，並向國務院遞交辭呈，請求辭去香港特區政府政務司司長職務。

再度委任羅仲榮為香港科技園公司董事局主席，任期兩年，由 2005 年 7 月 1 日起生效。

◆ 特區政府憲報公佈，署理行政長官委任吳斌為個人資料私隱專員，任期五年，由 2005 年 8 月 1 日起生效。

◆ 選舉管理委員會公佈新一套《行政長官選舉活動指引》。新條款包括問責官員出席選舉活動的注意事項及候選人若使用政府辦公室處理選舉活動，租金須按比例列為選舉開支等內容。

◆ 超過一百間香港商界企業宣佈聯手成立一個新聯盟組織 "Harbour Business Forum"，加入保護香港海港和推動海旁優化發展行列。

◆ 香港特區與雲南省簽署《滇港體育交流備忘錄》，建立體育合作平台，促進兩地的體育發展。

5 月 31 日

◆ 政制發展專責小組發言人表示，政府就第四號報告《社會人士對 2007 年行政長官和 2008 年立法會產生辦法的意見和建議》為期五個半月的公眾咨詢結束。截至 5 月 31 日下午，共收到超過 430 份意見書。當中，有約一百八十份是以團體名義發表的書面意見，其他是以個人名義發表。所有書面意見，除要求保密的外，其他將會隨第五號報告公開供市民參閱。發言人又表示，1 月至 3 月期間，專責小組通過民政事務總署舉辦了兩場公開論壇，讓全港市民參加；又舉辦了四場地區研討會，邀請了社會各界人士（包括各區區議員、學生、專業和中產人士、地區組織的代表）參與；總參加人數超過 730 人。

◆ 民建聯第八屆中央委員會選出新一屆領導班子。馬力連任主席，譚耀宗、葉國謙、譚惠珠、劉江華任副主席。

◆ 香港社會福利界代表團赴台灣進行交流活動。

5 月 31 日 – 6 月 16 日

◆ 經濟發展及勞工局常任秘書長張建宗率香港代表團，以中國代表團顧問的身份出席在日內瓦舉行的 "第九十三屆國際勞工大會"。本次大會議題為 "促進青年就業及職業安全與健康"。

6 月 1 日

◆ 國務院依照《中華人民共和國香港特別行政區基本法》的有關規定，根據署理行政長官曾蔭權的報告，批准曾蔭權為參選行政長官辭去政務司司長職務，從即日起離職。財政司司長唐英年署理行政長官的職務。

6月2日

◆ 曾蔭權正式宣佈參選行政長官，並發表參選講詞及以三大施政願景和八大施政理念為主要內容的參選政綱。三大願景是：（1）嚴格按照基本法，貫徹"一國兩制"方針，維護國家與香港的整體和長遠利益。（2）鞏固香港作為"亞洲國際都會"的地位，擔當內地與世界的橋樑角色。（3）建設一個安定繁榮、令港人引以自豪的香港。八大理念是：（1）建立和維繫良好的特區與中央關係。（2）施政以民為本。（3）提升管治能力。（4）全方位發展經濟。（5）建構和諧穩定社會。（6）維護香港的自由、平等、法治和廉潔等價值。（7）促進與國際社會的聯繫。（8）鼓勵公眾參與政治。

6月3日

◆ 曾蔭權舉行答問大會，向與會的行政長官選舉委員會委員宣佈參選理念，發表了題為《強政勵治、締造和諧、福為民開》的演詞。

◆ 特區政府憲報公佈，署理行政長官再度委任馮國經為機場管理局主席，任期

三年，由 2005 年 6 月 1 日起生效。

6月4日

◆ "支聯會"在維多利亞公園舉行紀念"六四"燭光晚會。主辦者稱有 4.5 萬人參加，警方估計人數 2.2 萬。

6月7日

◆ 周一嶽會見來訪的衛生部部長高強，交流對抗傳染病的工作經驗，並就加強相互合作交換意見。

◆ 保安局發言人表示，自 1997 年 7 月 1 日至 2005 年 4 月底，香港特區政府共接獲 503 宗港人在內地被扣或服刑的求助個案，涉及 510 人。通過兩地相互通報機制，特區政府共接到內地作出的 3211 次通報，涉及 2439 名港人。

6月11日

◆ 由香港、澳門、台灣兩岸三地多個團體主辦的"兩岸關係新契機研討會"在香港舉行。

6月13日

◆ 太平洋地區經濟理事會第三十八屆國際年會在香港舉行，會議議題為"太平洋地區：引領環球經濟發展"。吳儀副總

理在年會發表講話時讚揚香港回歸七年來取得的成就，強調保持香港的長期繁榮穩定，是中央堅定不移的目標，中央會全力支持行政長官和特區政府依法施政。

◆ 公務員事務局局長王永平參加港台節目"司局長對話"時表示，政務官投身"政治大海"後，不可通過"旋轉門"重返公務員隊伍，因為政務官如此"變臉"，會使人感到混淆，公務員的專業及政治中立很重要。

6月15日

◆ 商務部對外經濟合作司有關負責人表示，CEPA第二階段全力推進的"企業自由行"效果已逐漸顯現。內地企業來港投資的步伐近年來正在加快。2004年來港投資的內企增長119%至160家，涉及投資金額9.57億美元（約74.65億港元）；僅2005年首季，內地企業在港投資金額達2.8億美元，已超過2003年全年的2.66億美元。

6月16日

◆ 選舉主任朱芬齡法官公佈行政長官補選結果：曾蔭權獲得674位選舉委員有效提名，成為2005年行政長官選舉的候選人。由於在提名期結束時只有一位候選人獲有效提名，宣佈曾蔭權在2005年行政長官選舉中當選。

◆ 廉政公署數據顯示，2005年1月至5月共收到1400宗貪污舉報，較2004年同期下跌7%，當中涉及政府部門的舉報跌幅最大，達14%，而涉及私人機構的舉報數字佔整體比例超過一半，廉署對此表示關注。

6月16日 - 6月22日

◆ 律政司司長梁愛詩率香港法律界代表團訪問河北省石家莊市，出席"2005河北—香港週"。代表團拜訪了河北省法院、檢察院、司法廳和律師事務所，就雙方交流法律信息、為對方進行律師培訓、互派律師到對方機構見習等簽訂合作協議。

6月17日

◆ 候任行政長官曾蔭權接受美國有線電視新聞網絡（CNN）訪問時表示，期望正式上任後，可在2004年全國人大常委會決定的框架下，尋找更加公開、透明、民主、更多人參與及更具代表性的選舉辦法。上任後將改組行政會議和改革策略發展委員會，讓更多的香港市民參與政策制訂。

◆ 高等法院上訴法庭裁定，入境處縱火案主犯施君龍入獄八年，其餘人等則入獄七年四個月。2000年8月2日，施君龍為首的七名內地人以爭取居港權為由，釀成灣仔入境大樓火災，導致高級入境主任梁錦光及其同事林小星死亡。經過逾四年的訴訟，七人在高等法院上訴法庭承認因嚴重疏忽引致誤殺的罪名。法官強調，以武力表達不滿是不可接受的，為保障前線執法人員，必須予以重判。

◆ 澳門特區行政長官何厚鏵發出賀電，祝賀曾蔭權當選香港特別行政區行政長官人選。

6月21日

◆ 國務院總理溫家寶簽署國務院第437號令，根據《中華人民共和國香港特別行政區基本法》的有關規定，任命曾蔭權為香港特別行政區行政長官，實時生效，任期至2007年6月30日。

溫家寶總理在國務院全體會議上指出，這次香港特別行政區行政長官選舉，是在行政長官出缺後進行的一次補缺選舉，不僅為香港特區社會各界，同時也為全國人民和國際社會廣泛關注。曾蔭權先生此次獲得714名選舉委員會委員的提名和支持，順利當選，表明他得到了香港

各界的廣泛認同和支持。相信曾蔭權先生和香港特別行政區政府一定能夠帶領全體香港市民克服各種困難，為促進香港的繁榮、穩定和各項社會事業的進步作出更大成績。

◆ 中央政府駐港聯絡辦、外交部駐港特派員公署和解放軍駐港部隊分別發出賀電，祝賀曾蔭權獲中央政府任命為香港特別行政區行政長官。

◆ 曾蔭權首次以行政長官身份舉行記者會，他表示"如果沒有香港各階層市民和中央政府的支持，我將會一無所有"。他承諾，會時刻以市民為念，"強政以民意為本，勵治以利民為先"。

◆ 終審法院裁定特區政府實施的公務員減薪沒有違反基本法。政府在2002年提出削減公務員薪酬，立法會在2002年7月第一次立法通過減薪條例。2003年，香港公務員工會聯合會與政府達成"033"減薪方案，立法會第二次通過減薪條例。之後，兩名公務員單格全及劉國輝向法院申請司法覆核，入稟控告政府兩次立法減薪的決定，高等法院上訴庭及原訴庭先後在2004年11月及2005年2月裁定政府兩次減薪違反基本法，政府遂上訴至終審法院。

◆ 高等法院原訟庭批准梁偉浩的豁免

申請。香港青年工業家協會及該協會榮譽會長梁偉浩於 2005 年 5 月分別在兩份報章刊登支持曾蔭權參選行政長官的廣告。因並非曾的助選團，刊登廣告屬於選舉開支，故有關行為可能違反《選舉（舞弊及非法行為）條例》。代表他們的大律師指出，刊登廣告純粹出於對曾的支持，並非出於惡意，為免日後被起訴，遂向高院申請豁免。

◆ 由中華全國工商業聯合會、香港中華廠商聯合會、台灣工商企業聯合會及澳門中華總商會合辦的"第二屆海峽兩岸和香港、澳門經貿合作研討會"在香港舉行。

6 月 22 日

◆ 外交部發言人對美國國務院發言人埃雷利（Adam Ereli）表示期待與新的行政長官及港人繼續保持密切的合作關係持歡迎態度。同時指出，香港基本法已對香港的政制發展作出明確規定。香港事務是中國的內部事務，其他國家不宜在中國的內部事務上說三道四。

◆ 申訴專員公署發表 2004/2005 年度報告顯示，本年度共收到 4654 宗投訴，較前年度輕微減少七宗，其中涉及房屋署的投訴最多，佔 12.1%，其次為食物環境衛生署和地政總署。

◆ 保安局局長李少光在立法會回答議員質詢時表示，香港與內地是兩個司法管轄區，在內地涉嫌觸犯刑法的人士會由內地執法部門依法處理。內地沒有責任向特區政府透露案件的詳情，特區政府也不會評論內地的執法及司法。根據法律和行政措施，特區政府駐京辦無權探訪被內地扣查的港人。

6 月 23 日

◆ 特區政府宣佈，再度委任陳兆愷、彭鍵基及馮國經為司法人員推薦委員會委員，任期一年；同時委任四名新成員何沛謙、史密夫、徐立之及王葛鳴，任期兩年。

◆ 交通銀行在香港交易所上市。

6 月 24 日

◆ 曾蔭權在北京宣誓就任香港特別行政區行政長官。國務院總理溫家寶代表中央政府監誓，並向曾蔭權頒發了任命書。儀式結束後，溫家寶在會見曾蔭權時對他就任特區行政長官表示祝賀。希望他帶領和團結香港特區政府和廣大民眾，為香港的繁榮和穩定作出新的貢獻。中央政府將堅定不移地堅持"一國兩制"方針，嚴格按照基本法辦事，全力支持香港特區政府依法施政。

◆ 國家主席胡錦濤會見了赴京宣誓就職的香港特區行政長官曾蔭權。胡錦濤表示，曾蔭權在行政長官補選中能夠獲得714名選舉委員會成員的支持和提名，順利當選，被中央任命為香港行政長官，充分表明香港各界對他的認同和支持，也表明了中央的高度重視和期待。希望曾蔭權不負眾望，恪盡職守、奮發進取，帶領特區政府，團結社會各界人士，全面準確地貫徹落實"一國兩制"方針和基本法，不斷改善施政，提高管治水平，維護社會的穩定與和諧，促進經濟進一步復甦與發展，為香港的繁榮穩定和發展做出新的貢獻。他表示，中央始終高度重視香港特別行政區的社會穩定和經濟發展，關心廣大香港同胞的福祉。中央將繼續堅定不移地貫徹"一國兩制"、"港人治港"、高度自治的基本方針，全力支持香港特別行政區行政長官和特區政府依法施政。繼續加強內地與香港在各個領域的交流與合作，促進香港與祖國內地共同發展。相信香港同胞有智慧、有能力管理好香港的事務，香港的未來一定會更加美好。

◆ 曾蔭權在離京前舉行記者會表示，鞏固及加強中央與香港特區的關係是香港一切成功的基本前提，也是未來特區施政的根本考慮。"以民為本"、"締造和諧"是國家的基本國策，也是特區政府今後施政的長遠方向。在本屆政府剩餘的兩年任期內，他將會致力於維護香港的安定，建構和諧的社會，全力促進經濟發展。循着社會各界認同的方向，推動及落實各項政策，而且會努力提升特區政府的管治能力，建立高效、明快的施政作風。

◆ 立法會財務委員會通過議案，同意工商及科技局成立納米科技、汽車零部件、數碼發展培育及訓練中心等六個不同範疇的科研及發展中心。

6 月 25 日

◆ 行政長官曾蔭權在會見記者時表示，出任政務司司長的人選要符合三項條件：一是要愛港愛國；二是要有高的駕馭能力；三是能與他本人工作"合拍"。

6 月 26 日

◆ 政府憲報公佈，行政長官會同行政會議批准九龍南線鐵路方案。該路線全長 3.8 公里，連接西鐵南昌站和東鐵尖東站。2005 年 8 月施工，預計 2009 年竣工，建造費預計 83 億港元。

◆ 台灣在港機構中華旅行社前總經

2005 年 6 月 24 日，香港特別行政區行政長官曾蔭權在北京宣誓就職，國務院總理溫家寶代表中央人民政府監誓，並向曾蔭權頒發了任命書。這是香港回歸以來，首次不在香港而在中央政府所在地北京舉行的行政長官宣誓就職儀式。

理、現任台北市政府顧問兼市長辦公室主任鄭安國在香港表示，希望曾蔭權能改善台港關係，以及在台灣設立特區政府的辦事處，加強台港溝通。

6月27日

◆ 曾蔭權首次以行政長官身份出席立法會答問大會。他表示，過去多年行政立法連綿不斷的爭拗，已經造成了嚴重的政治內耗，使得特區管治維艱，市民對政府、立法會和政黨的信任偏低，對為政者的管治能力缺乏信心。他強調，要達到有效管治，行政機關和立法會都必須以廣大市民的福祉為依歸，以國家和香港的大局為重，求同存異，減少爭拗，增加共識，共同為香港的繁榮穩定和市民的幸福作出貢獻，並一起在行政和立法方面贏取市民的尊重和信任。

6月28日

◆ 行政會議批准地鐵有限公司展開西港島線的初步規劃。地鐵西港島線將由現在的上環站延伸至堅尼地城，中途設西營盤及大學兩個車站，預計通車後乘搭地鐵行使該區段只需七分鐘，可紓緩西區交通擠塞情況。

6月29日

◆ 立法會否決立即重售及興建居屋的動議，一萬多個居屋單位 2007 年前依舊未能解封。房屋及規劃地政局局長孫明揚重申，不再興建資助房屋是政府房屋政策新定位中重要的一環，不能輕易改變。

6月30日

◆ 依照《中華人民共和國香港特別行政區基本法》的有關規定，根據香港特別行政區行政長官曾蔭權的提名，國務院決定，任命許仕仁為香港特別行政區政府政務司司長。

◆ 曾蔭權接受新華社訪問時表示，任期內要恢復市民的信心，除了改善經濟、提升政府管治能力外，更希望香港成為"國家經濟體系的造血機器，不斷將新鮮血液輸進國家經濟體系"，以協助國家經濟更蓬勃發展。

◆ 特區政府就陳水扁會見香港台灣工商協會代表團時發表香港已不斷被"內地化"，"一國兩制"完全是一句空話、假話的言論發表聲明，指出自 1997 年香港回歸及成立特區以來，"一國兩制"的成功落實是有目共睹的事實。根據基本法，特區各方面的制度得以維繫與保持。香港沒有黑金政治，所有選舉都在公開、公平和廉潔的原則下進行，政制發展根據基本法規定循序漸進。

7月1日　香港特別行政區成立八週年

◆上午，特區政府在香港會議展覽中心金紫荊廣場舉行慶祝香港特區成立八週年升國旗、區旗儀式。霍英東、曾蔭權、高祀仁、楊文昌、王繼堂、劉良凱及特區政府主要官員、行政會議成員、立法會議員、司法機構法官和各界人士三千五百多人出席。隨後，特區政府在會展中心大會堂舉行酒會。霍英東、曾蔭權、高祀仁、楊文昌、王繼堂、劉良凱及各界人士 1200 人出席。曾蔭權致辭時表示，回歸八年，香港人對國家、對民族的感情已發生很大變化：“這不是無端產生的，而是香港過去的八年歷練換來的珍貴體驗和升華。我們從來沒有好像今天這樣真切地感覺到，香港與內地骨肉相連，唇齒相依”，“中央對香港的支持，不是空話，八年來的事實可以說明一切。香港人的愛國，也不是空話，數十年來，特別是國家改革開放以來港人為國家作出的貢獻昭昭可觀。香港是國家的重要資產。汲取過去八年寶貴經驗之後，這一份資產更有價值。”他指出，香港社會已有共識，就是香港經濟要持續發展，必須善用“背靠祖國，面向世界”的優勢，同時強化香港金融、貿易、物流、旅遊、資訊中心的國際地位。他再次承諾，政府的決策要明而快，“決策的依歸是市民利益，決策執行要高效率，高效率的依據是唯才是用。通過改善施政，我們會趁着目前良好的經濟復甦勢頭，全力搞好經濟。”

◆工聯會、中華總商會等 19 個團體發起“慶祝回歸八週年、和諧團結創明天”為主題的大巡遊活動，有八百五十多個社會團體、超過三萬市民參加。

◆民間人權陣線連續第三年舉辦“七一”大遊行，主題為“爭取全面普選、反對官商勾結”。主辦團體稱遊行人數為 4.5 萬，後改稱 2.1 萬。警方統計有 1.7 萬人參加。

◆原基本法起草委員會委員、中國人民大學教授許崇德接受香港《大公報》專訪時表示，“構建和諧香港”涉及多重關係。首要是中央與特區的關係。總體來說，中央與特區的利益是一致的，相信中央將一如既往尊重特區的自治權，尊重特區人民的要求，“但香港人不要存有偏見，認為中央一出手就是干預，像中央出台的 CEPA、個人遊等政策，給香港帶來的實惠是顯而易見的”，“高度自治不等同於完全自治，自治是有一定限度的，不應該超過基本法的規定，假如提出一些超越基本法的要求，這個關係就不和諧了，所以說，和諧香港的基礎就是基本法"。

7月2日

◆ 香港政策研究所、思匯政策研究所及新力量網絡三家民間智囊機構聯合舉辦"還看今朝：新的行政長官政綱論壇"，討論行政長官的政治發展政綱。

◆ 霍英東集團投資的廣州南沙貨運碼頭正式投入營運。全國政協副主席霍英東、廣州市市長張廣寧及霍英東基金會執行董事霍震寰出席開業剪綵儀式。南沙貨運碼頭擁有一個萬噸級泊位和三個千噸級泊位，岸線總長 480 米，碼頭的設計年吞吐量為 24 萬標準箱。

7月3日

◆ 由三十多個民間團體組成的"香港自由社團紀念抗日戰爭勝利六十週年聯盟"，在旺角行人專用區舉辦"烽火中華"抗戰歷史圖片巡迴展。

7月5日

◆ 中央政府駐港聯絡辦副主任李剛出席一個公開活動時表示，中央政府與香港各界的溝通一直是敞開大門和持續不斷的，特別是在目前香港社會求和諧、求穩定、求發展的主流意識下，更需要加強中央政府與香港各界的溝通，加強內地與香港經濟的合作。被問及"民主派"議員能否在近期訪問北京，李剛表示，"民主派"議員如果有需要，隨時進京，沒有限制。"個別人沒有回鄉證去不了，是按照有關規定作出的。他們什麼時候能夠符合內地的有關規定，就能拿到回鄉證，就能夠回到內地。"

◆ 區域法院暫委法官李慧詩裁定，因廉政公署在陳裘大案中偷錄被告與律師的對話違反基本法，陳裘大案永久終止聆訊，案中四名被告當庭釋放。律政司司長梁愛詩和廉政專員黃鴻超回應時強調，執法部門是可以合法竊聽的，將詳細研究案件後，再決定是否上訴。

7月6日

◆ 中央政府駐港聯絡辦副主任黎桂康出席香港中華總商會舉辦的兩岸關係座談會，並就"連、宋訪問大陸後的兩岸關係"作了主題發言。

◆ 台灣新黨主席郁慕明率新黨紀念抗日戰爭勝利六十週年大陸訪問團，經香港轉機訪問大陸。

7月7日

◆ "和諧香港基金"籌委會及香港《大公報》在香港會議展覽中心聯合舉辦"百年中國 —— 認識歷史"活動啟動禮。香港各界人士及三千名青年學生出席。

7月8日

◆ 終審法院駁回四五行動成員梁國雄及專上學聯成員馮家強、盧偉明就《公安條例》提出的上訴案，維持原判。裁定三人非法集會、擾亂社會秩序、違反《公安條例》罪名成立。

◆ "2005粵港經濟技術貿易合作交流會"在香港舉行。

◆ 司法部國家司法考試辦公室與特區政府律政司在港舉行"國家司法考試高級研修班"簽約儀式。由2005年起，中國人民大學法學院、中國政法大學、北京大學法學院將與香港城市大學法學院承辦研修班課程。

◆ 國際奧林匹克委員會接納第二十九屆奧林匹克運動會北京奧組委的建議，決定2008年奧運會和殘疾人奧運會的馬術比賽項目在香港舉行。

◆ 美國駐港總領事館宣佈，郭明瀚（James B.Cunningham）於2005年8月出任美國駐香港及澳門總領事。郭明瀚

曾出任美國駐聯合國大使及副常任代表，2001年1月至9月間署理美國駐聯合國常任代表。

7月9日

◆ 工商及科技局局長曾俊華表示，香港電台將在下一個賽馬季節停止轉播賽馬節目，並強調，"港台應研究如何善用公帑及製作高質素節目，及避免與商業機構競爭。"

7月10日－7月12日

◆ 曾蔭權會見來港訪問的國際奧委會主席羅格（Jacques Rogge）。羅格為香港公園的奧林匹克廣場揭幕。

7月12日

◆ 香港資深醫護人員馮玉娟獲紅十字國際委員會頒發"南丁格爾獎"，成為首名獲得該獎的香港人。

◆ 曾蔭權向選舉事務委員會遞交"選舉開支及接受選舉捐贈之申報書及聲明"。數據顯示，曾蔭權在參選行政長官期間，獲選舉捐款二千七百多萬港元，除選舉開支412萬港元，剩餘的2300萬港元分別捐贈予14間慈善機構。

◆ 民建聯舉行成立十三週年酒會。董

2005 年 7 月 8 日，國際奧林匹克委員會第 117 次全會決定，2008 年北京奧運會和殘奧會的馬術比賽項目將在香港舉行。

建華、曾蔭權、高祀仁、楊文昌等出席。民建聯主席馬力致辭。

◆ 全國人大常委曾憲梓出席一個公開活動時表示，香港電台在殖民地時代是以宣傳港英的政策為主，使市民明白及接受政府推行的政策。現在香港回歸祖國八年了，也希望香港電台做好宣傳政府政策的工作，使廣大市民知道政府在做什麼。

◆ 新力量網絡發表政府資產私有化政策前瞻研究報告。主席張炳良表示，資產私有化應視乎它能否帶來最大的公眾利益。政府應增加私有化問題上的透明度，注意私有化後的管理問題，保障公眾利益。

◆ 由粵港澳三地合建的"閃電定位網"正式起用。該系統將就發生在珠三角的主要氣象災害（雷電、龍捲風、冰雹、暴雨、洪澇、颱風等）進行監測。該系統有五個監測站，其中三個站建於香港境內，另外兩個則分別建於廣東省佛山市三水氣象局和澳門地球物理暨氣象局。

◆ 星島新聞集團有限公司出版的免費報紙《頭條日報》創刊。

7月13日

◆ 終審法院裁定，政府在公務員減薪官司中勝訴。終審法院發表的38頁書面判詞闡述，雖然基本法第一百條列明公務員薪酬福利不可低於 1997 年 7 月 1 日的標準，但當中未有禁止更改有關條款，條文也不保證薪金要高於回歸前水平。政府有充分權力制定法律，包括有權立法改變公務員薪金及聘用條件，政府也可因應經濟、政治及緊急環境，提出緊急的非慣例法律條文，一定程度的修改也不影響公務員制度的持續性。

7月13日 - 7月14日

◆ 粵港澳防治傳染病專家組第五次會議在澳門舉行。會議決定正式啟動三地公共衛生平台，上載疫情資料及分析結果。

7月14日

◆ 中央政府駐港聯絡辦副主任李剛在第二屆粵港青年交流高峰論壇上表示，為進一步加強與香港各界人士的聯繫，中央政府駐港聯絡辦成立了青年工作部。

◆ 香港廣東社團總會在香港會議展覽中心舉行慶祝香港回歸祖國八週年暨第四屆會董就職典禮聯歡晚會。曾蔭權、高祀仁、楊文昌及香港、內地政界及商界知名人士兩千多人出席。

2005 年 7 月 13 日，終審法院裁定，
特區政府在公務員減薪官司中勝訴。

7月15日

◆ 高祀仁宴請來港參加"雪域明珠‧中國西藏文化週"的西藏代表團成員，並預祝西藏文化週活動在香港掀起一股西藏熱，進一步加深香港與西藏在經濟、文化及宗教等各方面的合作和交流。

◆ 曾蔭權首次以行政長官身份，向行政會議秘書處申報個人利益。

7月17日

◆ 據《香港商報》報道，香港賽馬會營辦的六合彩獎券，迄今已達三十年。六合彩自推出以來總投注額超過797.88億港元，向政府繳納的博彩稅達197.58億港元，撥給獎券基金作社會福利用途的總金額超過93.27億港元。共創造2360位百萬富翁和346位千萬富翁，而三十年來無人認領的獎金總金額也高達12.4343億港元。

7月18日

◆ 歐洲聯盟委員會主席巴羅佐（Jose Manuel Barroso）訪問香港。曾蔭權會見巴羅佐並發表聯合聲明。聲明表示，香港與歐盟是重要的經濟夥伴，有着很多共同利益。面對新的挑戰和機遇，雙方將繼續加強緊密合作關係，共同擬訂新的議程，並就彼此有利的範疇，展開更有系統的對話。

7月20日

◆ 終審法院就領匯司法覆核案作出最終裁決，裁定特區政府勝訴，駁回公屋居民盧少蘭就領匯上市合法性所提出的上訴。終審法院首席法官李國能在判詞中指出，房屋委員會將零售和停車場設施出售予領匯，完全符合房委會必須確保提供該類設施這個法定宗旨，出售該類設施屬房委會職責範圍之內的行為，亦在房委會作為法定團體的權限之內。

7月20日－7月22日

◆ 國家新聞出版總署署長石宗源率團訪問香港，並參加香港書展開幕儀式。

7月24日－7月26日

◆ 曾蔭權率香港特區政府代表團出席在成都召開的第二屆"泛珠三角區域合作與發展論壇暨經貿合作洽談會"。本屆論壇主題是：資本市場、物流及知識產權。會議通過了《泛珠三角區域合作發展規劃綱要》和《泛珠三角區域經濟工作意見》等文件。會上，曾蔭權發表了題為"擴大開放、促進合作"的演講。他提出香港在

2005 年 7 月 18 日，歐盟委員會主席巴羅佐（右）抵達香港訪問，工商及科技局局長曾俊華在港澳碼頭迎接。

推動區域合作中的三個主要角色，包括以國際金融中心的優勢協助區內企業進行融資；提供多元化服務支援區內各方面商業運作；以及鼓勵區內企業以香港為基地，積極拓展國際業務。

7月25日

◆ 國務院港澳辦副主任陳佐洱在第二屆泛珠三角區域合作與發展論壇上，就港澳地區與泛珠三角區域今後推進合作提出五點建議：一是做好"泛珠三角"區域合作規劃，並與國家"十一五"規劃相銜接；二是加強大型基礎設施特別是港澳與內地跨境大型基建的協調和建設；三是進一步降低合作成本，促進人員、貨物和資金在區域內更便利流動；四是發展各自的優勢和特色產業，幫助相關企業儘快找到合作的切入點；五是爭取在國務院的統籌下，在落實 CEPA 服務貿易領域向港澳開放方面先行一步。

◆ 香港科技大學宣佈獲霍英東基金會捐贈八億港元，這是 1991 年創校以來獲得的最大宗私人捐款。霍英東在捐贈儀式上表示，選擇捐款給科大的主要原因是，科大是最早到內地發展的本地大學，對整個國家有貢獻。

7月26日

◆ 新華社報道，中央軍委主席胡錦濤近日簽發命令，任命解放軍駐港部隊政治委員劉良凱為廣西軍區政治委員；任命某集團軍政治委員張汝成為駐港部隊政治委員。

7月27日

◆ 香港友好協進會舉行成立十六週年暨慶回歸八週年晚會。董建華、曾蔭權、鄭萬通、梁金泉出席。

7月28日

◆ 四川省爆發人類感染豬鏈球菌病個案後，國家質檢總局宣佈暫停四川全省所有肉類出口香港，並容許港方派出三人小組到資陽及內江協助調查。

◆ 台灣"新聞記者協會"致函行政長官，指責香港廉政公署搜查七間報館的行動是嚴重威脅新聞自由，要求特區政府道歉及發還從報館帶走的文件。

7月29日

◆ 特區政府憲報公佈，行政長官委任梁智鴻為安老事務委員會主席，任期兩年，由 2005 年 7 月 30 日起生效。

7 月 30 日

◆ 曾蔭權簽發《執法（秘密監察程序）命令》並刊憲。《命令》沒有增加執法機構的監察權力，而是對秘密監察行動進一步進行規範。

◆ 香港中原集團主席施永青出資創辦的免費報紙《am730》創刊。

◆ 台灣《工商時報》報道，香港最大的通訊代理商香港第一電訊決定以轉投資公司創信國際赴台開展業務，並已獲 GEO 品牌台灣總代理威洋國際公司同意協助建立經銷體系。

8 月 1 日

◆ 解放軍駐港部隊舉行慶祝中國人民解放軍建軍七十八週年招待會。霍英東、董建華、曾蔭權、高祀仁、楊文昌等出席。駐港部隊司令員王繼堂致辭時表示，解放軍駐港部隊進駐香港八年來，一直遵照中共中央及中央軍委的命令及指示，認真貫徹"一國兩制"方針，嚴格執行基本法和駐軍法，嚴守法紀，有效地履行了香港的防務。駐軍堅決支持特區政府依法施政，積極參加香港社會公益活動，與香港各界和廣大市民建立了良好的關係。今後將一如既往地忠實履行職責，為維護香港繁榮、穩定和發展做出積極的貢獻。

◆ 特區政府宣佈，綜援長者自願回內地養老計劃即日起由廣東省推展至福建省，並將申請資格由連續領取綜援時間不少於三年，縮減為不少於一年，估計有 1100 名領取綜援人士受惠。社會福利署表示自 1997 年推行"綜援長者自願回廣東省養老計劃"，截至 2005 年 6 月底，已有三千多名老人參加了這一計劃。

◆ 經濟發展及勞工局與國家民航總局達成協議，由香港至內地 12 個城市的民航航權將會增加 57%，新的航權安排 8 月 1 日起生效。

◆ 香港科技大學公佈，該校 2005 年在內地 14 個省市錄取 170 名本科生，其中有七十人獲頒總額逾一千六百多萬港元的獎學金，為歷年最高金額。

◆ 七百多名香港中學生由深圳乘搭專列火車出發，參加香港福建同鄉會和江西省青年聯合會主辦的"香港青少年紅色之旅 —— 江西行"活動。

8 月 3 日

◆ 港聯航空宣佈成立，成為香港第四家航空公司。

8 月 4 日

◆ 曾蔭權在會見傳媒高層時提出香港

實行普選的三項條件：必須有成熟的政黨政治，各黨派不能擾亂政府運作；必須培養出熟悉政府運作的非公務員參政人士；必須有可接手執政的管治班子。

◆ 中國銀聯執行副總裁劉永春出席記者會時透露，2005 年上半年，銀聯的香港交易總金額達到 47 億元人民幣，同時香港地區發行銀聯人民幣卡的數量已接近十萬張。

8月5日

◆ 特區政府宣佈，未來會以立法方式規管執法機關的監聽及偷拍等秘密監察行動，但在立法程序完成之前，執法機關仍有需要進行監聽及偷拍等秘密監察活動。因此，行政長官在 7 月 30 日根據基本法第四十八條第四款，頒佈了《執法（秘密監察程序）命令》，2005 年 8 月 6 日生效，毋須立法會審議或投票通過。

◆ 金融管理局公佈，2005 年第二季度負資產住宅按揭貸款宗數比第一季度減少 38%，約 8738 宗。與 2003 年 6 月底高峰期約 10.6 萬宗比較，負資產數目跌幅達 92%。

◆ 新華社報道，香港居民、新加坡《海峽時報》駐中國首席特派員程翔因涉嫌間諜罪，被北京市國家安全局依法逮捕。

8月5日－8月7日

◆ 香港地區中國和平統一促進會舉辦 "中國和平統一論壇" 及第三屆理事會就職典禮。全國政協副主席張克輝、國務院台辦副主任王在希，特區政府律政司司長梁愛詩、政制事務局局長林瑞麟，台灣 "海峽兩岸和平統一促進會" 會長梁肅戎、"台灣新興民族文化發展基金會" 主席許信良等兩百多人出席。論壇就反 "台獨"、促統一等問題進行了探討，並簽署了《統一論壇宣言》。

8月6日

◆ 特區政府發言人就歐盟委員會《2004 香港報告》指出，特區政府不能接受報告指 "一國兩制" 的落實已有改變的說法，報告對香港的憲制安排有誤解，中央有權責審視香港政制發展。

同日，外交部駐港特派員公署也就此作出回應，批評報告中一些評論沒有事實根據，表示基本法規定的 "一國兩制"、"港人治港" 和高度自治方針一直都得到貫徹落實，是有目共睹的。

◆ 曾蔭權在香港電台節目 "香港家書" 中表示，頒佈《執法（秘密監察程序）命令》是根據基本法第四十八條作出的決定，目的是使秘密監察行動更規範及具透明度，並非增加執法機構的監察權力，絕不可能對任何人加諸刑事責任，也不會限制任何人行使受基本法保障的權利和自由。作出這項命令同基本法第二十三條立法保障國家安全完全是兩回事，將其與基本法第二十三條立法扯上關係是毫無道理的。

◆ 保安局局長李少光就《執法（秘密監察程序）命令》引起的爭議向公眾作出解釋。他指出，很多西方國家都使用秘密監察等手法調查罪案，香港警隊及廉政公署也不例外，過往在秘密監察中所收集到的證據，一直以來也都被法庭接納，使得罪犯及貪污者可被繩之於法。如果要求執法部門停止以秘密監察的手法調查罪案，只會讓一小部分不法分子及貪污者得益。

8月8日

◆ 社會福利署公佈的數字顯示，失業綜援自 2003 年 10 月至 2005 年 6 月連續 21 個月呈下跌趨勢，由高峰期的 51071 宗減至 43212 宗。

8月9日

◆ 律政司司長梁愛詩回應傳媒有關《執法（秘密監察程序）命令》的詢問時表示，這項指令旨在約束執法人員，市民的通訊自由不會受到干擾。

◆ 政制事務局局長林瑞麟接待了台灣"中國統一聯盟"參訪團。

8月10日

◆ "和平正義事業的偉大勝利 —— 紀念中國抗日戰爭暨世界反法西斯戰爭勝利六十週年展覽"在香港會議展覽中心開幕。曾蔭權、高祀仁及來自內地和香港的三十名抗日老戰士，以及香港各界人士五百人出席。

◆ 公務員事務局提交立法會的文件顯示，2005 年有 18 個部門獲准招聘公務員，包括紀律部隊，如警務處、海關、消防處及懲教署等。

◆ 香江文化交流基金會與《亞洲週刊》雜誌社聯合舉辦"香江論壇 —— 槍擊案疑雲下的台灣政局與兩岸關係"研討會。

◆ 香港迪士尼樂園在台灣舉辦説明會，三百多位台灣旅遊業者出席。

8月12日

◆ "莊世平藏名家書畫展"在香港大會堂開幕，同時舉行《莊世平九秩進五榮壽紀念冊》首發式及《莊世平》專題片香港首映式。高祀仁、李剛、曾憲梓、李嘉誠、解曉巖、梁愛詩、李本鈞等出席。

◆原中國銀行副董事長、中銀香港總裁劉金寶以貪污受賄罪被吉林省長春市中級人民法院一審判處死刑,緩期兩年執行,並處沒收個人全部財產。

◆巴基斯坦總理阿齊茲訪問香港。

◆香港入境事務處發言人拒絕評論台灣“中國鋼鐵公司”董事長林文淵申請香港簽證被拒事。但表示,入境事務處是按照入境條例及既定政策,處理所有入境申請。

8月14日

◆特區政府發言人回應陳水扁有關香港民主、香港自由被剝奪的言論時表示,香港回歸後,選舉制度的民主成分比回歸前多,選舉制度公平、公開、公正,不受黑金政治影響,行政與立法機關互相制衡、互相配合的制度,與“先進社會相同”。

8月15日

◆民建聯、工聯會、香港索償協會、保釣行動委員會及維護二戰史實聯席會議等團體先後到日本駐港總領事館請願,要求日本政府正視歷史,停止參拜靖國神社,停止篡改教科書,向戰爭受害者道歉和賠償。

8月19日

◆公務員事務局局長王永平在回應記者提問時表示,至2005年6月中,公務員人數減至15.83萬人,提前近兩年“超額”完成將公務員減至16萬人的目標。

◆統計處發表的《1999至2004年港口貨物統計》專題報告顯示,香港仍是亞太區主要的運輸中心。貨物吞吐量每年平均增長5.5%,2004年更上升6%,達到22100萬噸。港口貨物的增長,主要是由於轉運貨物每年平均15.2%的高增長率。2004年香港港口貨物佔香港所有運輸方式裝運貨物的83%。轉運貨物佔港口貨物的比重,由1999年的30%,上升至2004年的47%。

8月22日

◆中央政府駐港聯絡辦副主任李剛表示,目前香港與內地的通報機制沒有問題,輸港食品是安全的,香港市民毋須驚慌。中央政府及中央政府駐港聯絡辦都十分關心市民健康,不會放任有問題的食品輸港。

◆ 渣打銀行宣佈已獲准成為中國外匯交易中心成員，同時加入該中心銀行電子系統。渣打銀行表示，加入該系統有助強化該行在中國的電子外匯交易能力。

◆ 來自港澳、上海等地的 42 位青少年赴台灣參加東森文化基金會與中華兩岸文化觀光協會等單位聯合舉辦的"兩岸三地華文朗誦大賽"。

8月23日

◆ 衛生福利及食物局局長周一嶽訪問北京，拜訪了國務院港澳辦及國家質檢總局，就加強香港與內地的食品安全通報機制交換意見。國務院港澳辦副主任陳佐洱在會面時表示，以民為本，重視食品安全是中央政府和特區政府的職責所在。對於香港最近發生的一些事情，中央政府和特區政府的有關部門都高度重視，在積極努力處理當中。

8月24日

◆ 黃菊副總理在人民大會堂會見了以丁午壽為團長的香港工業總會訪京團。黃菊向訪京團介紹了內地近年來經濟社會發展情況，肯定了工業總會成立 45 年來為香港工業發展和經濟繁榮，為內地改革開放和現代化建設所做的卓有成效的工作。

希望工業總會發揮會員眾多、影響力大的優勢，把握機遇，為振興香港經濟，建設包容共濟的和諧社會，促進香港的長期繁榮穩定做出新的更大的貢獻。

◆ 曾蔭權出席外國記者俱樂部午餐會發表演講時表示，2005 年海外傳媒對香港的報道顯著增加，以大篇幅高調的報道香港經濟強勁復甦、投資意慾高漲。這些報道，正印證着政府在海外推廣香港的主題：香港是進入中國內地營商及開拓世界市場的最佳平台。曾蔭權表示，特區政府與中央的關係一直是傳媒深感興趣的題目。香港要繼續向前邁進，則必須儘量發揮優勢，與中央政府維持開放、坦誠、牢固、深厚的關係。

8月26日

◆ 特區政府修訂《食物內有害物質規例》，禁止出售所有含孔雀石綠的食物（包括活魚）。

8月28日

◆ 曾蔭權接受鳳凰衛視訪問時表示，10 月發表的施政報告主要是要恢復市民的信心。談到行政主導時曾蔭權表示，行政主導是基本法的背後理念，貫穿基本法中大部分有關政制模式的條文，所以香港堅守行政主導原則是不會改變的。行政主導與政黨政治並非"有你無我"的關係，只要制度安排適度，兩者便可互相配合，甚至創變成一種切合香港特殊環境的新的政治制度。

8月29日

◆ 國際檢察官聯合會向香港特區政府律政司刑事檢控科頒發榮譽獎狀，表揚刑事檢控科對該會工作的貢獻。

8月30日

◆ 曾蔭權宣佈，中央政府已接納其建議，將邀請全體立法會議員於9月25日及26日訪問廣州、深圳、東莞和中山四市。曾蔭權向新聞界指出，香港與內地密不可分，加強中央和立法會的關係，並加強溝通、促進和諧，以及全方位發展經濟，均是特區政府重要的施政環節。為此，他向中央建議邀請全體立法會議員前往珠三角考察和訪問。

◆ 台灣"陸委會"通過"內政部"所提交的《香港澳門居民進入台灣地區及居留定居許可辦法》修正條文，增訂"外國籍金融、科技專業人才的港澳配偶及未成年子女，也可以申請在台居留、申請台灣地區居留入出境證，而且居留證有效期與其所依的外僑所持居留證有效期相同"。

8月31日–9月9日

◆ 保安局局長李少光訪問北京、新疆維吾爾自治區和廣州。

9月1日

◆ 曾蔭權分別會見香港各大商會和美國、英國、加拿大、澳大利亞、德國、法國、意大利、日本、新加坡、印度等國商會的代表，就施政報告聽取意見。

9月2日

◆ 全國政協副主席、國務院港澳辦主任廖暉會見保安局局長李少光時，高度肯定香港回歸以來的治安情況，肯定香港警隊及紀律部隊的表現，讚揚他們為香港繁榮穩定作出了貢獻。

◆ "亞太戰區華僑華人紀念抗戰勝利六十週年大會"在香港國際貿易中心舉行。大會由香港青年聯會、香港僑友社、香港緬華互助會、《大公報》、香港地區中國和平統一促進會聯合主辦。來自海內外和香港的近百個華僑團體，親歷抗戰的華僑老戰士和華僑抗日英烈子女及香港各界代表出席。大會發表《和平宣言》，呼籲全世界愛好和平的人民"捍衛世界和平，捍衛人類文明，捍衛人類尊嚴"。

9月3日

◆ 曾蔭權出席在北京舉行的"紀念中國人民抗日戰爭暨世界反法西斯戰爭勝利六十週年大會"。

◆ 香港中國和平統一促進會舉辦"紀念抗戰勝利六十週年"座談會，數十位來自兩岸四地的嘉賓、學者對祖國統一大業和兩岸關係發展作了廣泛探討。

9月5日

◆ 國家主席胡錦濤會見參加第二十二屆世界法律大會的代表。香港特區終審法院首席法官李國能、律政司司長梁愛詩、廉政專員黃鴻超參加了會見。

◆ 曾蔭權舉行酒會，招待兩百位來自一百六十多家海外及內地新近駐港的公司代表，感謝他們對香港經濟所作出的貢獻。

9月5日-9月7日

◆ "深港合作會議"在香港舉行，就設立聯合研究小組研究落馬洲河套區發展和加強食物衛生的通報機制達成共識。

9月6日

◆ 台灣"陸委會"召開"2005年台港澳交流座談會"。該會主委吳釗燮致辭時稱，近年來台港交流日漸頻繁，2004年台灣赴香港人員達232.7萬餘人次，同比增加31.8%，香港訪台人數為31.5萬餘人次，同比增加26.4%。目前在台灣大專院校就讀的香港學生有1113人，台灣也有約一百名學生在香港的大學就讀。

9月6日-9月10日

◆ 財政司司長唐英年出席在韓國濟州島召開的第十二屆亞太經濟合作組織財長會議。

9月7日

◆ 全國人大常委會辦公廳首次在香港舉辦人大議事規則法律講座。

◆ 粵港兩地執法部門首次進行海上移交劫案失物。一批共值180萬港元的燈飾、劍麻布匹等失物，由中國海關運至伶仃洋粵港交界水域，交回香港警方。

9月8日

◆ 加拿大費沙爾學會和美國卡托研究所聯合公佈《世界經濟自由度：2005年週年報告》，香港獲評全球最自由的經濟體系。

9月8日 - 9月9日

◆匈牙利共和國總理吉爾斯桑尼訪問香港，期間與行政長官曾蔭權會面，並出席香港與匈牙利文化合作諒解備忘錄的簽訂儀式。

9月9日

◆特區政府憲報公佈，行政長官已委任陳家強為消費者委員會主席，任期兩年，由2005年9月16日起生效。

9月10日 - 9月12日

◆國家副主席曾慶紅訪問香港。10日下午，曾慶紅經深圳皇崗口岸抵達香港，廖暉、高祀仁、毛林坤、邵琪偉等隨行。11日，曾慶紅在曾蔭權、高祀仁陪同下，到沙田馬場視察舉行2008年奧運會馬術比賽的場地、設施，探訪九龍灣得寶花園蘇先生一家及牛頭角長者護理中心，瞭解香港普通市民生活，並訪問中環國際金融中心二期，聽取中心的運作情況和最新發展。隨後，曾慶紅視察中央政府駐港聯絡辦，會見中央駐港機構和中資機構的主要負責人。晚上，曾慶紅出席特區政府在港島香格里拉酒店舉行的歡迎晚宴。董建華、廖暉、曾蔭權、高祀仁及特區政府主要官員、行政會議成員、立法會議員、司法機構負責人及中央駐港機構負責人等四百多人出席。曾慶紅發表題為《齊心協力建設繁榮香港和諧香港》的講話指出，事實充分證明，"一國兩制"、"港人治港"、高度自治方針是完全正確的，香港人是完全能夠治理好香港的。鞏固和發展香港政通人和、繁榮穩定的良好局面，是我們大家的共同責任。中央政府把實行"一國兩制"、"港人治港"、高度自治的方針作為長期基本國策，在任何時候、任何情況下都不會動搖和改變。中央將一如既往地嚴格按照特別行政區基本法辦事，支持香港特別行政區政府依法施政，提高管治水平。一如既往地加強和推動內地同香港在經貿、科教、文化、衛生等各個領域的合作，繼續實施內地與香港更緊密經貿關係的安排。一如既往地支持香港鞏固和發展國際金融、貿易、航運中心地位。現在，香港正面臨着實現更大發展的難得機遇，緊緊把握住"天時、地利、人和"的有利條件，保持香港各種不可替代的固有優勢，努力增創新的優勢，齊心協力建設一個繁榮香港、和諧香港，這是我們大家共同的奮鬥目標。最後，曾紅慶提出兩點希望：一是抓住機遇、加快發展；二是包容共濟、促進和諧。12 日上午，曾慶紅參觀了香港理工大學，見證了香港理工大學與北京理工大學簽署合作協定；在大嶼山主持香港迪士尼樂園的開幕典禮，曾慶紅表示，香港迪士尼樂園的建成，將為香港及訪港旅客增加一個充滿魅力的旅遊景點，也為香港經濟的繁榮發展提供了一個新的增長點。"歡樂的迪士尼，將成為港人永遠的嘉年華"。中午，曾慶紅結束訪港行程，經皇崗口岸返回深圳。

9 月 12 日

◆ 香港迪士尼樂園開幕。曾蔭權在開幕典禮上致辭時表示，迪士尼樂園的開幕將為香港旅遊業翻開新的一頁，使香港倍添魅力，也使香港能成為亞洲家庭旅遊的首選目的地。

9 月 13 日

◆ 政制事務局回覆立法會司法及法律事務委員會的文件指出，香港特區沒有為中央駐港機構訂立類似《維也納領事關係公約》及《領事關係條例》的法定條款。因此，中央駐港機構及其人員，包括中央政府駐港聯絡辦、外交部駐港特派員公署、解放軍駐港部隊及駐港中資機構人員，並不享有等同於外國領事館及其人員的外交特權或豁免權。

◆ 行政會議通過九廣鐵路公司的九龍南線工程協議擬稿。該線路貫通新界西北部及九龍市區，造價 83 億港元，預計2009 年通車。

◆ 工聯會會長鄭耀棠表示，工聯會咨詢服務中心在廣州、深圳兩地設立一年來，已承辦港人咨詢、救助個案逾一千四百件。工聯會計劃年底增設東莞服務中心。隨着港人北上就業、經商日益增加，工聯會還擬在北京、上海等地設立服務中心。

9 月 14 日

◆ 曾蔭權與七十多位港區全國政協委員座談，就施政報告聽取意見。曾蔭權表示，會以參選行政長官時提出的提升管治能力、促進社會和諧及全方位發展經濟三方面工作達到一個目標，就是在任內增強香港人的自信，增強港人對社會、對香港的將來、對特區政府管治能力的信心。"如果我能在任內做到這個目標，將來行政長官換屆，我認為我已經做得很成功，已經對香港人有交代"。

2005 年 9 月 12 日，國家副主席曾慶紅、行政長官曾蔭權、華特迪士尼公司行政總裁艾斯納和總裁兼營運總監艾格主持香港迪士尼樂園開幕典禮。香港迪士尼樂園是迪士尼在全球的第五個樂園。

9月15日

◆ 香港《紫荊》雜誌社在北京舉辦"一國兩制的實踐與展望——紀念《紫荊》創刊十五週年研討會"。全國政協副主席李貴鮮、國務院港澳辦副主任陳佐洱出席。

◆ 由新黨台北市議員侯冠群率領的台北市議會參訪團訪問香港。

9月16日

◆ 特區政府憲報公佈，行政長官已委任范佐浩為香港中醫藥管理委員會主席，任期三年，由2005年9月31日起生效。

◆ 終審法院裁定華懋集團主席龔如心在與公公王廷歆長達八年的爭產案中勝訴。龔如心可以根據亡夫王德輝的遺囑，繼承近四百億港元巨額遺產。

◆ 世界佛教華僧會在香港舉行會議。葉小文、黎桂康、陳甘美華、世界佛教華僧會會長淨心長老和大會主席、香港佛教聯合會會長覺光法師等主持開幕禮。

9月17日

◆ 財政司司長唐英年主持"2005年上海—香港律師實習計劃"結業禮。唐英年表示，CEPA的落實為香港法律界在內地發展帶來新的機遇。香港法律界在金融法律服務方面擁有豐富的專業知識和經驗，通過與上海法律人才的交流和合作，兩地的律師可更深入瞭解兩地的法規和日常運作。

9月18日

◆ 曾蔭權與香港運動員一同出席第十屆全國運動會火炬傳遞活動。

9月20日

◆ 特區政府就美國駐港總領事郭明瀚有關香港2007/2008年進行普選的言論發表聲明，指出"特區政府正致力按照基本法及全國人大常委會2004年4月26日有關決定的規定，進一步開放2007年行政長官及2008年立法會產生辦法"，"希望外國政府尊重香港政制發展應根據基本法和全國人大常委會有關決定去處理的原則。"

9月21日

◆ 中央政府駐港聯絡辦主任高祀仁回答記者提問時表示，行政長官曾蔭權邀請全體立法會議員到廣東訪問考察，是一件非常有意義的事情。立法會議員當中，很多人的家鄉都在廣州、深圳、中山、東莞，訪問行程對他們是"百聞不如一見"，看一看這些城市經濟發展的狀況，在經濟、民生方面多一些體會，並根據香港的情況提出一些好建議，這對整個香港來說，將是一件很好的事情。

◆ 香港公務員團體舉行慶祝中華人民共和國成立五十六週年酒會。曾蔭權、高祀仁、楊文昌及各界人士六百人出席。

9月21日-9月26日

◆ 由中央政府駐港聯絡辦台務部、宣文部和中國記者協會合組的"香港傳媒暨台灣傳媒駐港機構高層參訪團"訪問北京。台灣駐港三家媒體"中央社"、《聯合報》及《中國時報》負責人均參加。

9月22日

◆ 粵港澳三地警方的刑事偵緝主管第十一次聯合會議在香港舉行。三地警方同意加強直接聯絡渠道及加強情報交流，包括設立警務電郵專線，並就加快落實對方居民在本地服刑的通報機制進行了討論。

9月23日

◆ 特區政府公佈選舉管理委員會提交的《2005年行政長官選舉報告書》，提出11項改善建議，當中涉及選舉委員會成員的提名和投票資格，建議檢討現行法例等。

9月24日-9月27日

◆ 財政司司長唐英年以中國代表團成員的身份出席在華盛頓舉行的2005年世界銀行和國際貨幣基金組織年會。

9月24日

◆ 撲滅罪行委員會的最新數據顯示，2005年1月至8月整體罪案50899宗，較2004年同期下跌6%。其中，刑事恐嚇及非法組織罪行分別有4723宗及512宗，較2004年同期上升28.8%及14.3%。少年及青年罪犯被捕人數，較2004年同期下跌12.1%及19.5%。

9月25日-9月26日

◆ 曾蔭權率領59名立法會議員訪問廣東省深圳、東莞、廣州及中山。廣東省委書記張德江及省長黃華華會見了代表團。張德江表示，對於這次接待訪問團，可以用"坦誠"兩字來概括，"第一，我們將坦誠地接待行政長官和立法會主席及立法會議員；第二，我們將坦誠地向各位立法會議員介紹廣東的經濟社會發展情況；第三，我們將坦誠和各位交換粵港合作和建議。"曾蔭權發言時表示，眾多議員一起離開香港外出訪問，相信這是歷史上的第一次，訪問本身很重要，但更重要的是，代表着香港對廣東省尤其是珠三角發展的重視。他說，這次來有兩個目的，第一，要真正在各方面學習珠三角的發展，包括經濟、社會教育等方面。第二，希望有個機會，與立法會同事進行溝通，相信溝通有助更瞭解相互的發展情況。並用坦誠、包容的態度，解決共同面對的問題。

9月26日

◆ 中央政府駐港聯絡辦主任高祀仁表示，行政長官曾蔭權率領全體立法會議員到廣東省考察，是實現曾蔭權早前提出的"千里之行"，為此邁出了堅實、穩定的第一步，並相信將來會有第二步、第三步。訪問取得了良好效果，必將有利於今後粵港進一步合作及推動兩地經濟的繁榮發展。

◆ 律政司司長梁愛詩在出席一個公開活動時表示，回歸以來，香港司法覆核案件數量明顯增加，目前平均每年有一百多宗，其中八成個案最後裁決政府勝訴。從記錄來看，政府所作出的大部分行政決定都經得起訴訟的挑戰，政府的權威因而得到提升。她認為能對政府或公共機構的決定提出司法覆核，是維護法治至為重要的一環，也是由於市民的法律意識逐步提高，但基本法和本地法律的磨合需要時間。

◆ 北京大學法學院教授饒戈平及清華大學法學院副院長王振民分別在《紫荆》雜誌上發表題為《香港只能在"一國兩制"框架內發展資本主義》和《"一國兩制"是政治寬容精神的體現》的文章。饒戈平在文章中指出，香港的高度自治也是在一國下的自治，是中央授權下的自治。中央政府依據基本法，有義務也有權利和權力關注香港事務，並在其許可權範圍內處理香港事務。而香港當前及以後的發展，都是在屬於中國一部分的前提下，在"一國兩制"的框架內來維持和發展其資本主義制度。凡是背離"一國兩制"方針，撇開一國，只講兩制，排拒中央合法權力，片面強調香港自治的行為，都是脫離實際，難以成立的。王振民在文章中指出，在可以預見到的未來，中國內地將長期處於社會主義初級階段，中國既無意繼續消滅自己國內港澳台的資本主義，也無意消滅其他國家的資本主義，無意向其他國家輸出共產主義紅色革命。在相當長的歷史時期，中國的社會主義既要與內部港澳台的資本主義共存，也要與國際範圍內的資本

2005 年 9 月 25 日至 26 日，行政長官曾蔭權率 59 名立法會議員訪粵。圖為中共中央政治局委員、廣東省委書記張德江和省長黃華華會見訪問團一行。

主義國家共同存在。這兩種制度應該和平共處，共同發展，平等競爭，而不是人為地拿一種制度取代另一種制度。

9月26日－9月30日

◆ 財經事務及庫務局局長馬時亨率領香港金融代表團訪問福建省。

9月27日

◆ 香港特區懲教署與韓國懲教局簽署諒解備忘錄，發展及推行合作計劃，包括考察交流、聯合研究和探討計劃、籌辦雙邊研討會，以及交換人員和數據。

◆ 香港特區警務處與澳大利亞警察管理學院簽署"學系交流及培訓合作計劃"協議備忘錄，互派人員到對方機構任教。

9月28日

◆ 粵港合作聯席會議第八次會議在香港舉行，行政長官曾蔭權與廣東省省長黃華華主持會議。會議取得 13 項主要成果：（1）食品安全事務方面指派特定聯絡員，並定期或按需要舉行高層會議。（2）放寬香港出入內地營運貨車的"一車一司機"規定。（3）粵港跨界營運車輛合營期限從三年延至六年。（4）增設連接香港國際機場往來順德的水上新航線。（5）行政

長官、財政司司長將同廣東省省長於 10 月到加拿大和美國聯合推介珠三角。（6）2006 年在港舉辦"泛珠三角區域合作金融服務發展論壇"。（7）年內向公眾每日發佈珠三角區域空氣質量指數。（8）將軟件產業合作、專業資格互認等納入合作領域，成立專責小組。（9）"粵港科技合作資助計劃"資助額增至 5.2 億港元。（10）儘早就 2006 年底完工的深港西部通道的通車及過境車輛安排達成協定。（11）推進深港高速鐵路研究，就內地與香港段的銜接展開討論。（12）2005 年內共同製作完成《手把手助廣東企業投資香港》手冊。（13）香港及深圳市政府成立聯合研究小組，統籌開發落馬洲河套地區的前期研究。

9月30日

◆ 中國人民銀行行長周小川在香港銀行公會週年晚會上發表演講指出，由於內地資本市場開始轉為向外發展模式，內地儲蓄比率 2004 年已經超過國內生產總值的 43%，有更多的資金可以向外投資，而隨着內地資本賬逐步放寬，香港要保持國際金融中心地位，就要在金融政策上與時俱進，作出配合和變化。

◆ 香港特區和澳門特區與內地九個南

方省區政府就推動"泛珠三角區域科技創新合作計劃"達成協議。

◆台灣駐港機構"光華新聞文化中心"舉行辦公新址開幕音樂晚會。

10月1日　國慶日，中華人民共和國成立五十六週年

◆上午，特區政府在香港會議展覽中心金紫荊廣場舉行慶祝中華人民共和國成立五十六週年升國旗和區旗儀式。行政長官曾蔭權主禮。霍英東、董建華、高祀仁、楊文昌、王繼堂、張汝成、范徐麗泰、李國能，特區政府主要官員、行政會議成員、立法會議員、各國駐港總領事及各界人士和訪港遊客兩千多人出席觀禮。隨後，在香港會議展覽中心舉行慶祝酒會。各界人士四千人出席。曾蔭權在致辭時表示，中國經過 56 年的奮鬥，特別是二十多年的改革開放，以嶄新姿態屹立於世界，吸引着全球的目光及投資，成為世界最大的外來直接投資吸收國之一。回歸八年來，香港渡過了不少難關險礙，目前已走上了比較開闊平坦的道路。幾年來積極部署興建的大型項目正在陸續落成，香港作為金融、商貿、物流、旅遊中心的地位因此不斷加強。但香港還須不斷努力建設，努力創新。特區政府會繼續努力提高施政能力、全力發展經濟、大力促進社會和諧，不辜負市民的期望，不辜負中央的期望。晚上，香港同胞慶祝中華人民共和國成立五十六週年文藝晚會在紅磡體育館舉行。維港還舉行了國慶煙花匯演。

10月3日

◆財經事務及庫務局局長馬時亨出席一電台節目時表示，目前在港上市的內地企業有一百四十多家，集資接近一萬億港元。

10月4日

◆香港大學新發傳染性疾病國家重點實驗室及大腦與認知科學國家重點實驗室成立。科技部部長徐冠華、衛生福利及食物局局長周一嶽出席成立儀式。

10月5日

◆第二十九屆奧林匹克運動會北京組織委員會馬術委員會（香港）舉行首次會議。

◆香港中文大學舉行"衛星遙感地面接收站"第一期工程落成及"太空與地球信息科學研究所"成立典禮。

2005 年 10 月 4 日，香港大學正式
成立新發傳染性疾病國家重點實驗
室，這是首次獲國家批准在內地以
外地區成立的重點實驗室。

10月6日

◆ 香港《紫荊》雜誌社舉行慶祝創刊十五週年酒會。

◆ 香港"明天會更好基金"委託麥建時公司關於香港失業問題的研究報告指出，經濟增長並沒有解決香港的結構性失業問題。

10月7日

◆ 特區政府宣佈，對西九龍文娛藝術區發展計劃作出四項重要修訂：一是取消單一招標模式，中選者要將一半的商住樓面發展權分拆出來。二是降低發展密度至最高 1.81 倍，住宅總樓面面積佔地不能超過兩成。三是中選者在開展計劃前便要支付至少三百億港元，成立一個獨立信託基金的資金，基金的經常回報用作西九的日常運作和維修保養的開支。四是成立獨立的法定管理局負責推展西九計劃。

10月8日－10月10日

◆ 工商及科技局局長曾俊華出席在瑞士蘇黎世召開的世界貿易組織非正式部長會議。

10月9日

◆ 香港"2005年十大傑出青年"評

選結果公佈，建築師張國勳、設計師何周禮、中學副校長洪詠慈、殘障藝術工作者廖東梅、殘障運動員蘇樺偉、眼科教授譚智勇、動畫公司董事黃宏達，及歌手楊千嬅、古巨基和許志安當選。

10月11日

◆ 越野單車賽選手王史提芬在南京舉行的第十屆全國運動會上為香港取得首面金牌。香港代表隊在全運會上共贏得四面金牌。

10月12日

◆ 曾蔭權發表任內首份施政報告《強政勵治 福為民開》，承諾實踐"以民為本"的施政理念，儘快提升政府的管治能力，創建和諧社會，全面發展經濟。

提升管治能力方面：授權政務司司長和財政司司長統籌各項政策，各政策局局長向兩位司長匯報工作。改革行政長官辦公室以強化其功能。加強行政機關與立法會的合作。增加行政會議非官守成員人數，以協助制訂、解釋和推介政策。增加策略發展委員會成員人數，廣邀英才俊彥加入，就重大課題爭取社會共識。加強與中央和內地關係，安排各主要官員及常任秘書長更多到內地，增進溝通。在政制事務局內設立內地事務聯絡辦公室,以協調與內地合作事宜。在上海和成都增設新的香港辦事處。強化各區民政專員的角色。加強社區精神文化方面的建設。讓區議會管理一部分地區性的設施。就如何提高2007年行政長官選舉及2008年立法會選舉的民主成分提出一套政制發展方案。考慮在行政機關內設立少量專注於政治事務的新職位,以支援行政長官和主要官員的工作。

創建和諧社會,維護社會公義方面:提出法律建議把行政長官納入防賄規範。繼續促進兒童權利、種族和諧及少數性傾向人士的權利。對來自貧困家庭或有特別需要的兒童和青少年提供額外支援。加強為殘疾人士及他們的家庭提供社區支援服務,並推行一項計劃,安排醫療資源,照顧居住於康復院舍的殘疾人士。協助及保護家庭暴力的受害人,對違法者依法懲處,支援有家庭危機的家庭。加強地區的福利規劃和協調,並根據各區的不同情況調撥資源。所有重大政策出台前必須先經過環保角度的審視。設立食物安全檢驗檢疫署,統籌食品健康事務。在元朗及北區設立就業中心。勞工顧問委員會研究最低工資和標準工時的議題。

發展經濟方面:增設新的經貿辦事處負責東歐的經貿推廣事宜,繼續提升香港在國際上的知名度和競爭力。與中央政府協商進一步擴大香港人民幣業務。加強監管機制和推動良好的公司管治,提升金融市場的素質。推動第三階段 CEPA 的落實,爭取內地服務業的進一步開放。推動個人遊擴大至成都、濟南、瀋陽和大連,爭取擴展至"泛珠"各省會城市。協助"泛珠"各個省區走向國際市場。加強與廣東省有關規劃的銜接。加速與大珠三角區內各城市海陸空運輸的全方位對接。縮減與深圳接壤的禁區範圍,並於2006年展開有關土地用途的規劃及咨詢工作。全力推進大型基建項目。

曾蔭權表示特區政府會認真負責和不折不扣地履行基本法所賦予的職權,嚴格依法施政。職權的行使具有高透明度,接受市民大眾的嚴格監督。期望全社會團結一心、緊握機遇,聚精會神、着眼未來,共同締造香港的美好明天。

◆ 財政司司長唐英年率香港代表團訪問美國舊金山市,出席"2005 粵港一美國經濟技術貿易合作交流會"。

10月13日

◆ 曾蔭權出席立法會答問大會,就施政報告回答議員的提問。曾蔭權指出,在施政報告裡,有一個問題是貫穿始終但又沒有明確提出來,就是行政立法關係問題。行政機關與立法會應依照基本法各用其權、各司其職,"我們所做的是情為民所繫,權為民所用,利為民所謀。我們之間是互相制衡,互相配合的關係。以服務廣大香港市民為根本宗旨,彼此確立共同的目標,尋找共同的語言,為市民做一番事業"。

◆ 世界衛生組織確認大埔區為全球第 90 個安全小區,成為繼屯門及葵青區後,香港第三個獲認可的小區。

◆ 全國各省區市政協香港委員舉行慶祝中華人民共和國成立五十六週年酒會。

10 月 14 日

◆ 曾蔭權宣佈,委任李業廣、夏佳理、李國寶、梁智鴻、張建東、范鴻齡、羅仲榮和張炳良等 8 人為行政會議新成員,由 2005 年 11 月 1 日生效。加上原有的梁振英、曾鈺成、鄭耀棠、廖長城、周梁淑怡、史美倫、陳智思等 7 人,行政會議非官守成員共 15 人。同時重新設立行政會議非官守成員召集人,由梁振英擔任。

◆ 曾蔭權出席香港電台節目"香港家書"時表示,施政報告中提到重視民意的政策,包括擴大行政會議、重組策略發展委員會、增加咨詢及法定組織的代表性、加強地區工作及增大區議會功能等。制定上述政策的目的,是加強政府與社會的溝通,以及加強社會人士參與政策制定,確保政府不會"閉門造車",並使香港市民由"受政府施政成果影響的人"變成"合作夥伴"。

◆ 公司註冊處的數據顯示,截止 2005 年 9 月 30 日,共有 55694 家本地公司註冊成立,較 2004 年同期增加 15.9%。

◆ 教育統籌局局長李國章率香港八所大學的校長代表團訪問北京。教育部部長周濟會見代表團,雙方就內地與香港高等教育合作事宜交換意見。教育部原則上同意:(1)在內地教書的香港教授不會被雙重課稅。(2)香港在內地參加高考聯招的省份可增加雲南、貴州及江西省。(3)香港副學士畢業生可以銜接內地大學升學。(4)如境外辦學機構獲批准可在內地獨立辦學,香港的大學可享有優先權。

10 月 15 日－10 月 17 日

◆世界貿易組織總幹事拉米（Pascal Lamy）訪問香港。

10 月 16 日

◆曾蔭權出席香港電台節目"給香港的信"時表示，香港經濟逐步與內地接軌，不少大企業都利用香港作為走入內地的平台，使香港的企業不斷壯大，變成跨國企業。但另一方面，香港中小企的數目不斷增長，佔香港商業機構中的98%，聘用僱員佔私營機構的六成，因此香港需要制訂政策，確保中小企、大財團都在同一的營商平台上，而前者更可保持競爭優勢。"我們不願看到數間大企業、無論是本地或國際的，壟斷香港的市場、合謀定價或串通投標的情況。"政府會以"更開放的態度"研究《公平競爭法》。

◆23 名立法會議員聯署發表題為"爭取普選、匯聚民意"的聲明，表明他們"爭取 2007/08 年雙普選"的立場，並要求政府提出普選時間表及路線圖。

10 月 17 日

◆曾蔭權致函胡錦濤主席和溫家寶總理，祝賀"神舟六號"載人航天飛船成功發射升空及勝利歸來。並提出希望邀請航天員費俊龍、聶海勝及參與"神舟六號"航天工程的主要領導和工作人員訪問香港。

◆曾蔭權出席中華總商會、中華廠商會、香港總商會、香港工業總會聯合舉辦的午餐會時表示，社會各界的參與，是政府能否維持良好管治的關鍵因素，商界在不少敏感議題，如最低工資及公平競爭法等方面，都會有獨特的見解，希望商界積極參政，協助政府維持管治，使政府的政策更能照顧各階層利益。

◆衛生福利及食物局局長周一嶽在立法會會議上公佈新成立的食物安全檢驗檢疫署和漁農環境衛生自然護理署的具體工作。

◆工聯會、民建聯、保釣行動委員會、香港維護二戰史實聯席會議及民主黨共八十多人分別到日本駐港總領事館，抗議日本首相小泉純一郎參拜靖國神社。

10 月 18 日

◆《內地與香港關於建立更緊密經貿關係的安排》第三階段協議（補充協議二）在香港簽署。協議規定，由 2006 年 1月 1 日起，所有港產貨品進口內地都享有零關稅優惠。服務業方面，在十個領域實行 23 項開放措施，包括降低在內地設立旅行社的最低營業額要求，允許港商獨資公司興建和經營電影院等。唐英年在簽字儀式後表示，CEPA 第三階段有助於支持香港經濟的持續復甦，鼓勵私營企業創造更多就業機會，為香港企業及專業界別帶來更多商機，也會增加香港對海外投資者的吸引力。

◆ 香港中文大學宣佈，授予海峽兩岸關係協會會長汪道涵、中國國民黨榮譽主席連戰榮譽博士學位。

◆ 台中市市長胡志強訪問香港，表示希望儘早恢復台中與香港之間的包機直航服務，以便利兩地的觀光及經濟互動。同時呼籲台灣方面的政黨及候選人，不要利用包機這一經濟活動作政治宣傳。

10 月 19 日

◆ 政制發展專責小組公佈第五號報告《2007 年行政長官和 2008 年立法會產生辦法建議方案》。報告書對 2007 年行政長官產生辦法的建議主要是：選舉委員會由 800 人增至 1600 人；選舉委員會第一界別（工商、金融界）、第二界別（專業界）、第三界別（勞工、社會服務、宗教等界）各由 200 人增至 300 人；選舉委員會第四界別（立法會議員、區議會議員、鄉議局代表、香港地區全國人大代表

及香港地區政協委員的代表）由 200 人增至 700 人，當中包括全體區議員；提名行政長官所需委員數目維持於選舉委員總數的八分之一，即 200 人；考慮設立適當機制，規定在只有一名行政長官候選人獲有效提名的情況下，仍須繼續進行選舉程序；維持目前行政長官不屬任何政黨的規定。報告書對 2008 年立法會產生辦法的建議主要是：立法會議席由 60 席增至 70 席；分區直選議席由 30 席增至 35 席；功能界別議席由 30 席增至 35 席，當中“區議會功能界別”議席由 1 席增至 6 席。

◆ 曾蔭權會見傳媒時表示，政制發展專責小組第五號報告建議方案的重點，是通過增強區議員在選舉委員會和立法會的參與，提高兩個產生辦法的民主成分。這一方案已經在社會各界眾多不同意見及要求中找到最適當的平衡點，回應了社會對政制發展的訴求以及兼顧了社會各階層、各界別利益的原則，並且確保了香港的政治體制能夠持續不斷發展。同日，李剛出席一個公開活動時表示，希望香港社會各界能積極支持這個方案，共同推進香港的政治體制沿着基本法的軌道向前邁進，最終達至行政長官和全體立法會議員由普選產生的目標。

◆ 全國人大常委會副秘書長喬曉陽和何曄暉在深圳主持香港和澳門全國人大代表代轉港澳居民信訪件及辦理工作座談會，聽取香港及澳門全國人大代表對信訪工作的意見。

10月20日

◆ 依照《中華人民共和國香港特別行政區基本法》的有關規定，根據香港特別行政區行政長官曾蔭權的提名和建議，國務院決定，任命黃仁龍為律政司司長，免去梁愛詩的律政司司長職務。

◆ 國務院港澳辦副主任張曉明會見香港僑界青年才俊訪京團時表示，中央對香港發展民主的意見和態度始終沒有改變，中央將以更開放、包容、積極的態度來對待來自香港各界的不同聲音。

◆ 國家質量監督檢驗檢疫總局與香港特區政府衛生福利及食物局簽署《關於食品安全、動植物檢驗檢疫和衛生檢疫領域的合作安排》。

10月21日

◆ 全國人大常委會副委員長成思危會見香港僑界青年才俊訪京團時表示，"一國兩制"是香港維持繁榮穩定的基石，應認真理解當中的內涵。"一國"包含三層內涵，即憲法是國家的根本大法、全國人大常委會是國家最高權力機關、中央人民政府是全國人民的政府。而"兩制"則是內地與香港實行不同制度，香港實行"港人治港"、高度自治。中央尊重港人享有自治權，但高度自治不是完全自治，基本法當中已就香港特區的行政權、立法權、司法權作出明確規定。

◆ 特區政府憲報公佈，行政長官已委任蘇澤光為香港電影發展委員會主席，任期由 2005 年 11 月 1 日至 2007 年 10 月 31 日。

10月22日

◆ 全國人大常委會香港基本法委員會委員譚惠珠就政制發展專責小組第五號報告沒有制定普選時間表的問題表示，由八十年代開始討論香港的政制發展，一直沒有討論時間表的問題，現在特區政府仍不適宜提出時間表，因為還要看社會的整個發展成熟過程。

10月22日－10月30日

◆ 曾蔭權訪問溫哥華、紐約和華盛頓。這是曾蔭權上任後的首次外訪。

10月24日

◆ 中央政府駐港聯絡辦台務部舉辦"紀念台灣光復六十週年座談會"。

10月25日－10月27日

◆ "2005 粵港－加拿大經濟技術貿易合作交流會"在溫哥華舉行。

10月26日

◆ 正在莫斯科訪問的國務院總理溫家寶表示,根據香港的實際情況,循序漸進,推進政制發展,是中央政府一貫的立場。希望香港同胞能夠以基本法及全國人大常委會決定為基礎,通過協商,達成共識,團結包容,推動政制發展。

◆ 上海開始實行新的《台灣和香港、澳門居民在內地就業管理規定》。

10月27日

◆ 剛剛結束莫斯科訪問的國務院總理溫家寶表示,國家"十一五規劃"將促進香港的經濟發展。溫家寶還表示,中央會積極安排"神舟六號"兩名太空人赴港,出席相關慶祝活動,與香港同胞見面。

◆ 第十屆全國人民代表大會常務委員會第十八次會議決定:在《中華人民共和國香港特別行政區基本法》附件三中增加全國性法律《中華人民共和國外國中央銀行財產司法強制措施豁免法》。

◆ 財政司司長唐英年訪問北京。其後前往武漢,出席"湖北·香港週"的活動。

◆ 中國建設銀行在香港掛牌上市。

10月28日

◆ 正在美國華盛頓訪問的曾蔭權出席亞洲協會華盛頓分會週年晚宴致辭時表示,中央政府密切關注香港的政制發展是理所當然的,因為任何主權國家政府如不密切關注轄下區域政府的政制發展,便是不負責任。"我們的政制發展不單是香港的事務,也是國家的事務"。

10月29日

◆ 香港交易所主席李業廣接受電台訪問時表示,自從 1992 年內地企業來港上市集資至今,在港上市的內地企業總共有 318 家,佔香港股市總市值約三成半,籌集的資金超過一萬億港元。若加上建行的五千多億港元市值,內地企業佔港股的市值比重已超過四成。

10月30日

◆ 政府發言人就有立法會議員在電台節目"給香港的信"中指政改方案不能推

動香港政制向前躍進的言論表示遺憾。發言人強調，政制發展要邁向最終普選的目標，須有多方面的措施配合。政府當前的重要任務，是為普選做好所需準備。政府為此已邀請不同背景的人士，加入策略發展委員會轄下的管治及政制發展委員會，"共同拼出普選路線圖"。其他措施還包括培養政治人才及檢討區議會的角色和職能。

◆ 特區政府宣佈將耗資十億多港元，為香港舉辦 2009 年東亞運動會進行興建和提升體育場地及設施。

10 月 31 日

◆ 周一嶽表示，醫療改革及融資方案第一階段咨詢期結束，共收到五百多份書面意見，期望方案可於 2006 年初開始第二階段咨詢。

11 月 1 日

◆ 重組後的行政會議舉行首次會議。召集人梁振英會後表示，各非官守成員已達成分工，每人將專注數個政策局的範疇。

◆ 中國人民銀行發佈"擴大為香港銀行辦理人民幣業務提供平盤和清算安排的範圍"的決定，允許香港的銀行進一步擴大人民幣業務。

◆ 成都、濟南、瀋陽和大連四個城市開始辦理居民以個人身份赴港澳旅遊的手續。

11 月 1 日 - 11 月 3 日

◆ 金融管理局總裁任志剛率第八屆香港銀行公會代表團訪問北京。1 日，國務院副總理黃菊在會見代表團時表示，香港與內地的金融業往來密切，香港金融界人士為促進香港和內地經濟的發展發揮了積極的作用。在京期間，代表團還拜會了銀監會、中國人民銀行、證監會、外匯管理局、中國銀行業協會等部門。

11 月 1 日 - 11 月 5 日

◆ 曾蔭權訪問倫敦。4 日，曾蔭權在英國外交部政策研究所舉辦的香港未來研討會上致辭時表示，香港的政制發展必須循序漸進，根據實際情況制定。政制發展專責小組第五號報告提出的方案，已經得到大多數港人的支持，而該方案是爭取普選的重要台階，不能放棄。訪問期間，曾蔭權還與英國首相布萊爾和國會議員會面，介紹香港的最新情況及香港政制發展的進程，並參加了香港貿發局舉行的推介活動。

11 月 2 日

◆ 政制事務局局長林瑞麟在立法會表示，目前社會上對普選時間表有不同意見，難以在短期內達至共識。政制發展專責小組認為應先集中處理 2007/2008 年的選舉辦法，並在符合基本法和 2004 年 4 月全國人大常委會決定的框架下，在政制發展專責小組第五號報告中提出主流方案爭取最大的民主進程。

◆ 立法會通過取消遺產稅的條例草案。法例將在 2006 年 2 月 1 日開始生效。在新法例下，市民毋須再繳交遺產稅。以目前水平計，這將使政府每年減少 15 億港元稅收。

11 月 3 日

◆ 立法會行政管理委員會通過支持政府在添馬艦興建新政府總部及立法會大樓的建議。

11 月 4 日

◆ 立法會內務委員會"研究政府就 2007 年行政長官及 2008 年立法會產生辦法提出的建議"小組委員會召開首次會議，討論小組委員會工作時間表。

11 月 4 日 - 11 月 5 日

◆ 律政司司長黃仁龍出席在天津舉行的第五屆中國律師論壇開幕式時致辭指出，在中央政府的大力支持下，法律服務成為 CEPA 中服務貿易開放的首批專業服務之一。隨着內地涉及香港人的民商和刑事訴訟不斷增加，香港的大律師和律師能否與內地律師一起以訴訟代理人身份代表當事人出庭等，將是兩地專業團體繼續關注的問題。

11 月 6 日

◆ 曾蔭權在香港公園奧林匹克廣場從澳門代表手中接過東亞運動會會旗，象徵 2009 年東亞運動會主辦權正式移交香港。

◆ 香港運動員在澳門舉行的第四屆東亞運動會上共獲得 13 枚獎牌。

11 月 8 日 - 11 月 10 日

◆ 比利時首相伏思達訪問香港。

11 月 9 日

◆ 李剛在出席一個公開活動時表示，香港市民就政改方案有不同意見是正常的，希望社會能坦誠討論達至共識。"政制發展專責小組第五號報告涉及香港政制發展，有關方案最終要呈交全國人大審議備案,因此並非只是香港內部事務,也涉及中央事務,中央政府駐港聯絡辦有責任聽取各方意見,與各界溝通,這樣才能向中央反映意見,全國人大審議報告時就能全面瞭解香港各界意見"。對於有宗教團體呼籲教徒和市民上街反對政改方案,他說,當前最重要是通過合適方式表達自己的訴求,市民有表達意見的自由和權利,大家應該採取一些能夠保持香港穩定、繁榮與和諧的表達方法。

11月9日－11月13日

◆"亞洲文化合作論壇2005"在香港舉行。亞洲七個國家的文化部長及內地二十多個省、市、自治區文化主管官員出席會議。10日,曾蔭權出席開幕式並致辭。

11月10日

◆特區政府就2007/2008年行政長官和立法會的具體產生辦法向立法會政改方案小組提交建議方案。

11月11日

◆特區政府憲報公佈,行政長官已委任策略發展委員會四個委員會的委員,任期由2005年11月15日至2007年6月30日。其中,行政長官曾蔭權親自擔任行政委員會、管治及政治發展委員會主席,政務司司長許仕仁任社會發展及生活質素委員會主席,財政司司長唐英年任經濟發展及與內地經濟合作委員會主席。

◆政制事務局向立法會提交文件,指出經過獨立委員會研究後,決定重新制定行政長官薪酬結構。文件還建議為離任行政長官設永久辦公室、提供行政支持、汽車及司機、保安及醫療服務,以便前任行政長官繼續參與推廣香港的工作。預計該辦公室經常開支每年約二百二十萬港元。18日,立法會財務委員會通過決定,同意為前任行政長官設置辦公室及支持服務。

11月14日

◆全國政協副主席劉延東在北京會見香港青年社團領袖及各界青年學生代表訪京團。

◆曾蔭權出席勞工界答問大會,與三百名勞工界代表討論最低工資、標準工時、政府建築工程、浸會大學改革、中醫考試以及政府工勤人員合約等問題。

◆香江文化交流基金會在香港舉行"見證和平之旅、前瞻兩岸關係"研討會。

11月15日

◆曾蔭權宣佈，策略發展委員會重組完成並正式開始工作。重組後的策發會下設四個委員會（行政委員會、管治及政治發展委員會、社會發展及生活質素委員會、經濟發展及與內地經濟合作委員會），官方委員有政務司司長、財政司司長、中央政策組首席顧問及行政長官辦公室主任，非官方委員共 153 人。曾蔭權指出，成立策發會是為了就重大政策吸納社會各界的意見，把政策的醞釀期延長，務求在推出政策後不會出現大的震盪。

11月18日

◆正在韓國釜山出席第十三次亞太經濟合作組織領導人非正式會議的國家主席胡錦濤會見了與會的香港特區行政長官曾蔭權。在聽取曾蔭權匯報香港近期社會經濟及政治的情況後，胡錦濤指出，當前，香港經濟繼續保持強勁的增長勢頭，廣大香港市民和國際投資者對香港經濟前景的信心顯著增強。要在全社會鞏固"抓住機遇、加快發展，包容共濟、促進和諧"的社會共識，充分調動香港各方面的積極性和主動性，同心同德推進經濟社會發展，不斷改善民生，使廣大香港市民都能安居樂業。胡錦濤表示，支持香港特別行政區依法循序漸進地發展適合香港實際的民主制度，是中央政府的一貫立場。希望香港社會各界人士在基本法和全國人大常委會有關解釋及決定的基礎上，從促進香港長期繁榮穩定的大局出發，理性探討，凝聚共識，穩步、紮實、有序地推動香港政治體制向前發展，為最終達到基本法規定的行政長官和立法會全體議員由普選產生的目標積極創造條件。

◆香港中華總商會舉行成立一百零五週年慶祝大會。原新華社香港分社社長周南來港出席，並在"紀念中英聯合聲明生效二十週年"論壇上發表題為《關於中英聯合聲明的制定與實施》的演講。

11月19日

◆香港特區政府與泰國政府在韓國釜山簽訂《促進和保護投資協議》，以加強雙方的貿易投資關係。

11月20日

◆終審法院裁定公屋減租司法覆核案中公屋居民一方敗訴。終審法院首席法官李國能、常任法官李義、陳兆愷和非常任法官苗禮治，均裁定房屋委員會 1998 年起凍結租金有理合法，並無違反《房屋條例》。

◆ 香港代表團在曼谷舉行的第一屆亞洲室內運動會贏得 12 枚金牌、9 枚銀牌及 6 枚銅牌。

11 月 21 日

◆ "幻彩詠香江" 夜間匯演獲列入吉尼斯世界紀錄，成為全球最大型燈光音樂匯演。

11 月 23 日

◆ 香港環境咨詢委員會代表團到廣東省參觀珠三角區域空氣質素監測網絡。該監測網絡是粵港兩地政府根據 2003 年擬定的珠江三角洲空氣質素管理計劃建立的。

11 月 24 日

◆ 全國政協副主席、中華海外聯誼會會長劉延東會見 "港區省級政協常委清華大學國情研討班" 全體成員。

◆ 政務司司長許仕仁對於所謂政改方案有 "第二方案" 的説法作出回應表示，政府提出的政制發展第五號報告，是經過 18 個月咨詢及反覆研究，而且是與中央溝通後達至的結果，是非常嚴肅的，不存在第二方案問題，也不會收回已經提出的方案。

◆ 行政會議非官守成員召集人梁振英就有立法會議員到歐美爭取外國政府支持香港政制發展模式一事表示，2007/2008 年兩個選舉辦法是香港人的事，也是中國人的事，看不到有議員去外國反映和爭取外國政府支持會對事件帶來實質性以及政治上的幫助。

11 月 25 日

◆ 解放軍駐港部隊陸、海、空三軍部分建制單位及裝備完成進駐香港後的第八次正常輪換。

◆ 領匯房地產投資信託基金初次公開招股，在香港聯合交易所成功上市。領匯是首個在香港上市的房地產投資信託基金。

◆ 以 "擁抱吉祥" 為主題的西藏珍寶展在香港會議展覽中心開幕，展出了數十件西藏博物館和布達拉宮的珍貴館藏品。

11 月 26 日

◆ 特區政府在禮賓府舉行 2005 年度授勳典禮，行政長官曾蔭權向 273 位社會人士頒授勳銜。其中劉皇發、蔣震獲頒大紫荊勳章，7 人獲頒授金紫荊星章，20 人獲頒授銀紫荊星章，38 人獲頒授銅紫荊星章。

11月27日-11月30日

◆航天員費俊龍和聶海勝與"神舟六號"載人航天飛行代表團訪問香港。這次訪問以學術、科研和教育為主題。代表團在港的連串訪問活動,掀起香港又一次航天熱潮。

11月28日

◆策略發展委員會行政委員會舉行首次會議。曾蔭權會後表示,策發會不會參與政策制定和落實,但希望可以為制定政策提供大方向。政府會就各委員提供的意見作適當總結,為制定政策建立良好基礎。

11月28日-11月29日

◆"第九屆北京·香港經濟合作研討洽談會"在北京舉行,財政司司長唐英年和貿易發展局主席吳光正率團出席。

11月29日

◆策略發展委員會管治與政治發展委員會舉行首次會議,討論了委員會的運作模式和未來工作計劃,議程包括行政長官及立法會產生辦法,以及就最終普選模式進行初步探討。

11月30日

◆曾蔭權發表題為《原地踏步,普選更遠》的電視講話。講話指出,政府提出的政改方案是一個民主的方案,可以使香港朝向普選的目標,邁出重大的一步。曾蔭權表示,根據不同民意調查,多數市民是支持政改方案的。更重要的是,大多數的市民贊成將2007、2008年的選舉安排和訂定普選時間表這兩件事分開處理。由此可見,香港市民相當務實,不贊成將政改方案和時間表捆綁在一起,認為應先通過政改方案,讓政制可在2007、2008年朝普選方向發展。目前也沒有更適合香港現況而得到各方支持的方案。政府會盡最大努力,爭取立法會議員支持政改方案。並呼籲立法會議員本着香港市民的整體利益和意願,反映民意,投下理性的一票。

◆立法會否決四五行動議員梁國雄提出的促請政府為2007/2008年普選行政長官和立法會進行全民公投的動議。

◆廣東省環境保護局和香港環境保護署即日開始每日下午4時發佈珠三角空氣質量指數。

12月1日

◆外交部發言人就美國國務卿賴斯會見香港立法會議員李柱銘答記者問時表

2005 年 11 月 27 日，"神舟六號"
載人航天飛行訪港代表團抵達香港。
圖為"全港歡迎神舟六號載人航天
飛行代表團大匯演"在香港大球場
舉行，航天員費俊龍、聶海勝進場
時受到熱烈歡迎。

示，中國政府一貫高度重視並積極支持香港特區按照基本法的規定，根據香港的實際情況，循序漸進地發展香港政治體制。我們相信，只要香港社會各界人士都能從促進香港長期繁榮穩定的大局出發，理性探討，謀求共識，就可以穩步、紮實、有序地推動香港政治體制向前發展，為最終達到基本法規定的行政長官和立法會全體議員由普選產生的目標積極創造條件。香港事務是中國內政，中方反對任何外國干預。

◆ 策略發展委員會社會發展及生活質素委員會召開首次會議。許仕仁在會後表示，過去六週出席了全港 18 區區議會會議，期間共有 364 位議員發言，當中支持政改方案的區議員，即使不計委任議員，也較反對的多。區議員們肯定方案能邁向普選，擴大選民基礎，他們不願見到香港的民主步伐原地踏步。

12 月 2 日

◆ 香港特區政府和中央政府駐港聯絡辦共同主辦的"香港政制發展座談會"在深圳舉行。全國人大常委會副秘書長喬曉陽、全國人大法制工作委員會副主任李飛及國務院港澳辦副主任張曉明應邀出席並發表談話。王鳳超、梁愛詩、林瑞麟，以及立法會議員、港區人大代表和政協委員、大學學者等八十多人出席，有 25 人在會上發言，提出涉及普選時間表、路線圖、"兩院制"及 2007/2008 年以後選舉產生辦法的修改方式等問題。喬曉陽講話時表示，民調一直顯示支持政府方案的市民遠遠多於反對政府方案的市民，說明政府方案充分考慮了香港多數市民的意見，是一份有充分民意基礎、以民意為依歸的修改方案。同時，有許多市民支持要有普選時間表，表明市民對實現普選有強烈的期望。兩個民意說明市民是理性的、務實的，既看到特區政府提出的兩個修改方案的進步意義，明白這是朝向最終達至普選目標邁出積極的具有實質意義的一步，同時又希望有一個普選的時間表來落實更加民主的遠景。如何使這兩個民意都得到尊重呢？合理、可行的辦法，就是分開處理，並行不悖。一方面優先完成當務之急的 2007/2008 年兩個產生辦法的修改，另一方面就普選的路線圖和時間表進行廣泛、充分的討論，在此基礎上達成共識。現在有人要求把普選時間表和 2007/2008 年政改方案捆綁在一起，還要獲得通過，這是一個無法完成的任務。這個"無法"的"法"有兩個含意，一個是一般的理解，是無辦法；第二個含意是沒有法律依據。

12月3日

◆ 財政司司長唐英年出席在上海舉行的以 "加速發展現代服務業,推進 CEPA 框架下滬港經濟合作" 為主題的第三屆滬港大都市發展研討會,並發表演講。

12月4日

◆ 曾蔭權書面回應由民間人權陣線及部分立法會議員組織的 "反對政府方案,堅決爭取普選" 大遊行時表示,中央政府與特區政府正在積極地,有秩序地帶領香港社會邁向普選,"我們對普選的承擔是不會改變的"。政制發展專責小組第五號報告的方案,是香港民主發展的一個躍進點,若方案通過,香港的民主步伐只會更加快,不會慢;只會前進,不會停滯不前。

這次遊行除了爭取普選的訴求外,亦有不同的團體及市民為爭取其他權益而上街。主辦單位稱有 25 萬人參加。警方估計遊行人數有 6.3 萬人。

12月5日

◆ 正在法國訪問的國務院總理溫家寶回答香港記者提問時表示,十分關注香港的局勢和香港的政制發展,真誠希望廣大香港同胞,能按照基本法和全國人大常委會有關規定及解釋的要求,從香港實際情況出發,本着循序漸進的原則,推進香港的民主發展,這樣做,不僅有利於香港的繁榮和穩定,而且有利於香港最終實現普選的目標。

◆ 中央政府駐港聯絡辦副主任李剛出席一個公開活動,被記者問到這次上萬人遊行會否對特區政府的強政勵治造成打擊時表示,不但要看到上街的人表達要求時間表的訴求,還應該看到沒有上街的人同樣有着支持通過政改方案、使香港民主政制向前邁進一步的訴求。因此需要全社會 "理性探討、凝聚共識,順應民意,分開處理"。

◆ 策略發展委員會轄下的經濟發展及與內地經濟合作委員會舉行首次會議,討論了創造就業機會、創意產業、人才培養以及高增值物流產業等問題。

◆ 香港本地銀行第二階段人民幣業務正式實施,提高了現有各項人民幣業務(匯款、兌換、人民幣信用卡)的金額上限。

12月6日

◆ 特區政府發言人宣佈,特區政府

已經根據立法會議事規則的規定，向立法會作出預告，將於 12 月 21 日舉行的立法會大會上，提出有關 2007 年行政長官和 2008 年立法會產生辦法的議案。這兩個議案分別附載對基本法附件一和附件二有關行政長官和立法會產生辦法的修正案。內容如下：（1）2007 年選出第三任行政長官的選舉委員會委員共 1600 人，由下列各界人士組成：工商、金融界 300 人；專業界 300 人；勞工、社會服務、宗教等界 300 人；立法會議員、區議會議員、鄉議局的代表、香港特別行政區全國人大代表、香港特別行政區全國政協委員的代表 700 人。（2）不少於 200 名的選舉委員可聯合提名行政長官候選人，每名委員只可提出一名候選人。（3）2008 年第四屆立法會共 70 名議員，其中功能團體選舉的議員 35 人，新增的 5 個議席由區議會議員互選產生；分區直接選舉的議員 35 人。

12 月 7 日

◆ 中央政府駐港聯絡辦有關負責人就近日香港一些傳媒和人士稱，中央會承諾 2017 年行政長官將由普選產生一事接受新華社記者採訪。這位負責人表示，全國人大常委會副秘書長喬曉陽在 12 月 2 日深圳座談會的發言中，已就香港市民要求普選時間表的問題闡明了中央的立場。這就是，香港市民支持政府方案和要求普選時間表這兩個民意應同時得到尊重和重視，不應以一個民意否定另一個民意。目前的當務之急是完成 2007 年行政長官和 2008 年立法會兩個產生辦法的修改，香港特區政府策略發展委員會也正在就普選路線圖及時間表問題進行討論，任何有關中央已定下普選時間表的說法，都是沒有根據的。

◆ 天主教香港教區入稟高等法院申請覆核《校本條例》。《校本條例》在 2004 年 7 月通過，2005 年元旦生效，要求全港津貼學校在 2010 年前，把現有公司制校董會轉為法團校董會，加入經選舉的家長、教師及校友代表，以達至校政透明化，提高辦學問責性。

12 月 7 日 – 12 月 11 日

◆ 國民黨榮譽主席連戰訪問香港，接受香港中文大學授予的榮譽博士學位，並發表題為《兩岸三地的新天地 —— 中華民族的遠景》的主題演講。全國政協副主席董建華、行政長官曾蔭權、中央政府駐港聯絡辦主任高祀仁分別宴請。

12 月 9 日

◆ 律政司司長黃仁龍出席在深圳召開的亞歐會議總檢察長會議。

12 月 9 日－12 月 20 日

◆ 民建聯、工聯會等 11 個團體成立"關注政改大聯盟"，發起"支持政改方案、邁向普選目標"簽名運動，首日獲得超過三十萬個市民簽名支持。15 日，曾蔭權率領十多名政府主要官員到中環街頭支持簽名活動。20 日，大聯盟向政府遞交了通過街頭和網上簽名活動收集到的 77.5 萬多個支持政改的市民簽名。

12 月 12 日

◆ 曾蔭權出席香港管理專業協會四十五週年晚宴並發表演說。

◆ 澳門特區通過行政法規，在港澳雙方磋商並達成共識的基礎上，將澳門居民往來香港的旅遊證件有效期由三年增加至七年。

12 月 12 日－12 月 18 日

◆ 世界貿易組織第六次部長級會議在香港舉行。來自 149 個國家和地區的五千八百多名代表，以及二千一百多名非政府組織代表出席會議。工商及科技局局長兼世界貿易組織香港部長級會議主席曾俊華在開幕禮上呼籲各成員國共同制定清晰的路線圖，借以推動"多哈發展議程"的進展。會議發表"香港宣言"。

12 月 13 日

◆ 行政署向立法會政制事務委員會提交文件，指出政府在訂立適用於行政長官的《防止賄賂條例》時，會確保律政司考慮起訴行政長官時，不會影響立法會對行政長官進行彈劾，並擬定條文，讓律政司司長有權將行政長官涉嫌貪污賄賂的投訴，轉介到立法會，使彈劾及檢控兩套機制能順利銜接。

12 月 15 日

◆ 特區政府發言人就傳媒查詢歐洲議會通過一項關於香港政制發展的議案表示，希望外國政府和議會繼續尊重一個原則，就是香港特區的選舉安排必須按照基本法和 2004 年 4 月全國人大常委會的決定而制定。特區政府清楚理解社會上普選的訴求。與此同時，不同的民意調查顯示多數市民支持政府方案，並同意 2007/2008 年的選舉安排應與普選時間表分開處理。

◆ 香港中文大學亞太研究所公共政策

2005 年 12 月 9 日至 20 日，民建聯、工聯會等團體成立的 "關注政改大聯盟" 發起支持政改方案簽名運動。

2005 年 12 月 12 日 至 18 日，世界貿易組織第六次部長級會議在香港會展中心舉行，來自世貿組織 149 個成員的五千八百多名代表和二千一百多名非政府組織代表參加了為期六天的會議。

研究中心舉行"政改的困局與出路"論壇。

12月16日

◆ 外交部發言人就歐洲議會通過支持香港儘快普選議案作出回應,重申香港事務是中國內政,中國政府一貫高度重視,並且積極支持香港特區按照基本法的規定,根據香港的實際情況,循序漸進發展民主。

12月17日

◆ 國務院發展研究中心港澳研究所所長朱育誠在廣州出席"全球化和區域經濟一體化中的香港經濟"國際研討會時表示,"雙普選"最早是在基本法裡提出來的,中央政府在推進香港民主政制發展這一點上,和香港的目標是一致的。但在實施上必須視香港具體情況穩步、紮實、有序地推進。

◆ 包括韓國農民在內的約一千名"反世貿"行動示威者在香港會議展覽中心附近與警方發生激烈衝突,示威者多次衝擊警戒線,造成混亂,警方採取執法行動恢復治安。兩千名警察調赴騷亂現場,使用消防水龍和催淚彈驅散示威者,並現場扣留九百多人。事件中有七十人受傷,包括十名警察。

12月18日

◆ 政制事務局局長林瑞麟出席"香港各界青年和學生政改論壇"時表示,在香港政制改革問題上,無論是政府或坊間學術機構所做的民意調查,都顯示政府方案獲得一半或以上市民的支持。反對派的議員應該尊重民意。

12月19日

◆ 特區政府公佈由行政會議討論通過作出調整的政改方案。調整後的方案建議把具爭議性的委任區議員分步取消,2008年1月1日,即新一屆區議會會期開始時,減少委任區議員數目三分之一,即從102席減至68席;2011年底前按社會的反應和區議會運作情況,決定是否把餘下的68席委任議席由2012年起全數取消,或者先減去一半至34席;然後在2016年取消餘下的34席委任議席。

◆ 曾蔭權就政制發展專責小組第五號報告的建議作出調整會見傳媒並發表講話。曾蔭權說,政府推出的政改方案,是一個經過了長時間咨詢,凝聚了社會多方面意見的方案;是一個自推出以來一直受大部分香港市民支持的方案;是一個我有信心獲得中央同意的方案。香港的政制向普選邁進的重要一步,現在萬事俱備,只欠立法會議員支持的一票。他呼籲立法會議員拿出勇氣，真正以民意為依歸，讓政改方案獲得通過，給香港民主發展一個機會。

◆ 出席世界貿易組織第六次部長級會議的英國外交部國務大臣皮爾遜（Ian Pearson，港譯：裴毅生）離港前表示，香港特區提出的政改方案是朝着正確方向漸進，也是短期內可帶來進展的最佳方法，希望方案能帶領香港儘快朝向基本法規定的最終普選目標繼續邁進。

◆ 廣播事務管理局批准兩家免費電視台無線電視和亞洲電視投資數碼電視節目的計劃。

12 月 20 日

◆ 全港 18 區共 26 位區議會正、副主席和超過三百位區議員刊登聯署廣告，全力支持政制發展專責小組五號報告，呼籲循序漸進邁向普選。

12 月 21 日

◆ 立法會否決政府有關 2007 年行政長官和 2008 年立法會選舉安排的建議方案。表決結果為，34 票支持，24 票反對、1 票棄權。儘管方案獲得過半數議員支持，但未能符合基本法規定的必須獲得

三分之二議員支持的要求。

◆ 位於香港國際機場的全港最大型展覽及活動場館 —— 亞洲國際博覽館正式啟用。

12 月 22 日

◆ 曾蔭權在政府舉行的新聞簡報會上表示，政改方案雖然獲得廣大市民支持，但政府卻未能獲得所需的三分之二立法會議員的支持，對此表示遺憾。特區政府將不會再就 2007/2008 年行政長官及立法會選舉辦法提出任何方案，2007/2008 年選舉會沿用現時的安排。由於政制討論已告一段落，今後政府會更專注於經濟及民生議題。

◆ 國務院港澳辦發言人就香港特區政府關於 2007 年行政長官和 2008 年立法會產生辦法的修改議案在 21 日立法會表決時未能獲得全體議員三分之二多數通過發表談話指出，特區政府向立法會提交關於 2007 年行政長官和 2008 年立法會產生辦法的修改議案是在廣泛咨詢香港各界人士的基礎上提出的，符合香港特區基本法，符合全國人大常委會 2004 年 4 月作出的有關解釋和決定，體現了循序漸進地發展香港民主制度的原則。該方案自公佈以來一直得到較高的民意支持，在立法會

2005 年 12 月 21 日，位於大嶼山的
亞洲國際博覽館正式開幕。圖為亞
洲國際博覽館外貌。

表決時，也得到了超過半數的議員支持，但由於未能獲得基本法規定的立法會全體議員三分之二多數支持，方案沒有在立法會得到通過。出現上述結果不僅不符合香港的主流民意，是特區政府和香港公眾不願意看到的，也是中央政府所不願意看到的。根據香港特區基本法和全國人大常委會的有關解釋，由於特區政府的議案未能在立法會通過，2007年行政長官和2008年立法會的產生辦法將不作修改，繼續沿用現行的辦法。相信特區政府能夠據此做好有關工作安排，確保2007年行政長官和2008年立法會選舉得以順利進行。支持香港特區按照基本法循序漸進地發展民主制度是中央的一貫立場。希望香港各界人士能夠以理性、務實和對歷史負責任的態度，探討出一條適合香港實際情況的民主發展道路，並不斷積極創造條件，以最終實現基本法規定的普選目標。

同日，中央政府駐港聯絡辦有關負責人就此事接受新華社記者採訪。該負責人表示，完全認同並支持行政長官曾蔭權和國務院港澳辦發言人就此事發表的談話。相信香港各界人士繼續支持行政長官和特區政府依法施政，共同維護香港當前來之不易的良好局面，促進香港的繁榮穩定，為最終實現普選目標積極創造條件。

◆ 香港總商會、中華廠商會和香港廣東社團總會分別發表聲明，認為香港的民主發展步伐不能因為政改方案沒有通過而停頓，呼籲社會研究政制發展所需條件，然後訂出可行的路線圖。

◆ 香港大學醫學院更名為香港大學李嘉誠醫學院。

12月23日

◆ 外交部發言人就美國國務院發言人關於香港政制發展的言論答記者問時表示，一段時間以來，美方一再對香港特區事務妄加評論，違反不干涉國內政這一國際關係基本準則，對此中國政府表示強烈不滿和堅決反對。中方再次要求美方停止任何干涉中國內政、妨礙香港特區政府依法施政的言行。特區政府發言人亦對美國國務院發言人的言論作出回應。

◆ 特區政府憲報公佈，行政長官已委任高靜芝為婦女事務委員會主席，任期三年，由2006年1月15日起生效。委任田北辰為九廣鐵路公司主席，任期一年，由2005年12月24日起生效。

12月27日－12月28日

◆ 國家主席胡錦濤、國務院總理溫家寶分別會見赴京述職的行政長官曾蔭權，聽取了曾蔭權就香港社會、經濟和政制發展方面最新情況的匯報。27日，胡錦濤在中南海會見曾蔭權時表示，香港政治體制的發展關係到"一國兩制"方針和基本法在香港特別行政區的實施，關係到香港社會各階層、各界別的利益，關係到香港的長期繁榮穩定，中央對此一直是高度重視的。支持香港特別行政區依照基本法的規定發展符合香港實際情況的民主制度，是中央的一貫立場。實行"一國兩制"、"港人治港"、高度自治就是為了使香港同胞真正當家作主，行使民主權利。但正如任何國家和地區的民主發展都要經歷一個漸進的歷史過程一樣，香港的民主發展也必須穩步、紮實、有序地推進。只要香港社會各界人士以香港的整體利益和長期繁榮穩定的大局為重，理性務實探討、廣泛凝聚共識，積極創造條件，香港的民主制度就一定能循序漸進地向前發展。

28日，溫家寶會見曾蔭權時表示，目前香港經濟和社會發展繼續保持良好的態勢，但仍有一些深層次的矛盾和問題尚未得到根本解決。希望香港特別行政區政府和社會各界人士同心同德，集中精力發展經濟，改善民生，維護社會和諧。中央政府將一如既往，全力支持行政長官和特區政府依法施政，並會採取必要的措施，加強內地與香港在經濟和其他領域的交流與合作。

曾蔭權在離京前的記者會上表示，國家關心香港的經濟發展，認為香港目前的經濟轉型還未完善，仍有很多挑戰。香港要在國際舞台上保持競爭力，還有很多問題需要克服，如高工資、高地價和高租金。曾蔭權表示，已向總理提出三個方面要求，即深化香港銀行的人民幣業務、儘快落實跨境大型工程建設和擴大個人遊至泛珠九省市中六個未開放的省會城市。

12月28日

◆ 香港特區政府駐北京辦事處舉行新址開幕儀式。唐家璇、曾蔭權、王岐山、陳佐洱，商務部、國家旅遊局、公安部、國家發改委、外交部港澳台司、澳門特區政府駐京辦等部門的官員出席。

12月31日

◆ 國家主席胡錦濤在新年賀辭中指出，"我們將堅持'一國兩制'、'港人治港'、'澳人治澳'、高度自治的方針，支持香港、澳門特別行政區政府和行政長官依法施政，擴大內地同香港、澳門的交流合作，堅定地維護香港、澳門長期繁榮穩定"。

2006年 ....

1月2日

◆國家主席胡錦濤在全國政協新年茶話會上發表講話時表示，在新的一年，要廣泛團結香港、澳門各界人士，加強內地與香港、澳門的交流合作，共同維護香港、澳門繁榮穩定。

◆經濟發展及勞工局局長葉澍堃表示，截止 2005 年 12 月 31 日，香港就業人數達到 340 多萬人，創四年新高。失業率已由年初 6.1% 回落至 5.3%。但建造業的失業率仍有 11%。

1月3日

◆台北市市長、國民黨主席馬英九在台北會見香港記者協會參訪團。

1月4日

◆美國傳統基金會發表《2006 年經濟自由度指數報告》，香港連續 12 年獲評為全球最自由經濟體系。

◆中國電力投資集團公司的控股子公司中國電力國際有限公司宣佈，將與中國南方電網有限責任公司和香港慧峰集團有限公司一起，組建一家合資企業"中港電力"，計劃在內地投資興建發電設施，為香港輸送電力。中電國際將持中港電力 50% 股權，南方電網和慧峰集團則分別

持有 35% 和 15%。

1月5日

◆中央政府駐港聯絡辦社會工作部在香港會議展覽中心舉行 2006 年新年酒會。

◆深圳市政府提出要利用毗鄰香港的優勢，加快建設"港深創新圈"，並頒佈多項措施吸引香港人才。

1月6日

◆立法會西九龍文娛計劃小組委員會發表第二期研究報告，幾乎全盤否定政府的方案。報告建議政府進一步修訂發展模式，分拆文化和非文化部分，通過一般賣地程序批出商住土地。建議政府儘快成立法定機構，策劃推動西九龍文娛藝術區發展。

◆香港警察訓練學校升格為香港警察學院。

1月7日

◆行政長官曾蔭權視察離島區的長洲和大澳水鄉時表示，政府會致力保存離島這個旅遊寶庫。

◆律政司司長黃仁龍在"第二屆國情及基本法研習班"結業禮上表示，香

港法治的優勢在回歸後沒有受到影響，已成為內地和亞洲學習的榜樣。雙語法制的建立，更讓香港在嚴峻的地區競爭中取得優勢。

◆ 香港佛教聯合會（佛聯會）與佛教團體香海正覺蓮社在佛祖釋迦牟尼成道日（農曆十二月初八），於銅鑼灣佛聯會文化中心舉行"誠心抄經抗疫境，回向眾生祝和平"祈福法會。

1月8日

◆ 特區政府發言人就立法會議員張超雄批評政府在政改方案被否決後未繼續推動政制發展的言論回應表示，政府的方案（2007/2008年選舉辦法建議）如果獲得立法會通過，本可大幅擴寬行政長官及立法會選舉的公眾參與。建議方案得到大多數市民和超過半數立法會議員的支持。遺憾的是，有24位立法會議員在表決時決定投反對票。這個憲制事實，在立法會對政府的方案進行表決前，市民和立法會議員都是非常清楚的。應由在表決中投票反對方案的立法會議員解釋，他們為何相信投反對票的做法是符合香港的利益。政府完全知道公眾對普選的訴求。策發會會繼續處理有關普選路線圖的工作。張超雄是在香港電台節目"給香港的信"中說特區

政府有責任推出另一個方案，"真正帶領香港踏上民主之路"。

◆ 在深圳舉行的地鐵創新技術研討會宣佈，"深圳通"與香港"八達通"在技術上已無縫鏈接，深港兩地一卡通理論上已經實現，該收費系統填補了內地在該領域的空白。

1月9日

◆ 終審法院首席法官李國能在2006法律年度開啟禮上致辭時表示，自香港回歸後，循司法覆核途徑提出挑戰的個案大幅增加，由2001年的116宗，增至2005年的149宗。雖然個案數字已趨向穩定，但司法覆核程序所遍及的範圍近年來卻大為擴展，包括需要處理很多受到社會高度關注的案件，而法庭就此類案件所作出的裁決，在政治、社會和經濟的層面上都會引發重大迴響。由於司法覆核與市民日常生活的關係已經越來越密切，因此讓公眾瞭解法庭的正確功能是非常重要的。法庭的判決，只能就合法性確立規限。法庭並不能就現代社會所面對的任何一項政治、社會及經濟問題提供解決方案，更不可以就這些問題提供萬應良方。李國能又表示，若發現有人濫用司法程序，法院有權力予以阻止。法院於2005

2006 年 1 月 9 日，港大外科學系講座教授范上達教授及其領導的肝移植組以其突破性的"成人右葉活體肝移植"技術，獲頒國家科學技術進步獎一等獎。這也是首次有香港學者獲頒這一獎項的一等獎。

年便頒佈了 12 個命令，涉及 10 個當事人，都是針對濫用司法程序。不過，若市民有合理要求使用司法程序，法院會合法、合理地處理。

◆ 香港大學范上達、盧寵茂、廖子良三名教授和陳詩正醫生研究的"成人右葉活體肝移植"項目獲 2005 年度國家科學技術進步獎一等獎。城市大學李述湯教授、香港中文大學盧煜明教授、香港大學任詠華教授和理工大學陳新滋教授的項目，分別獲 2005 年度國家自然科學獎二等獎。

◆ 強制性公積金計劃管理局表示，強積金制度由 2000 年 12 月 1 日推行，至 2005 年 11 月的淨資產值約為 1460 億港元。

◆ 港台青年交流促進會舉行第二屆常務理事會選舉，港區全國政協委員黃英豪連任主席。

1 月 10 日

◆ 中央政府駐港聯絡辦在華潤大廈舉行"2006 年香港台灣同胞迎春酒會"。

◆ 外交部駐港特派員公署有關方面負責人在接受採訪時指出，涉及旅外香港同胞的領事保護是中國政府對中國公民實施領事保護的重要組成部分。中央政府、

駐外使館、外交部駐港特派員公署高度重視並全力為旅外香港同胞依法提供領事保護和協助。無論是涉及人數眾多的重大自然災害、事故和恐怖襲擊，還是僅涉及一人的個案，駐外使領館都及時向香港特區政府和公署提供情況，積極與駐在國當局聯繫，瞭解情況，尋求協助或進行交涉，向香港同胞提供熱情積極的領事保護與協助，做了大量工作。在處理每一起涉港領事保護案件時，中國外交部、駐外使領館和特派員公署均與香港特區政府主管部門密切合作，以維護當事人的合法權益為己任，依法為當事人提供及時的領事保護和協助。

1 月 11 日

◆ 正在哈薩克斯坦訪問的國家副主席曾慶紅對隨團採訪的香港記者表示，特區政府政改方案符合基本法和全國人大常委會的解釋和決定，並經過很廣泛的咨詢，也得到了多數港人和立法會議員的贊成，"最後因為眾所周知的原因，沒有獲得通過。我想香港多數同胞是不願意看到的，中央政府也不願意看到"。只要香港社會各界人士以香港的整體利益和長期繁榮穩定的大局為重，理性務實探討，廣泛凝聚共識，積極創造條件，香港的民主制度就

一定能循序漸進地向前發展。

◆ 教育統籌局宣佈成立教師工作委員會，就教師工作進行獨立研究，向政府提供咨詢意見。

1月12日

◆ 行政長官曾蔭權在出席立法會答問大會時表示，政制發展是一個嚴肅而且相當複雜的問題。政府經過一個相當長的公眾咨詢期，下了很大工夫，做出一個在2004年人大決定的框架內，最有可能、最多人可以接受的方案。但立法會既然否決方案，政府也只好接受。圍繞政制發展的爭議，已經告一段落。關於2007年和2008年的選舉安排，將按原有的選舉辦法進行。現屆政府在剩餘任期裡不會提出新的政制改革方案，但會在策發會管治及政治發展委員會討論走向普選的具體安排。他説，政府將集中精神促進經濟發展和改善民生。在六個範疇部署好今後一段時間的工作：(1)鞏固市場制度優勢；(2)降低市場交易成本；(3)幫助開拓海內外市場；(4)推動基建工程；(5)培養本地人才和吸引外地人才；(6)強化既有優勢，同時注意因應市場變化，就新出現的經濟增長點及時回應業界需求。曾蔭權還表示，將成立小組積極研究政府部門由7月起推行每週五天工作制的建議。

◆ 行政長官曾蔭權正式遷入香港禮賓府居住及辦公。位於香港中環亞厘畢道的禮賓府，1997年前是港督府。前行政長官董建華只把它作為接待客人的場所。2005年6月，香港特區行政長官報酬及離職後安排獨立委員會，建議特區政府為未來的行政長官提供一個永久官邸。其後，曾蔭權決定遷入禮賓府，行政長官辦公室的大部分員工也遷入該址辦公。

◆ 建造業工人註冊管理局開始分階段為全港約十六萬名建造業工人進行註冊登記。

◆ 葵青區議會通過一項臨時動議，對否決政改方案的24位立法會議員"表示遺憾"。

1月13日

◆ 特區政府憲報公佈，行政長官委任梁君彥為職業訓練局主席，任期由2006年1月1日至2007年12月31日。

◆ 公務員事務局局長王永平向全體公務員發出公開信，解釋將實行的五天工作制。他強調會恪守四大基本原則：不涉及額外人力資源，不減少員工的規定工作時數，不削減緊急服務，週末仍維持一些必需的櫃台服務。

◆立法會財務委員會通過批准行政長官辦公室增加首長級職位的撥款建議。行政長官辦公室將於 2 月 1 日起，增設一個月薪 16 萬港元的首長級第六級常任秘書長職位，以及開設月薪 14 萬港元的新聞統籌專員職位，同時延續一個月薪 11 萬港元的高級特別助理職位。

◆立法會財務委員會通過政府 1.23 億港元的撥款申請，作為籌備和舉行 2009 年東亞運動會的開支。

1 月 15 日

◆機場管理局公佈，2005 年香港國際機場轉機、過境旅客量和抵港旅客量達 4074 萬人次，按年升 9.7%；貨運量約 340 萬噸，按年升 9.9%。這顯示區內貿易，及本區與歐美貿易的需求均持續強勁增長。

1 月 16 日

◆政制事務局向立法會政制事務委員會提交《行政長官選舉條例》的修訂範圍文件，以處理相關法律問題。文件建議，在只有一名行政長官候選人獲有效提名時，選舉委員會委員仍要投支持票或不支持票，候選人取得過半數的有效選票方能當選。文件還提出七項修訂：（1）選委會

選民範圍維持不變。（2）補選產生的行政長官任期為原任行政長官的剩餘任期。（3）補選產生的行政長官在任滿後只可連任一次，剩餘任期也算一任。（4）每屆選委會應於行政長官選舉年的 2 月 1 日組成。（5）變更一些有資格成為選委會選民的團體或擁有附屬團體的組織名稱。（6）刪除不再存在或擁有附屬團體的組織。（7）區議員、政協委員及鄉議局委員離任時自動終止選委身份，並進行選委補選。

◆港口發展局公佈 2005 年業績。全年貨櫃吞吐量約 2243 萬個標準箱，較 2004 年增加 2%。新加坡 2005 年共處理 2320 萬個標準箱，第一次超越香港登上世界首位。

◆香港中文大學校長劉遵義表示，中大未來計劃將包括內地學生在內的非本地生比例提高到學生總量的 25%。

1 月 17 日

◆特區政府宣佈，成立公共廣播服務檢討委員會，研究公共廣播服務的發展方向。工商及科技局局長曾俊華在公佈有關安排時表示，公共廣播服務應該由公眾利益主導，目的是確保社會上不同觀眾和聽眾群的需要得到照顧，並且發揮楷模效應，為業界建立高質素節目應有的嚴謹標

準。但是香港目前沒有一套清晰的公共廣播服務政策。委員會主席黃應士承諾，檢討期間會向香港電台管理層及前線人員、商營電台及電視台持牌機構、社會服務與特殊利益團體、藝術及演藝界代表、教育界、立法會和區議會等徵詢意見，也會在適當時候舉辦大型公開論壇，以及委託非官方的獨立調查組織進行民意分析。他強調，港台的編輯自主問題是港台管理層的責任，委員會不會干涉。

◆ 新界鄉議局大比數通過譴責立法會部分議員否決政改方案的動議。

◆ 根據《內地與香港關於建立更緊密經貿關係的安排》（補充協議二），國家旅遊局和商務部聯合對《設立外商控股、外商獨資旅行社暫行規定》做出了補充規定，降低香港服務提供者進入內地的准入條件。從 2006 年 1 月 1 日起，在內地設立獨資旅行社的香港服務提供者的年旅遊經營總額不低於 2500 萬美元，此前則為不低於五億美元；在內地設立合資旅行社的香港服務提供者的年旅遊經營總額不低於 1200 萬美元，此前則為不低於四千萬美元。

◆ 香港電視廣播有限公司主席邵逸夫向教育部副部長袁貴仁率領的教育部代表團捐出兩億港元，內地 347 所中小學將因此受惠。邵逸夫已連續 19 次捐資支持內地教育事業，累計達 32 億港元。

1 月 18 日

◆ 衛生福利及食物局局長周一嶽出席在北京召開的禽流感防控國際籌資大會。

◆ 政制事務局局長林瑞麟設宴招待來自台灣的大學生訪問團。

1 月 19 日

◆ 特區政府發言人就"人權觀察"發表的"2006 年全球考察報告"回應指出，該報告歪曲香港政制發展的實際情況。憲法訂明中央有憲制上的權責，制定香港特別行政區的政治體制；與主權國家不同，香港不可以自行決定其政治體制。"我們希望評論員在評論有關香港政制發展時，會尊重這個憲制事實。""人權觀察"2006 年全球考察報告批評香港民主發展，指特區政府 2005 年提出的政改方案，雖說是向全面普選邁出一大步，但沒有交代港人如何及何時可以達至普選。

◆ 觀塘區議會通過動議，就立法會未能通過政府提出的政改方案表示遺憾。

1 月 20 日

◆ 策略發展委員會管治及政治發展

委員會召開第二次會議，對普選概念進行討論。林瑞麟會後表示，小組成員普遍認同"普選"概念應該包括"平等"和"普及"兩個原則，以及"一人一票"制度；並且應該符合基本法有關落實普選的四項原則，包括要兼顧社會各階層利益、有利於資本主義經濟發展、循序漸進和顧及香港實際情況。小組已有一個初步結論，行政長官選舉應該先達至經由全面普選產生的目標，因為基本法第四十五條的規定相當清楚。至於立法會方面，因尚未形成共識，需要進一步探討。

◆ 民政事務局發言人表示，特區政府 2005 年設立"公共事務論壇網"，委任 520 名中產人士作為成員，希望聽取他們的意見，紓緩中產階層對政府施政的不滿。論壇成立大半年，曾就 17 個論題進行討論，另有 49 個網上投票題目，但回應率偏低，討論區也反應冷淡。當局計劃於"公共事務論壇網"運作一年後進行檢討。

◆ 深港西部通道主體工程 —— 深圳灣公路大橋（深圳段）合龍。深圳灣公路大橋從深圳蛇口東角頭填海區跨海至香港鰲磡石，全長 5545 米，是第四條深港跨境行車通道，通車後來往兩地只需 15 分鐘。

◆ 特區政府統計資料顯示，2005 年訪港旅客超過 2300 萬人次，比 2004 年增加 7.1%，打破歷年紀錄。

1 月 21 日

◆ 香港第一所國民教育中心（位於新界大埔）舉行開幕儀式，曾蔭權、高祀仁主禮。曾蔭權致辭時表示，這所中心是政府和"民間愛國情懷的結晶品"。推動愛國教育不但是為了回顧香港成為國家一部分的歷史現實，與此同時，香港市民必須認識國家過去和現在的發展情況，才可以更好地掌握國際政治、經濟形勢，並在其中確立香港的定位。曾蔭權指出，加強市民的國民身份認同感是一項全方位的長期工作，必須得到社會各界人士的支持和參與。他期望國民教育中心繼續提供多元化的國民教育活動，幫助培養愛國愛港、胸襟寬闊、勇於承擔的香港新一代。

1 月 22 日

◆ 香港教育專業人員協會發起"爭取減輕教師壓力"遊行。

1 月 23 日

◆ 特區政府發言人就多份報章刊登聯名廣告促請行政長官提交雙普選時間表事

作出回應，強調"行政長官充分理解及認同香港市民對早日實現最終普選目標的期望。行政長官相信作為負責任及有承擔的政府，理應以務實、理性及按部就班的方式帶領香港社會各界凝聚共識，在穩固的基礎上制訂普選模式及時間表"。

◆ 入境事務處處長黎棟國在工作回顧發佈會上表示，入境處積極加強與內地和海外對口機關的合作，共同打擊偽造證件和偷渡活動，將斥資 1.53 億港元推出具生物學特徵的香港特區護照，裝置非接觸式芯片，儲存持證人的容貌影像及個人資料，預計可於 2007 年初開始簽發這種新護照。

1 月 24 日

◆ 依照香港特別行政區基本法的有關規定，根據行政長官曾蔭權的提名和建議，國務院任命王永平為工商及科技局局長、俞宗怡為公務員事務局局長，免去曾俊華的工商及科技局局長職務、王永平的公務員事務局局長職務。

◆ 曾蔭權宣佈，委任曾俊華為行政長官辦公室主任，即日生效。

◆ 入境處宣佈，持有簽證身份書的香港居民，如同時持有智能身份證，可使用 e- 道辦理過關手續。在此之前，只有香港永久性居民可使用 e- 道辦理出入境手續。

1 月 25 日

◆ 特區政府公佈高層人事變動。現任特區政府駐倫敦經濟貿易辦事處處長林鄭月娥轉任民政事務局常任秘書長，現任行政長官辦公室常任秘書長黃灝玄轉任公務員事務局常任秘書長，現任新聞處處長蔡瑩璧轉任工商及科技局常任秘書長，現任行政署署長張瓊瑤轉任行政長官辦公室常任秘書長。

1 月 30 日

◆ 中央電視台國際頻道（CCTV-4）《直通香港》節目開播。該節目定位為"發現香港、認識香港、推介香港"，由《香港資訊站》、《內地香港》、《香港走走停》和《香江人物》四個欄目組成。

1 月 31 日

◆ 一輛載有 44 名香港遊客的旅遊客車在埃及東南部發生重大車禍，導致 14 名旅客喪生、30 人受傷。國家主席胡錦濤、國務院總理溫家寶、國家副主席曾慶紅得悉消息後，立即要求外交部等有關部門與埃方密切配合，全力協助香港特區政府做好救助工作，採取一切措施搶救受傷香港同胞，妥善處理善後事宜，並請香港特區政府轉達中央政府對遇難者親屬和受傷人員的誠摯慰問。特區政府、中國駐埃及使館，駐亞歷山大總領館與埃及有關部門在事發後協調行動，迅速組織緊急救助及處理善後事宜。

2月2日

◆ 特區政府向立法會提出截取通訊及秘密監察的立法建議。建議規定只有警務處、廉政公署、海關和入境事務處四個部門有權進行秘密監察行動。所有截取通訊行為，必須由法官授權。秘密監察則按侵擾程度高低分為三級制授權，並設立獨立監察機制接受投訴，投訴得直者可獲賠償。受監察人士只可在被檢控和向獨立監察機構投訴時，才能得悉有否被監察。政府希望該建議在 2006 立法年度通過。

2月3日

◆ 衛生福利及食物局宣佈，特區政府計劃禁止散養家禽。有關計劃將於 2 月 13 日實施。

◆ 特區政府委任 26 人為中央政策組非全職顧問。中央政策組目前共有 39 名非全職顧問，分別來自專業界、學界、商界及社福界等。這次大規模換人，是因為有不少前任非全職顧問獲邀加入策略發展委員會。非全職顧問約每兩星期開一次會議，就政治、經濟及社會事務範疇，向中策組提供意見。非全職顧問任期一年，一般情況下可獲續任一次。

2月5日

◆ 香港地區中國和平統一促進會選出第四屆董事會、理事會和各委員會成員。陳守仁出任董事會主席，岑永生出任理事會會長。

2月7日

◆ 特區政府在禮賓府舉行新春酒會，董建華、曾蔭權、高祀仁、楊文昌、王繼堂、張汝成和社會各界人士近四百人出席。曾蔭權致辭時表示，當前香港經濟正處於亞洲金融風暴以來最佳狀態，並不斷鞏固發展。過去一年經濟增長達到 7% 的高水平，失業率亦回落到四年來的新低點。但目前 5.3% 的失業率反映香港的勞工市場還未完全復甦和出現技術錯配，香港仍面對競爭和挑戰。政府在未來 17 個月將集中精力促進經濟發展、加強競爭力和改善民生。

◆ 香港會議展覽業協會的一項研究

顯示，2004 年展覽業為香港經濟創造約 190 億港元的收入，相當於本地生產總值（GDP）的 1.5%。

2 月 9 日

◆ 中央政府駐港聯絡辦在香港會議展覽中心舉行新春酒會，董建華、曾蔭權、高祀仁、楊文昌、王繼堂、張汝成和特區政府主要官員、行政會議成員、立法會議員、港區全國人大代表、港區全國政協委員、外國駐港領事官員、中央和內地駐港機構負責人及香港社會各界人士三千多人出席。高祀仁致辭。

◆ 高等法院原訟法庭就立法會議員梁國雄和四五行動成員古思堯申請司法覆核《執法（秘密監察程序）命令》案作出裁決。裁定執法當局進行秘密監察，不能以行政長官於 2005 年 8 月頒佈的《執法（秘密監察程序）命令》作依據。因為列明行政長官有權因公眾利益簽發指令，讓執法部門進行合法竊聽的《電訊條例》三十三條違反基本法第三十條及人權法。不過，為避免執法部門無從執法，有關裁決延期六個月生效。法庭判詞的重點是：（1）《電訊條例》三十三條違反人權法和基本法第三十條。（2）行政指令不屬法例，但法庭無權宣佈它違憲。（3）行政指令合法。（4）法院沒有發現行政長官有失職。（5）有關行政指令延至半年後撤消。

2 月 10 日

◆ 恒生指數服務公司宣佈，國企股將納入恒指成分股，並初步確定建設銀行、鞍鋼、中興通訊和中海發展四家國企股已符合有關資格，預期在 2006 年 8 月底前恒指季度檢討中，相關股份將被列入恒指成分股的候選名單。

2 月 11 日

◆《2005 年收入（取消遺產稅）條例》生效。按照條例規定，在即日零時之後去世的人，其遺產將不再需要繳納遺產稅。

2 月 12 日 – 2 月 14 日

◆ 第四屆香港國際武術節在沙田馬鞍山體育館舉行，來自世界各地 153 支代表隊的一千五百餘名運動員參加比賽。

2 月 13 日

◆ 策略發展委員會社會發展及生活質素委員會召開會議，希望在預防禽流感、文化和環保等重要問題上，進行政府、商界和非政府組織三方合作，提高商界對社會的責任感。

2月15日

◆ 中央人民政府決定，任命呂新華為外交部駐香港特別行政區特派員公署特派員，免去楊文昌的外交部駐香港特別行政區特派員公署特派員職務。

◆ 教育部、國家發展改革委員會、財政部、國務院港澳辦聯合發出通知，明確從 2006 年秋季入學開始，對已錄取到內地普通高校和科研院所學習的港澳地區的學生，包括本科生、專科生、碩士研究生和博士研究生，均執行與內地學生相同的收費標準，即在同一學校、同一科研院所、同一年級、同一專業學習的港澳學生與內地學生的學費標準一致。同等住宿條件下，住宿費標準一致。

◆ 紐約邁領物業進行的"全球辦公室租金"調查顯示，香港的辦公室租金在一年內勁升 75%，達 1.1 萬港元/平米，排名由 2004 年的全球第四升至第二位，超過東京和巴黎。

2月16日

◆ 粵港合作聯席會議第六次工作會議在廣州舉行。會議就兩地大型基礎設施建設的合作、促進跨境人流及物流、科技、經貿及環保的合作，預防傳染病和保障食品安全等進行討論。並就未來數月的重點工作計劃達成共識。

◆ 香港海事處船舶註冊處公佈數字，自 1990 年年底改以中國香港名義簽發註冊證書以來，15 年來船舶註冊總噸位已由 1990 年的 630 萬噸增至目前的 3000 萬噸，增加 4.8 倍。反映香港船舶註冊制度和所提供的服務深得國際船東歡迎。

2月19日

◆ 特區政府與深圳市政府就深港合作達成六項共識：加快蓮塘口岸建設進程；加速改造和建設文錦渡口岸；解決西部通道"一地兩檢"涉及的司法問題；兩地金融緊密合作；廣深港鐵路龍華站與港接駁及食品安全和禽流感防控的合作。

◆ 2005 年來港大專院校就讀的內地生達到 3166 人（2002 年為 876 人），其中修讀研究生 1775 人；本科生 1283 人和副學士學生 108 人。

2月20日

◆ "智經基金研究中心"成立。渣打銀行亞洲區副主席陳德霖出任基金主席，星島新聞集團主席何柱國出任基金監護人。陳德霖表示，智經主要是為政府施政提供政策研究，基金已獲行政長官、政務司司長及財政司司長的首肯和支持，未來制定研究題目前會先咨詢政府。

2月21日

◆外交部發言人就羅馬教皇本篤十六世宣佈晉升香港教區主教陳日君為樞機主教表示，中國天主教會一貫主張教會人士不干預政治，相信香港天主教界能夠珍惜和維護香港社會的穩定、發展與和諧。樞機屬終身制，全球目前有 183 位樞機，陳日君是全球第六位華人樞機。

◆許仕仁在立法會宣佈，由於沒有發展商承諾參與，西九龍文娛藝術區邀請發展程序結束。政府將成立咨詢小組重新研究西九龍文娛藝術區發展計劃，這標誌着該發展項目正式"推倒重來"。立法會三大政黨（民建聯、自由黨、民主黨）對政府的決定表示歡迎。

特區政府於 2003 年 9 月發出西九龍文娛藝術區發展計劃建議邀請書，在全球範圍公開邀請項目發展及招標。2004 年 12 月，政府就項目展開公眾咨詢，並公開展出入圍財團的建議書及項目模型。但發展計劃從邀請發展、招標到入圍模型展出，在香港社會引起諸多爭議。2005 年 1 月 6 日，立法會通過"要求政府撤回西九龍文娛藝術區單一招標模式及取消興建天篷"的動議。2005 年 10 月 7 日，特區政府對原發展計劃作出修改，並提出新建議。但由於三個入圍財團均不接納新建議的修訂模式，導致政府不得不放棄原有發展計劃。

◆陳坤耀連任香港報業評議會主席。

2月22日

◆財政司司長唐英年發表 2006/2007 年度財政預算案。預算案有四個部分：復甦、強己、承擔、共享。唐英年表示，他在 2004 年發表上任後首份預算案時所提出的政府三大財政目標，預計可提早三年全部完成。一是 2004/2005 年度及 2005/2006 年度的經營開支均低於二千億港元的目標。二是經營及綜合賬目由 2005/2006 年度開始達至收支平衡，並有盈餘。這是自 1997/1998 年度以來，政府的經營及綜合賬目首次同時出現盈餘。三是公共開支佔本地生產總值的比例，由 2004/2005 年度開始已降至 20%以下。他說，香港新一年度發展方向是提升經濟的創新和增值能力，並提出了一系列推動香港金融市場的措施和建議，包括拓展人民幣業務。唐英年指出，香港未來長期挑戰包括，人才素質必須持續提升需要龐大資源支持問題、經濟轉型及勞工技術錯配問題、人口老化問題、環境污染等問題，給公共財政帶來壓力。因此"審慎理財、量入為出"。他還提出減輕中產人士負擔、幫助有需要的低收入人士等舉措。

2月22日－5月15日

◆ 康樂及文化事務署與中國國家博物館在香港歷史博物館合辦"揚帆萬里：鄭和下西洋紀念展"。

2月23日

◆ 曾蔭權在禮賓府與部分港區全國政協常委和委員會面，就國家發展形勢，香港在國家發展中擔當的角色，香港經濟和民生事務等交換意見。

◆ 香港首座風力發電站 —— 南丫風力發電站正式發電。環境運輸及工務局局長廖秀冬出席開幕式時表示，期望在2012年或以前，利用可再生能源應付香港1%－2%的總電力需求。

◆ 內地與香港跨行業中介聯盟在深圳成立。該聯盟由廣東雅爾德律師事務所發起，聯合香港曾陳胡律師行、深圳義達會計師事務所、香港永安會計師事務所、招商銀行深圳分行等共同組成一個綜合性服務平台，為深港兩地用戶提供法律、財務會計、金融、房地產交易和物業管理等服務。

◆ 著名國畫家、前政務司司長陳方安生母親方召麐葬禮在香港殯儀館舉行。董建華、曾蔭權、唐英年、黎桂康、李嘉誠等政商界人士先後到靈堂弔唁。

2月26日

◆ 財經事務及庫務局局長馬時亨率團訪問阿聯酋迪拜（港譯：杜拜）市，推介香港國際金融中心所提供的金融服務。

2月28日

◆ 十屆全國人大常委會第二十次會議表決通過香港基本法委員會部分組成人員的任免名單。任命梁愛詩、李飛為全國人民代表大會常務委員會香港特別行政區基本法委員會副主任，免去黃保欣的香港基本法委員會副主任職務。任命王鳳超、王振民、張曉明、饒戈平為香港基本法委員會委員，免去王光亞、劉鎮、陳佐洱、夏勇的香港基本法委員會委員職務。吳邦國委員長向新任命的香港基本法委員會副主任和委員頒發了證書。

◆ 行政長官再度委任馮國經為大珠三角商務委員會主席，任期由2006年3月1日開始，為期兩年。

◆ 策略發展委員會管治及政治發展委

員會舉辦工作坊，以"香港的'實際情況'與政制發展"為專題，討論立法會普選的方式，以及單一議會制和兩院制問題。林瑞麟會後表示，與會者就立法會的普選模式展開廣泛的討論，但仍未形成共識。

◆ 香港中國企業協會舉行十五週年會慶暨 2006 年新春酒會。曾蔭權、高祀仁和社會各界人士六百人出席。

3月1日

◆ 行政會議通過《截取通訊及秘密監察條例草案》，該草案旨在取代《電訊條例》第三十三條及行政長官制定的《執法（秘密監察程序）命令》。草案訂明，行政長官須按終審法院首席法官的建議，委任三至六名法官成立一個小組，所有截取通訊及侵擾程度較高的秘密監察行動，全須由該小組法官授權才能進行。侵擾程度較低的秘密監察，則交執法機關內部指定的、相當於高級警司職級的人員授權。除非已獲授權，否則禁止公職人員直接或通過任何其他人，進行任何截取通訊或秘密監察。當局須設立獨立監察機制，由行政長官委任一名法官擔任"截取通訊和監察事務專員"，監察相關部門的運作，處理被監察人士的投訴，並就賠償作出裁決及向行政長官提交週年報告。

◆ 新任外交部駐港特派員呂新華拜會行政長官曾蔭權。

◆ 中央政府駐港聯絡辦在香港會議展覽中心舉行慶祝"三八"國際婦女節酒會。

◆ 立法會通過《公共巴士服務條例》決議案，批准九龍巴士、城市巴士和新大嶼山巴士三家巴士公司的專營權續期十年。新專營權協議加入了車費可加可減機制。

◆ 英國政府發表最新一期《香港半年報告書》，稱 2005 年 12 月被香港立法會否決的政改方案為邁向民主的正確方向，並認為"一國兩制"在香港整體上運作良好，高度自治獲得良好貫徹，聯合聲明和基本法的權利及自由得到維護。

3月2日

◆ 唐英年出席香港總商會午餐會致辭時，就社會上部分人士認為政府財政預算案過分保守表示，政府在福利方面的開支已達 360 億港元，約等於全年的薪俸稅收入。

3月2日-3月6日

◆ 曾蔭權赴京列席十屆全國人大四次會議開幕式。

3月3日

◆ 全國政協主席賈慶林在全國政協十屆四次會議上作政協常委會工作報告時重申，要堅決貫徹"一國兩制"、"港人治港"、"澳人治澳"、高度自治的方針，支持香港、澳門特別行政區政府和行政長官依法施政。發揮香港、澳門特別行政區的政協委員在港澳社會生活中的作用，進一步擴大與港澳各界人士的聯繫，維護和促進香港、澳門的長期繁榮、穩定和發展。

◆ 特區政府憲報公佈，林李翹如再次獲委任為大學教育資助委員會主席，任期一年，由 2006 年 4 月 1 日起生效；陳祖澤再次獲委任為香港科技大學校董會主席，任期兩年，由 2006 年 4 月 1 日起生效。

◆ 2005 年度"曾憲梓載人航天基金會"頒獎大會在北京舉行。基金會此次共撥出 528 萬元人民幣，獎勵執行"神舟六號"飛行任務的費俊龍、聶海勝等 36 名航天專才。

◆ 第二十九屆奧林匹克運動會馬術比賽（香港）有限公司宣佈，委任林煥光為行政總裁。

3月4日

◆ 十屆全國人大四次會議新聞發言人姜恩柱在新聞發佈會上表示，全國人大對於香港特區全國人大代表的產生辦法，目前沒有要改變的計劃。

◆ 曾蔭權宴請赴京參加"兩會"的港區全國人大代表和政協委員，近兩百人出席。曾蔭權致辭時讚揚港區人大代表和政協委員在落實"一國兩制"、"港人治港"上的貢獻，他表示，希望可以加強與各委員之間的聯繫和溝通。

3月5日

◆ 國務院總理溫家寶在十屆全國人大四次會議上作政府工作報告。報告就"十一五"規劃綱要草案作出說明，並首次把港澳地區列入國家的經濟社會發展規劃。綱要提出：保持香港、澳門長期繁榮穩定。堅持"一國兩制"、"港人治港"、"澳人治澳"、高度自治的方針，嚴格按照特別行政區基本法辦事，加強推動內地同港澳在經貿、科教、文化、衛生、體育等領域的交流和合作，繼續實施內地與香港、澳門更緊密的經貿關係安排，加強內地和港澳在基礎設施建設、產業發展、資源利用、環境保護等方面的合作。支持香港發展金融、航運、旅遊、資訊等服務業，保持香港國際金融、貿易、航運等中心的地位。支持澳門發展旅遊等服務業，促進澳門經濟適度多元發展。

◆ 高祀仁在參加十屆全國人大四次
會議香港代表團討論時，就《國民經濟和
社會發展第 11 個五年規劃綱要（草案）》
有關繼續保持港澳長期繁榮穩定的闡述作
了發言。

◆ 曾蔭權在列席十屆全國人大四次會
議開幕式後向傳媒表示，會議開始之前曾
經與國家主席胡錦濤、國務院總理溫家寶
等中央領導進行過短暫交談，得到了胡錦
濤主席的鼓勵。胡主席也希望他利用在京
時間，多走訪與香港經濟發展密切相關的
部門，取得更多支持。他深感香港同祖國
血脈相連，更感到自己作為特區行政長官
任重而道遠。他表示，"十一五"規劃中
沒有提出針對香港的具體措施，但國家會
繼續支持香港鞏固自身原有的國際金融、
貿易和航運中心地位，對此深受鼓舞。

在京期間，曾蔭權還先後與國家發
展和改革委員會主任馬凱、中國人民銀行
行長周小川、國家廣電總局局長王太華、
商務部部長薄熙來、信息產業部部長王旭
東、國家旅遊局局長邵琪偉、北京市市長
王岐山，以及泛珠三角區域九省市的領導
見面，就香港與內地在多個領域的合作事
宜交換了意見。

◆ 國務院港澳辦副主任陳佐洱在出
席十屆全國人大四次會議時對香港傳媒表
示，"十一五"規劃直接涉及港澳的內容
雖然不多，但很重要，是從港澳回歸多年
來實行"一國兩制"的豐富實踐中總結出
來的，體現了中央對保持和發揮港澳兩個
特區優勢的高度重視。

◆ 香港銀行人民幣交收系統正式激
活，多家銀行隨即推出人民幣往來戶口
服務。

◆ 衛生部確認廣州一名男子感染禽流
感死亡，特區政府與國家質量檢驗檢疫監
督局商定，即日起，內地一連三個星期停
止對港供應活雞、雞苗、觀賞鳥等。香港
也將加強巡查本地農場，恢復邊境關口的
體溫檢測，防止可能出現的疫情蔓延。

3月6日

◆ 賈慶林在出席全國政協十屆四次
會議港澳地區政協委員聯組會時表示，國
家正站在一個新的歷史起點，港澳也正處
於發展的關鍵時期，面對周邊地區加快發
展，國際競爭日益激烈的新挑戰，港澳要
樹立憂患意識，把主要精力集中到發展經
濟、改善民生上。

◆ "龍騰飛躍：香港經濟脈搏及發展
策略研討會"在港舉行。

◆ 林瑞麟在立法會會議上就《2006

年行政長官選舉及立法會選舉（綜合修訂）條例草案》提出二讀動議，並再次向議員介紹了草案的修訂範圍，一是行政長官補選；二是選委會的組成日期；三是補選產生的行政長官的連任次數；四是在只有一名行政長官候選人獲有效提名時的選舉安排；五是與區議會、全國政協和鄉議局界別分組的密切聯繫；六是有關選舉委員會選民的技術性修訂；七是其他技術性修訂，包括刪除目前任期已屆滿的首屆選舉委員會的所有相關條文。

3月9日

◆ 吳邦國委員長在十屆全國人大四次會議第二次全體會議上作常委會工作報告時指出，香港特別行政區基本法的解釋權，是憲法和基本法賦予全國人大常委會的重要職權。

◆ 特區政府發言人就美國國務院發表的《年度國別人權報告》中對香港政制發展的評論作出回應，重申中央政府和特區政府一直致力按照基本法推動政制發展，以達至普選的最終目標。並指出"全國人大常委會解釋基本法的權力是一般性及沒有任何限制的。這一原則在香港及香港的法院是受到充分的承認和尊重的"。

◆ 香港房屋委員會（房委會）發表《公屋租金政策檢討咨詢文件》，進行為期三個月的公眾咨詢。文件指出，公屋租金影響到全港 68 萬個公屋單位和兩百萬公屋居民，應建立更明確而具透明度的"可加可減"租金調整機制，以消費物價或住戶入息變動為基礎進行租金調整。

3月9日－3月16日

◆ 特區政府迅速處理了九廣鐵路公司管理層與九廣主席田北辰之間矛盾激化的事件。

9 日，九廣鐵路公司署理行政總裁黎文熹致函九鐵管理層，表示與九鐵主席田北辰無法共事。此後，九鐵公司管理層徵集員工簽名，聯署致信九鐵管理局，反映對田北辰的不滿。11 日，田北辰與曾蔭權會面，並遞交辭職信。15 日，行政長官宣佈田北辰將繼續留任九鐵主席，並表示政府會追究九鐵公司管理層違反紀律的行為。九鐵管理局隨後決定處分二十名管理層人員，黎文熹提出辭職，管理局即時接受。16 日，環境運輸及工務局局長廖秀冬宣佈，政府同意九鐵管理局的意見，接受黎文熹的辭職，終止九鐵市務總經理黎啟憲的合約，書面警告其餘 19 名高管人員。同日，九鐵管理局委任詹伯樂為署理行政總裁。

3月10日

◆公務員事務局公佈的資料顯示，為使公務員掌握國家最新的政治、社會和經濟發展情況，特區政府近年積極加強有關國家事務的課程培訓，過去五年共有超過 26000 人次的公務員參加了有關專題講座。

◆立法會通過《2006 年收入（豁免離岸基金繳付利得稅）條例》。市場人士認為，此舉有助吸引美國、歐洲及中東的資金來港，尤其可以配合內地擬推出的 QDII（合資格境內機構投資者制度），為內地資金來港提供實際稅務優惠。

◆美國財經雜誌《福布斯》公佈 2006 年度全球富豪排名榜，長江實業集團李嘉誠以 188 億美元資產評值排名第 10 位（大中華區排名第 1 位），新鴻基地產集團郭氏三兄弟排名第 35 位，恆基地產集團主席李兆基排名第 37 位，信德集團主席何鴻燊排名第 84 位。

3月13日

◆財經事務及庫務局局長馬時亨表示，取消遺產稅、豁免離岸基金利得稅，以及逐步落實 QDII（合資格境內機構投資者制度）後，預計香港資產管理業涉及的資產管理規模將在五年內超過六萬億港元水平（2004 年香港資產管理業管理的資產總值已達 3.6 萬億港元）。

◆國家民航總局局長楊元元表示，中央已向香港開放內地 45 個主要城市的航權。中央還準備向香港全面開放航權、特別是延遠貨運航權（即第五航權）等。

◆深圳公佈"十一五"社會經濟發展規劃草案。草案列入深圳與香港的協調、合作關係，和兩地經濟、社會發展合作項目。

3月14日

◆國務院總理溫家寶在人民大會堂會見中外記者時指出，香港是世界上最自由和開放的經濟體系，具有比較完備的法律制度，有着良好的營商環境和廣泛的國際市場聯繫，擁有一大批熟悉國際經濟的人才。香港是世界航運中心、金融中心和貿易中心，這些優勢不僅是香港自身發展的有利條件，而且對內地發展也發揮着重要的、不可替代的作用，同時，國家發展也為香港發展帶來重要機遇。溫家寶還介紹了 CEPA 的實施情況，以及香港將擴大內地人民幣業務範圍、香港與內地聯繫的基礎設施建設的發展前景。溫家寶同時宣佈，目前已有 38 個內地城市可以辦理居民個人赴港澳旅遊手續。

◆香港大學授予內地著名經濟學家吳敬璉、英國劍橋大學彼得學院院長衛奕信（前港督）、加拿大參議員利德蕙、前港大代校長戴義安、香港行政會議成員梁智鴻、企業家李國賢六人名譽博士學位。

3月15日

◆特區政府分別於 2003 年 7 月和 10 月推出了輸入內地人才計劃和資本投資者入境計劃。截至 2006 年 1 月底，共接獲 11344 宗根據輸入內地人才計劃提出的申請，其中 9457 宗已獲批准。另有 624 名申請人通過資本投資者入境計劃獲正式批准在港居留。他們在港投資總額約為 45 億港元，平均每名投資者投資 724 萬港元，超過 650 萬港元的最低限額。

3月16日

◆《2006 年版權（修訂）條例草案》刊憲。條例草案引入了新的刑事責任。在版權保護方面，規定任何人在業務中管有非法下載的電腦程序、電影、電視劇、電視電影、音樂製品，列為刑事罪行；任何人在業務中頻密及嚴重地複製及分發報章、雜誌、期刊及書籍的行為列為刑事罪行，但非牟利或獲政府資助的教育機構可以豁免。草案建議，載於報章、雜誌及期刊（不包括學術期刊）的版權作品，如在 14 日內，分發或已分發的侵權複製品數量累計不超過一千份，不承擔刑事責任；為保障資訊流通及市民需要，草案建議放寬對平行進口品（即“水貨”產品）的限制，由產品發佈、發表 18 個月內不得進口縮短至 9 個月內不能進口，同時容許在業務中使用平行進口的版權作品及錄製品。

◆公安部治安管理局負責人在記者會上表示，香港、澳門和台灣居民可申領中國內地居民身份證，但必須遷入中國內地定居，並辦理中國常住戶口。

3月17日

◆港大民意研究計劃有關台灣問題的調查顯示，83％的香港市民反對台灣獨立，60％反對台灣加入聯合國，53％認為“一國兩制”適用於台灣。三者均創 1993 年首次有這項調查以來的最高值。

3月19日

◆公民黨成立。由四十五條關注組核心成員及部分專業人士組成。香港中文大學政治及行政學系系主任關信基任黨主席，立法會議員、資深大律師余若薇任黨魁。

◆ "香港在國家'十一五'規劃中的角色"研討會在港召開,全國人大常委會副委員長許嘉璐、香港特區政府政務司司長許仕仁等出席。許仕仁表示,隨着內地"十一五"期間加快發展,香港必須努力維持競爭力和區域優勢,慎防被邊緣化。香港要加強與泛珠三角地區,尤其是廣東和深圳在基建上的銜接,同時要瞭解北京和各省市制訂的政策,找到香港在"十一五"規劃當中應扮演的角色。

◆ 聯合國人權事務委員會召開聽證會,聽取香港落實《公民權利和政治權利國際公約》的情況。民政事務局常任秘書長林鄭月娥出席並表示,1976年公約在香港生效時,英國政府保留不實施公約第二十五條關於推行普及而平等的選舉,在香港回歸後仍然有效。

◆ 中國社會科學院發佈2006年《城市競爭力藍皮書:中國城市競爭力報告No.4》,香港的城市綜合競爭力名列第一。

3月23日

◆ 財經事務及庫務局主辦的"泛珠三角區域金融服務論壇"在港舉行,來自中央部委、泛珠三角區各省區市以及香港特區政府的官員、企業家和金融界人士共六百多人與會。曾蔭權在致辭時強調,推進金融合作,將有助提升泛珠三角區域合作的效率和水平,香港資產管理業界已作好準備,為泛珠區域提供理想的國際投資平台。"十一五"規劃首次把香港納入國家總體發展框架內,強調保持香港國際金融中心的地位,香港必須抓住這個機遇,提升競爭力,配合國家發展。香港有完善的金融和法律制度,可以幫助內地各省市、特別是珠三角地區的省市走進世界市場。

馬時亨在致辭時表示,自從第一家內地企業1993年以H股形式在香港上市以來,已有340家內地企業在香港股票市場集資,總集資額11000億港元,現在的市值是香港GDP的六倍。財政部和國有銀行也早在上世紀八十年代就開始利用香港債券市場集資。今後內地企業取得國際評級後在香港發債券集資,也可以成為一條重要的集資渠道,同時也使香港債券市場獲得更大發展。

◆ 香港機管局舉辦航空貨運論壇,探討香港航空業的競爭能力和發展策略。

◆ 香港與俄羅斯、法國和德國達成新的航權協議。

3月24日

◆ 特區政府憲報公佈，行政長官委任包陪麗為香港藝術中心監督團主席，任期三年，由2006年4月1日起生效。

◆ 法律改革委員會發表的《私隱權：規管秘密監察》報告書指出，基本法和《公民權利和政治權利國際公約》保證個人私隱不得被任意或非法侵犯，建議政府設立法律機制，對秘密監察以及侵入私人處所取得個人資料的行為作出規管。

3月25日

◆ 香港國民教育促進會成立。該會主席姜玉堆表示，成立促進會是要對特區政府推行國民教育的政策發展提出建議，以提高港人的國家意識，開展認識國家民族歷史和國情。

3月26日

◆ 香港職工會聯盟（職工盟）執委會舉行改選，劉千石連任會長。

3月27日-3月29日

◆ 台灣"中央研究院"院長李遠哲來港參加"求是科學基金會"評獎會議。

3月27日-4月2日

◆ 國家發展與改革委員會規劃司副司長徐林來港出席多場座談會，為特區政府高官、公務員團體、政策研究團體、商界、青年學生、社會服務機構和中央駐港機構講解國家"十一五"規劃。

3月28日

◆ 廣東省人民政府港澳事務辦公室掛牌儀式在廣州舉行。廣東省常務副省長湯炳權致辭時表示，單獨設置廣東省港澳辦，是廣東改革發展中的一件大事，是加強粵港澳合作的一項重大舉措，充分體現了中央對粵港澳合作的高度重視，對於全面貫徹"一國兩制"方針、進一步落實內地與港澳關於建立更緊密經貿關係的安排、深入推進粵港澳合作、促進港澳的長期繁榮穩定具有十分重要的意義。

3月29日

◆ 財經事務及庫務局資料顯示，2005/2006財政年度政府收入2222億港元，開支2102億港元，財政盈餘120億港元，財政儲備3080億港元。

3月30日

◆ 曾蔭權出席立法會答問大會，闡

述了餘下任期的施政重點：協調政治與經濟、行政與立法、勞方與資方三大關係；應對提高生活質量、全社會共享成果和保持經濟繁榮三大挑戰；凝聚共識，改善民生，促進社會和諧發展。

對政府總部選址問題，曾蔭權表示，立法會以及司法機構都在添馬艦附近，新政府總部選址在添馬艦，能保證行政上的高效率。中環規劃在 2000 年已經定出，在添馬艦興建新政府總部的計劃也在三年前通過，希望議員不要再就有關規劃爭拗，以免踏入"議而不決，決而不行"的誤區。

對於政制發展，曾蔭權表示，現屆政府在餘下的時間裡，會就幾項重要的政治議題作認真研究，為特區往後的政制發展奠定基礎。繼續通過策發會推動有關政制發展及普選路線圖的討論，期望 2007 年年初，總結普選行政長官及普選立法會可能模式的討論，以展開下階段的工作。

對西九龍文娛藝術區問題，曾蔭權表示，西九計劃重新上馬並非代表強政勵治失敗，政府有糾正的勇氣，正體現了以民為本的決心。"重新上馬"是艱難的選擇，但西九計劃是非常重要的大型建設項目，故論證過程更要謹慎。

3 月 31 日

◆ 香港特區政府公佈新一屆太平洋經濟合作香港委員會成員名單，獲得委任的委員有 14 名，嶺南大學校長陳坤耀再獲委任為委員會主席，任期兩年，2006 年 4 月 1 日生效。

◆ 政制事務局局長林瑞麟在立法會財務委員會特別會議上表示，特區政府會繼續根據"錢七條"（1995 年 6 月 22 日，國務院副總理錢其琛在香港特別行政區籌備委員會預備工作委員會第五次全體會議上代表國務院宣佈《中央人民政府處理"九七"後香港涉台問題的基本原則和政策》，簡稱"錢七條"）推動港台之間的經濟和文化交流。

◆ 特區政府公佈 2005 年按區議會分區劃分的人口和住戶統計資料。

4 月 1 日

◆ 香港特區政府政制事務局內地事務聯絡辦公室正式運作，以更有效地統籌推動香港與內地聯繫的工作，並加強協調與各省區在各個範疇的交流合作。同時，特區政府駐粵經濟貿易辦事處的職能範圍進一步擴大，覆蓋廣東、廣西、福建、江西和海南。

◆ 民政事務局發言人回應聯合國人權

事務委員會有關香港情況的報告，表示不同意委員會對香港普選問題的觀點。並強調香港正朝着最終達至普選的目標前進，現時的選舉制度切合香港本身情況，與人權公約沒有不一致的地方。

4月2日

◆ 工業貿易署資料顯示，自 2004 年 1 月 CEPA 開始實施至 2006 年 3 月 30 日，工貿署已發出《原產地證明書》近一萬二千份。享有 CEPA 零關稅優惠出口到內地的港貨總值約 42 億港元，節省關稅 3.1 億元人民幣。

4月4日

◆ 公務員事務局向立法會提交文件表示，已完成公務員津貼檢討，並訂出最終津貼修改方案。修改事項包括：取消公務員冷氣機津貼和酒店膳宿津貼，把搬遷津貼改為非實報實銷津貼，逐步取消海外或本地教育津貼，降低旅費津貼上限，傢具和用具津貼維持不變。方案如果獲立法會財務委員會通過，有關措施會由 2006 年年中起實施。

◆ 衛生福利及食物局決定以發放特惠補助金的形式，鼓勵養豬農民自願退還禽畜飼養牌照，以加強衛生防疫工作。

4月5日

◆ 正在斐濟訪問的國務院總理溫家寶接受香港傳媒採訪時表示，對香港經濟發展抱有充足的信心，不同意香港經濟發展會被"邊緣化"的講法。溫家寶說，香港是世界上最自由開放的經濟體系，擁有完備的法律制度，有一大批具有豐富國際經驗的企業家，與各國各地區有廣泛經濟聯繫，這些優勢是長期形成的，其貿易中心、航運中心、金融中心的地位會繼續保持和發展。溫家寶指出，改革開放近三十年來，香港對內地經濟發展作出了很大貢獻，現在香港與內地建立了最緊密經貿關係，內地的經濟發展也會有力推動香港經濟發展。香港人民要有自立自強的精神，團結一致，把"一國兩制"、"港人治港"、高度自治的方針落實好，切實提高香港經濟發展的內在活力。香港經濟發展前景是非常光明的。

4月6日

◆ 特區政府宣佈西九龍文娛藝術區核心文化藝術設施咨詢委員會及轄下三個小組（表演藝術與旅遊小組、博物館小組和財務小組）的人員名單（66 人）。政務司司長許仕仁出任委員會主席。委員會將討論西九龍文娛藝術區未來路向和聽取公眾意見，六個月內向政府提交報告。

◆ 行政會議通過改革賽馬博彩稅制度並刊憲。新制度由目前的投注額徵稅，改為由投注額減去派彩後的毛利徵稅，毛利110億港元或以下，稅率為72.5%，每增加10億港元，稅率增加0.5%，毛利達到150億港元以上，稅率固定在75%不再累進。新制度還允許馬會向投注大戶提供輸錢折扣優惠，希望可以借此打擊非法的外圍莊家。據香港賽馬會提供的數字，香港近年賽馬投注額持續下降，由1997年的924億港元，下跌至2005年的627億港元，以致政府博彩稅收也由120億港元降至84億港元。

4月7日

◆ 正在柬埔寨訪問的國務院總理溫家寶在接見中國使館工作人員、中資機構、華僑華人和留學生代表時說，"我對香港同胞滿懷希望和信心。香港的發展要迎難而上。香港要保持貿易中心、金融中心和航運中心的地位，就要把這些中心建設成現代的中心、先進的中心、有競爭力的中心。不能原地踏步，要前進"。

4月8日

◆ 全國人大常委會副委員長成思危訪問香港中華總商會時表示，"十一五"規劃為香港帶來了商機，同時也帶來了挑戰。香港要發揮自己的優勢，自強不息，居安思危。

◆ "企業東主 —— 國際問卷調查2006"公佈結果，有52%的香港中型企業東主認為，內地能為他們帶來最大商機，在全球三十個受訪國家（地區）中排名第一，排名第二的是台灣地區（51%）。

4月9日

◆ 曾蔭權覆信行政會議成員、自由黨副主席、立法會議員周梁淑怡，明確指出行政會議實行集體負責制，行政會議通過的決定等同於行政會議每一位成員都贊成，行政會議成員沒有立場豁免機制。

周梁淑怡在3月底的立法會會議上，對行政會議已通過的《醫療廢物處理修訂條例》投了反對票，此舉與行政會議成員身份有衝突，她隨後致信行政長官表達歉意。

◆ 政府向策略發展委員會轄下的經濟發展及與內地經濟合作委員會提交文件指出，目前每年有2–2.5萬名海外及內地專業人士來港服務，每名來港專業人士平均可帶動開創1.5個本地就業職位，若他們的聘用任期超過一年，可以帶動開創4.8

個本地職位。希望經濟發展及與內地經濟合作委員會探討進一步的措施來壯大香港人才隊伍，包括可否及如何增加本地大專院校的非本地學生收生額、引進國際學校來港辦學、擴大優秀人才計劃、輸入特定範疇人才以及吸引目前定居海外的港人和其他華人來港定居和工作等。

4月9日－4月13日

◆ 律政司司長黃仁龍訪問北京。盛華仁副委員長在會見黃仁龍時表示，貫徹落實"一國兩制"和基本法，不僅是中央的責任，也是特區的責任。按照憲法規定的國家體制，在貫徹落實"一國兩制"和基本法的過程中，全國人大及其常委會負有十分重大的責任，基本法規定的全國人大及其常委會的權力是與這種責任相適應的。為了共同把"一國兩制"和基本法貫徹好、落實好，保證香港長期繁榮穩定，希望今後全國人大常委會有關工作部門與特區政府律政司建立比較密切的工作聯繫，增進相互瞭解，互相學習，加強交流和溝通。黃仁龍還先後拜訪了全國人大常委會法制工作委員會、基本法委員會、國務院港澳辦、國務院法制辦、最高人民法院、最高人民檢察院、外交部、司法部及全國律師協會等九個部門。

4月10日

◆ 賈慶林會見以胡仙為榮譽團長的香港崇正總會訪京團。賈慶林表示，長期以來包括崇正總會在內的廣大海外客家兒女關心和支持祖國的建設和發展，關心祖國和平統一大業。他希望所有客家兒女繼續為實現中華民族的偉大復興而努力奮鬥。國務院台辦主任陳雲林、中央政府駐港聯絡辦副主任黎桂康參加了會見。

◆ 教育部港澳台辦公室推出港澳地區中小學生普通話考試（GAPSK）標準。該考試標準由北京大學語文教育研究所設計，考試內容包括聽辨詞語、讀出字詞、對話和將漢字譯寫成拼音等，覆蓋聽、說、讀、寫四個方面，在香港首次考試計劃於 2006 年 6 月舉行。

◆ 曾蔭權在香港報業公會 2005 年度"香港最佳新聞獎"頒獎禮上致辭時表示，受歡迎的新聞不一定是重要新聞，到底生產多些受消費者歡迎的新聞，還是報道對社會重要的新聞，是新聞工作者經常要面對的重大挑戰，新聞工作者必須有使命感才能找到自己的坐標，才能對新聞作出恰如其分的取捨。

4月11日

◆ 行政會議與地鐵公司、九鐵公司就

兩鐵合併的架構和條件達成共識，三方簽署了一份不具約束力的諒解備忘錄，確認以"服務經營權"形式進行兩鐵合併，由地鐵取得九鐵服務經營權五十年，以及購入部分九鐵的鐵路資產和一個物業資產組合，共涉及資金 120.4 億港元。

◆粵港食品安全工作交流與合作首次工作會議在廣州舉行。香港衛生福利及食物局與廣東省食品藥品監督管理局簽署了"粵港食品安全工作交流與合作框架協議"。

4月12日

◆香港地鐵公司、北京首創集團、北京市基礎設施投資有限公司三方合資成立的北京京港地鐵有限公司與北京市政府簽署《北京地鐵四號線特許經營協議》，協議年期為三十年。北京地鐵四號線全長 28.16 公里，共設 22 個車站。香港地鐵行政總裁周松崗在簽約後表示，香港地鐵的成功經營模式，有望在內地廣泛推行。內地軌道交通發展潛力巨大，香港地鐵公司很專注內地城市地鐵和城鐵的投資機會。

◆深港金融合作懇談會在港舉行。渣打銀行、東亞銀行、永隆銀行、印度銀行、香港中國保險（集團）公司、香港民安保險公司、中國人壽保險（海外）股份有限公司香港分公司七家機構分別與深圳市金融辦、羅湖區政府簽署了意向書，有意在深設立分支機構或設立後台服務機構。

4月12日－4月15日

◆法國護衛艦"牧月"號訪問香港。在港停靠期間，法國水兵拜訪了解放軍駐港部隊。

4月13日

◆特區政府與廣東省政府達成新的東江供水協議。初步估算港方每年可比原來節省 1.05 億港元。

4月15日－4月19日

◆近千名來自香港、澳門和台灣的青年乘搭"我們是一家"文化列車自香港抵達上海，與內地青年展開連串交流活動。

4月17日

◆警務處取消警務人員離境前往澳門時須事先申報的制度。

4月18日

◆經國務院批准，中國人民銀行、中

國銀監會和國家外匯管理局聯合發佈《商業銀行開辦代客境外理財業務管理暫行辦法》。合資格境內機構投資者制度（QDII）隨此辦法公佈開始正式實施，內地居民和機構的資金，可正式投資包括香港在內的境外股市和債市。

◆ 深港投資聯盟在深圳成立。聯盟成員包括香港地鐵、長江實業、新鴻基地產以及深圳鹽田港、深圳地鐵等深港兩地近百家知名企業、商會組織和投資機構。香港地鐵公司主席錢果豐任聯盟香港執行主席。

4月19日

◆ "第一屆台港論壇"在香港舉行，三百多名台、港兩地企業家和學者與會。國民黨副主席江丙坤在論壇上發表演講。

4月19日－4月21日

◆ 馬達加斯加共和國總統麥克·拉瓦盧馬納納訪問香港，主持馬達加斯加共和國駐香港領事館的新址啟用儀式。

4月20日

◆ 特區政府資助的五大科技研發中心成立，分別是：生產力促進局承辦的汽車零部件研發中心；香港大學、香港中文大學、香港科技大學聯合承辦的物流及供應鏈管理應用技術研發中心；香港科技大學承辦的納米科技及先進材料研發中心；香港應用科技研究院承辦的資訊及通訊技術研發中心和香港理工大學承辦的紡織及成衣研發中心。創新科技署已預留二十多億港元，支持研發中心的運作。

4月20日－4月22日

◆ 曾蔭權率領由特區政府官員和香港商界組成的代表團前往海南省，出席博鰲亞洲論壇2006年年會。

21日，正在海南省出席博鰲亞洲論壇2006年年會的國家副主席曾慶紅會見了曾蔭權，並對香港提出兩點希望：一是要抓住機遇謀發展；二是要齊心協力促和諧。

22日，曾蔭權在博鰲亞洲論壇2006年年會午餐會上發表題為《亞洲金融一體化》演說，建議採取五大措施推進亞洲金融一體化：建立亞洲地區的金融基礎設施網絡；放寬對海外中介機構進入本地市場的限制；制定一體化的地區金融標準；加強亞洲各個經濟體的合作，發展本地金融體系；以及放寬資金的管制。

4月21日

◆ 特區政府審計署發表審計報告，批評香港電台管理混亂，未能善用公帑。主要問題包括，沒有對外判技術服務有效監管、沒有妥善保存外判服務人士出勤紀錄、濫發超時補薪、員工酬酢花費嚴重違反《公務員事務規例》等。審計署 2005 年派出調查小組進入港台查閱賬目，歷時七個月，審查港台的財政制度、工作流程、招標程序、外判制度及員工加班等情況，完成的審計報告上下兩冊，共兩百多頁。工商及科技局局長王永平在報告發表後會見記者，宣佈已令廣播處處長三個月內提交報告，就員工需否接受紀律懲處、管理層應否承擔責任、如何建立起港台的規則文化等問題作出交代。

4月22日

◆ 香港基本法推介聯席會議舉辦基本法頒佈十六週年研討會。署理行政長官許仕仁、立法會主席范徐麗泰、中央政府駐港聯絡辦副主任鄭坤生、全國人大常委會香港基本法委員副主任梁愛詩等出席。許仕仁表示，全國人大對基本法所擁有的解釋權和修改權，是在"一國兩制"下的憲制秩序，充分反映中央政府對特區憲制設計和實施的主導性角色。雖然中央政府通過制定基本法，將高度自治權授予香港特區，但香港特區作為一個行政區域，所行使的權力是建基於中央對特區的主權和中央對特區的授權。他又呼籲港人好好珍惜和運用基本法賦予香港的高度自治權，除了要珍惜"兩制"外，必須明白"一國"的重要性，謹記香港是國家的一部分，並不是一個獨立的地區。

◆ 香港基本法推介聯席會議主席黃富榮接受記者專訪時表示，1993 年由香港 27 個團體聯合成立的基本法推介聯席會議。充分發揮民間活力，爭取社會資源，群策群力，通過不同形式和渠道向香港各階層市民推廣宣傳基本法。現正籌備建立香港基本法基金會，爭取為基本法的宣傳推廣創造更好的條件。

4月23日

◆ 因舖位租金過高，在香港開業已有 25 年的日本百貨店三越百貨宣佈將於 2006 年 9 月份撤出香港。

4月24日

◆ 工聯會舉行第三十三屆會員代表大會，鄭耀棠、黃國健分別連任會長和理事長。

4 月 25 日

◆ 呂新華特派員應邀出席外國記者駐港領團午餐會並發表演講。

◆ 匯豐銀行前主席艾爾敦連任香港總商會 2006 年度主席。

4 月 27 日

◆ 特區政府發表《區議會角色、職能及組成的檢討》咨詢文件。文件建議把康文署的部分權力下放給區議會，地區設施如社區會堂、圖書館、泳池和公園等，交由區議會管理。由區議會決定 1500 萬港元以下的地區工程以及推行更多社區活動，區議員薪津調高 10% 增至 18000 港元，文件建議為這幾方面的改革每年撥款三億港元。另外，文件建議下屆區議會繼續保留委任議席和當然議員。有關安排擬先在數個地區試行，最快可望 2007年 1 月展開。政府檢討試行情況後，預計 2008 年底全面推行。

◆ 由國務院發展研究中心港澳研究所和香港《文匯報》合辦的 "紀念香港基本法頒佈十六週年、澳門基本法頒佈十三週年研討會" 在北京舉行。

◆ 夏佳理當選香港交易所新一任主席，任期兩年。

4 月 28 日

◆ 特區政府憲報公佈，行政長官再度委任梁國輝為香港教育學院校董會主席，任期由 2006 年 4 月 25 日至 2007 年 4 月 24 日。

4 月 30 日

◆ 立法會勞工界議員和勞工顧問委員會成員發起遊行，多個勞工團體的五百多名成員參加。遊行者要求政府推動立法，訂立最低工資和標準工時，並取消政府的外判服務。

5 月 1 日 "五一" 國際勞動節

◆ 廉政公署公佈，2005 年廉政公署財務調查組共進行了 140 項財務分析和資產追查工作，涉及 1160 宗交易，涉款總額達 62.5 億港元。2005 年全年共收到 3685 宗貪污舉報，比 2004 年減少 2%。

◆ 香港工會聯合會舉行慶祝 "五一" 勞動節酒會。董建華、高祀仁、許仕仁等出席。

◆ 解放軍駐港部隊赤柱、昂船洲和石崗軍營舉行開放日，約 1.6 萬名市民入營參觀。

◆ 南昌、長沙、南寧、海口、貴陽和昆明六個城市開始辦理居民以個人身份赴

2006 年 5 月 1 日，解放軍駐港部隊
軍營向香港市民開放，吸引大批小
朋友前來參觀。

港澳旅遊的手續。

◆ 食物環境衛生署轄下成立食物安全中心，以加強食物安全規管職能。中心將全面負責食物監察、抽樣、檢驗，處理食物投訴，加強與內地及海外的聯繫，檢討和更新食物標準，加強風險評估和信息通報等。

◆ 立法會否決何俊仁議員提出的"本會呼籲：毋忘六四事件，平反八九民運"動議。

◆ 特區政府憲報公佈，行政長官委任尤曾家麗為衛生福利及食物局常任秘書長（食物及環境衛生），任期由 2006 年 5 月 2 日起生效。

◆ 香港"五四"青年節活動籌委會首次在金紫荊廣場舉行升旗禮，紀念"五四運動"八十七週年。

◆ 中國奧運金牌運動員許海峰、熊倪、樓雲、吉新鵬、冼東妹、王蒙及韓曉鵬七人訪港，出席由香港"五四"青年節籌委會主辦的"心繫奧運嘉年華"活動。

◆ 香港青年協會在香港理工大學舉行"青年成人禮"活動，一千名踏入 18 歲的香港青年出席。他們在律政司司長黃仁龍的監誓下，立志承擔責任，為社會作出貢獻。

◆ 香港發展論壇舉辦"落實'一國兩制'與香港人的國民身份認同"研討會。

◆ 國家發展和改革委員會經濟體制綜合改革司司長范恆山來港出席"十一五規劃"介紹活動時表示，在"一國兩制"下，中央會維護香港的特殊地位，香港也應該轉換思維觀念，抓住機遇，全面落實與內地的合作關係，促進產業發展。香港毋須擔心被邊緣化。

◆ 來自全港八十多個青年團體的近萬名青年參加了由香港"五四"青年節籌委會主辦的"五四青年大巡遊"、"五四青年大匯演"等系列活動。高祀仁、呂新華、王繼堂、張汝成、黃仁龍、曾憲梓等出席開幕儀式。

◆ 公務員事務局局長俞宗怡在新聞發佈會上表示，行政長官會同行政會議一致通過從 2006 年 7 月 1 日開始實施公務

2006 年 5 月 4 日，金紫荊廣場首次
舉行 "五四" 青年節升旗禮。

員五天工作制。政府部門分三批實施，分別在 2006 年 7 月 1 日、2007 年 1 月 1 日、2007 年 7 月 1 日實施。新工作制度會依照四項原則，包括不涉及額外人力資源、不減少員工的規定工作時數、不削減緊急服務及在週六維持必需服務。

◆ 立法會政府賬目委員會就審計署完成的香港電台審計報告舉行公開聆訊。

5 月 9 日

◆ 海關總署在北京舉辦新聞發佈會宣佈，內地海關、香港海關和美國司法部緝毒署三方合作，破獲一起涉及哥倫比亞、泰國、中國內地、香港等七個國家（地區）的特大跨國走私毒品案。

◆ 瑞士洛桑管理學院全球競爭力排名調查顯示，香港在列入評比的 61 個國家和地區之中，綜合排名僅次於美國位居第二，其中政府效能和商界效率兩項指標排名全球第一。

5 月 9 日 – 5 月 11 日

◆ 天津舉辦的 "2006 香港·天津週" 在香港會議展覽中心開幕。天津市市長戴相龍和特區政府財政司司長唐英年分別在開幕式上致辭。

5 月 10 日

◆ 立法會通過《2006 年行政長官選舉及立法會選舉（綜合修訂）條例》。條例規定，如果行政長官在任期屆滿前半年內出缺，時間符合選舉新一任五年任期的行政長官，便毋需安排補選。可按照基本法第五十三條的規定，由司長依序署理行政長官職務，直至新一任行政長官產生。條例亦規定，補選產生的新的行政長官在任滿剩餘任期後只可連任一次，而剩餘任期不足五年亦算為 "一任"。

◆ 策略發展委員會管治及政治發展委員會舉辦工作坊，就實行行政長官普選時行政長官提名委員會的構成展開討論。林瑞麟會後表示，策發會就提名委員會的討論暫時未有定案，但須符合三個原則，包括：涵蓋面儘量寬、符合基本法，以及有機會達成共識。

◆ 高等法院上訴法庭駁回立法會議員梁國雄和四五行動成員古思堯就行政長官《執法（秘密監察程序）命令》的上訴，同時也駁回了特區政府就同一案由的上訴，維持原判。

◆ 香港理工大學與中國奧委會科教部在港簽署科技合作協議。根據協議，中國奧委會科教部將授予理大 "中國奧委會備戰 2008 年奧運會科技合作夥伴" 稱號，理大將派出醫療、心理、社會等多個學科專家，為中國選手備戰奧運提供康復醫療、運動物理治療、體力恢復等方面的幫助。

5月11日

◆香港特區政府教育統籌局與英國教育與技能部簽署教育合作諒解備忘錄，加強兩地在教育領域的協作和人才交流。

5月12日

◆特區政府憲報公佈，行政長官已委任李淑儀為衛生福利及食物局常任秘書長（衛生及福利），任期由2006年5月8日起生效。

◆亞洲電視宣佈，中信集團子公司中信國安集團入股亞視22.22%股權。中信國安強調不會參與亞視節目方針制定，不會干預亞視的新聞工作和營運。

5月12日–5月18日

◆"香港明天更好基金"訪問團訪問美國。廣泛接觸美國政界、商界、學術界、智庫和傳媒人士。

5月13日

◆香港孔子學院開幕禮在香港理工大學舉行。香港理工大學校長兼香港孔子學院理事長潘宗光致辭時表示，孔子學院主要目的是為香港漢語學習者創造良好的學習條件和環境。同時，借助香港國際化的地利條件，對外推廣漢語運用，弘揚中華文化。

◆香港青年會計師發展交流協會成立。該會以促進香港與內地會計師之間的合作與交流為目的，目前約有一百多名會員。

5月15日

◆林瑞麟公佈行政長官選舉委員會界別分組選舉的實務安排。38個界別共800名選委中，有35個界別664席將通過選舉產生。選舉事務處將開放100個票站，供選民前往住所附近投票。

◆香港中文大學舉行第五屆榮譽院士頒授儀式，陳方正、鄭明訓、霍震寰、何萬森、何子梁、許漢忠、劉世鏞和利定昌八人獲頒授榮譽院士。

5月16日

◆行政長官選舉委員會選民登記結束。

◆立法會行政管理委員會決定於2006年10月正式推行議員工作開支款

項的審計監察制度。政府已批准每年撥款九十萬港元，幫助推行這項制度。

5月18日

◆ 曾蔭權出席立法會答問大會。在回應有關 "反對派" 問題時，曾蔭權指出，在香港，有些人選擇做反對派，不論政府的政策是否得到民意支持，不論合理不合理，都一概反對。部分從政人士反對當局的政策並非為了貫徹自己的信念，而是懷有三個目的，一是想削弱政府的民望和威信；二是追求自我滿足；三是追求傳媒曝光率。這些人便是他所說的 "反對派"。

就 "親疏有別" 及政府與政黨關係問題，曾蔭權表示，為整體市民利益以及政策的順利推行，政府選擇合作夥伴而 "親疏有別"，再正常不過。他說，親市民的就是親，反市民的就是疏。政府與個別黨派進行磋商、達成共識以推動政策，建立長期合作夥伴關係，這是放諸四海皆準的做法，香港也不例外。

關於立法實行最低工資問題，曾蔭權指出，最低工資須有民意基礎，需要社會各界與勞工界有共識才能推行。政府會積極推動在勞工顧問委員會達成共識，研究一些強制性措施，在實際層面保障勞工權益。例如政府為規範勞工市場制訂了標準合約，具有示範作用，目前使用標準合約的僱主不斷增加，因此有更多僱員受惠。如果有關建議需要立法規定，必定引來社會強烈爭議，也未必能得到立法會通過。

◆ 香港中文大學的一項調查顯示，受訪的 2400 名中文大學 2005 年畢業生，就業率達 98%，平均薪酬比上一屆畢業生上升 5%。

◆ "香港：加拿大繁盛的合作夥伴" 主題演講在加拿大渥太華國會山莊舉行。

5月19日

◆ 立法會財務委員會通過削減公務員福利津貼的建議，削減的項目有公務員冷氣機和酒店膳宿津貼、海外教育津貼、本地教育津貼等，新申領者的津貼上限也調低至 1997 年 6 月 30 日的水平。實施有關措施首年政府可節省支出三千多萬港元。

◆ 香港濕地公園開幕。該公園是世界級的保育、教育和旅遊設施。

5月21日 - 5月25日

◆ 政制事務局局長林瑞麟應外交部邀請訪問北京，與外交部、全國人大法制工作委員會、國務院港澳辦等官員會面，加強溝通和交流。

5 月 21 日 – 5 月 30 日

◆ 財政司司長唐英年訪問新西蘭和澳大利亞。

5 月 22 日

◆ 港區政協委員學習報告會暨全國政協文史和學習委員會香港組舉行成立儀式。全國政協文史和學習委員會主任王蒙、全國政協副秘書長卞晉平率團來港與會，港區全國政協委員、港區省級政協常委逾百人出席。

5 月 23 日

◆ 全國人大常委會辦公廳在香港舉辦法律講座，向港區人大代表、特區法律工作者講解內地的法律體系等課程。這是自 2005 年以來舉辦的第二次講座。全國人大常委會副秘書長何曄暉、全國人大常委會法制工作委員會副主任信春鷹、中央政府駐港聯絡辦副主任黎桂康等出席。

5 月 24 日

◆ 李瑞環所著《學哲學用哲學》一書繁體字版新書發佈會在香港舉行，董建華、彭清華、范徐麗泰等出席。彭清華在致辭時表示，李瑞環先生非常關心香港的繁榮發展，在《學哲學用哲學》一書中有多處談到香港問題，並告誡香港不要丟掉自己的優勢和特色、要加強團結。這些論述體現了李瑞環先生對香港繁榮發展的深切期望。彭清華強調，當前香港總體形勢是好的，中央充分肯定行政長官曾蔭權先生和特區政府的工作。胡錦濤主席、曾慶紅副主席都提出了"加快發展"、"促進和諧"兩點希望。這是中央政府的殷切期望，也體現了香港同胞的根本利益。

◆ 立法會通過《2006 年收入條例草案》，落實 2006/2007 年度財政預算案的兩項稅務寬減措施。

◆ 特區政府審計署署長鄧國斌對前屋宇署署長梁展文決定撤回就審計署嘉亨灣報告所提的司法覆核表示歡迎。

2005 年 11 月，審計署的報告批評梁展文在 2001 年擔任建築事務監督期間，錯誤運用酌情權，在審批嘉亨灣的建築申請時，額外批出 1.07 萬平方米樓面面積予嘉亨灣的發展商恒基地產，結果嘉亨灣建成單位由原定 1000 個倍增至 2020 個，政府卻因此損失 1.25 億港元補地價款的收入。梁展文為此入稟高等法院，指審計署的報告存在誤解，又沒給他回應機會，令他聲譽受損。其後政府委託的獨立調查小組發表報告，認為梁展文運用酌情權適當，政府收入沒有損失，事件才告一段落。

◆ 廣東省省長黃華華接受《大公報》專訪時表示，2006 年粵港合作的重點是：經貿合作、民生合作、大型基礎設施建設和口岸合作、大珠三角和泛珠三角區域合作、科技教育文化合作。

5月26日

◆ 國務院港澳辦副主任陳佐洱接受香港媒體採訪時指出，香港在與內地的經濟合作發展中有三個突出優勢，一是中央政府一貫堅定支持香港經濟的發展，其中很重要的方面是支持和推動內地與香港的經濟合作。二是香港與內地的經濟具有高度的依存和互補性，這是歷史和現實都已證明了的。三是國家改革開放以來，特別是香港特區成立以來，兩地合作已經有了很好的基礎，形成了唇齒相依的關係。

◆ 廉政公署發言人在回應有關周正毅在內地服刑完畢後是否還要回香港受審的問題時表示，不會評論個別案件，但任何疑犯若身在海外地方，當局可通過法律途徑引渡回港受審，廉署會依據程序依法辦事，若被列入廉署通緝名單內的人士，一旦進入香港境內，便會立刻被捕。周正毅

因涉嫌串同妻子毛玉萍等詐騙上海地產股東而被廉政公署通緝。

◆ 策略發展委員會管治及政治發展委員會召開第三次會議。林瑞麟會後表示，委員們通過對普選的原則和概念進行充分的討論，在對普選的整體認識上已經趨向接近。下一階段的討論將集中在行政長官普選模式和立法會普選模式上。

◆ 立法會財務委員會通過政府撥款十億港元用於八間大學實施第三輪配對補助金計劃，計劃規定高等院校每籌募兩元私人捐款政府給予一元的配對補助金，以此鼓勵各院校籌募私人捐款。

◆ 特區政府派代表出席在江西省南昌市舉辦的"第三屆泛珠三角省會城市市長論壇"。

5月27日

◆ 海關總署為香港海關舉辦的領犬員和緝毒犬培訓班畢業典禮在雲南瑞麗緝毒犬基地舉行。

◆ 香港中文大學舉辦第三屆"新紀元全球華文青年文學獎"。

5月29日

◆ 世界最大的郵輪機構歌詩達郵輪公司（Costa Crociere S.P.A.）宣佈在香港

設立地區總部，並慶祝該機構郵輪在港首
次入塢。

5月30日

◆尖沙咀海濱長廊美化工程完成，整
個海濱分為香港文化中心、星光大道、餐
廳、交通接駁站、海旁及市政局百週年紀
念花園六個部分。

◆香港城市大學李述湯、香港科技大
學吳雲東當選為中國科學院院士。

5月30日－6月2日

◆工商及科技局局長王永平訪問越南
胡志明市，出席亞太經濟合作組織貿易部
長會議。

5月31日

◆香港專業人士協會舉行成立儀式。
協會主席簡松年向傳媒表示，協會將提供
一個平台，讓各專業人士進行跨專業、界
別的聯誼和交流。

◆深港海關合作構建的深港物流"綠
色信道"開通。這是兩地之間第一條物流
快線，實現了深港兩地物流"點對點"對
接，可以紓緩因大量貨車檢查而造成的通
關瓶頸。未來通過葵涌碼頭進出口的貨
物，可在華南物流中心完成大部分通關手

續，大大提高貨櫃通關速度，降低企業運
營成本，也有助於2006年底竣工的深港
西部通道實行"一地兩檢"。深圳灣口岸
開通後也將採取上述快捷通關模式。

◆香港和深圳聯合在韓國舉辦題為
"香港－深圳：您的中國策略夥伴"投資
環境推介會。

◆外籍家庭傭工最低工資調高80港
元至3400港元。截至2006年3月，香
港外傭的數目為23萬人（1997年為17
萬人）。目前來自菲律賓、印尼和泰國的
家庭傭工分別佔香港外傭總數的54%、
23%和17%。

6月1日

◆香港廣東各級政協委員聯誼會成
立。聯誼會會員是廣東省及各級市縣政協
的香港委員，有兩千四百多人。首席會長
為廣東省政協常委、香港四洲集團董事長
戴德豐。

6月2日

◆特區政府憲報公佈，行政長官已
委任黃福鑫為投訴警方獨立監察委員會主
席，任期由2006年6月1日至2008年
5月31日。

◆為促進內地、香港、澳門三地的

航空安全合作，提高營運效率，國家民航總局、香港特區民航處和澳門民航局就相互認可航空器維修單位及批准合作簽署協議，今後一方民航當局發出的維修單位的批准，將同時獲得另外兩地民航當局的認可。

6月3日－6月4日

◆ 曾蔭權率領香港商界代表團赴南寧出席"廣西一香港經貿合作交流會"、"廣西一香港政府高層會談"等活動。曾蔭權表示，香港"背靠祖國、面向世界"，要持續繁榮發展，必須繼續加強與內地的合作，而國家"十一五"規劃綱要中提到，促進區域協調發展，促進東部、中部、西部良性互動，是桂港雙方未來發展的共同方向。希望此行可為香港商界搭建新投資平台，並借廣西的優勢條件，為香港開拓東盟商機。

6月4日

◆ "支聯會"在維多利亞公園舉行紀念"六四"燭光晚會。主辦者稱有 4.4 萬人參加，警方估計人數 1.9 萬。

6月5日－6月10日

◆ 曾蔭權率領香港商界代表團先後赴雲南省曲靖市和昆明市出席"第三屆泛珠三角區域合作與發展論壇暨經貿洽談會"。與會的 11 個省區同意在交通運輸、能源、科技、環保及信息化五大範疇上加強合作。曾蔭權在論壇上發表演講時表示，香港可為泛珠區域中的東部省份作出幾方面貢獻：第一，香港可為東部地區的發展提供重要資金。第二，香港的專業行業擁有豐富經驗，並建立了廣闊的國際網絡，能為內地的企業發展提供良好的支持，並可協助他們拓展國際市場。第三，香港作為國際物流和航運中心的優勢，有助加強東部省區和其他國家的經貿關係。

6月6日

◆ 特區司法機構宣佈，將分三個階段實施五天工作制。第一階段和第二階段分別於 2006 年 7 月 1 日和 2007 年 1 月 1 日起實施。第三階段因涉及某些法例的配合修訂，實施時間待定。

6月7日

◆ 立法會通過《2006 年區議會條例》修訂草案。從 2008 年開始的新一屆區議會任期起，離島區議會的直選議席數目由 8 個增加至 10 個，西貢區議會的直選議席數目由 20 個增加至 23 個。

◆ 立法會通過議員何鍾泰提出的"保持香港的區內經濟發展龍頭角色"動議，要求特區政府配合國家"十一五"規劃綱要，研究香港經濟發展的長遠策略，增加基建設施，維持香港經濟發展。

6月8日

◆ 特區政府入境事務處宣佈，從6月12日起，台灣居民可持有效台灣居民來往大陸通行證（簡稱台胞證）和有效的簽注前往香港逗留不超過七天，無須事先申請入境許可。

◆ 香港中文大學、香港大學、香港科技大學和思匯政策研究所共同發表的一項有關空氣污染的研究報告指出，香港每年有43%的時間能見度處於"平均"至"差"的水平。

6月9日

◆ 律政司司長黃仁龍在倫敦國際事務研究所以"一國兩制"為題發表演說時表示，香港仍是一個普通法司法管轄區，英語繼續是香港的其中一種法定語文，並且仍是法律上最常用的語文。香港的兩個法律專業團體仍然強大而獨立。香港現有約五千五百名執業律師和約九百五十名執業大律師。此外，超過八百名外地律師在香港特區提供服務，其中逾一百二十名來自英格蘭和威爾士。他又指出，在律師眼中，1997年以來最矚目的現象是公法訴訟案件激增。這並非顯示香港司法制度出現問題，相反，這個現象彰顯了基本法中有關人權的保障涵蓋範圍廣泛，而且基本法凌駕於與其有抵觸的本地法例，並能確保政府的行為合憲。他說，毫無疑問，最備受爭議的法律問題是基本法的解釋權。但是，基本法第一百五十八條訂明，基本法的最終解釋權屬於全國人大常委會。香港法院獲授權在審理案件時可解釋基本法，但在某些情況下，則須在作出判決前提請全國人大常委會作出解釋。全國人大常委會是一個立法機關而非司法機關。普通法制度下的律師或許會對於由立法機關解釋法律感到不安，但這卻反映了中國憲法的規定。全國人大常委會三次釋法，都曾經引起社會人士的爭議。然而，根據終審法院對基本法條文的解釋，三次釋法均是合法合憲的。黃仁龍表示，基本法第二十三條立法將會是落實"一國兩制"的最大考驗之一，"我們必須接受的考驗就是，為保障國家安全進行立法的時候，不但須確保有關法例符合國際人權保障，還須向公眾保證他們現時所享有的自由不會被削弱。"

◆ 國泰航空公司、太古集團、中信泰富公司、中國國際航空公司和中航興業公司聯合公佈，已落實對港龍航空公司的重組協議。交易完成後，國泰對港龍持股量由原來的 17.79% 變為 100%，對國航的持股量由 10% 提升至 20%，而與國航成為互相控股關係；國航連同中航興業合佔國泰 17.5% 的股份，太古和中信泰富佔國泰股權分別由 46.3% 和 25.4% 下降至 40% 和 17.5%。

6 月 11 日

◆ 外交部駐香港特派員公署發言人接受香港《文匯報》記者專訪表示，回歸九年來，公署在領事保護工作上，直接處理個案累計逾三千宗，協助處理的個案更數以萬計。公署強調，無論持用何種證件的港人，只要向公署尋求協助，署方和中國駐有關國家使領館，均會依法提供領事保護與協助，為港人爭取合理保障。

◆ 李志恆在中西區區議會正街選區補選中當選為區議員。

6 月 12 日

◆ 政府向策略發展委員會行政委員會提供的討論文件指出，香港在國際競爭力方面雖有不少優勢，但在鞏固制度優勢、優化主要產業、吸納人才、改善居住環境以及進一步加強政治和社會穩定性等方面，均需作進一步探討。文件提出了六個討論重點：一是如何進一步加強並完善現有的制度優勢。二是如何強化和優化主要產業以及開發新的產業。三是如何強化與內地的聯繫和合作，特別是抓住國家"十一五"規劃的發展機遇。四是如何提升本地人才質量，以及如何進一步吸引非本地人才來港。五是如何有效改善香港居住環境，特別是空氣質量問題。六是如何進一步加強政治及社會的穩定性。

6 月 13 日

◆ 保安局局長李少光回應爭取子女居港權人士示威事件時表示，特區政府尊重市民表達意見的權利和遊行示威的自由，但一切一定要建立在合法、合情、合理的基礎上；任何人蓄意破壞法律，一定會依法處理。終審法院對居港權經已有最終判決，入境部門會根據判決處理。

6 月 14 日

◆ 曾蔭權視察觀塘區重建項目和展能服務中心，瞭解舊區重建工作及聽取民意。他重申，"特區政府會繼續為殘疾人士住宿服務作長遠規劃，並加強社區支援

服務，為殘疾人士及其家人提供更多服務
選擇。"

◆立法會通過《證券及期貨條例》修
訂草案，證監會增設行政總裁一職，原證
監會主席的部分職權轉由行政總裁行使。

◆特區政府投資推廣署北京投資服務
中心成立，為有意來港投資的內地企業家
提供更及時、更周到的協助及咨詢工作。

◆因零售銀行業務經營成本提高，
香港各銀行過去五年分行數目淨減 203
間，其中匯豐銀行、中銀香港、恆生銀行
和渣打香港等四大銀行共淨減 155 間。

◆泛珠三角區域海關關長聯席會議
在長沙舉行，海關總署、泛珠九省區 17
個海關單位及香港、澳門海關關長參加
會議。

6 月 15 日

◆選舉事務處公佈 2006 年行政長官
選舉委員會界別分組臨時投票人登記冊顯
示，今屆選委會界別分組共有 22 萬多名
登記選民，比上一屆增加約 1.8 萬人。公
司及團體票的界別如工商界、金融界、
保險界、地產及建造界，選民數量變化
不大，部分界別有所減少。教育、高等教
育、會計、法律及資訊科技界等均有近兩
位數的選民增幅。最多新增選民的是教育

界，總選民人數達 7.88 萬人，同時也是
最多選民的界別。會計界新增 3000 人，
增幅也比較顯著。以幅度計算，中醫界
選民增幅最大，達 60%，由 2600 人增至
4200 多人。

6 月 16 日

◆終審法院首席法官李國能發出《關
於非全職法官及參與政治活動的指引》，
指不論全職或非全職法官，都享有結社自
由，但為維持司法獨立和公正，全職法官
須遵守《法官行為指引》規定，"避免加
入任何政治組織或參與政治活動"。

◆因到會議員不夠法定人數，立法會
《截取通訊及監察條例》草案委員會會議
流會。

◆英國天體物理學家霍金訪問香港。
曾蔭權會見了霍金。

6 月 17 日

◆香港第一個適合舉辦國際級田徑賽
事的運動場 —— 將軍澳運動場舉行開工
典禮。

6 月 19 日

◆商務部副部長廖曉淇在接受《香港
商報》記者專訪時表示，CEPA 實施三年

來，總體看效果非常好，受到港、澳、內地和國際上普遍好評。從短期看，CEPA的實施，促進了香港經濟的復甦，尤其是內地開放"個人遊"，帶動了香港酒店、零售、餐飲、運輸等相關行業的景氣回升以及房地產市場的向好，增強了香港市民對投資、消費的信心。從長期看，CEPA對香港經濟發展而言，開放服務貿易的作用將大於貨物貿易的作用，將促進香港服務業與內地經濟更加便利地互動合作，推動香港經濟結構升級，強化其國際金融、貿易和航運中心地位。

6月21日

◆ 第三屆邵逸夫獎公佈，共有六人獲獎。邵逸夫獎每項獎金為一百萬美元。

◆ 來香港私家醫院產子的內地孕婦人數快速增加。2002 年僅三百多人，2005年增至五千多人，升幅為 13 倍。

6月22日

◆ 香港駐粵經貿辦事處投資推廣總監羅秀幸對傳媒表示，廣東省已有 54 間企業在香港上市，市值達 2030 億元，集資達 880 億港元，廣東已成為內地企業在香港上市最多的省份。

6月23日

◆ 特區政府憲報公佈，鍾瑞明獲委任為香港城市大學校董會主席，任期一年，由 2006 年 6 月 20 日起生效。

◆ 行政長官辦公室開通"港區人大政協論壇網頁"。初步分為民生、經貿、教育、內地與香港合作、時事熱點、其他議題和對論壇的意見共七個欄目。

◆《2006 年證券及期貨（修訂）條例》（修訂條例）刊憲。根據修訂條例，行政長官委任韋奕禮為證監會行政總裁，任期由 2006 年 6 月 23 日至 2008 年 9 月 30 日。

◆ 立法會財務委員會通過特區政府就添馬艦發展工程提出的 51.7 億港元撥款申請。

◆ 國家稅務總局註冊稅務師管理中心、人事部考試中心、香港考試及評核局和香港稅務學會共同簽署《香港地區開展註冊稅務考試合作協議書》。從 2007 年6 月開始，香港居民可以在香港參加中國內地註冊稅務師的考試。

6月27日

◆ 商務部與特區政府在港簽署《內地與香港關於建立更緊密經貿關係的安排》（補充協議三）。在服務貿易領域，從

2007 年 1 月 1 日起，內地在十個範疇，即法律、建築、信息技術、會議展覽、視聽、分銷、旅遊、航空運輸、公路運輸及個體工商戶等，對港採取 15 項具體開放措施。在貿易投資便利化和進一步擴大在香港經營人民幣業務方面有新的措施。

商務部表示，2005 年，內地與香港的貿易總額達 1367 億美元，比 2003 年增長了 56%；內地通過香港轉口的貨值 1700 億美元，佔香港出口貿易的 58%。三年來，香港企業累計對內地直接投資 546 億美元。而在香港上市的內地企業已達 217 家，市值 37000 億港元，佔香港股市總市值的 39%。中銀香港、華潤創業、中遠太平洋、招商國際、中國移動、中國聯通、中國海洋石油、中信泰富等中資公司成為恒生指數成分股。香港的分銷、金融、旅遊及運輸等服務業，加快在內地發展。香港銀行已在內地開設了 50 家分行、28 家支行，分別佔全部外資銀行在內地開設分行、支行的 27% 和 54%。在 CEPA 的推動下，到 2006 年 3 月底，個人赴港旅遊累計達 1227 萬人，平均每人消費近五千港元，為香港帶來六百多億港元的收入，預計 2006 年當年將超過一千萬人次。現在，三地的經貿合作已站上了更高的平台。在新形勢下，繼續實施 CEPA 的目標有兩個，一是保持港澳經濟的繁榮穩定，鞏固和加強香港國際金融、貿易、航運和旅遊中心的地位；二是更好地發揮港澳的優勢，促進內地的發展。

◆ 香港測量師學會與中國建設監理協會在北京簽署資格互認協議。根據協議，香港的建築測量師在得到內地部門審核之後，可以到內地執業，內地監理工程師也可到香港工作。

6 月 27 日 – 6 月 29 日

◆ 全國政協主席賈慶林訪問香港，參加 CEPA 簽署三週年紀念活動。全國政協副主席、國務院港澳辦主任廖暉，全國政協秘書長鄭萬通等出席。賈慶林先後會見了特區政府主要官員、行政會議成員、立法會議員、司法機構的主要負責人和中央駐港機構代表，與港區全國政協委員、工商專業人士座談，參觀了香港金融管理局、數碼港、濕地公園等。29 日，賈慶林出席 "內地與港澳經貿合作發展論壇" 開幕式並發表演講。

6 月 29 日

◆ "內地與港澳經貿合作發展論壇" 在香港舉行。賈慶林、曾蔭權出席開幕

2006 年 6 月 27 日至 29 日，全國政
協主席賈慶林訪港，圖為 6 月 27 日
賈慶林參觀香港證券交易所。

式，並擔任主禮嘉賓。賈慶林發表題為《深化合作，共創輝煌》的演講。他指出，CEPA 作為國家主體與其單獨關稅區之間的特殊經貿安排，是在"一國兩制"方針和世貿組織框架內發展內地與港澳經貿關係的制度性創新，既體現了香港、澳門均為單獨關稅區的特殊地位，又體現了內地與港澳同屬一個國家的緊密關係，標誌着內地與港澳的經貿合作進入了一個嶄新的發展階段。曾蔭權在致辭時表示，CEPA 為內地與香港的經濟合作提供了一個全新的開放平台。經過短短兩年多的實施，已經取得令人滿意的成果。CEPA 實施以來，共有超過 46 億港元的零關稅產品從香港進入內地市場；香港的服務提供者可以在 27 個服務貿易界別下，以更優惠的市場准入條件在內地設點經營；"個人遊"在內地 44 個城市實行，共有一千三百多萬人次的內地遊客以"個人遊"方式到香港旅遊；約有 380 家內地企業得到批准在香港落戶，涉及投資超過 22 億美元；有近十個專業已經簽署互認協議或互免安排。現在香港經濟已經全面復甦，勢頭強勁，失業率更跌至 4.9%，為四年來最低水平。香港經濟的迅速復甦，除了香港人的努力外，CEPA 的落實也是一個重要因素。CEPA 實施首兩年，已經為香港創造了 2.9 萬個新職位，新增 54 億港元服務收益和 55 億港元資本投資額。

◆ 律政司司長黃仁龍向大律師公會和律師會代表介紹《內地與香港關於建立更緊密經貿關係的安排》（補充協議三）中有關香港法律服務界進入內地市場的新開放措施。其中有兩項措施是具有突破性的。一是對與香港律師事務所進行聯營的內地律師事務所的專職律師人數不再作要求。二是香港律師事務所駐內地代表機構的代表，不再需要在內地有一定的居留時間。他表示，有關措施 2007 年 1 月 1 日開始實施，律政司將繼續和大律師公會、律師會及內地有關部門保持緊密聯絡，務求新措施可順利實施。相信香港的法律界未來在內地能有更廣闊的發展空間。

◆ 香港可持續發展委員會轄下的人口政策支援委員會發表報告稱，目前香港人口平均年齡為 40 歲，是香港人口結構的全盛期。根據人口趨勢，十年後香港人口開始老化，65 歲以上長者佔人口的比例會由目前的 11% 增至 16%，如香港未能在這十年間及時制訂合適的人口政策，將會面臨嚴重的人口問題。

6月30日

◆香港新聞工作者聯會舉行成立十週年慶祝酒會。曾蔭權、高祀仁、邵華澤等出席。新聞聯新任主席張國良致辭時表示，新一屆理事會確定了六大宗旨：一是維護言論自由和新聞自由，承擔社會責任；二是維護新聞從業人員權益及尊嚴；三是維護香港繁榮穩定；四是推動香港同業與內地及國際新聞同業機構溝通、交流和合作；五是加強與本地新聞團體、同業機構溝通、交流和合作；六是提升專業水平和操守，加強業界培訓工作。

◆由國際工商聯合會、中國法律協會、美國國際合作委員會、香港法律論壇聯合主辦，國家發展改革委員會所屬中國企業聯合會、中國企業家協會協辦的"國際經濟暨法律高峰論壇"在港舉行。來自四十多個國家和地區的企業界人士、專家學者、法律和金融界專才、政府官員、外交使節、商會社團領袖等出席。

7月1日　香港特別行政區成立九週年

◆特區政府在香港會議展覽中心金紫荊廣場舉行升國旗、區旗儀式。曾蔭權、高祀仁、呂新華、王繼堂、張汝成，特區政府主要官員、行政會議成員、立法會議員、司法機關法官，各國駐港總領事館官員和香港社會各界人士兩千多人出席。

◆特區政府在香港會議展覽中心舉行香港特區成立九週年慶祝酒會。曾蔭權在致辭中表示，香港回歸標誌着"一國兩制"、"港人治港"、高度自治這個偉大構想成為現實，這九年來在實現這個構想的路上，遇到了各種挑戰、困難，但也取得了成功。"一國兩制"是中國人在制度上的自主創新，且是由鄧小平開始，經歷不同年代的國家領導人在這二十多年來努力不懈，克服各種困難實現的。這種精神與毅力足以顯示中華民族是一個具有自主創新能力的民族。撫心自問，香港人可以為國家做些什麼？其中最重要的，就是將"一國兩制"、"港人治港"貫徹好，在香港建構和諧社會，使"一國兩制"這個偉大的構想成功落實。香港經濟已步入增長期，港人要抓住機遇搞好經濟，不要辜負國家的期望，要向全世界展現中華民族不單有綜合實力，有競爭力，也有凝聚力。

◆特區政府公佈2006年行政長官授勳及嘉獎名單。277人獲授勳及嘉獎。董建華、李業廣、李東海三人獲大紫荊勳章。6人獲頒金紫荊星章，21人獲頒銀紫荊星章，47人獲頒銅紫荊星章。

◆香港中華總商會、香港工會聯合會等19個團體舉辦"和諧·團結·發展"

慶祝香港回歸九週年大巡遊，八百個團體約五萬名市民參加，創歷年慶回歸巡遊人數最高紀錄。

◆民間人權陣線舉辦"平等公義新香港，民主普選創希望"大遊行。組織者稱有5.8萬人參加，警方估計有2.8萬人。

7月2日

◆經濟發展及勞工局與國家民航總局簽署新一輪《內地和香港特別行政區航空運輸安排》。內容要點是：(1)內地與香港之間的通航地點由原來45個增加至56個。(2)分兩階段取消35條航線的運力限制。其他航線的運力上限也將會大幅調高。(3)自2007年夏秋航季開始，每條航線的指定承運人可由目前的各兩家航空公司增至各三至四家。

7月3日

◆7月第一個工作日，特區政府和司法機構開始分階段推行五天工作制。

7月4日

◆中國銀監會主席劉明康在港出席香港銀行公會午宴時表示，內地將很快公佈第二批合資格境內機構投資者（QDII）的銀行名單。第一批公佈的有匯豐、東亞、工行、建行、中行及交行六家銀行。中資和外資銀行均可申請QDII資格，銀監會將以統一標準批核。

7月5日

◆立法會二讀通過《兩鐵合併條例草案》。兩鐵合併以地鐵購買九鐵服務經營權形式進行，年期五十年。地鐵除一次性支付九鐵42.5億港元外，以後每年也要向九鐵支付款項，以取得九鐵服務營運權、九鐵土地發展權、九鐵物業管理權。

◆大學校長會公佈八所大學2012/2013學年正式轉為四年制後的招生準則及課程要求。八所大學屆時要求學生入學成績構成將包括四門核心課程：中國語文、英國語文、數學及通識科，再由學院自定一項或兩項選修科目。其中港大、科大及教育學院要求四個核心科目加兩項選修科，中大、理大、浸大、城大要求四個核心科目加一項選修科，嶺南大學只要求四個核心科目。

◆粵港合作聯席會議第七次工作會議在港舉行。雙方討論的主要範疇包括：廣深港高速鐵路的籌備工作、港珠澳大橋的前期準備工作、深港西部通道及新口岸的建設、福田口岸及落馬洲支線、香港國際機場與珠三角各口岸的水上航線接駁服務、東莞至紅磡之間貨運直通列車、區域空氣質量監測和通報、香港旅行社在廣東省試點經營廣東省居民前往港澳的團隊旅遊、粵港新一輪科技合作資助計劃等。

7月6日

◆ 曾蔭權接受中央電視台《直通香港》節目專訪時表示，2003 年至 2004 年是香港 "最痛苦的時間"，經濟直墜谷底，適逢中央推出 CEPA，對香港經濟有很大拉動。CEPA 最重要的作用是為香港吸引外來投資，而 CEPA 實施兩年多來，為香港帶來近三萬個職位，約五十億元的外來投資及商機，服務業收入亦增加了 55 億元。同時，有兩百多家企業於過去一年選擇以香港作為亞洲總部，平均每一個工作日便有一家企業，相信當中兩至三成是因為 CEPA 因素進入香港的。曾蔭權表示，新一輪補充 CEPA 協議是另一項突破，配合了國家 "十一五" 規劃，相信會吸引內地有規模的企業落戶香港。

◆ 規劃署公佈一項港人在內地居住的統計報告。現共有 9.18 萬名港人常居於內地，主要理由是工作需要（71%），與配偶和子女團聚（8%），有其他親屬在內地居住（7%）。在居住內地的港人之中，男性佔 3/4，女性佔 1/4。54% 常居內地港人的年齡為 34 至 54 歲，77% 已婚。

◆ 港龍航空行政總裁許漢忠在台北出席 "台港經貿合作研討會" 時表示，"三通" 會帶來大中華區經濟架構重整。

7月8日

◆ 外交部駐港特派員公署首次舉行開放日活動。來自工聯會、中華總商會、廣東社團聯會、香港青年大專學生協會、紀律部隊和公務員團體等代表共 74 人參觀了公署。呂新華特派員、解曉岩副特派員向參觀者簡介了中國外交和駐外使領館的有關情況。

7月9日

◆ 財政司司長唐英年接受香港《東方日報》記者專訪時表示，香港失業率已有明顯改善，但就業仍是最大挑戰，社會仍有大批中三程度或以下的低技術人士沒有工作，建造業的失業率仍然高企。本屆政府任內將着重創造就業機會。

7月10日

◆ 曾蔭權出席立法會答問大會時，就有關普選及 "七一" 遊行的問題表示，能體會到市民的熱忱和期望，推動民主發展，實現普選目標，政府的信念和努力與市民是一致的。政府不但聽到市民所說的話，也有責任向中央傳達這些聲音。他表示，政府一直沒有迴避這個問題，早在2004年政制專責小組發表二號報告時就已清楚交代。但問題的核心是社會各階層怎樣建立共識去設計普選制度，怎樣實現普選的過渡。只懂批評或空叫口號能刺激人的情緒，但不是一種正視問題的態度。

◆ 中國銀聯總裁萬建華稱，香港是內地以外首個可用銀聯卡的城市，已有近兩萬家商戶接受銀聯卡簽賬，2.8萬台終端機可進行人民幣交易。2005年通過自動櫃員機及終端機的交易金額為64億元人民幣，通過終端機消費的平均每筆交易額為2700元人民幣。

7月10日－7月24日

◆ 150名來自台灣、香港及澳門的青年學生參加了由海峽兩岸青少年交流基金會主辦的、歷年規模最大的兩岸四地青年交流研習營活動。

7月12日

◆ 胡錦濤在全國統戰工作會議上發表講話時強調，堅持"一國兩制"、"港人治港"、"澳人治澳"、高度自治的方針，

是促進香港、澳門長期繁榮穩定的根本保證，也是推動內地同香港、澳門和諧相處、共同發展的根本保證。要嚴格按照憲法和特別行政區基本法辦事，支持特別行政區行政長官和政府依法施政，重視和支持香港、澳門發展經濟、改善民生，加強內地同香港、澳門的交流合作。

◆ 終審法院就《執法（秘密監察程序）命令》司法覆核案裁定，高等法院法官不能對秘密監察行政命令酌情賦予六個月臨時有效期，秘密監察行政命令應停止執行。為方便政府有時間立法，終審法院批准律政司的申請，暫緩執行該裁定至8月8日。保安局局長李少光表示，尊重及接受特區終審法院的判決，有關的判決不會為執法帶來負面影響。

◆ 立法會通過《博彩稅修訂條例草案》。民政事務局局長何志平在立法會表示，政府一貫的博彩業政策是不鼓勵賭博，以及把賭博活動局限於少數受規管的項目上。推出新條例的主要目的是：（1）完善賽馬監管的制度；（2）賦予持牌機構彈性及靈活性，增加其競爭能力，更有效地抗衡和打擊外圍非法賭博；（3）保證政府博彩稅收入持續穩定。

7月13日

◆ 梁愛詩在出席港區全國婦聯代表"基本法與香港民主發展"講座時表示，民主發展是香港發展的重要組成部分，中央政府不可能不重視。基本法對修改行政長官和立法會的產生辦法已有很清楚的規定，就是要得到中央政府、行政長官和立法會三方支持。至於何時落實普選，須遵照循序漸進原則及視乎香港的實際情況。

◆ 立法會制定《財務匯報局條例》，設立財務匯報局，調查上市公司核數師和匯報會計師的不當行為，並查訊上市實體的財務報表有沒有違反法律規定的情況。

◆ "2006 京港澳中學生專列夏令營"啟動，380 名來自北京地區的教師和學生抵達香港，展開一連三天的交流活動。

7月14日

◆ 最高人民法院與特區政府在香港簽署《關於內地與香港特別行政區法院相互認可和執行當事人協議管轄的民商事案件判決的安排》。最高人民法院副院長黃松有和特區政府律政司司長黃仁龍分別在《安排》文本上簽字。這是兩地自 1999 年簽署《相互委託送達民商事司法文書安排》和《相互承認和執行仲裁裁決安排》後，按基本法第九十五條達成的又一司法

互助協議。

◆ 全國政協在深圳召開港澳委員座談會。全國政協副主席王忠禹通報了全國政協十屆十四次常委會議精神，及下半年的主要工作。中央政府駐港聯絡辦和中央政府駐澳聯絡辦負責人，全國政協香港、澳門常委、委員一百多人出席會議。

7月16日-7月18日

◆ 曾蔭權訪問新加坡。分別與新加坡總理李顯龍、國務資政吳作棟、內閣資政李光耀等會面，走訪了貿易、工商、教育部門及香港駐新加坡的經貿辦事處。

7月18日

◆ 政府正式公佈題為《擴大稅基 促進繁榮》的咨詢文件，提出開徵商品及服務稅（GST），定位是向本地消費者徵稅，在生產和分銷過程的每個階段徵收，由最終消費者承擔。文件建議把消費稅稅率定為 5%，預計消費稅推出後，將會為香港帶來 3% 的通脹。估計扣除近五億港元的行政費用及近九十五億港元的補貼後，每年可為庫房帶來兩百多億港元的收入。咨詢期由即日起至 2007 年 3 月底結束。

◆ 智囊組織"匯賢智庫"成立，前保

安局局長葉劉淑儀擔任理事會主席。葉劉淑儀表示，匯賢智庫將深入研究香港的公共政策，並透徹分析政治、經濟和社會範疇事宜；探討根據基本法和"一國兩制"在香港建立高質量民主制度，並為達到這一最終目標提供建議。

◆ 世界旅遊組織公佈的數字顯示，外籍遊客到訪人數最多的國家及地區前十名依次為法國、西班牙、美國、中國、意大利、英國、香港、墨西哥、德國和奧地利，香港是第二次進入前十名。

7月19日

◆ 高等法院上訴法庭駁回五名外籍女傭提出的司法覆核，裁定 2003 年 3 月政府同時作出外傭減薪四百港元和向僱主徵收"再培訓徵款"四百港元屬於巧合，不是向外傭轉嫁徵款。同時，行政長官會同行政會議批准"再培訓徵款"是行政決定，不是立法行為，故毋須經立法會通過或刊登憲報。

7月20日－7月30日

◆ 解放軍駐港部隊舉辦第二屆"香港青少年軍事夏令營"。來自香港 84 所學校的 150 名學生，在軍營度過為期十一天的軍旅生活。

7月21日

◆ 特區政府憲報公佈，鄭維健再次獲委任為香港中文大學校董會主席，任期三年，由 2006 年 10 月 24 日起生效。

◆ 董建華率港區全國政協委員視察團赴天津考察濱海新區開發開放情況。

7月22日

◆ 唐英年就前港督彭定康對香港特區政府開徵消費稅的言論回應表示，香港經歷亞洲金融風暴後，庫房收入大幅波動，但同時要維持一定支出，反映香港的稅制有缺陷。經過港人兩年多的辛苦經營，香港經濟開始復甦，因此要在這個時候實行稅制改革，作為打穩長遠經濟基礎政策上的出發點。

7月23日

◆ 廣州市外經貿局局長蕭振宇表示，廣州將在 CEPA 第四階段實施後推出五項新措施以促進穗港合作。（1）結合泛珠三角的合作，促進區域內服務業的資源整合，加強和香港的物流合作；（2）綜合省內以及港澳地區資源，擴大在城市功能上的合作；（3）鼓勵中小企業合作，為港澳企業提供"綠色通道"、"一站式服務"、通商便利、檢驗檢疫、食品安全、質量標準、電子商務以及法律、法規、政策方面的咨詢服務；（4）推動廣州的企業在香港、澳門設立公司，避免貿易壁壘，推動企業"走出去"；（5）為港澳投資者提供及時、公開的政府信息，進一步簡化辦事程序。

7月24日

◆ 策略發展委員會管治及政治發展委員會召開第四次會議，就委員會收到的社會團體和個人提交的有關行政長官和立法會普選建議方案進行討論。林瑞麟表示，特區政府鼓勵不同團體、不同人士提出他們認為可行的具體方案。這些方案必須兼顧社會各階層的利益，有利香港資本主義的發展、符合基本法循序漸進的原則和適合香港的實際情況。只有這樣才能凝聚社會共識。

7月25日

◆ 外交部發言人回答記者提問時表示，中央政府已決定推薦世界衛生組織負責傳染病事務的中國籍助理總幹事陳馮富珍競選世界衛生組織總幹事。

◆ 工商及科技局將規管濫發電子訊息的《非應邀電子訊息條例草案》刊憲。

◆ 英國政府公佈最新一期提交國會

的《香港半年報告書》，稱"一國兩制"在香港整體上運作良好，聯合聲明及基本法所承諾的權利及自由也得到維護，香港在政改問題上只有"很小或沒有明顯的進展"。

◆ 國際評級機構惠譽國際調升香港的評級展望，由"平穩"調升至"正面"。惠譽表示支持香港以商品及服務稅來擴大稅基，相信方案會取得公眾支持，但預計在2010年之前難以開徵。

◆ 特區政府開展的"藍天行動"正式啟動。曾蔭權在主持啟動禮時表示，政府就改善空氣污染做了不少工作，但仍須正視。他形容改善工作如拔河比賽，呼籲社會各界合作，並鼓勵市民節約能源、合力對抗污染。"藍天行動"由環境保護署主辦，口號為"全城投入為藍天打氣"。

7月26日

◆ 特區政府提出《進一步發展政治委任制度》咨詢文件，並展開四個月的咨詢。文件建議在十一個政策局之下增設副局長和局長助理職位，以協助主要官員。擬每年耗資約六千二百萬港元。文件表示，這些政治職位並不屬公務員體系，而將以合約聘任。副局長人選由局長建議、行政長官任免，局長助理由局長任免。如現職公務員擔任這些職位，不會設"旋轉門"，即現職公務員入職前須先脫離公務員隊伍，離職後不必然重返公務員隊伍。這些職位的任期不會超過任命他們的行政長官和局長任期。

林瑞麟在該咨詢文件說明會上表示，香港目前只有 14 名官員是政治任命，需要進一步發展政治委任制度。新的建議為有志投身政治事業的人士提供了新的途徑和更多吸引力，他們可以從中瞭解政府運作，學習政治工作技巧。這項建議不是專為某一政黨度身訂造，不存在"親疏之分"，擔任相關職位的人士，其理念必須與行政長官相符。新職位的開設也不會削減公務員編制。

7月27日

◆香港專業教育網公佈"2006 年香港大學排名榜"，依次是香港大學、中文大學、科技大學、理工大學、城市大學、浸會大學、香港教育學院和嶺南大學。港大連續第八年榮膺香港最佳大學。

◆特區政府統計處發表的"香港的女性及男性統計"顯示，香港男性對女性的人口比率由 1981 年的 1087：1000，逐年降至 2005 年的 921：1000。

◆美國航空母艦"企業"號訪問香港。

7月28日

◆曾蔭權在主持策略發展委員會管治及政治發展委員會第五次會議後表示，就行政長官選舉模式，委員們同意普選必須按照基本法第四十五條的規定進行，由一個具有廣泛代表性的提名委員會提名行政長官人選，再進行普選。選委會的組成及行政長官提名方法仍需進一步討論。曾蔭權表示，特區政府不會就普選提出先入為主的方案，而會集思廣益，擴大討論空間。期望委員和市民繼續提供意見，委員會將於 2007 年提交總結報告。報告將會公開，並向中央提交。

7月30日

◆《為了世界更美好 —— 江澤民出訪紀實》在北京舉行首發式。該書許多章節介紹了江澤民領導中央政府處理香港過渡時期有關問題的決策過程。

7月31日

◆曾蔭權在禮賓府舉行酒會，邀請陳馮富珍和世界衛生組織執行委員會 12 個有投票權國家的駐港領事或名譽領事出席。曾蔭權表示特區政府全力支持陳馮富珍競選世衛總幹事。呂新華特派員出席酒會。

◆香港知識產權中心（IPSC）在香港科技園揭幕。其主要職能是就知識產權提供特許、制訂、整合和認證服務，及為半導體知識產權（SIP）提供健全的法律框架。

8月1日

◆經濟發展及勞工局提交立法會的文件表示，政府已經決定，本財政年度繼續延期一年保留全部共 11600 個公營機構臨時職位，這些臨時職位基本上都是 2003 年 SARS 爆發期間，為配合政府運作需要而開設，主要分佈在食物環境衛生署、醫院管理局及民政事務總署等部門，並逐年延期。大部分臨時職位的工資將維持在上一財政年度的水平。

◆"反對銷售稅大聯盟"召開記者會，宣佈參加自由黨發起的"齊心反對銷售稅大遊行"。該聯盟由旅遊、酒店及餐飲業等十個不同界別商會組成，代表着三千多個本地零售及服務行業商戶。

8月1日－8月2日

◆粵港合作聯席會議第九次會議在廣州舉行。廣東省省長黃華華和香港特區行政長官曾蔭權出席。會議就"十一五"期間粵港合作的思路、措施和合作重點交換

了意見，達成了共識。會議宣佈，各方均贊成港珠澳大橋的邊境管制實行"三地三檢"。

會議宣佈，中央政府已經批准珠海市政府與香港機場管理局簽訂合作協議，成立合資公司珠港機場管理有限公司，以專營權模式共同管理及營運珠海機場。珠港機場管理有限公司的註冊資本為 3.6 億元人民幣，機管局將出資 1.98 億元人民幣，佔該公司 55% 權益，而珠海市國有資產監督管理委員會則通過全資擁有的珠海市匯暢交通投資有限公司，注資 1.62 億元人民幣，以獲取其餘 45% 權益。根據協議，珠港機場管理有限公司需要向珠海市政府支付專營費用，並擁有珠海機場的專營權，期限為二十年。

8月2日

◆香港中國企業協會舉行 2005/2006 年週年會員大會，招商局集團董事長秦曉當選新一屆會長。

8月2日－8月5日

◆立法會通過《截取通訊及監察條例草案》。在三百八十多項修訂案中，包括"日落條款"等近兩百項修訂全被否決，而政府提出的一百多項修訂全部獲得

通過。經過前後 58 個小時的辯論，至 5 日凌晨 2 時，部分立法會議員因"日落條款"的修訂再被否決而"離場抗議"，餘下 33 位議員完成其餘條款和修訂案的審議工作，並於凌晨 2 時半三讀通過了該條例草案。

8 月 3 日

◆ 金融管理局公佈，2006 年第二季香港負資產住宅按揭貸款約 8800 宗，為三年來的最低點；與 2003 年 6 月底約 10.6 萬宗的高峰期相比，2006 年第二季已減少了 92%。

◆ 特區政府飛行服務隊成功救援在廣東省海域因颱風遇險的中國海運集團"永安"四號輪和中海油的"海洋石油 298"輪，共 91 名內地船員獲救。

8 月 4 日

◆ 公共廣播服務檢討委員會宣佈設立三個專題小組，研究公共廣播服務機構的管治架構、問責措施和財政安排問題。

8 月 6 日

◆ 財經事務與庫務局局長馬時亨在多家報紙上發表題為《稅制改革建議有助香港長遠持續發展》的文章。文章認為，稅基狹窄引致的最大問題是政府收入極不穩定，開徵銷售稅對提升香港的競爭力是有益的。文章指出，政府咨詢文件中的建議有三大重點，一是提出採用單一低稅率的商品及服務稅，二是提出對低收入和其他階層人士以及企業的紓緩措施，三是咨詢公眾未來實施商品及服務稅後，如何調減薪俸稅和利得稅稅率，以及如何增加公共服務。

◆ 政府發言人就數千人參加反對商品及服務稅遊行回應表示，歡迎各界人士就稅制改革咨詢文件提出意見。咨詢文件中提出的建議並非最後定案，希望借此鼓勵市民在有充分資料的情況下，理性討論開徵銷售稅的問題。政府並不急於對開徵銷售稅作出決定，但為了香港日後的繁榮，政府現在就必須設法擴大稅基。

8 月 8 日

◆ 董建華率港區全國政協委員視察團視察河北省唐山市。

◆ 立法會會期年結簡報公佈，2005/2006 年度立法會共舉行 37 次全體會議，其中 5 次為行政長官答問會。特區政府在會期內提交了 16 項法案，其中 10 項獲得通過，餘下 6 項將於下個會期繼續進行審議。政府提交的 22 項擬議決議案均獲通過，有 7 項涉及修改《議事規則》的議案也獲得通過。立法會議員辯論了 55 項沒有立法效力的議案，其中 38 項獲得通過，同時還提出 3 項休會待續議案。

◆ 市區重建局行政總監林中麟召開記者會，介紹觀塘市區中心重建計劃。該計劃是市區重建局歷來最大型的單一重建項目，預計總發展成本達三百億港元，將分三期把觀塘舊區重新打造為一個集住宅、大型中央露天廣場、大型商場及交通總匯站的東九龍核心都市，工程需時 12 年。

◆ 電訊盈科董事會主席李澤楷宣佈，已與《信報》創辦人林山木夫婦達成協議，一間以李氏為委託人的信託公司，透過旗下 Ciermont Media Limited，與林山木等組成新公司"信報財經新聞有限公司"，各佔 50％ 股權。新公司購入《信報財經新聞》和《信報月刊》的出版權。消息指，交易作價 3500 萬美元（約 2.8 億港元）。李澤楷表示，不會參與《信報》日常運作。

◆ 港澳地區中小學普通話水平考試首次在香港舉行，近四百名香港中小學生參加。考試結果顯示，小學組及格率超過 80％，大部分考生獲得 B 級（優良）和 C 級（熟練）的成績。中學組及格率為 70％，大部分考生獲 C 級（熟練）和 D

級（基準）的成績。入級考生均可獲普通話培訓測試中心及北京大學語文教育研究所聯合頒發的"港澳地區中小學普通話水平考試證書"。

8月9日

◆《截取通訊及監察條例》刊憲生效。曾蔭權委任高等法院上訴庭法官胡國興為截取通訊及監察事務專員，委任高等法院原訟法庭法官彭鍵基、石輝和鍾安德為截取通訊及監察事務審批小組法官，負責審批進行截取通訊和第一類監察的授權申請，以及器材取出手令的申請。

此前，曾蔭權就《截取通訊及監察條例草案》獲得立法會通過接受傳媒採訪時表示，該條例草案是全社會理性討論的成果。政府既要保障市民的自由、私隱，也要保障社會安全，最終總要作出抉擇。與西方國家、地區比較，香港截聽條例的有關規定在保障市民利益及人權方面更完善。

◆ 交通部副部長黃先耀、中央政府駐港聯絡辦副主任李剛到特區政府飛行服務隊，轉達中央政府和有關部門及全體獲救人員對飛行服務隊的真誠謝意，並致送"風暴中盡顯雄鷹本色，危難時倍感同胞情深"錦旗。在得知 8 月 3 日飛行服務

2006 年 8 月 9 日，交通部副部長黃先耀（左）致送錦旗予政府飛行服務隊總監畢耀明，感謝飛行服務隊隊員無畏狂風巨浪，拯救 91 名內地船員脫險。

隊成功救援 91 名內地遇險船員後，胡錦濤主席、溫家寶總理和曾慶紅副主席感到十分欣慰，稱讚飛行服務隊高尚的人道主義精神和良好的專業技術水平。

◆ 廣東省科技廳廳長謝明權接受《香港商報》記者採訪時表示，在粵港科技合作方面，截至 2005 年，廣東省政府投入經費 6.4 億元人民幣，香港特區政府投入 4.3 億港元，粵方資助項目 168 個，港方資助項目 56 個。下一步的合作重點將放在關鍵領域重點突破、科技創新平台網絡建設、科技政策研究、科技成果產業化、民間科技交流五個方面。

8 月 10 日

◆ 中央政府駐港聯絡辦副主任李剛代表高祀仁主任到香港大學祝賀國學大師饒宗頤教授九十歲壽辰。

8 月 11 日

◆ 特區政府憲報公佈，行政長官已委任彭鍵基法官為選舉管理委員會主席，任期三年，由 2006 年 8 月 17 日至 2009 年 8 月 16 日。

◆ 高祀仁在會見香港新聞工作者聯會理事會成員時指出，傳媒業是香港的一個重要產業，傳媒在維護香港新聞自由、言論自由和保證市民知情權等方面作出了很大的貢獻。同時，香港傳媒應該成為香港經濟發展、社會進步、法制健全和民生改善的輿論引導者。

◆ 高等法院接納養和醫院副院長鄺國熙所提司法覆核中的理據，裁定醫務委員會限制執業醫生發佈廣告以及在報章雜誌以文字宣傳介紹醫療技術的做法違反了基本法和《人權法》，建議醫委會修改專業守則。

◆ 中國建設銀行入選恆生指數成分股，這是國企股（H 股）首次成為恆生指數成分股。

8 月 12 日

◆ 香港代表隊參加由中國數學會奧林匹克委員會在新疆舉辦的第五屆中國女子數學奧林匹克比賽，取得一金、一銀、六銅的歷來最好成績。

◆ 由教育部港澳台事務辦公室和特區教育統籌局資助、香港國民教育中心主辦的"國民教育之旅 —— 北京研習體驗"在北京舉行，四百名香港中小學生和教師參加了這次活動。

◆ 工業貿易署對外公佈資料顯示，CEPA 實施到 2006 年 6 月止，貨物貿易方面達成原產地規則協議共 1407 類，簽發原產地證書 14724 張，產品總值超過五十億港元；"自由行"實施後累計到港旅客 1300 萬人次，為香港帶來 65 億港元的消費。香港與 CEPA 直接相關的行業增加了三萬個就業崗位。內地共有 378 家企業獲批來港，投資金額 174 億港元。全港 39 家銀行經營人民幣業務，存款已經達到 229 億元人民幣。五百多家取得服務業提供者資格認證的香港公司已經進入內地市場，涵蓋法律、會計服務、建築設計等多個專業服務領域。即使中國按世貿條件向成員國開放市場，外國產品平均關稅仍有 9% 至 10%，CEPA 產品仍有優勢。

8月14日

◆ 截至 2006 年 6 月，香港人口（臨時數字）達到 699.45 萬人，同比增加 5.86 萬人，增長率 0.8%。其中自然增長人口有 2.33 萬人，淨移入（即移入減移出）為 3.53 萬人。新生兒及內地新移民是香港人口增長的主要因素。

8月15日

◆ 特區政府宣佈，接納香灼㸃辭去公民教育委員會主席的申請，並委任彭敬慈為該委員會主席，任期至 2007 年 3 月

31 日。

8月16日

◆ 曾蔭權會見香港各院校學生代表，就教育政策及教育發展問題聽取意見。曾蔭權表示，會將各院校代表的意見書提交策略發展委員會參考，希望學聯及各院校代表繼續收集意見。

8月19日

◆ 新加坡政策研究院公佈 2005 年亞洲國家和地區競爭力調查結果，在亞洲 75 個經濟體系中，香港的競爭力位居第一。上海、北京及浙江分別排第六、第八及第九位，澳門排第十位。

8月21日

◆ 特區政府與國家稅務總局在港簽署《內地和香港特別行政區關於對所得避免雙重徵稅和防止偷漏稅的安排》。這項協議將自 2007/2008 財政年度開始實施，涵蓋個人和企業的直接收入和間接收入，規範了過去不太明朗的工薪、股息、利息、專利權使用費等間接稅目，以避免香港居民和企業在同一項收入上被雙重徵稅。港人在內地收入的最高稅率亦由 20% 調低至 5% 到 10% 不等，預計有近

二十三萬港人受惠。

8月25日

◆ 特區政府憲報公佈，行政長官已委任陳茂波為法律援助服務局主席，任期由2006年9月1日至2008年8月31日；再度委任馮華健為廣播事務管理局主席，任期兩年，由2006年12月1日起生效；委任黃定光為強制性公積金行業計劃委員會主席，任期兩年，由2006年8月25日起生效。

◆ 特區政府憲報公佈，羅仲榮再次獲委任為香港理工大學校董會主席，任期三年，由2007年1月1日起生效。

8月28日

◆ 香港同胞參與北京奧運會志願服務儀式正式啟動。

8月29日

◆ 香港電訊管理局取締曾健成等人經營的非法電台。

◆ 政務司司長許仕仁在法國出席國泰航空公司第一百架飛機付運典禮。預計到2009年10月，國泰航空公司將擁有一百三十多架飛機，其中包括45架空中巴士客機。

◆ 約二十名演藝人協會成員到政府總部遞交請願信，強烈譴責《壹本便利》刊登偷拍藝人鍾欣桐更衣的照片，要求政府在不影響新聞自由情況下，修例提高對無良傳媒的懲罰。

◆ 廣州地區旅行社協會與香港旅遊業議會簽署《穗港兩地誠信旅遊合作備忘錄》。備忘錄確認"香港一日遊"最低成本價不能低於98元人民幣。廣州地區旅行社協會的24家出境遊組團社會員單位還共同簽署了《香港一日遊最低成本價自律公約》，共同執行最低成本價，抵制所謂零團費、負團費旅行團，保護旅遊經營者和旅遊消費者的正當權益。

8月31日

◆ 第二十九屆奧林匹克運動會北京組委會與香港特區政府在北京簽訂第二十九屆奧林匹克運動會和第十三屆殘疾人奧林匹克運動會馬術比賽的安排。

◆ 香港賽馬會舉行週年大會，選舉現任九巴董事長陳祖澤為新一屆馬會董事局主席（兼任）。

9月1日

◆ 中華電力公司正式向政府遞交自建液化天然氣接收站項目申請書。申請在大鴉洲興建液化天然氣接收站，項目投資總額約八十億港元，有關資金將在未來五年分階段投入，至少二十年分攤收回。

9月2日

◆香港地區中國和平統一促進會舉行董事會暨第四屆理事會就職典禮。董建華、王富卿、黎桂康、解曉岩和林瑞麟出席。

9月4日

◆香港銀行業推行每週五天結算安排，支票、自動轉賬或電子資金轉賬的結算及交收僅在星期一至五進行。建議銀行於星期一至五早晨提前一小時給予客戶處理款項，並於星期五延長三十分鐘讓客戶存入支票。

9月6日

◆"香港政府一站通"網站推出，為市民提供全面的網上政府資訊和服務。

◆香港發展論壇舉辦題為"香港人從認同國家到貢獻國家"的論壇。

9月7日

◆保安局公佈，政府建議開放邊境禁區70%的土地，涉及面積近兩千公頃，範圍涵蓋沙頭角、打鼓嶺、香園圍、缸瓦甫等村落，市民今後毋須禁區紙可以自由出入該區域。計劃繼續保留為禁區的地方還有約八百公頃，包括：邊界圍網及通道、過境口岸皇崗、羅湖、落馬洲等處的用地、沙頭角中英街，和被認為是必要的設施用地。該建議需咨詢公眾意見，並須得到立法會批准。

9月8日

◆特區政府憲報公佈，行政長官再度委任吳光正為香港貿易發展局主席，任期一年，由2006年10月1日起生效。

◆"立足香港，邁向國際 —— 利用香港專業服務的優勢開拓國際市場論壇"開幕。

◆香港中華廠商聯合會舉辦"2006香港工展會‧上海"展覽會。廠商會自2004年以來連續第三年在上海舉辦港產名牌展覽會。

◆恆生銀行中國業務總裁符致京在接受香港《文匯報》專訪時表示，為配合內地市場發展，該行計劃近期將中國業務總部從香港遷往內地，在北京、上海、廣州及深圳四個城市中選一地落腳。並計劃於2007年把內地網點由目前14個增至30個，員工總人數由目前四百人增至一千人。

9月10日

◆ 全國人大常委會在深圳舉行會議，向港區全國人大代表和全國政協委員簡報第十一屆港區全國人大代表選舉修訂辦法，並聽取意見。喬曉陽、何曄暉、李飛和黎桂康出席會議。

9月10日–9月18日

◆ 律政司司長黃仁龍訪問華盛頓、紐約及三藩市。訪美期間，與美國司法部長岡薩雷斯、最高法院大法官 Antonin Scalia、美國國務院副國務卿多布里揚斯基和中國駐美大使周文重會面。

9月11日

◆ 曾蔭權主持 "‘十一五’與香港發展" 經濟高峰會全體會議。會議分四個專題小組：商業與貿易小組；金融服務小組；航運、物流及基礎建設小組；專業服務、信息、科技及旅遊小組，就香港如何配合 "十一五" 規劃達成初步方向性意見，並提出多項與內地加強溝通、合作的建議。

國家發展改革委員會財政金融司司長徐林在會上表示，香港面臨的新挑戰，有些來自外部，有些則來自內部。比如香港的港口因經營成本較高，正逐漸喪失競爭優勢，吞吐量的邊際增長速度已經開始呈現下降趨勢。與此同時，香港碼頭運費雖貴，但效率高、班次多，可定位附加值高的產品來做物流，仍有發展空間。

廣東省發展和改革委員會主任陳善如在會上表示，廣東在 "十一五" 期間，準備投資基礎設施建設項目兩百多個，投資金額 16000 億元人民幣，以打通和強化泛珠三角區域的人、財、物、信息流，同時也使粵港澳地區的合作水平得以全面提升，希望香港能夠作出對應的部署與銜接。

高峰會金融服務專題小組召集人、東亞銀行行政總裁李國寶闡述了香港作為內地金融產業及與國際接軌平台的五個策略方向：（1）帶領內地企業 "走出去" 的角色；（2）把香港發展成熟的金融工具帶到內地；（3）加深兩地在證券及上市規例上的融合及協調；（4）擴大香港人民幣業務，尤其是發行人民幣債券及貿易融資業務；（5）加深兩地在股票及債券交易結算系統及監管的協調及融合。

9月11日–9月14日

◆ 民建聯組團訪問北京。12日，

曾慶紅會見了民建聯正副主席、監委會主席、會務顧問、立法會議員等訪京團成員，希望民建聯"內強素質，外樹形象"，繼續做好各方面的工作，協助特區政府落實好"一國兩制"，做好特區和中央各部門及各地方的橋樑及紐帶，也希望民建聯能就香港遇到的一些問題提出意見和建議。廖暉、劉延東、高祀仁參加會見。13 日，劉延東專門會見該團。

9 月 12 日－9 月 19 日

◆ 衛生福利及食物局局長周一嶽訪問新西蘭，出席在奧克蘭舉行的第五十七屆世界衛生組織西太平洋地區委員會年會。

9 月 13 日

◆ 香港婦女發展聯會舉行第四屆委員就職禮暨慶祝成立十週年晚會，葉順興當選主席。

◆ 香港智行基金會創辦人杜聰獲選為 2006 年世界傑出青年。

9 月 13 日－9 月 16 日

◆ 自由黨組團訪問北京。15 日，曾慶紅會見了代表團核心成員，表示讚賞自由黨近年來支持特區政府推廣多項主要政策的做法，並以"珍惜機遇，合力建港"

贈言自由黨繼續努力，把工作做好。希望香港工商界與特區政府及廣大民眾一起，維護香港的社會和諧與發展。廖暉、劉延東、高祀仁參加會見。13 日，劉延東專門會見該團。

9 月 15 日

◆ 交通部發佈《全國沿海港口佈局規劃》。"規劃"中提出，珠江三角洲地區港口群將依託香港經濟、貿易、金融、信息和國際航運中心的優勢，在鞏固香港國際航運中心地位的同時，以廣州、深圳、珠海、汕頭港為主，服務於華南、西南部分地區，加強廣東省和內陸地區與港澳地區的交流。

◆ 特區政府憲報公佈，行政長官已委任王倩儀為環境運輸及工務局常任秘書長（環境），任期由 2006 年 9 月 13 日起生效。

◆ 特區政府憲報公佈，教育統籌局局長再度委任廖約克為香港學術評審局主席，任期由 2006 年 10 月 1 日至 2008 年 9 月 30 日。

◆ 政府公佈行政會議成員最新的利益申報情況。曾蔭權參加的理事會、委員會等有七十個，除了馬會、中華遊樂會、香港會外，其餘基本上都是慈善機構，曾蔭權在這些機構中主要擔任贊助人。2005年曾蔭權競選行政長官時，除辭去政務司司長外，也曾同時辭去 11 家慈善機構的職務，包括公益金副贊助人、世界自然（香港基金會）副會長、紅十字會顧問等，2005 年 7 月申報利益時只餘下五個慈善機構職務。目前，曾蔭權與妻子共同擁有一個位於中西區的出租單位，一個位於英國的自用住宅單位。

行政會議中擁有物業最多的是李國寶及李國章兩兄弟。李國寶有 90 個，李國章有 80 個。此外，李國寶還擁有 34 家公司的超過 1% 的股份，比 2005 年增加兩家，是擁有最多公司股份的行政會議成員。陳智思共擔任 41 家公司的董事，在行政會議中擔任 "董事" 職務最多。

◆ 全國人大常委會副委員長成思危在出席香港高等教育界國慶晚宴時表示，香港須抓住 "十一五" 規劃的精髓來發展，不要辜負中央對特區的期望。他提出三點意見：一是瞭解國家現在的情況；二是瞭解 "十一五" 規劃的主要精髓；三是希望香港抓住 "十一五" 規劃的精髓，進一步促進香港與內地的合作。

◆ 2006 年內地和香港城市基礎設施建設與建築市場監管研討會在新疆烏魯木齊舉行。來自兩地建設行政主管部門及學會、協會、商會和各界代表三百多人參加了研討會。

9 月 17 日

◆ 新任金銀業貿易場理事長李德麟向傳媒表示，已經運作了 96 年的金銀業貿易場正進行連串大改革。首先會重組貿易場，進行公司化改組，將貿易場的資產與交易權分開。

9 月 17 日 – 9 月 19 日

◆ 財政司司長唐英年訪問新加坡，出席 2006 年國際貨幣基金組織及世界銀行年會。

9 月 18 日

◆ 國務委員唐家璇在北京會見太古集團主席何禮泰時表示，希望太古集團在香港未來的發展以及香港與內地的經貿合作中，發揮更加積極的作用。

◆ 曾蔭權在多家香港報刊上發表題為 "'大市場、小政府' —— 我們恪守的經濟原則" 的文章，解釋特區政府的經濟理念。文章說，"大市場、小政府" 是政府恪守的經濟原則，與 "積極不干預" 政策其實是一脈相承，沒有背離自由市場經濟哲學。香港經濟發展的過程說明，政府政策也不是一成不變的。例如，政府從上世紀八十年代初的金融危機汲取教訓，建立起完善的貨幣與銀行架構；1987年股災後，改革證券市場，為此後二十年發展成為國際金融中心奠下穩固基礎；1997年金融風暴及經濟衰退後，進一步開放金融業，開放電信、資訊科技與廣播市場；最近幾年，政府讓地鐵及領匯上市；2005年，修改遺產稅等稅制，以利於香港進一步發展成為資產管理中心；目前，政府正研究加強競爭政策架構，並就如何擴大稅基咨詢公眾；在與內地的經濟聯繫方面，我們主動與中央政府商討如何能加強聯繫，並在2003年推出CEPA。可見在經濟發展過程中，政府要扮演責無旁貸的角色。我們要維持資本主義的經濟體系，確保貿易和金融服務的市場自由。然而這並不表示政府可以袖手旁觀，面對世界和內地的急速變遷，在採納有利市場自由方針的同時，必須採取主動，研究如何結合政府與市場力量，為社會提供合適的平台，締造最能支持經濟發展的環境。

9月19日

◆ 香港專業及資深行政人員協會舉行創會暨第一屆理事會就職禮。鄭坤生、解曉岩、范徐麗泰、林瑞麟、劉兆佳等出席。

◆ 香港貿易發展局與商務部政策研究室、中央政府駐港聯絡辦經濟部和對外經貿大學國際經濟研究院聯合發表研究報告，提出發揮香港作為內地企業國際營運中心功能的建議。在"十一五"規劃下，香港可作為中介平台的角色，協助內地從海外引入高新科技及環保節能技術，也可協助將內地品牌推介至海外。

9月20日

◆ 曾蔭權在灣仔伊利沙伯體育館與兩千多名香港中學生對話，回答了學生以書面方式遞交的問題。

◆ 高等法院上訴法庭駁回律政司的上訴，裁定現行法例規定的未滿21歲男同性戀者肛交屬刑事罪行是歧視男同性戀者及侵犯私隱，與基本法和《人權法》保障公民基本人權的精神有抵觸，律政司要求推翻高院原訟法庭判決的理據不充分，予以駁回。

9月20日-9月24日

◆ 工商及科技局局長王永平訪問澳大利亞，出席世界貿易組織非正式部長級會議。

9月22日

◆ 策略發展委員會管治及政治發展委員會召開第六次會議，討論立法會普選的模式。劉兆佳會後表示，討論基本上圍繞會前提供給委員文件上的三個方案進行，即全體議員直選產生方案、繼續保留功能組別方案和兩院制方案。委員們一致同意要循序漸進，及應顧及各方利益，包括中央政府的利益等。

◆ 呂新華特派員應邀到香港中文大學作了題為《中國對幾個國際熱點問題的看法及香港在中國外交中的角色》的演講。

◆ 招商銀行在香港交易所掛牌上市。唐英年、鄭坤生、任志剛、夏佳理等出席上市儀式。

9月23日

◆ 陳方安生舉行記者招待會，宣佈不會參加2007年香港特區行政長官選舉。同時公佈成立以她為首的七人"核心小組"成員名單。

9月24日

◆ 港區省級政協委員聯誼會舉行成立大會。董建華、高祀仁、呂新華等出席。黎桂康在致辭時表示，港區省級政協委員有近一千二百人，是一支高素質而又龐大

的愛國力量。

9月24日－9月26日

◆ 曾蔭權率香港特區經貿代表團出席在長沙舉辦的"湖南－香港經貿合作交流會"和首屆"中國中部投資貿易博覽會"。

9月25日

◆ 策略發展委員會管治及政治發展委員會舉辦工作坊，就"進一步發展政治委任制度"展開討論，委員們基本認同在問責局長下，設立副局長和局長助理，有利於拓展參政空間，有利於香港長遠的政制及政治發展。

9月26日

◆ 政府統計處公佈，2006年度海外及內地公司在香港營運的地區總部、地區辦事處及當地辦事處的總數創歷史新高，達到6354家。其中1228家是境外母公司的駐港地區總部，2617家是境外母公司的地區辦事處，2509家是駐港辦事處。

◆ 2009年東亞運動會董事局主席霍震霆宣佈，董事局已經確定第五屆東亞運動會共舉行21項比賽，包括游泳、田徑、乒乓球、自行車、壁球、賽艇、羽毛

球、帆板、武術、保齡、足球、曲棍球、排球、網球、健美、射擊、籃球、舉重、台球、柔道和跆拳道；另有七人橄欖球和體育舞蹈兩個表演項目。

9月27日

◆世界經濟論壇公佈2006/2007年度全球競爭力報告，香港積分為5.46，排名由上年度的第14位升至第11位。

9月27日-9月30日

◆香港媒體高層訪問團訪問北京。訪問團由亞視行政總裁陳永棋任團長，中央政府駐港聯絡辦副主任李剛任顧問。訪問團分別拜訪了中國記協、奧組委、商務部、新華社、《光明日報》、中央電視台、北京市政府，並在人民大會堂出席了國慶招待會。

9月28日

◆中共中央宣傳部主辦的"內地與香港媒體交流與合作"高層座談會在北京舉行，香港媒體高層訪問團參加座談會。會後，中宣部部長劉雲山會見了訪問團全體成員。

◆行政會議通過擴大區議會職權的決定。由2007年1月起，以灣仔、黃大仙、西貢及屯門區議會作為試點，率先參與地區設施管理，有關試驗計劃為期十個月。2008年1月在全港18區全面推行。

◆特區政府駐成都經濟貿易辦事處開始運作。這是特區政府在內地設立的第四個經貿辦事處。

◆國泰航空公司正式完成與港龍航空公司的併購。架構重組後，港龍航空部分部門包括市場推廣、收益管理、營業及分銷等會由國泰航空集團集中管理，國泰也會對港龍公司的貨運、工程、信息管理及財務等職能部門進行統籌。

9月28日-10月2日

◆教育統籌局常任秘書長羅范椒芬率香港教育界代表團到北京參加中華人民共和國成立五十七週年慶祝活動。

9月29日

◆曾蔭權在香港中文大學發表題為"務實領導"的演説並與學生對話。

◆政府公佈添馬艦政府總部工程招標文件。標書詳列了工程的整體設計目標、招標條件、招標評審準則，以及建築、結構、屋宇裝備規定和規劃的要求等。

9月30日

◆ 國家副主席曾慶紅在人民大會堂會見16個港澳國慶訪京團體及香港媒體高層訪京團的全體成員。曾慶紅在致辭中表示，回歸之後，港澳經濟發展，社會穩定，民生改善，一片欣欣向榮。他強調，香港、澳門好，國家好；國家好，香港、澳門更好。希望大家攜手團結，為中華民族的偉大復興繼續努力奮鬥。唐家璇、廖暉、劉延東參加了會見。

10月1日 國慶日，中華人民共和國成立五十七週年

◆ 上午，特區政府在香港會展中心金紫荊廣場舉行升國旗、區旗儀式。曾蔭權、高祀仁、呂新華、王繼堂、張汝成，特區政府主要官員、行政會議成員、立法會議員、司法機構法官，內地駐港機構負責人，各國駐港總領事，以及社會各界人士共三千多人出席。

◆ 特區政府在會展中心舉行慶祝中華人民共和國成立五十七週年酒會。曾蔭權在致辭時表示，擔任行政長官一年多以來，先後訪問四川、江蘇、上海、海南、廣東、廣西、雲南和湖南等多個省市，感受到各省市的經濟發展潛力及當地官員與普通百姓的進取精神。香港在國家發展中需要扮演更積極的角色，早前就"十一五"規劃召開的經濟高峰會，正是要為此作出配合。

◆ 國民教育專責小組推出的"心繫家國"宣傳片（第三輯）在亞視、無線、有線等電視媒體的每晚黃金時段播出。為加強香港市民的國民意識及國民身份認同感，"心繫家國"（第一輯）從2004年10月1日起播出。

◆ "社會民主連線"成立。黃毓民出任主席。

10月3日

◆ 保安局向立法會提交文件指出，2005年由警方、海關及廉政公署根據《有組織及嚴重罪行條例》發出的凍結令，凍結懷疑為黑錢的資產13.6億港元，比1997年的5500萬港元上升二十四倍。

◆ 全國人大常委會香港基本法委員會委員、港區全國人大代表鄔維庸因病在香港逝世，享年69歲。鄔維庸先後擔任香港基本法起草委員會及咨詢委員會委員、港事顧問、香港特別行政區籌備委員會預備工作委員會委員等。

10月4日

◆立法會秘書處宣佈，立法會議員每月的酬金和每年各項工作開支償還款額均增加 1.86%，新金額由本月 1 日起實施。普通立法會議員的月薪由 54390 港元增加至 55420 港元，支付辦事處營運開支的償還款額由 133 萬港元增加至 136 萬港元。立法會主席、代理主席、內務委員會主席及兼任行政會議成員的議員的薪津也按相應比例增加。

10月5日

◆據英國《泰晤士報》最新評定的全球"百大"大學榜，香港大學排第 33 位，較上次排名上升 8 位。香港中文大學由第 51 升至 50 位，香港科技大學由 43 跌至 58 位。亞洲排名最高的是北京大學，排第 14 位。

10月6日

◆特區政府憲報公佈，衛生福利及食物局局長再度委任胡定旭為醫院管理局主席，任期由 2006 年 10 月 7 日至 2008 年 11 月 30 日。

◆行政長官辦公室回應《華爾街日報》發表的佛利民（Milton Friedman）題為《香港錯了》（Hong Kong Wrong）的文章時表示，曾蔭權已清楚解釋過特區政府對"積極不干預"問題的立場。過去三十年，特區政府審慎理財的哲學理念一直沒有改變。國際不同的調查結果顯示，香港一直榮膺全球最自由的經濟體系。不過，"積極不干預"這個字眼較為含糊，本身有點矛盾。政府認為"大市場，小政府"的說法，更能準確形容政府立場。

◆唐英年表示，QDII 的實施會讓內地尋找出路的資金湧來香港，香港應研究如何創新金融產品，以增加對內地資金的吸引力。香港 2005 年的基金管理業務涉及資產總值達 45260 億港元，較新加坡高出逾 33%。香港財務策劃師超過兩百人，位列亞洲首位。

10月9日

◆旅遊發展局總幹事臧明華出席"2006 美食之最大賞"活動時表示，"十一"黃金週有近三十九萬內地旅客訪港，同比下跌 8%。根據市場調查，內地消費者越來越多傾向以較自由的模式來香港，不會集中在黃金週訪港。

◆"2006 年粵港科技合作資助計劃"提交申請階段結束，粵港雙方共接獲 338 份申請，其中港方收到 62 份，粵方收到 276 份。這項計劃資助的項目包括：信息與通訊、精密製造技術及產品、新材料與納米技術、生物醫藥與健康、新能源與資源環保、現代農業共六個領域的項目。

10 月 10 日

◆ 香港特區政府駐北京辦事處與中央人民廣播電台就擴大在全國各地推廣宣傳香港的新節目合作事項簽定協議書。雙方同意由中央人民廣播電台《中國之聲》頻道負責製作播放《走進香港》節目，自 2006 年 10 月 13 日起於週五《中國之聲》晚間新聞時段直播。節目包括香港當週新聞要點，及社會動態、經濟與文化等各方面情況。

10 月 11 日

◆ 曾蔭權在立法會發表題為《以民為本 務實進取》的施政報告。報告表示，過去一年努力實踐"強政勵治、福為民開"的施政理念，國家繼續強力支持香港，CEPA 在實施中不斷深化，香港經濟穩固上揚，政府財政在過去一年回復收支平衡，在確保市民生活素質、政制發展討論等方面也做了不少工作。香港要迎接全球化時代，首先必須在國家發展中找到適當的角色。"十一五"規劃綱要明確表示"支持香港發展金融、物流、旅遊、資訊等服務業，保持香港國際金融、貿易、航運等中心的地位"，這肯定了香港的優勢產業以及在國家發展中的重要功能。特區政府將圍繞金融中心、貿易與物流、自主創新、資訊產業、科技應用、文化創意產業、文化藝術城市、人才流動、勞工權益等方面推出一系列政策措施。

報告表示，重視家庭是香港的核心價值觀念之一，和睦家庭是和諧社會的基石，特區政府的社會政策會繼續以支援家庭、鞏固家庭和促進家庭福祉為核心。政府也會致力讓經濟發展惠及各個階層，會繼續根據就業情況的變化，協助勞動人口解決就業遇到的困難。

報告表示，改善空氣質量以至整體環境質量，已成為香港社會強烈共識，香港需要也有能力締造更美好的生活環境。政府將為優化環境推出一系列具體措施。

報告表示，在香港這樣一個多元化社會裡，處理有關政制發展的問題極為複雜，達成廣泛共識並不容易。政府會繼續通過策略發展委員會深入和廣泛地研究政制發展，探討包括 2012 年行政長官和立法會選舉在內的政制發展路向。

報告強調，經濟持續發展、民主政制發展及建構和諧社會，是香港未來的三大挑戰。政府提出的"強政勵治"方針不應是閉門造車或空喊口號，而是需要建構社會共識，以民意為依歸，需要社會各界團結一致，求得香港的新發展。

10月12日

◆ 曾蔭權出席立法會答問大會，就施政報告提出的施政方針、政制發展、最低工資以及銷售稅等問題作出解釋。曾蔭權表示，施政報告以"以民為本、務實進取"為主題，這也是"強政勵治"政策的基石。就政府未來施政的力度，曾蔭權表示將奉行"大市場，小政府"的政策取向，不應做市場的主導，不從事商業活動。就政制發展問題，曾蔭權重申，普選是各界共同意願，也是基本法的安排。任何普選方案應既包括全社會理念上的共識，也應包括立法會、行政長官、中央三方的程序性共識，不可一廂情願。

◆《2006年行政長官選舉（選舉呈請）修訂規則》刊憲。規則涉及的修訂是根據2006年5月13日生效的《2006年行政長官選舉及立法會選舉（綜合修訂）條例》作出的，內容主要是訂明在行政長官選舉中，即使只有一名候選人獲得有效提名，選舉程序仍然要進行；同時新增一項提出選舉呈請的理由：假如在行政長官選舉中，只有一名候選人獲有效提名，但他若被宣佈未能當選，該名候選人可以提出應該當選的呈請。另外，規則也修訂了部分與點票、維持票站秩序有關的安排，提高了對在投票站內非法攝錄的刑罰，以使規則同立法會選舉及選委會界別分組選舉的規定看齊。

◆ 立法會18個事務委員會召開會議，選舉新會期的正副主席。

◆ 香港國際機場蟬聯四屆"全球最佳機場"。

10月13日

◆ 特區政府拒絕歐盟有關提供涉嫌避稅外國人財務資料的要求，表示對香港國際金融中心的定位有長遠的負面影響。

10月14日

◆ 財經事務及庫務局局長馬時亨表示，中央大型企業選擇"A+H"股是較好的上市模式。已經在A股市場上市的內地企業，如達到香港上市的要求，可以在香港以H股形式上市，兩地的監管機構會作技術上的配合。

10月15日

◆ 曾蔭權在香港電台節目"給香港的信"發表文章表示，香港要發展成有動感、充滿活力及適合居住的城市，首要工作是改善空氣污染。普通市民也可為環保盡一分力，包括將不需要的燈關掉，以及將空調調校在攝氏 25.5 度等。

10月17日

◆ 特區政府宣佈，行政長官委任方正為證券及期貨事務監察委員會（以下簡稱證監會）主席，任期為三年，由 2006 年 10 月 20 日至 2009 年 10 月 19 日。《證券及期貨（修訂）條例》將證監會原有的執行主席職位分拆為非執行主席和行政總裁兩個職位，以加強內部制衡。

◆ 聯合國貿易和發展會議發表的《2006 年世界投資報告》指出，2005 年香港外來直接投資為 359 億美元，在世界排名第六位、亞洲排名第二位。2005 年香港外來投資存量為 5330 億美元，為亞洲第一位，世界第四位。

10月18日

◆ 無線電視、亞洲電視與電訊管理局達成基本共識，在香港逐步採用內地數字電視制式。特區政府有意在 2007 年年底前啟動香港數字電視，無線與亞視共同興建六個數碼廣播發射塔，無線計劃初期每天播放 14 小時的高清電視節目，亞視計劃推出四個新頻道，包括以普通話為主的頻道。兩台都將在 2008 年以高清電視轉播北京奧運。

10月19日

◆ 立法會通過《吸煙（公眾衛生）（修訂）條例》。由 2007 年 1 月 1 日起，大部分工作地方和公眾地方（如食肆、酒吧、辦公室、學校、醫院等）的室內範圍一律禁煙。

10月20日

◆ 特區政府憲報公佈，行政長官再度委任田北辰為九廣鐵路公司主席，任期至 2007 年 7 月 31 日。

10月23日

◆ 在北京出席國際反貪局聯合會第一屆年會的香港廉政專員黃鴻超表示，此次會議彰顯了中國對《聯合國反腐敗公約》的承擔，以及在中國內地和香港特別行政區切實執行公約的決心。

10月24日

◆ 高祀仁在出席一個公開活動時表示，中央政府駐港聯絡辦其中一項重要職責，是加強與香港各界人士的聯繫，並推動香港與內地在經濟、文化、科技和衛生等方面的交流。有時為了達到一定的交流效果,中央政府駐港聯絡辦會組織一些香港的團體到內地訪問。有些傳媒把組織訪問團說成是插手香港選舉,是完全不對的,是無中生有。

◆ 行政會議通過在啟德機場廢棄跑道南端預留 7.6 公頃土地興建"零填海"的新郵輪碼頭。新郵輪碼頭總投資約 24 億港元,爭取在 2012 年完成第一個新泊位,預計到 2020 年每年的經濟效益可達 14 至 22 億港元,創造約一萬個就業機會。政府於 2007 年底公開招標,中標者可享有五十年專營權。

◆ 資訊科技署宣佈,將就 2007 年 "數碼 21"資訊科技策略展開為期兩個月的公眾咨詢,鼓勵市民、學術界、商界等各方面討論下述五個範疇的政策:推動數碼經濟、推廣及鼓勵創新科技、發展香港為科技合作及貿易樞紐、促進新一代公共服務、建立數碼共融的知識型社會。

10 月 25 日

◆ 香港特區政府與埃塞俄比亞政府簽署民用航空運輸協定。

10 月 26 日

◆ 個人資料私隱專員公署完成投訴警方獨立監察委員會外洩投訴人資料事件的調查報告,並已向該委員會發出通知,要求制定保障投訴資料安全的政策及實務指引,及在外判合約中加入相關條款,確保員工及承辦商遵守有關措施。

2006 年 3 月該委員會被揭發洩漏兩萬多名曾投訴警員人士的個人資料,其後個人資料私隱專員公署接獲 55 宗有關投訴。

◆ 首屆泛珠三角區域安全生產合作聯席會議暨安全生產合作與發展論壇在廣東東莞舉行。區域內九省區安全監管局和香港特區經濟發展及勞工局、澳門特區勞工事務局聯合簽署了《泛珠三角區域安全生產合作協議》和《泛珠三角區域安全生產合作聯席會議制度》,這標誌着該區域在安全生產領域全面攜手合作。

10 月 27 日

◆ 規劃署發表香港人口分佈最新推算數字報告書。報告書指出,未來十年新界及九龍的人口會分別增加 11% 及 10%,2015 年其人口分別達到 398 萬人及 228 萬人,而香港島的人口則會由 126 萬輕微下降至 125 萬。新界人口佔全港百分比會由 2005 年的 52% 輕微上升至 2015 年的 53%，香港島的百分比會由 18% 下降至 17%，九龍的百分比則維持平穩，約 30%。以區議會分區計，預計未來十年沙田仍會是人口最多的分區，由 2005 年估算人口 62.04 萬增至 2015 年的 70.76 萬。元朗會是人口增長最多的分區，估計其人口會從 55.19 萬增至 66.08 萬。到 2015 年元朗也將是人口最年輕的分區，其推算年齡中位數為 39.9 歲。灣仔區人口則最年長，其推算年齡中位數為 47.9 歲。

◆ 中國工商銀行股份有限公司分別在上海證券交易所和香港聯合交易所同步上市。行政長官曾蔭權、港交所主席夏佳理等出席上市儀式。這是內地首家 A 股與 H 股同股、同價、同步上市的企業，在全球發售 353.9 億股 H 股，130 億股 A 股，A 股與 H 股共募集資金約 191 億美元，創下首次公開發行集資額全球之最的紀錄。此次在香港招股凍結資金達 4100 億港元，成為香港金融市場有史以來新股招股凍結資金最高的紀錄。

10 月 28 日

◆ 全國政協副主席、傑出的社會活動家、著名的愛國人士、香港知名實業家霍英東在北京醫院病逝，享年 83 歲。霍英東病重期間，胡錦濤、曾慶紅等黨和國家領導人分別到北京醫院看望。10 月 31 日上午，中央派出專機把霍英東遺體運返香港。11 月 7 日，霍英東公祭及悼念儀式在香港殯儀館舉行。悼念儀式按國家領導人規格並結合香港風俗習慣舉行，莊嚴隆重。中共中央、全國人大常委會、國務院、全國政協和胡錦濤、江澤民、吳邦國、溫家寶、賈慶林等國家領導人致送花圈。全國政協副主席王忠禹、廖暉、劉延東等受中央委託專程來香港參加公祭及悼念儀式。董建華、曾蔭權、高祀仁等出席悼念儀式。王忠禹致悼詞，稱霍英東愛國愛港，熱心公益，他的逝世是國家及香港的重大損失。

10 月 30 日

◆ 香港會計師公會（CPA）北京辦事處正式運作。

10 月 31 日

◆ 十屆全國人大常委會第二十四次會議通過《全國人民代表大會常務委員會關於授權香港特別行政區對深圳灣口岸港方口岸區實施管轄的決定》。該決定授權香港特區自深圳灣口岸啟用之日起，對該口岸所設港方口岸區依照香港特區法律實施管轄。決定的通過，對緩解內地與香港陸路通關壓力，推動兩經濟發展起到積極作用。

◆ 全國人大常委會發佈公告，確認梁秉中的十屆全國人大代表資格，遞補因病去世的港區全國人大代表鄔維庸。

◆ 依照香港特別行政區基本法的有關規定，根據行政長官曾蔭權的提名和建議，國務院決定，任命羅范椒芬為廉政專員，免去黃鴻超的廉政專員職務。

◆ 策略發展委員會管治及政治發展委員會舉辦工作坊，就行政長官的普選模式進行了討論。林瑞麟會後表示，這次會議就行政長官選舉的提名委員會、提名門檻和普選制度循序漸進的問題進行討論，形成了初步共識。

11月1日-11月8日

◆ 1日，行政長官選舉委員會界別分組選舉開始接受提名。8日，選委會界別分組選舉提名結束，共有1170人報名，打破上屆980人參選記錄。選舉將於12月10日舉行。

11月2日

◆ 中央政策組舉行"'十一五'與香港發展"研討會，討論了航運、物流、金融服務以及科技發展等範疇的問題。中央政策組首席顧問劉兆佳在會議後表示，與會者有一個突出共識，就是香港在與內地合作過程中，應該摒除一種"零和遊戲"的觀念，追求互利雙贏的合作關係。香港除了要求中央、內地給予香港特別優惠措施，也要爭取對國家發展作出貢獻。

◆ 金銀業貿易場召開成員特別大會，172個成員中的101個出席了大會。會上通過了架構重組議案，正式確定成立股份制的香港貴金屬交易所。其後金銀業貿易場理事會通過了集資2236萬港元的計劃，用以建立一個24小時電子交易平台。

11月3日

◆ 政務司司長辦公室慶典籌備辦公室主任楊立門宣佈，為慶祝香港回歸祖國十週年，特區政府將在2007年4月至9月間，舉辦主題為"一國兩制、成功落實"及"奮發創新、香港精神"的系列大型慶祝活動。

◆ 立法會財務委員會根據議員薪津獨立委員會的建議通過動議，調高一成議員實報實銷津貼，由每年的13萬港元調升至14.9萬港元，生效期追溯至2006年

10 月。

11 月 5 日

◆ 衛生部部長高強到瑞士日內瓦出席世界衛生組織會議，並為中國政府推薦的陳馮富珍參選世衛總幹事進行最後的籌備工作。高強表示，陳馮富珍的人品、學識、業績、能力，大家都認同，評價很高，而且是代表中國參選，中央政府和特區政府對其當選充滿信心。

11 月 5 日 – 11 月 11 日

◆ 行政長官曾蔭權訪問比利時和法國，先後與比利時首相伏思達和法國總統希拉克會面，並向兩國政界和商界領袖介紹香港經濟、政治和社會最新情況。期間曾蔭權出席了"2006 粵港－歐洲經濟技術貿易合作交流會"。

11 月 6 日

◆ 政府發表題為"促進自由競爭、保持經濟動力"的香港競爭政策未來路向公眾討論文件，就香港是否需要新的競爭法、新法例應否適用於各行各業，及是否需要成立規管執法機構，展開為期三個月的公眾咨詢。

經濟發展及勞工局局長葉澍堃就此表示，政府 2005 年 6 月委任了競爭政策檢討委員會，檢討現有政策及就未來路向提供意見。委員會建議香港引入全新、跨行業的競爭法，並設立規管機構執行此法例。政府對於是否需要立法持開放態度，將仔細研究咨詢過程中收集的意見，若意見路向清晰，預計 2007 年可向立法會提交法例草案。

◆ 策略發展委員會管治及政治發展委員會舉辦工作坊。林瑞麟在工作坊後的記者會上表示，多位委員對兩院制的建議有所保留，認為兩院制牽涉基本法附件二或更大範圍的修訂。如果由單一議會變為兩層議會的架構，立法程序都需經過兩院，將對香港整體運作及公共行政效率有很大影響。策發會將在下一次會議上討論和決定是否擱置兩院制的討論。

◆ 金管局總裁任志剛在出席立法會財務委員會會議時就有關樓市的問題表示，香港物業市場目前價格與 2003 年比較，豪宅升了 99％，一般住宅升 57％，商業樓宇升 148％，店舖升 90％，情況令人關注。

◆ 公民黨、民主黨等政團成立的"行政長官選舉民主工作小組"公佈，推舉梁家傑為聯合候選人，參加第三任行政長官選舉。該小組成立於 2006 年 10 月，專為籌備 2007 年 3 月行政長官選舉，湯家驊、楊森為小組聯合主席。

11 月 9 日

◆ 唐英年主持"昂坪 360"開幕禮，該纜車系統連接大嶼山昂坪與東涌。

◆ 陳馮富珍當選為世界衛生組織總幹事，任期五年。這是中國首次推薦人選參加聯合國高層機構選舉，也是首次由中國人擔任世界衛生組織總幹事。

11 月 11 日

◆ 國家統計局聘請香港特區前統計處處長何永煊為國家統計局統計顧問，任期三年。此前國家統計局已聘請香港中文大學校長、經濟學家劉遵義擔任該局的國際顧問。

11 月 15 日

◆ 國務院副總理黃菊在上海會見任志剛率領的香港銀行公會代表團。黃菊指出，香港與內地在金融方面一直保持較強的互補關係，加強內地與香港在金融領域的合作，對於香港經濟的長期繁榮穩定具有重要意義。隨着 CEPA 全面實施，港資銀行在開展人民幣業務和參與內地市場的程度上都有較大幅度提高，經營範圍不斷擴大。中央政府將一如既往地支持香港金融業在內地開展業務，充分發揮香港金融業的獨特優勢，內地金融監管機構將繼續密切與香港相關機構的合作，共同促進港資銀行在內地穩健經營，為內地與香港經濟的健康發展和共同繁榮作出貢獻。

11 月 15 日 – 11 月 16 日

◆ "第十屆北京·香港經濟合作研討洽談會"在港舉行。行政長官曾蔭權和北京市市長王岐山分率雙方代表團與會。

11 月 16 日

◆ 行政長官曾蔭權赴越南首都河內出席第十四次亞太經濟合作組織領導人非正式會議。

◆ 國務院頒佈《中華人民共和國外資銀行管理條例》。港資銀行在《外資銀行管理條例》之外仍將享受 CEPA 所規定的優惠條件。港資銀行可以比《外資銀行管理條例》規定更低的准入門檻進入內地金融市場，同時又可享有《外資銀行管理條例》規定的其他經營便利條件。

11 月 17 日

◆ 中國通訊社香港分社舉行成立五十週年慶祝酒會。

2006 年 11 月 9 日，香港原衛生署
署長陳馮富珍通過世界衛生組織閉
門會審議，成功當選為世衛組織總
幹事。

◆香港生產力促進局、香港工業總會、特區政府駐粵經貿辦聯合舉辦的"第五屆香港珠三角工商界交流會"在中山市舉行，一千多名來自香港及珠三角地區的政府官員、經貿機構負責人和廠商代表與會。

11月18日

◆正在越南河內出席亞太經合組織領導人非正式會議的國家主席胡錦濤會見了與會的曾蔭權。胡錦濤在聽取曾蔭權關於香港經濟、政治和社會發展情況的匯報後表示，一年多來，香港形勢總體上向好的方向發展。希望特區政府要下大力氣，把香港經濟發展、民生改善、社會和諧的局面"保持住、鞏固好"，同時搞好行政長官選舉委員會的選舉。中央政府將繼續支持特區政府的工作，緊緊依靠廣大香港同胞，保持香港長期繁榮穩定。

◆曾蔭權在亞太經合組織領導人非正式會議上致辭時表示，香港會堅決履行對國際社會的責任，致力打擊恐怖主義。香港現有的法律能有效對付與恐怖主義有關的犯罪活動，包括為恐怖主義組織融資、洗錢的活動。

11月20日

◆香港特區政府與墨西哥政府簽署民用航空運輸協定。

11月21日－11月23日

◆行政長官曾蔭權率領香港經貿代表團赴貴州省考察。參加"貴州－香港經貿合作交流會"，與貴州省有關領導和部門深入探討了礦產、中藥材、旅遊資源等多方面的合作。

11月22日

◆全國政協副主席劉延東在北京會見了以施榮忻為團長的香港福建青年企業家訪問團。

◆立法會就"普選行政長官"議案進行議員辯論。林瑞麟在會上發言表示，行政長官普選的方向應"先圖後表"，即是先要探討、討論用什麼普選模式來落實基本法有關條文。在普選模式達成共識後，勾畫一個香港達至普選的路線圖，普選的時間表自然會水到渠成。相反，沒有普選模式和路線圖之前，倉促定一個時間表，有可能淪為空談。

11月23日

◆策略發展委員會管治及政治發展委

員會就政制發展問題舉行第七次會議。林瑞麟在會議結束後會見記者表示，經過兩個多月的討論，委員們對特區政制發展問題形成了五點基本看法：一是行政長官普選的提名委員會人數，約 800 至 1600 人組成。二是行政長官普選提名人應等於提名委員會人數的 1/8 或 1/4。三是行政長官普選較容易達成共識，討論聚焦在提名委員會如何運作，提名機制，立法會普選則需探討一段時間。四是立法會普選問題討論如何將三十個功能組別議席的制度演變，可能要分階段達至普選。五是擱置兩院制的討論。

◆ 高等法院裁定天主教香港教區就《校本條例》提出的司法覆核敗訴。擁有兩百家中小學管理權的天主教香港教區是香港最大的社會辦學團體，該團體認為《校本條例》改變了以往的辦學方法，教區在校董會內不再享有優先權，不能自由挑選校長、校監，法團校董會取代了教區的地位，使教區在辦學措施上諸多掣肘，變相剝奪了教區的辦學自主權，因此違反了基本法第一百三十六、一百三十七、一百四十一條的有關規定，故提出司法覆核。

◆ 房屋委員會宣佈 2007 年 1 月重售3056 個居者有其屋單位。

◆ 海洋公園擴建工程正式動工。工程預計投資 55 億港元，分八期在六年內進行，至 2012 年全部完成。屆時海洋公園的設施數目將由 35 個增至 70 個，園內可同時容納 53600 人，較目前的 35300人增加近一倍。

11 月 25 日

◆ 正在巴基斯坦訪問的國家主席胡錦濤在接受香港新聞界採訪時表示，香港特區行政長官選舉委員會的選舉工作，是今後一段時間香港政治生活中的一件大事，希望香港特區按照基本法和有關選舉辦法的規定，把這項工作做好。

◆ 解放軍駐港部隊陸、海、空三軍部分建制單位順利完成進駐香港以來的第九次正常輪換。

◆ 政務司司長許仕仁在出席政府撲滅罪行委員會及 18 區地區撲滅罪行委員會聯席會議後表示，家庭暴力是市民近年來比較關注的問題。政府經檢討後認為，現行《家庭暴力條例》有許多不完善的地方，已經提出一系列修訂建議，希望在本立法年度內向立法會提交修訂條例草案，以加強對家庭暴力受害人的保護及預防家庭暴力。為更有效解決家庭暴力問題，警方正研究在頻密發生家庭暴力的地區設立專責刑偵隊伍。

◆曾蔭權代表特區政府在香港總商會組織的《清新空氣約章》簽署儀式上簽字。《清新空氣約章》的六項承諾是：（1）在業務營運過程中，遵守國際認可或粵港政府要求的廢氣排放標準；（2）對大中型排放源安裝連續性排放監控系統，以持續監察主要廢氣源頭的廢氣排放情況；（3）按年度公佈耗用能源和燃料的資料以及空氣污染物總排放量，如數值出現大的波動，應隨時披露；（4）承諾在營運過程中採納節能措施；（5）制定及推行適用於空氣污染指數偏高日子的環保措施；（6）與他人分享改善空氣質素的專業知識。曾蔭權表示，政府簽署約章後，將會與五百多家簽署約章的企業及機構共同承諾推行一系列環保措施。

◆房屋委員會通過《公屋租金政策檢討報告》。報告建議設立一個以公屋租戶入息變動為基礎的新租金調整機制。

◆機場管理局宣佈投資十億港元，在機場海天碼頭旁邊另建一個面積大八倍的新客運碼頭，並增建輕軌系統與機場客運大樓連接，估計可在 2008 年完工投入運作。新碼頭建成後，除繼續提供往來

虎門、中山、澳門、蛇口及福永等地的班船，還會增開珠海、蓮花山及順德三條航線。

◆國務院總理溫家寶在北京會見陳馮富珍，祝賀她當選世界衛生組織新任總幹事。並表示，中國政府始終支持世界衛生組織的工作，願繼續在疾病防控、信息溝通、公共衛生能力建設等方面與世界衛生組織保持密切協調與配合。

◆港鐵公司董事局宣佈再次委任周松崗為行政總裁，至 2009 年 11 月底，任期三年。

◆《種族歧視條例草案》刊憲。條例草案規定在僱傭、教育、貨品、設施、服務和居所等方面禁止種族歧視和騷擾，提倡尊重互愛，社會和諧。民政事務局常任秘書長林鄭月娥表示，香港並不存在嚴重的種族歧視問題，推出草案是政府履行適當的國際責任。

◆貿易發展局主席吳光正在出席中小企國際市場推廣日開幕禮致辭時表示，香港本地生產總值（GDP）中與貿易活動有關的份額佔 45%，貿易活動吸納的就業

人口佔香港總就業人口的 40%。1978 年香港是全世界第 23 位的貿易體系，2005 年已升至第 11 位。

◆ 國家民航總局、香港民航處和澳門民航局成立的三方工作小組達成協議，定於 12 月 21 日起，在廣州與香港兩個飛行情報區之間增設一個情報移交點，供飛越香港降落廣州的航班使用。這次增設情報移交點是為了分擔現有移交點處理往返華中、華北航班的壓力，紓緩香港與其他往內地航班共用一個進入點的擠塞情況。

◆ 重慶市人事局在港舉行"渝港人才交流活動"，33 家重慶企業和機構推出 620 個職位，招攬香港專業人士。

11 月 30 日

◆ 曾蔭權出席入境事務處成立四十五週年紀念會暨入境事務學院開幕典禮並致辭。

12 月 1 日

◆ 國家主席胡錦濤在北京會見新當選的世界衛生組織總幹事陳馮富珍。胡錦濤表示，"你是第一個參加競選並且出任聯合國專門機構最高負責人的中國人，你的當選既表明各方面對你個人工作能力和業績的認同和肯定，也體現了中國不斷提高的國際地位。所有的港澳同胞，全球的中國人，都為你的當選感到由衷的高興。" 胡錦濤指出，"多年來，中國和世衛組織在加強健康教育、防控高致病性傳染病、推廣傳統醫藥等方面進行了良好的合作，不僅促進了中國醫療衛生事業的發展，也為維護全人類的健康和衛生安全作出了貢獻。中國政府將一如既往地支持世衛組織的工作，加強同世衛組織在國際衛生事務中的合作。" 陳馮富珍表示，感謝胡主席和中央領導的信任和支持。"我肯定會盡心盡力做好世界衛生組織總幹事這個工作，與各方共同努力，推動世界衛生組織更好地為全世界人民服務"。

◆ 曾蔭權在"香港經濟峰會 2007"午餐會上致辭時指出，過去三年，香港經濟實質增長為 25%，但同期金融業的增幅達 70%，進出口貿易及倉儲運輸業的增長均超過 40%。今後要保持香港國際金融、貿易及航運中心的地位，就必須加強與內地在貨物、資金、資訊及人才四方面的流通，充分把握國家"十一五"規劃所帶來的機遇。他強調，香港不能再靠吃老本，必須有危機意識，要洗心革面，急起直追。

◆ 特區政府憲報公佈，行政長官委任張慧玲、馮驊、韋毅志、辛達誠、潘兆

初為高等法院原訟法庭法官，由 2006 年
11 月 27 日起生效。

◆特區政府憲報公佈，行政長官已
委任高靜芝為財務匯報局主席，任期三
年，由 2006 年 12 月 1 日起生效。財務
匯報局是 2006 年 11 月成立的一個法定
組織，主要負責調查香港上市公司的審計
不當行為和會計違規事宜。

◆特區政府憲報公佈，馮國經再度獲
委任為香港大學校務委員會主席，任期三
年，由 2006 年 11 月 7 日起生效。

◆特區政府憲報公佈，王英偉獲委任
為香港浸會大學校董會主席，任期三年，
由 2007 年 1 月 1 日起生效。

◆立法會財務委員會通過撥款申請，
將分兩階段改善區議員的酬金和津貼安
排。第一階段自 2007 年 1 月 1 日開始，
調高區議員辦事處營運津貼開支 10%，
及增設實報實銷的結束辦事處津貼，款
額為每屆任期 72000 港元。第二階段自
2008 年 1 月 1 日開始，調高新一屆區議
員酬金 10% 至 1.8 萬港元，並進一步修
訂區議員辦事處營運開支津貼涵蓋範圍，
訂明只可用以支付辦公地點租金、聘請助
理的費用、審計費用、印刷費、宣傳物品
開支和通訊費用等。

◆終審法院駁回三千多名懲教署現職

及前職人員追討六億港元通宵候召超時津
貼的上訴。裁定員方不能申領上述津貼，
同時要承擔訴訟費。

◆香港運動員參加在吉隆坡舉行的第
九屆遠東及南太平洋區傷殘人士運動會後
凱旋回港，共贏得 25 枚金牌、30 枚銀牌
及 24 枚銅牌。

◆全國人大常委會委員長吳邦國訪
問香港，出席“國際電信聯盟 2006 年世
界電信展”開幕式並發表主題演講。談到
香港情況時他闡述了三點意見，一是香港
回歸九年多來取得的成就有目共睹。在中
央政府和祖國內地的全力支持下，經過香
港特區政府和社會各界人士的團結奮鬥，
香港保持了經濟發展，社會穩定，居民
生活不斷改善，公眾信心日益增強，繼續
保持了自由港和國際大都市的特色，繼續
保持了國際金融、貿易和航運中心地位，
國際社會普遍認同香港是全球最自由開放
的經濟體和最具發展活力的地區之一。二
是中央政府維護香港繁榮穩定的方針堅定
不移。中央政府將堅定不移地貫徹“一國
兩制”、“港人治港”、高度自治的基本方

2006 年 12 月 2 日下午，全國人大
常委會委員長吳邦國到蘇屋邨百合
樓探訪了市民胡建榮一家。

針，始終嚴格依照香港特別行政區基本法辦事，堅定支持特區政府依法施政，着力推動內地與香港在經貿、科教、文化、衛生、體育等各領域交流與合作，實現共同繁榮、穩定與發展。三是香港發展資訊業的條件得天獨厚。香港擁有優秀的本地電信企業；經濟高度自由開放，法律制度健全，與國際市場聯繫廣泛；與祖國內地在經濟上已經形成密不可分、優勢互補、合作共贏的關係，可以從祖國內地獲得廣闊的市場空間和不竭的發展動力。

訪港期間，吳邦國還先後會見了曾蔭權和特區政府主要官員、行政會議成員、立法會主席和終審法院首席法官、港區全國人大代表、中央駐港機構和駐港中資機構的代表，並參觀了位於九龍的香港職業訓練局青年學院，探訪了蘇屋邨百合樓市民胡建榮一家。全國政協副主席廖暉等陪同訪港。

12月3日-12月8日

◆ "國際電信聯盟 2006 年世界電信展"在香港亞洲會展中心舉行。這是世界電信展自 1971 年開辦以來首次在瑞士日內瓦以外的城市舉辦。本屆世界電信展的主題是"生活在數字世界"，包括大型展覽和高層次論壇兩部分。來自 141 個國

家和地區的 62000 名參觀者以及 1300 名記者與會。

12月3日

◆ 中央政策組首席顧問劉兆佳在接受《成報》訪問時表示，策略發展委員會有關政制發展的討論漸入尾聲。根據委員會討論的情況，策發會明年提交的報告中可能不會在普選時間表及路線圖問題上提出具體方案，屆時可能會公開多方意見。委員會至今沒有主流共識，主要是因為部分"激進民主派"委員堅持不放棄"道德高地"，喊一些不切實際的口號，不願意妥協。

12月5日

◆ 財政司司長唐英年在政府總部就稅制改革咨詢會見傳媒，宣佈由於未能取得大部分市民支持，政府在餘下的咨詢期內，不再推介商品及服務稅，希望市民繼續就其他可行方案提出意見。

對於政府宣佈擱置銷售稅咨詢，立法會三大政黨以及反對銷售稅大聯盟均表示歡迎。

稅制改革公眾咨詢由 2006 年 7 月開始，至今共收到 2200 份意見書，召開了 260 場咨詢會和研討會，期間政府發現市

2006 年 12 月 3 日，全國人大常委
會委員長吳邦國出席 "國際電信聯
盟 2006 年世界電信展" 開幕式並發
表主題演講。

民反對開徵銷售稅比例一直穩定在六成多，而支持者的比例也穩定在三成左右。政府得出的結論是市民雖認同香港需要擴大稅基，但未能認同開徵銷售稅為主流方案。

12月6日

◆民政事務局局長何志平在立法會會議上表示，政府不會重新考慮把中環舊天星碼頭列為法定古蹟。該碼頭並不是法定古蹟或已評級的歷史建築，尚不足以因其文物價值而被考慮作原址保存。政府理解有社會人士認為應保留天星碼頭，讓它成為香港市民的"集體回憶"，因此在規劃署即將展開的"中環填海區城市設計研究"中，將研究如何把碼頭的特色部分融入新海旁的設計，並利用先進科技，將舊碼頭的資料以電子數碼方式記錄下來。

◆立法會通過《2006年防止殘酷對待動物（修訂）條例草案》，將虐待動物的最高刑罰由五千港元及監禁六個月，大幅提高至二十萬港元及監禁三年。

◆立法會否決吳靄儀提出的推動政黨政治發展的動議。政制事務局局長林瑞麟表示，對於政黨發展及擴大參政空間，政府均持積極態度，但鑒於香港的政黨仍在發展階段，應該讓政黨有足夠空間自由成

長，暫不宜用專門的法例約束。

◆保安局局長李少光在立法會會議上介紹說，近年內地婦女來港產子人數激增，當中嬰兒父母均為非香港永久居民的數目增幅最顯著，該類嬰兒數目由2001年620人，增加至2005年9200人，五年間上升16倍。政府計劃採取一些應對措施。

◆財經事務及庫務局局長馬時亨在出席電台節目時表示，政府決定停止推介商品及服務稅，但本地稅基狹窄問題仍然存在。前段時間的咨詢，已喚起市民對擴闊稅基的關注，儘管有65%的市民反對商品及服務稅，但亦有65%市民支持擴展稅基。

12月7日

◆曾蔭權在出席香港會計師公會2006年週年晚宴時表示，會計師在香港的經濟繁榮發展中一直扮演着重要角色。公會一直致力於提升本地會計從業員的水平，研究企業財務監管制度，並就稅務、財務審核等方面提供專業意見，香港會計師公會還是全球會計專業資格管理工作上的先導者，目前已得到八家全球最重要會計團體的認可。公會也一直積極參與國際會計組織的活動，是國際會計師公會、全

球會計師聯盟的重要成員。近年來，隨着內地市場經濟的急速發展，香港會計界服務內地企業的業務量不斷增長，國家"十一五"計劃進一步肯定了香港作為國際金融中心的地位，這為香港會計界提供了新機遇，希望會計師公會一如既往，貼近時代要求，把香港建成國家的一個會計專業服務中心。

12月8日

◆ 選舉管理委員會主席彭鍵基在巡視黃大仙模擬票站時表示，本屆行政長官選舉委員會界別分組選舉將在 23 個界別中選出 427 名委員，全港設有 110 個票站供選民在 12 月 10 日上午 7 時半至晚上 10 時投票，選民可在正式選舉前到選管會提供的六個模擬票站瞭解、實習投票程序。

◆ 中國加入世界貿易組織五年過渡期結束，《外資銀行管理條例》正式生效，香港匯豐銀行、渣打銀行、恆生銀行和東亞銀行正式申請在內地註冊。

12月9日

◆ 中央政府駐港聯絡辦副主任李剛就行政長官選舉委員會選舉一事回答記者提問時表示，相信在特區政府的領導下，選委會選舉一定會順利進行。中央政府駐港聯絡辦關注選委會選舉，但不會干涉。

◆ 政府發言人就"民陣"（民間人權陣線）成員集會抗議選委會選舉表示，中央及特區政府一直致力按照基本法推動香港政制發展，最終達至普選的目標。本月的行政長官選舉委員會選舉及 2007 年 3 月的行政長官選舉將公平、公開地進行。香港需要包容，要求同存異，口號式的行動不能推進普選。"先圖後表"是特區政府的工作方向，即社會必須先就普選模式有充分的討論和共識，才能定出普選路線圖。有了路線圖，時間表便會水到渠成。政府正分別通過策發會及立法會探討行政長官及立法會普選的可能模式，也希望借此推動社會各界的討論，以期逐步收窄分歧，最終達成共識。

民間人權陣線二十多名成員在立法會大樓外集會，抗議選委會選舉，並稱之為"小圈子選舉"。

12月10日

◆ 第三任行政長官選舉委員會界別分組選舉舉行。

12月11日

◆ 第三任行政長官選舉委員會界別

分組選舉結果公佈。此次選舉累計投票人數 56152 人，超過上屆的 32823 人；投票率為 27.4%，高於上屆的 19.47%。共有 1107 人參選 800 個席位，其中 13 個界別共 237 人在沒有競爭情況下自動當選；投票選出的有 427 個席位，共有 734 名候選人爭奪。投票期間，選舉管理委員會共收到 46 宗投訴，主要是投訴投票安排欠妥及非法拉票問題。

曾蔭權在投票結果公佈後向傳媒表示，選委會選舉已經完成，很高興看到投票率上升。整個選舉過程井井有條，香港的選舉一向在公開、公平、公正下進行。希望香港合資格的有志之士，積極考慮 2007 年 3 月參加行政長官選舉。

◆ 港區全國政協委員、香港資深律師和知名社會活動家羅德丞因病在香港去逝，享年 71 歲。羅德丞曾擔任香港特別行政區籌備委員會委員、基本法咨詢委員會副主任及港事顧問，第九、十屆全國政協委員，還曾擔任香港律師會會長，並在法律、商界、出版及公共服務等範疇有卓越成就，對香港順利回歸祖國貢獻良多。

◆ 曾蔭權主持位於中環衛成道的孫中山紀念館開幕典禮。

12 月 13 日

◆ 曾蔭權就中環舊天星碼頭及鐘樓清拆事件指出，在新海濱重建天星碼頭及鐘樓的建議，是經過五年時間廣泛咨詢社會各界得出的共識。所有人士發表意見時，必須持平和尊重法紀。他表示，政府聽到了不同人士的聲音，在城市規劃發展方面政府一定會兼顧保護環境、保護文物，以及滿足公眾對於交通及其他社會設施的需要。

12 月 14 日

◆ 正在香港訪問的全國人大常委會副委員長許嘉璐回答記者有關內地孕婦到香港生育的問題時表示，不少內地人會選擇到海外就醫或生育，正如香港人會到海外看病一樣，這涉及個人的基本人權，無論用行政還是用法律手段限制內地孕婦來港都會有困難。這個問題需要內地與香港有關部門共同調查研究，要在照顧就醫人士權利和香港醫療機構承受能力以及不影響兩地交往中取得平衡。

◆ 香港專業議會宣佈成立"香港專家庫"。議會主席李錦昌表示，專家庫成立的首兩年可吸納一千人入庫，數百人可藉以獲得到內地工作的機會。專家庫已與國家外國專家局商討交流發展計劃。

12 月 15 日

◆ 立法會財務委員會批准撥款推行幼兒教育學券計劃。預計該計劃全面實施後，每年政府需動用二十億港元額外開支。

◆ 香港體育代表團在多哈舉行的第十五屆亞洲運動會上，獲得 6 枚金牌、12 枚銀牌和 10 枚銅牌，金牌數和獎牌總數分列第 15 位和第 13 位。這是香港代表隊在歷屆亞運會上取得的最好成績。

12 月 16 日

◆ 政務司司長許仕仁在出席香港政府華員會新一屆理事就職禮時表示，香港公務員隊伍是一支專業、有效率及勇於承擔的隊伍，政府能在短期內恢復收支平衡，與公務員隊伍提升工作效率、精簡編制及厲行節約是分不開的。

◆ 政制事務局局長林瑞麟在回應前政務司司長陳方安生有關言論時表示，基本法並未要求司局長等主要官員脫離政黨。以唐英年為例，他在出任工商及科技局局長期間仍保留自由黨黨籍，到出任財政司司長時放棄有關黨籍也是他個人的選擇。

陳方安生當日在香港大學演講時稱，基本法規定特區主要官員在接受中央任命前，需要中斷與政黨的聯繫，此種安排不利政黨發展。

◆ 特區政府展開中環填海三期工程，在進行天星碼頭及鐘樓清拆時，數十名示威者阻止清拆，並與警員發生衝突，事件中無人員傷亡。

12 月 17 日

◆ 民主黨進行新一屆中央委員會選舉，何俊仁當選為主席。

12 月 18 日

◆ 曾蔭權在接受《香港經濟日報》專訪時表示，香港國際金融中心地位不進則退，隨着國家進步，香港必須戰略性地配合國家需要，關鍵在人民幣走向可自由兌換的過程中擔負試驗平台的任務。曾蔭權表示，中國有香港這樣一個國際級財務中心是件好事，預計人民幣自由兌換將分階段進行，屆時香港可以作為一個試驗點，測試人民幣的各種開放措施。比如人民幣如果開放離岸市場，香港應佔主要地位，因為香港是人民幣離岸操作最多的地方，又一直做得不錯。最重要的是香港應朝這個方向為國家作出配合，否則類似的業務就可能慢慢流向別的城市。

12月19日

◆香港樹仁學院即日起改名香港樹仁大學，成為香港第一所私立大學。

◆新鴻基地產以18億港元投得港島山頂加列山道地皮，平均每平方英尺樓面地價42196港元，較底價高出1.34倍，創下香港及全球地價最高紀錄。

◆香港9至11月失業率再下降0.1個百分點至4.4%，是近六年來的最低位，失業人數降至16.17萬人。總就業人數增加1.29萬人至351.43萬人。總勞動人口增加5600人至367.59萬人。

12月20日

◆特區政府憲報公佈，行政長官再度委任梁君彥為香港生產力促進局主席，任期兩年，由2007年1月1日起生效。

12月21日

◆醫院管理局董事會通過多項旨在限制非本地孕婦來港產子的措施，包括非本地孕婦的收費由兩萬港元調高至4.8萬元，向未清款者延遲提交資料予出生註冊處，以及聘請國際收數公司收數等。

◆機場管理局發表《香港國際機場2005》規劃大綱，確立未來二十年的發展方向。計劃將全年客運量提高到近八千萬人次，貨運量和飛機起降量將分別達到800萬噸和49萬架次，以確保機場持續為香港、珠三角以至內地整體社會經濟發展服務。

◆香港迪士尼樂園行政總裁安明智在向立法會匯報首年營運情況時表示，首年有520萬人次入園，較預期的560萬少7.14%，當中內地遊客佔34%、港人佔40%，均達至預期目標，但外國旅客只佔26%，較預期低7%。樂園會按原計劃展開第二期擴建工程。

12月21日–12月23日

◆行政長官曾蔭權會見訪港的哈薩克斯坦共和國總統努爾蘇丹·納札爾巴耶夫，雙方就金融、旅遊、航空和貿易方面加強合作交換了意見。

12月22日

◆特區政府憲報公佈，行政長官再度委任蔡元雲為禁毒常務委員會主席，任期兩年，由2007年1月1日起生效。

◆香港電影協會公佈，2006年香港本土製作電影51部，較2005年少9部。本土製作影片的票房收入為2.53億港元，較進口影片少18.6%。2006年港產片票房收入排名第一位的是《霍元

2006年

505

2006 年 12 月 19 日，香港樹仁學院
獲行政長官會同行政會議通過正名
動議，正式承認其大學地位，成為
香港首間私立大學，並於 2007 年 2
月 14 日正式更名為香港樹仁大學。

甲》，為 3020 萬港元，外語片排名第一位的是《加勒比海盜決戰魔盜王》，為 3580 萬港元。

◆ 港交所行政總裁周文耀表示，2006 年香港股市新股集資額達到創紀錄的 3419 億港元，成為全球集資額第二高的市場，排名僅次於倫敦而超越紐約。2006 年共有 62 家新公司上市，其中工商銀行 H 股上市集資 1249 億港元，成為全球歷來集資最多的新股，內地的工商銀行、中國銀行、招商銀行、建設銀行及交通銀行相繼在香港發行了 H 股，凸現了香港作為內地企業集資平台的地位，同時也為港股帶來了非常正面的影響。

◆ 香港特區政府公務員事務局與北京市人事局簽署京港兩地公務員實習交流活動協議。2007 年至 2008 年每年各安排三至五名中高級公務員到對方機構實習交流，每期四至八週。交流計劃旨在讓兩地公務員交流工作經驗和專業知識，並促進兩地政府之間的瞭解與夥伴關係。京港兩地是在 2004 至 2006 年首次進行的這項交流。

12 月 24 日

◆ 中國和平統一促進會常務理事、黃埔軍校同學會副會長林上元一行訪港，與香港地區中國和平統一促進會董事會主席陳守仁等進行座談。

◆ 香港海洋公園以一千港元的象徵式地價，獲得特區政府批給 6.7 萬平方米的土地，用於公園的擴建工程。工程計劃耗資 55 億港元，2012 年竣工，每年將可容納五百萬人次的遊客量。

12 月 27 日

◆ 香港特區與深圳市兩地旅遊部門共同簽署《優質誠信香港遊公約》。

12 月 27 日 – 12 月 29 日

◆ 曾蔭權赴北京述職。27 日，胡錦濤會見曾蔭權，曾慶紅、王剛、唐家璇、廖暉等參加了會見。在聽取曾蔭權匯報近一個時期以來香港的經濟、政治、社會民生等方面的情況後，胡錦濤充分肯定曾蔭權就任行政長官以來所取得的成績。並表示，中央政府十分關心香港同胞的福祉，對香港的經濟和金融發展、跨境基建合作、環保、食品安全等事宜，中央政府有關部門高度重視。希望特區政府與社會各界團結一致，務實進取，維護發展當前的良好局面。

29 日，溫家寶會見了曾蔭權，吳儀、唐家璇、華建敏、廖暉等參加了會見。溫家寶指出，特區政府堅持以發展經濟為重、以改善民生為先的施政方針，在全體香港市民的共同努力下，香港在經濟和社會各方面都取得了顯著成績。這兩年是香港回歸九年來經濟形勢最好、增長最快的的時期。失業率降到 4.4%，是近五年來最低的。2005 年經濟增長達到 7.3%，2006 年可能超過 6.5%。恆生指數超過兩萬點，是歷史上最高點位。在這大好的形勢下，我們頭腦要清醒冷靜，要看到存在的問題，抓住機遇，面對挑戰，發揮優勢，着力發展經濟，改善民生，協調各方面的力量，使香港長期保持繁榮穩定。中央政府將積極實施有利於香港經濟社會發展的政策，特別在基礎設施、投資、貿易和金融等方面採取有效措施，促進香港與內地合作，鞏固香港的國際金融中心、貿易中心、航運中心地位。

曾蔭權在北京期間，還拜訪了國家發展和改革委員會、中國人民銀行、中國銀行業監督委員會、中國證券監督委員會、國家旅遊局、國有資產管理委員會、國家環保總局、國家質量監督檢驗檢疫總局、商務部、外交部和國務院港澳辦等十幾個部委，就人民幣業務、跨境基建項目、食品安全及內地孕婦來港產子等問題交換意見。

12 月 28 日

◆ 曾蔭權在北京與新聞界談話時宣佈，2006 年內地居民以個人身份赴港澳旅遊的城市將增加至 49 個。

◆ 入境處宣佈，香港當天迎來 2006 年度第二億名出入境客人，創下出入境紀錄的年度新高。2003 年香港出入境人數為 1.53 億人次，2004 年為 1.8 億人次，2005 年為 1.9 億人次。

◆ 恆生指數收市報 20001.91 點，突破 20000 點整數大關，創歷史新高。全日升 276 點、1.4%，成交 543 億港元。

◆ 中國城市競爭力研究會發佈 2006 年中國城市競爭力排行榜。在 289 個被評價城市中，香港連續五年獲評為中國城市綜合競爭力第一名，第二至第五名依次為上海、北京、深圳和台北。

12 月 29 日

◆ 十屆全國人大常委會第二十五次會議閉幕。會議表決通過了《中華人民共和國香港特別行政區選舉第十一屆全國人民代表大會代表的辦法（草案）》，決定提請十屆全國人大五次會議審議。

◆ 特區政府憲報公佈，行政長官已委任余國春為中小型企業委員會主席，任期兩年，由 2007 年 1 月 1 日起生效。

12月30日

◆廣東省工商局宣佈，根據CEPA補充協議三的有關規定及國家工商總局近日下發的《關於進一步放寬港澳居民個體工商戶經營問題的通知》精神，廣東省從2007年1月1日起再次放寬香港和澳門居民以個體工商戶形式在內地從事生產經營活動的範圍。屆時港澳人士在廣東註冊個體戶時可申請的經營類別新增種植業、飼養業、養殖業、計算機修理服務業及科技交流和推廣業共5類，總數擴大到14類。其中經營種植業、飼養業或養殖業的經營場所的面積不受限制。

12月31日

◆國家主席胡錦濤發表新年賀辭。賀辭中表示，國家將繼續堅持"一國兩制"、"港人治港"、"澳人治澳"、高度自治的方針，支持香港、澳門特別行政區政府和行政長官依法施政，擴大內地同香港、澳門的交流合作，共同維護香港、澳門長期繁榮穩定。

2007 年 ....

1月1日　元旦

◆ 中央政府駐港聯絡辦有關部門負責人接受新華社記者採訪時，就日前舉行的"台港兩地民主發展新挑戰"視像會議相關事宜發表談話。該負責人說，2006年12月31日台灣"中華港澳之友協會"和"香港民主發展網絡"合辦了一個名為"台港兩地民主發展新挑戰"的視像會議。會上，台灣當局"陸委會"和"新聞局"的主要官員，以學術研討的名義極力兜售所謂"台灣民主經驗"，無理指責中央政府"干預"香港民主發展，對香港的選舉制度說三道四，這是台灣當局借民主之名插手香港事務的露骨表演。台灣當局選擇在這個時刻張羅這個會議不是偶然的。2006年以來，兩岸形勢發生了不利於台灣當局的重大變化，兩岸人員往來和經貿文化交流持續發展，反對和遏制"台獨"分裂勢力及其活動、維護台海和平穩定的勢頭增強。特別是最近幾個月，陳水扁因涉嫌貪腐弊案而身陷困境，遭到台灣社會輿論的強烈譴責。台灣當局為轉移視線，擺脫困境，借所謂民主問題做文章，勾連香港的某些政治團體，挑撥香港同胞與中央政府的關係，混淆視聽。對這種伎倆，我們堅決反對。香港回歸祖國以來，經歷了不少的困難和挫折，目前香港實現了經濟和社會的繁榮、穩定和發展，這個局面來之不易，值得我們共同珍惜。今後我們將繼續深入貫徹"一國兩制"方針和香港基本法，進一步促進包括文化學術交流在內的港台各項民間交流交往關係的發展，繼續盡最大努力，和廣大香港同胞一道，維護和促進香港的繁榮與穩定。

◆ 特區政府開始推行第二階段五天工作週，更多服務單位自1月1日起實行五天工作制。

◆ 特區政府宣佈，入境事務處從2月5日起，接受市民申請香港特別行政區電子護照和電子簽證身份書。此舉是為了進一步強化特區證件的防偽功能。現行的特區護照仍然有效，直至其有效期屆滿為止。

◆ 石家莊、鄭州、長春、合肥和武漢五個城市開始辦理居民以個人身份赴港澳旅遊的手續。至此，內地共有49個城市可辦理居民以個人身份赴港澳旅遊的手續。

1月4日

◆ 中央政府駐港聯絡辦社會工作部在香港會議展覽中心舉行2007年新年酒會。

◆ 香港"台灣工商協會"新任會長江

素惠履新。國台辦主任陳雲林表示祝賀。該協會成立於 1992 年 11 月，會員為在香港的五百多家台商。

1月6日

◆ 2007 年村代表選舉由即日起一連五個星期六、星期日在新界各鄉村舉行。民政事務總署表示，此次村代表選舉，有超過 17 萬名合資格選民，一千六百多名候選人，其中 995 人在無競爭對手的情況下自動當選，其餘 634 人競逐 325 個村代表席位。

1月8日

◆ 終審法院首席法官李國能在 2007 年法律年度開啟典禮上致辭時表示，2006 年的司法覆核申請共有 132 宗，稍微低於過往兩年每年約 150 宗的數字。近年香港司法覆核個案呈增加趨勢。雖然許多案件的法庭判決，對香港的政治、經濟和社會問題引發重大影響，但法庭的憲制職能只是以相關的憲法、法例條文及適用的普通法原則為依據，考慮在法律上什麼是有效和什麼是無效的，因此香港市民應將司法覆核視為法治社會良好管治的重要基礎，而非解決這些（經濟和政治）問題的萬應良方。司法制度只可以確定有關

做法是否合法，而在合法範圍之內，社會面對錯綜複雜的政治、經濟和社會問題，只有通過討論並經過政治過程，才能找到合適的解決方案。

◆ 金融管理局公佈，截至 2006 年 12 月底，香港外匯儲備達 1332 億美元，相當於流通貨幣的六倍多，約佔港元貨幣供應 M3 的 35%。香港的外匯儲備額目前在全球排第八位。前七位依次為中國、日本、俄羅斯、台灣、韓國、印度和新加坡。

◆ 國家海洋局與香港天文台在香港簽署海洋科技合作協議。

◆ 2007 年度內地高等院校招收港澳台研究生報名工作結束。共有 1087 名香港、台灣考生報考內地院校，其中香港 323 名、台灣 764 名。

1月9日

◆ 智經研究中心發表題為《香港社會、經濟發展回顧：量化評估》的綜合研究報告。報告認為，香港經濟在 2003 年第三季開始復甦，目前發展穩健，市民對特區政府的滿意度上升。近年金融業進一步得到強化，特別是香港作為內地企業融資平台的角色越來越重要，2006 年有多家國有銀行在香港上市，創下多項歷史之

最。但香港仍存在不足，"聯合國貿易和發展會議"編制的創新能力指數顯示，香港的排名仍在台灣、韓國和新加坡之後，列世界第 22 位。香港的貧富懸殊遠遠大於日本、韓國和台灣。人口老化問題將從 2013 年開始加速。世界航運中心的地位也面臨着巨大的挑戰。

◆ 由國家發展改革委牽頭成立的港珠澳大橋工作小組在廣州召開首次會議。會議研究了工作小組需處理的主要問題，以及推進港珠澳大橋前期工作的具體步驟。

1月9日－1月12日

◆ 廉政專員羅范椒芬訪問北京。先後拜訪了最高人民檢察院、監察部、公安部和司法部等，就加強香港與內地的反貪合作交換了意見。

1月10日

◆ 中國人民銀行發佈 2007 年第三號公告：經國務院批准，中國人民銀行決定擴大為香港銀行辦理人民幣業務提供平盤和清算安排的範圍。曾蔭權回答記者提問時表示，這項新增的人民幣業務有助於拓展銀行的商機及進一步促進兩地資金融通。擴大香港人民幣業務，體現了中央政府對鞏固香港國際金融中心地位的支持。

◆ 國家林業局新聞發言人宣佈，應香港特區行政長官曾蔭權的請求，中央政府決定 2007 年上半年再贈送一對大熊貓給香港特區。

◆ 財經事務及庫務局局長馬時亨在立法會表示，特區政府公共開支已由 2003/2004 年度的 2032 億港元，減至 2005/2006 年度的 1925 億港元，這顯示出特區政府節流的決心。同時，特區政府投放在社會福利等方面的資源近十年來逐年上升，顯示出特區政府不會輕易削減市民應享的資源。

1月11日

◆ 曾蔭權出席立法會 2007 年首次答問大會時表示，今後幾年是香港發展的關鍵時期，香港只有保持長治久安和持續繁榮，才能在國家崛起中扮演不可替代的角色。

◆ 前財政司司長梁錦松應邀出任全球最大規模私募基金黑石（Black stone）集團高級董事兼任大中華區主席。

◆ 人民幣兌港元的官方匯價首次高於 1:1 結算水平，100 港元兌 99.961 元人民幣。這是 13 年以來，官方匯價首次出現人民幣幣值高於港元的情況。

1月12日

◆依照香港特別行政區基本法的有關規定，根據香港特別行政區行政長官的提名和建議，國務院決定，任命鄧竟成為警務處處長，免去李明逵的警務處處長職務。

◆特區政府憲報公佈，行政長官已延長賀輔明終審法院其他普通法適用地區法官的任期，由 2007 年 1 月 12 日至 2010 年 1 月 11 日。

◆特區政府憲報公佈，行政長官已委任邵德煒為高等法院原訟法庭法官，任期由 2007 年 1 月 15 日起生效。

◆特區政府憲報公佈，行政長官再度委任何承天為古物咨詢委員會主席，任期由 2007 年 1 月 1 日至 2008 年 12 月 31 日。

1月13日

◆曾蔭權出席香港新聞行政人員協會二十週年慶祝晚會時表示，香港新聞業在過去二十年間發生了翻天覆地的變化。免費報章、電子報章興起，24 小時即時新聞，收費電視、網絡電視的新聞頻道越來越深入市民的生活。

1月14日

◆機場管理局行政總裁彭定中表示，目前香港國際機場的航線遍及全球約一百五十個航點，當中包括四十個內地城市，顯示出香港作為區內首要航空樞紐的重要地位。

1月15日

◆全國人大常委會在深圳舉行報告會。盛華仁副委員長、何曄暉副秘書長出席並就有關工作聽取意見。一百三十多名港澳特區全國人大代表和政協委員出席。國家發展改革委員會、財政部和衛生部的官員在會上通報了國民經濟和社會發展計劃執行情況、中央預算執行和財政工作情況以及醫療衛生體制改革情況。全國人大常委會和國務院有關部門介紹了將於 2007 年 3 月提交十屆全國人大五次會議審議的物權法草案、企業所得稅法草案的有關情況和主要內容。

◆《"十一五"與香港發展》經濟高峰會報告及行動綱領發佈會在香港會議展覽中心舉行。曾蔭權致辭時表示，報告及"行動綱領"具有策略意義，是香港制訂未來經濟發展方向的重要參考文件。他表示，會責成有關政策局局長詳細研究各項具體建議後儘快作出政策決定和相關落實

2007 年 1 月 15 日，《“十一五”
與香港發展》經濟高峰會報告及行
動綱領發佈會舉行。

部署，把整套"行動綱領"交予下一屆特區政府參考，並把報告和"行動綱領"呈交中央參閱。

　　該高峰會轄下四大專題小組向行政長官提交的報告和"行動綱領"，共 50 項策略建議和 207 項行動建議，其中包括建議香港發展人民幣期貨市場，為國家提供對沖人民幣外匯風險工具，配合人民幣邁向自由兌換，將香港發展為中國的世界級金融中心。

1 月 16 日

　　◆ 在菲律賓訪問的溫家寶總理回答港澳記者提問時表示，中央政府會進一步採取措施，確保輸入港澳的食品一定是安全、衛生、可靠的。

　　◆ 特區政府與中國人民銀行在北京就進一步擴大香港人民幣業務簽署補充合作備忘錄。

　　◆ 特區政府宣佈，從 2 月 1 日起，懷孕滿 28 週的內地孕婦須持有香港醫院發出的預約證明才可入境。

　　◆ 美國傳統基金會發佈《2007 年度經濟自由度指數報告》，香港連續 13 年獲評為全球最自由的經濟體系。

1 月 17 日

　　◆ 立法會三讀通過《2006 年區議會（修訂）條例草案》。2007 年底的區議會選舉，符合資格的參選人每獲一張選票，可得到特區政府十元資助；若參選人自動當選，資助額則以其選區已登記選民數目的 50% 計算，資助總額以其申報選舉開支的 50% 為上限。

　　◆ 香港機場管理局宣佈，2007 年底前將在香港國際機場開設面積為三百平方米的貴金屬儲存庫，以提升香港的金融物流中心地位。

1 月 18 日

　　◆ 特區政府召開 18 區區議會正、副主席會議，就本年度財政預算案聽取意見。與會者要求政府在財政出現大量盈餘的情況下增加對市民的回饋。

1 月 19 日

　　◆ 特區政府憲報公佈，第三任行政長官選舉定於 3 月 25 日舉行。選舉提名期由 2 月 14 日起至 3 月 1 日止。任何香港永久性居民中的中國公民，在外國無居留權，年滿四十歲，並在香港通常居住連續滿二十年，都有資格獲提名為候選人。候選人須獲不少於一百名選舉委員提名。選舉管理委員會委任高等法院原訟法庭法官湯寶臣為這次選舉的選舉主任。

1月19日－1月21日

◆ 曾蔭權率領由特區政府官員和香港商界知名人士組成的經貿代表團在江西省考察訪問。曾蔭權與江西省委書記孟建柱、省長吳新雄進行了會談，走訪了南昌、九江兩個城市。曾蔭權表示，江西的區位優勢、豐富的天然資源、有競爭力的生產成本、支持工業化的政策、陸路和水路物流的優勢，與香港互補的產業結構，均為贛港合作帶來無限潛力。

1月22日

◆ 特區政府憲報公佈，行政長官已委任沈文燾為新成立的財務匯報局行政總裁，任期三年，由 2007 年 2 月 1 日起生效。該機構負責調查香港上市公司的審計不當行為和會計違規問題。

◆ 高等法院原訟庭法官夏正民就立法會議員梁國雄訴立法會主席范徐麗泰越權和違反基本法的司法覆核一案，裁定梁國雄敗訴。判詞指出，《立法會議事規則》第 57（6）條沒有違反基本法，立法會主席范徐麗泰運用議事規則賦予主席的權力，不准部分議員在 2006 年 8 月審議《截取通訊及監察修例草案》時提出涉及公帑開支的修訂動議的決定，具有憲法效力，不容質疑。梁國雄表示會提出上訴。

◆ 香港旅遊發展局公佈，2006 年訪港旅客總計達 2525 萬人次，其中 12 月份為 240 萬人次，刷新單月訪港旅客人次最高紀錄。

◆ 策略發展委員會文件指出，近年香港持有大學學位的就業年齡人口（15 歲以上）所佔比例上升，不過，具高等教育程度的人口佔總人口比率仍然偏低。例如在 2001 年，持大學學位的 25 歲以上人士，只佔香港總人口的 12.3%，遠較紐約（30.2%）和倫敦（22.9%）為低。鑒於香港人口的老齡化趨勢，除培育本地人才外，亦需廣為吸納海外人才，保持競爭力。香港現行輸入人才計劃，包括一般就業、輸入內地人才計劃、再次來港內地畢業生計劃、放寬計劃及優秀人才入境計劃，基本上由市場主導且不限界別。2006 年，上述計劃共批出 27823 宗申請。其中輸入內地人才計劃共批出 5031 宗，同比增長近 25%，當中近半是學術研究和教育人才。而曾在香港取得學士或以上學歷的內地畢業生再次來港工作的申請批出 405 宗，同比增長 72%。

2007 年 1 月 22 日，恆生指數創
新高。

1月22日 - 1月26日

◆ 賈慶林會見香港中華總商會訪京團全體成員，提出三點希望：一是希望香港各界人士繼續發揚愛國愛港精神，繼續學習好、貫徹好基本法；二是希望香港繼續發展經濟，發揮本身優勢，加快做好經濟轉型、改善民生、推進 CEPA 的工作，與內地互利互贏；三是希望香港各界求團結，促和諧，協調化解社會上的矛盾，攜手建立一個和諧香港。

1月24日

◆ 捷匯運輸有限公司就立法會 2006 年 5 月通過的限制公共小巴數目的議案提出司法覆核申請。這是首宗挑戰立法會決定的司法覆核案。

◆ 美國花旗集團亞太區關係管理部董事總經理祁裕庭（Gary L. Clinton）出任新一屆香港美國商會主席。

1月25日

◆ 策略發展委員會管治及政治發展委員會召開第八次會議，主要圍繞行政長官普選模式中提名委員會的構成和提名門檻進行討論。林瑞麟會後表示，大部分委員贊成以現有選舉委員會的組成為基礎，考慮是否增加委員會人數和民主成分，不贊成以立法會來組成提名委員會。

◆ 曾蔭權在接受《南華早報》訪問時表示，目前香港金融市場資本額居世界第六位，預期隨着內地經濟繼續發展，香港金融市場可能在十年至二十年內，與美國紐約和英國倫敦的市場相匹敵。

◆ 公安部出入境管理局負責人表示，中國出入境機關 2006 年共批准內地居民往來港澳地區的申請 1731.9 萬人次，同比增長 17.4%。

1月26日

◆ 政務司司長許仕仁裁定駁回投資推廣署署長盧維思的上訴，維持對他在處理"維港巨星匯"事件上失職犯錯以及罰款一個月月薪（16.2 萬元）的裁決。

1月29日

◆ 電訊管理局公佈的數字顯示，截至 2005 年 10 月，香港流動電話用戶升至 932.82 萬戶，普及率為 133%，位列世界第一。寬頻服務和固定電話住宅用戶的普及率分別為 68% 和 92%，繼續處於世界領先地位。

◆ 粵港合作聯席會議第八次工作會議在廣州舉行。廣東省常務副省長湯炳權和香港特區政府政務司司長許仕仁共同主持會議。雙方在基建和口岸、人流和物流、環保、社會福利、食品安全、創新和科技、經貿、金融等合作領域達成 16 項共識。

◆ 中央政府駐港聯絡辦在華潤大廈舉辦香港台灣同胞迎春酒會。社會各界約四百人出席。

1 月 30 日

◆ 特區政府與廣東省政府公佈《珠江三角洲火力發電廠排污交易試驗計劃》實施方案。方案以自願參與方式，通過出讓和購買排放污染物配額，最終達至減排目標。

2 月 1 日

◆ 曾蔭權舉行記者會，宣佈參選第三任行政長官，並發表了題為《協造新香港，共創好環境》的競選宣言，從"建立新開放政府"、"建立新民主政制"、"推動新經濟發展"、"締造新優良生活"以及"推動新關懷文化"五個方面，詳細解釋了施政設想。他的競選口號是"我會做好呢份工"。

◆ 財政司司長唐英年主持特區政府駐上海經濟貿易辦事處啟用禮。駐滬辦於 2006 年 9 月開始運作，是特區政府在內地設立的第三個辦事處，服務範圍包括上海、江蘇、浙江、安徽、湖北四省一市。

2 月 2 日

◆ 曾蔭權在金鐘萬豪酒店出席選舉委員會舉辦的首場答問大會，並宣讀"五大主題、十大關係"競選政綱。五大主題為："進步發展觀"、"創造就業助扶貧"、"提升生活素質"、"優化人口結構"和"推動民主發展"。未來五年要處理的十大關係是："發展與保育"、"民主與管制"、"行政與立法"、"權利與義務"、"貧與富"、"大企業與小市民"、"一國與兩制"、"中央與特區"、"香港與國際"和"進步與停滯"。

2 月 3 日

◆ 中央政府駐港聯絡辦副主任李剛在出席公開活動時表示，曾蔭權在出任行政長官期間，一直堅定貫徹"一國兩制"、"港人治港"的方針，為維護香港的繁榮穩定、改善經濟民生和促進社會和諧做了大量工作，成績有目共睹。曾蔭權擁有豐富的行政管理經驗，一直享有很高的民意支持度，其參選行政長官符合民意。

◆ 廣東省常務副省長湯炳權表示，港珠澳大橋前期論證工作取得重大突破，

做好呢份工

I'll get this job done

2007 年 2 月 1 日，曾蔭權在金鐘萬
豪酒店舉行記者會，宣佈正式參選
香港特區第三任行政長官。

對投融資方案和口岸設置模式三方已基本達成共識，口岸和引橋建設所涉及的兩百多億港元將由三方各自負責，而主橋所需 310 億港元建設資金則採取社會融資辦法。目前國際大財團和外國駐華使領館紛紛主動聯繫，表達有興趣參與大橋的建設。

2月3日–2月4日

◆ 曾蔭權舉行四場選舉委員會咨詢會，介紹政綱並回答選委提問。曾蔭權表示，最重要的不只是拿到多少個提名或票數，而是選委對他政綱的認同，當選後才能把得到認同的政綱逐步落實。

2月4日

◆ 陪同國家主席胡錦濤訪問非洲的國務委員唐家璇在回答記者提問時表示，"曾蔭權正式宣佈參選，而且發表了五點政綱，我個人認為他講的都是很對的，符合香港的實情，也符合基本法。希望曾蔭權能夠順利當選，我想這也符合香港廣大民眾的願望，我對這點深信不疑"。

◆ "中國十大系列英才" 頒獎典禮在人民大會堂舉行。陳振東、方潤華、許智明、許智偉和方黃吉雯共五名香港工商界人士獲獎。

2月5日

◆ 政制事務局局長林瑞麟主持特區政府駐成都經濟貿易辦事處成立典禮。他表示，駐成都辦的成立，是特區政府進一步推動香港與內地經貿合作重要的一步。駐成都辦於 2006 年 9 月 28 日開始運作，服務範圍包括四川、湖南、雲南、貴州、陝西、重慶五省一市。

2月6日

◆ 特區政府憲報公佈《深圳灣口岸港方口岸區條例草案》。政府發言人表示，特區政府公佈條例草案，是為在深圳灣口岸實施的新通關安排（即 "一地兩檢"）提供法律依據。

◆ 中國銀行（香港）發表研究報告指，人民幣升值將直接影響香港貿易環節，訪港內地旅客的購買力增加，香港貿易、運輸、金融等服務業的競爭力相對上升。人民幣升值也將帶動資金流入香港，使港元利率偏軟，形成極為寬鬆的貨幣環境和股市財富效應，對內部投資和消費產生正面刺激，加強香港經濟高增長的可持續性。

2月7日

◆ 在南非訪問的國家主席胡錦濤在會

見隨同採訪的香港記者時表示，中央關注香港特區行政長官的選舉，相信香港市民會作出正確的選擇。希望選舉按照基本法和有關選舉辦法的規定順利進行。

2月8日

◆香港貨櫃碼頭商會主席李耀光在一個研討會上表示，2006年香港24個碼頭泊位的處理能力為2400萬標箱，但實際處理量僅1155萬標箱，碼頭使用率僅48%。

2月11日

◆公民黨行政長官參選人梁家傑發表政制政綱。提出"不遲於2012年實行雙普選"，以及改革行政長官選舉委員會，加入四百名直選委員；立法會則一次性取消功能界別議席。政綱多項內容涉及修改基本法，如取消中央任命主要官員的權力等。

2月13日

◆財政司司長唐英年在出席"香港國際金融中心發展策略"研討會致辭時表示，中央政府批准內地金融機構在港發行人民幣債券是一項重大突破。

2月14日

◆行政長官參選人梁家傑向選舉事務處遞交132份選委提名表，獲核實為有效提名的第三任行政長官候選人。

◆香港船舶註冊處公佈，截至2007年1月，香港船舶註冊總噸位達到3300萬噸，居世界第五位。

◆嶺南大學校長、香港地方志籌委會召集人陳坤耀宣佈，嶺大計劃從2007年7月1日起，用六年時間，耗資2.5億港元，動員約兩千名專家，編撰一部共一千萬字的《香港通志》。

2月15日

◆曾蔭權宣佈成立一個由法官胡國興主持的調查委員會，調查香港教育學院副院長陸鴻基提出有政府官員干預該院學術自由和自主的指控是否屬實，並期望委員會在四個月內提交報告。陸此前在報章撰文稱教育統籌局官員多次施壓，要求教育學院解僱批評教改的職員，以及要求該院與別的院校合併。

◆特區政府統計處公佈，2006年香港從離岸貿易賺取的毛利和服務佣金收入為1490億港元，其中從"商貿服務"賺取的毛利為1285億港元，從"與離岸交易有關的商品服務"賺取的佣金為205

億港元。

2月16日

◆ 曾蔭權前往選舉事務處，正式報名參選第三任行政長官，並遞交 641 份選委提名表，獲核實為有效提名的行政長官候選人。

2月21日

◆ 梁愛詩接受香港《大公報》記者專訪時表示，中央政府任命香港特區主要官員是國家在香港行使主權的體現，梁家傑日前提出的政綱中建議取消中央任命主要官員的權力，等同抗拒中央政府在香港行使主權，也凸顯了他對中央政府的不信任，違反了大部分香港市民的意願。

2月22日

◆ 特區政府統計處公佈《2006 年中期人口調查》報告。截至 2006 年七月，香港人口總數為 686.43 萬人，增幅為 0.4%。女性與男性的比例為 1000：911（1996 年為 1000：1037）；人口的年齡中位數為 39 歲（1996 年為 34 歲）。人口結構明顯老化。

◆ "為中華之崛起" —— 周恩來生平業績展在香港浸會大學舉行。

2月23日

◆ 特區政府在禮賓府舉行新春酒會。曾蔭權致辭。

2月25日

◆ 中央電視台 "感動中國 2006 年度人物" 評選結果揭曉，霍英東以慈善家身份獲選，他數十年來的慈善捐款達 150 億港元。

2月26日

◆ 中央政府駐港聯絡辦主任高祀仁在參加港九、新界社團新春團拜活動時表示，香港的發展，離不開國家的發展，國家的進步發展，也離不開香港的進步發展，他呼籲港人在新的一年裡，"抓住機遇謀發展，包容共濟促和諧"。

2月27日

◆ 國家科學技術獎勵大會在人民大會堂舉行，胡錦濤主持頒獎禮，香港大學化學系教授支志明以 "金屬配合物中多重鍵的反應性研究" 成果，獲頒國家自然科學獎一等獎，成為首名獲得該獎項的香港科學家。

◆ 韓國駐港總領事趙煥復接受香港《大公報》記者採訪時表示，香港的進步與"一國兩制"得以成功實踐是分不開的。"一國兩制"不但在香港行得通，而且實施得非常好，真正做到了"港人治港"。

2 月 28 日

◆ 中央政府駐港聯絡辦在香港會議展覽中心舉行新春酒會。曾蔭權、高祀仁、呂新華、王繼堂、張汝成等出席。高祀仁發表題為"迎接香港回歸十週年，共譜和諧發展新篇章"的致辭。

◆ 中央政府駐港聯絡辦網站開通。網址是 www.locpg.gov.cn 或 www.locpg.gov.hk，網站有繁體和簡體兩個版本，開設機構簡介、重要新聞、法律法規、國家領導人論香港、中央政府駐港聯絡辦負責人講話、兩地交流、經貿往來、青年學生之友、涉台事務、服務指南、認識祖國共 11 個欄目。

◆ 全國人大常委會第二十六次會議通過任命劉迺強為香港基本法委員會委員，遞補鄔維庸去世後出現的空缺。

◆ 唐英年發表 2007/2008 年度財政預算案。預算案指出，2006 年香港本地生產總值增長 6.8%，三年來年均增長 7.6%，總就業人數屢創新高，已接近 350 萬人，失業率回落至 4.4%，為六年來的新低；政府財政狀況大大改善，預計政府經營盈餘將達到 386 億港元，綜合盈餘達 551 億港元。預算案提出多項稅務寬免和創造就業、扶助弱勢社群的措施：建議動用 203 億港元推行減稅、退稅、寬免差餉和增加發放綜援金等措施，投放 9 億港元扶助弱勢社群，預留 3 億港元成立兒童發展基金，預留 3 億港元協助電影業發展，預留 2.1 億港元在全港各區的政府場地提供無線上網設施，並加快大型基建工程，創造約 2.3 萬個新職位。在未來經濟發展方面，預算案提出了三個重點方向：全力發展金融、貿易、物流及旅遊等行業，借此帶動各種經濟活動的增長；創造有利於知識型經濟的條件，匯聚人才、培育創意產業及促進科技研發工作；加強社會保障，幫助市民自力更生，改善生活。

◆ 曾蔭權就 2007/2008 年度財政預算案回答記者提問時表示，預算案在財政狀況許可的條件下，提出了多項稅務寬減和一次性措施，回饋社會各階層，貫徹了特區政府"力之所及、藏富於民"的承諾。

3 月 1 日

◆ 由來自 33 個不同界別共 48 名選舉委員會委員發起的"行政長官候選人答問大會"在香港會議展覽中心舉行。兩名候選人曾蔭權和梁家傑就經濟發展、政制改革、教育政策、貧富懸殊等議題進行辯論。大會由立法會主席范徐麗泰主持，530 名選舉委員出席。大會共分五個環節，包括候選人介紹政綱、選委提問、公眾提問、候選人總結和主持人總結。對選委的提問採取抽籤方式決定，市民可通過電子郵件、電話等方式將自己的意見和問題傳遞給大會，由主持人隨機抽取後，交由候選人回答。

◆ 中央政府駐港聯絡辦在香港會議展覽中心舉行"三八"國際婦女節酒會。

◆ 政制事務局局長林瑞麟在港台青年交流促進會五週年會慶上致辭時表示，香港和澳門的經驗說明，國家統一之後前景更積極、更廣闊，希望台灣社會和同胞都能支持國家統一。

3月2日

◆ 22 名立法會議員舉行記者會，推出"2012 年雙普選"政制改革方案。建議現有八百人選舉委員會委員加上四百名民選區議員組成行政長官提名委員會；在立法會選舉中取消功能界別議席，由市民一人兩票選出六十位議員。

3月4日

◆ 全國人大常委會副委員長許嘉璐在北京宴請出席"兩會"的港區全國人大代表和港區全國政協委員時表示，實現普選是中央對香港的承諾，也是基本法給予的保障。但民主步伐必須逐步推進，不能過急，否則即使貿然定出一個日程表，最終也會適得其反。

3月5日

◆ 中央政府駐港聯絡辦主任高祀仁出席十屆全國人大五次會議香港代表團討論會議，並作題為《把握兩大主題，共謀和諧發展》的發言。

◆ 前政務司司長陳方安生及其"核心小組"公佈名為"穩步邁向普選"的政改方案建議文件。政制事務局發言人表示，政府會把有關方案連同其他有關普選可能模式的建議，轉交策略發展委員會討論，在歸納策發會的討論並形成報告後提交中央。最終採納的模式必須符合基本法的規定。

◆ 教育部公佈，2007 年香港到內地招生的高等院校由原來的 8 所增至 12 所。新增院校有香港樹仁大學、香港公開大學、香港演藝學院和珠海學院。

3月6日

◆ 賈慶林在出席全國政協十屆五次會議港澳地區全國政協委員聯組會議時表示，中央高度重視將於3月25日舉行的香港特區行政長官選舉；新一任行政長官人選應該具備愛國愛港、擁護基本法、能帶領香港走向美好未來三個條件。

◆ 國務院港澳辦副主任陳佐洱就香港政制發展問題回答記者提問時表示，香港回歸後，香港人享有前所未有的權利和民主制度。社會上有不同的政制發展建議，都應交到策略發展委員會上好好討論，而策發會內亦應理性溝通，尋找共識，穩步紮實地推進香港政制發展。

3月7日

◆ 吳邦國在出席十屆全國人大五次會議香港代表團的討論會議時表示，香港以行政為主導的體制必須堅持，有些權力是不能夠挑戰的，"政治體制是中央的權，不是特區的權，基本法保證行政主導，特區政府向中央負責。"他希望港區人大代表做好行政長官選舉工作，選出一個愛國愛港、能貫徹落實"一國兩制"，且有能力為香港市民謀利益的行政長官。

◆ 政制事務局發言人就美國國務院《2006年度各國人權報告》有關香港的評論回應表示，在香港歷史上，是基本法為香港政制發展第一次訂下普選的最終目標，中央和特區政府一直致力按照基本法推動政制發展，以達至普選的最終目標。

3月8日

◆ 盛華仁向十屆人大五次會議第二次全體會議作《關於中華人民共和國香港特別行政區和澳門特別行政區選舉第十一屆全國人民代表大會代表的辦法（草案）》的說明，介紹了草案對選舉程序所作的主要規定。

◆ 喬曉陽在北京會見香港基本法研究中心主席胡漢清等人時表示，基本法等同於憲法，是社會穩定的基礎，不可以輕率地修改。基本法的修改機制在基本法第一百五十九條裡已經作了明確規定，其核心是任何修改均不得與國家對香港既定的基本方針政策相抵觸。

◆ 香港國際機場亞洲空運中心二號空運貨站正式啟用。該空運貨站耗資17.5億港元，設計處理貨物量150萬噸，佔香港國際機場空運貨量的30%。

3月9日

◆ 特區政府憲報公佈，行政長官再度委任梁國輝為香港教育學院校董會主席，任期由 2007 年 4 月 25 日至 2009 年 4 月 24 日。

◆《福布斯》雜誌公佈全球富豪榜。香港首富李嘉誠以 1794 億港元排名第 9 位；而有 "亞洲股神" 之稱的恒基地產主席李兆基，排名從第 37 位升至第 22 位，總資產比 2006 年增加 54%，達到 1326 億港元；新鴻基郭氏三兄弟的排名從第 35 位升至第 31 位，總資產比 2006 年增加 29%，達到 1170 億港元。

3 月 10 日

◆ 曾蔭權接受美國有線電視新聞網（CNN）訪問時表示，如成功連任，他會致力推動民主發展，包括就落實普選問題廣泛咨詢公眾的意見，並在暑期推出咨詢文件，找到共識方案和時間表。希望在未來五年解決有關普選的爭議。

3 月 12 日

◆ 金融管理局宣佈，將於 2007 年年中推出塑質十元面額鈔票，試驗期兩年，視市民的接受程度決定是否擴展至其他面額的鈔票。

3 月 13 日

◆ 全國人大常委會副委員長成思危

在接受《香港商報》記者訪問時表示，香港的金融中心地位受到挑戰，若港人不自強，整天搞政治，不去搞經濟，必然會被邊緣化。

◆ 行政會議通過新的 "公務員薪酬趨勢調查機制"。新機制的一個重要變化是擴大參照對像（商業機構）的調查範圍，讓公務員薪酬與香港公司的規模和僱員數目有更高的關聯性，以提高調查的公信力。

3 月 15 日

◆ 全國政協十屆五次會議閉幕。會議通過的政治決議指出，要堅定不移地貫徹 "一國兩制"、"港人治港"、"澳人治澳"、高度自治的方針，嚴格按照特別行政區基本法辦事，支持香港、澳門兩個特別行政區行政長官和政府依法施政，發展經濟，改善民生，促進和諧。

◆ "2007 年行政長官選舉論壇" 舉行。曾蔭權和梁家傑就民生、政治和經濟三方面問題進行辯論，並直接回答傳媒和公眾的提問。論壇由香港八大電子傳媒機構主辦，240 名公眾人士參加。入場人士由香港大學和嶺南大學按年齡、性別、學歷、收入進行分組後再在不同組別隨機抽選。

◆ 十屆全國人大五次會議通過《中華人民共和國香港特別行政區選舉第十一屆全國人民代表大會代表的辦法（草案）》。新的選舉辦法規定，香港特區選舉第十一屆全國人大代表的名額仍為 36 名。香港特區第十一屆全國人大代表選舉會議，由參加過香港特區第十屆全國人大代表選舉會議的人員，以及不是上述人員的香港特區居民中的第十屆全國政協委員和香港特區第三任行政長官選舉委員會委員中的中國公民組成，但本人提出不願參加的除外。

◆ 溫家寶在出席十屆全國人大五次會議記者會回答有關香港的問題時表示，香港背靠祖國、面向世界，有着特殊的區位優勢，擁有世界上最自由的經濟制度和廣泛的國際聯繫，有較完備的法制和優秀的經濟管理人才。香港作為國際金融、航運、貿易中心的地位是其他地區不可替代的。

3 月 17 日

◆ 外交部駐港特派員公署舉辦第三次開放日，近兩百名香港市民和學生參觀。

3 月 18 日

◆ 曾蔭權在接受美國《時代》週刊訪問時表示，普選須得到香港大多數市民的支持，同時還應不損害香港作為國際金融中心的地位，不損害香港與內地的良好關係。

3 月 19 日

◆ 曾蔭權在接受香港電台專訪時表示，期望成功連任後，可在任期內解決政制發展問題。他說，2007 年暑期發表的政制發展綠皮書，會列出各界提出的方案，並劃分為兩至三類主流意見，公眾可據此進行討論。

◆ 公務員事務局局長俞宗怡在立法會財務委員會特別會議上表示，特區政府會繼續控制公務員編制，但為配合開設新職位和避免公務員隊伍未來可能出現的接任問題，從 2007 年 4 月 1 日起恢復公開招聘公務員。

◆ 香港交易所公佈《現貨市場交易研究調查 2005/2006》的調查報告，指出香港金融市場日益發展，已晉身為世界第三大國際金融中心。其中，65% 的成交金額來自機構投資者。外地投資者交易量最多的是美國，佔 26%，其次是英國，佔24%。同時，網上交易量也逐年遞升。

3月20日

◆ 特區政府憲報公佈，行政長官曾蔭權會同行政會議委任高等法院上訴庭法官楊振權為調查委員會主席，接替前任主席胡國興，負責調查香港教育學院指控學術自由被干預一事。

◆ 政府統計處公佈，香港2006年12月至2007年2月最新一季失業率已降至4.3%，創1998年中以來的新低，失業人數由14.9萬人跌至14.68萬人。失業率下跌明顯的行業有裝修、保養業、飲食業和地產業。

3月21日

◆ 香港明天更好基金、中文大學工商管理學院和上海社會科學院港澳研究中心組成的調查小組，發佈"香港及上海國際都會城市競爭力比較"研究報告，結果顯示香港整體競爭力評分連續六年高於上海，但兩地差距正逐步縮小。

◆ 印度 UTI 銀行在香港的持牌分行正式成立。全球排名前一百名的銀行中有69家已在香港設立機構。

◆ 香港地區中國和平統一促進會董事會在半島酒店舉行新春酒會。中央政府駐港聯絡辦副主任黎桂康、全國人大常委會香港基本法委員會副主任梁愛詩、政制事務局局長林瑞麟等出席。

3月23日

◆ 2006年香港國際收支創下467億港元盈餘，相當於本地生產總值的3.2%，同比增加360億港元。

3月25日

◆ 第三任行政長官選舉在香港會議展覽中心舉行。曾蔭權獲得649票，以超過80%的得票率勝出，當選為香港特別行政區第三任行政長官人選。另一位候選人梁家傑得到123票。

選舉管理委員會主席彭鍵基在公佈選舉結果的記者會上表示，此次行政長官選舉，795名符合投票資格的選委會委員中有789人到場投票，投票率達99.12%。所投選票中有16張屬無效選票。整個選舉期間，選舉管理委員會共收到11宗投訴。

◆ 國務院港澳辦、中央政府駐港聯絡辦、外交部駐港特派員公署、解放軍駐港部隊、澳門特區行政長官何厚鏵分別致電，祝賀曾蔭權當選為香港特區第三任行政長官人選。

◆ 嶺南大學公共管治研究部在行政長官選舉投票結束後進行的民意調查顯示，

2007 年 3 月 25 日，第三任行政長官選舉投票日。曾蔭權以 649 票高票當選。圖為曾蔭權與競選團隊慶祝當選。

有 88.4% 受訪者"十分接受"和"接受"這次選舉結果，88% 的市民接受曾蔭權連任，不接受的只有 5.3%。

3月26日

◆ 林瑞麟在立法會政制事務委員會會議上表示，策略發展委員會就香港政制發展的討論已經進入實質階段。在行政長官選舉提名方面，策發會將提出兩個方案，一個是把目前的選舉委員會改組成為提名委員會，但委員人數、界別組成可能有別於選舉委員會。另一個方案是由六十名立法會議員組成提名委員會。有關立法會普選模式的討論仍存在重大分歧，其中功能界別的去留是最棘手的議題。由於普選議題涉及社會各階層利益，特區政府必須先廣泛聽取社會各界意見，集思廣益，再提出一套建議。

3月27日

◆ 奧運馬術比賽有限公司行政總裁林煥光在接受記者採訪時表示，2008 北京奧運馬術比賽將於 8 月 9 日至 20 日在沙田和粉嶺舉行，並準備了三天的後備比賽日，以防天氣變化造成的影響。

◆ 五百名青少年在尖沙咀文化中心廣場以手持拼圖的方式，完成 2008 年北京奧運會標誌和馬術比賽標誌的巨型拼圖，以迎接北京奧運會五百天倒計時。位於九龍公園的奧運倒計時器也正式啟動。

3月28日

◆ 香港公共廣播服務檢討委員會發表報告，建議成立新的獨立法定機構"香港公共廣播公司"，承擔公共廣播機構的職能。新機構擁有獨立的編輯和節目自主權，由董事局負責制訂目標策略。

◆ 民政事務局宣佈，即日起至 2008 年 3 月，香港居民可申請成為北京奧運會和殘奧會的志願者。該局負責處理申請、挑選和推薦合適申請人予北京奧組委，並為入選者提供相關培訓。

◆ 著名的愛國社會活動家和實業家查濟民因病在香港逝世，享年 93 歲。查濟民曾擔任香港基本法起草委員會委員、香港特別行政區籌備委員會預備委員會委員、香港特別行政區籌備委員會委員、港事顧問、行政長官推選委員會委員，為香港順利回歸和平穩過渡作出了重要貢獻。

3月30日

◆ 特區政府憲報公佈，行政長官委任田北俊為香港旅遊發展局主席，任期三年，由 2007 年 4 月 1 日起生效。

◆ 特區政府憲報公佈，行政長官委任史美倫為大學教育資助委員會主席，任期三年，由 2007 年 4 月 1 日起生效。

◆ 民政事務局常任秘書長林鄭月娥在記者會上宣佈，為慶祝香港回歸祖國十週年暨香港特區成立十週年，從 3 月到 12 月，特區政府計劃投入九千萬元，與社會各界合作舉行六大類共四百六十多項慶祝活動。

◆ 旅遊發展局統計數字顯示，2006 年訪港旅客在港消費總額達 1194.3 億港元，創下新的歷史紀錄。

3 月 31 日

◆ 中央電視台《經濟半小時》節目播出名為"香港購物，暗埋騙局"的紀實片，揭露內地遊客參加旅行團來港，以真品價格購買了假鑽石項鏈和手錶。香港旅遊業議會、香港海關、旅遊發展局均表示一定要徹查事件，加強旅遊商店的管理。

◆ 香港自行車運動員黃金寶在西班牙舉行的世界自行車場地錦標賽 15 公里追逐賽中榮獲冠軍。這是中國人首次在世界頂級自行車賽事中奪冠。

4 月 1 日

◆ "香港各界青少年慶回歸十週年系列活動啟動禮"在香港會議展覽中心金紫荊廣場舉行。

4 月 2 日

◆ 國務院總理溫家寶簽署國務院第 490 號令，任命曾蔭權為中華人民共和國香港特別行政區第三任行政長官，於 2007 年 7 月 1 日就職。任期自 2007 年 7 月 1 日至 2012 年 6 月 30 日。

4 月 3 日

◆ 中央政府駐港聯絡辦副主任李剛在回應中央電視台《經濟半小時》節目播出香港旅遊商店售賣假貨的報道時表示，兩地旅遊部門應該認真總結經驗，改進旅遊服務質量，使壞事變成好事。

◆ 香港知名企業家龔如心因病在香港逝世，享年 71 歲。龔如心曾擔任港區全國政協委員、港事顧問、香港特別行政區籌備委員會預備委員會委員。龔如心熱心公益，向內地捐款逾億港元。

4 月 4 日

◆ 特區政府憲報公佈，鍾瑞明再次獲委任為香港城市大學校董會主席，任期一年，由 2007 年 6 月 20 日起生效。

◆ 政制事務局和香港基本法推介聯席

2007 年 3 月 31 日，黃金寶奪得世
界自行車場地錦標賽冠軍。

會議聯合舉辦"基本法實施十週年暨頒佈十七週年研討會"。黃仁龍、李剛、林瑞麟、梁愛詩以及香港各界近千人出席。與會人士分別就"一國兩制"的由來和"一國兩制"下香港各方面的發展兩個主題發表演講。國務院發展研究中心港澳研究所副所長、北京大學法學院教授饒戈平表示,任何基本法的修改,都不得無視或違背中英聯合聲明,任何撇開中英聯合聲明修改基本法的主張,更是無法成立的。梁愛詩表示,過去十年香港在"一國兩制"下,不但維持原有制度和生活方式不變,還容許香港在新憲制下繼續發展。政治制度上,香港不但從殖民地過渡到"港人治港"、高度自治,基本法也規定,行政長官和立法會全部議員最終達至普選產生。

4月5日

◆ 上海市人事局的統計數字顯示,自 2003 年 CEPA 實施以來,上海共引進 1733 名香港專業人才,集中在房地產、咨詢、金融、酒店和旅遊服務等行業。

4月9日

◆ 胡錦濤在中南海會見曾蔭權,對他當選和被任命為香港特區第三任行政長官表示祝賀。胡錦濤強調,今後五年對香港發展來説是非常重要的時期,行政長官和特區政府任重道遠。發展經濟、改善民生、循序漸進地推進民主、維護香港繁榮穩定和社會和諧,是廣大香港市民的共同心願,也是香港各界人士的根本利益所在。

◆ 溫家寶在中南海會見曾蔭權,向他頒發香港特別行政區第三任行政長官任命狀。溫家寶勉勵曾蔭權和特區政府堅持以民為本的施政理念,與香港社會各界人士一道,奮發進取,把香港建設得更加美好。並表示,中央政府將繼續採取積極有效的政策措施,促進香港與內地各個領域的交流與合作,凡是有利於加強內地與香港互利合作,有利於香港發展的事,中央政府都會積極推動。

4月10日

◆ 中國銀監會與香港證監會簽署《關於內地商業銀行代客境外理財業務監管合作諒解備忘錄》,以進一步完善內地商業銀行代客境外理財業務(QDII 業務的一種)的監管合作架構,加強信息溝通和風險識別,有效開展監管合作。

4月12日

◆ 策略發展委員會管治及政治發展委

員會召開第九次會議，就多個政團、智庫和個人提交的行政長官和立法會普選方案舉行簡報會。政制事務局局長林瑞麟會後表示，發表的政制發展綠皮書必須符合四項原則：不需修改基本法，得到市民的廣泛支持，取得立法會 2/3 議員支持和獲得中央政府同意。

◆ 統計處處長馮興宏在出席立法會財經事務委員會會議時表示，香港貧富懸殊情況近期備受各界關注。過去十年月收入少於八千港元的家庭住戶比例由 1996 年的 16.4% 上升至 2006 年的 21.2%。同期，月收入四萬港元或以上家庭住戶由 15% 上升至 17%。中產階層家庭過去十年減少約 7%。

4 月 14 日

◆ 香港電影發展局成立，取代原有的電影發展委員會。特區政府委任原電影發展委員會主席蘇澤光為電影發展局主席，任期由 2007 年 4 月 15 日至 2009 年 3 月 31 日。

4 月 16 日

◆ 林瑞麟表示，第四屆區議會選舉定於 2007 年 11 月 18 日舉行。特區政府擬於 6 月初至 7 月中進行選民登記。目前全港有 319 萬名登記選民，約佔合資格選民人數 68%。政府期望通過一系列的宣傳活動和選民登記運動，鼓勵更多合資格人士進行登記，目標是年內增加 16.3 萬名新選民。這次選民登記活動的預算費用為 1400 萬港元。

◆ 英國首相布萊爾在倫敦會見中國媒體代表團時表示，2007 年是香港回歸中國十週年，人們曾對香港前途抱有各種各樣的擔憂，但實踐證明過去十年香港保持了繁榮和穩定，這是對香港回歸十週年最好的慶祝。

4 月 17 日

◆ 國務院港澳辦副主任陳佐洱在英國與部分旅英香港同胞座談，稱讚他們有"三大功勞"：香港成功回歸有其一份功勞；香港回歸後的繁榮穩定，有其一份功勞；祖國的日益繁榮富強，也有其一份功勞。

4 月 18 日

◆ 立法會三讀通過 2007/2008 年度財政預算案。這是回歸以來獲最多支持票（五十票贊成）和最少反對票（兩票反對）的一份預算案。

◆ 世界經濟論壇（WEF）首度公佈

2007 年觀光旅遊競爭力報告，在全球 124 個旅遊目的地中，香港排名第六位，在亞洲區排名第一位。

4 月 19 日

◆ 律政司公佈的資料顯示，在 1997 年 7 月至 2006 年底的九年半時間裡，律政司處理的需要上訴至終審法院的刑事案件達 829 宗，比 1988 年 1 月至 1997 年 6 月的九年半時間處理的 113 宗增長 6 倍。主要原因是回歸後，市民只須在本地進行終審上訴，毋須將案件提交至英國樞密院，程序比以前方便，訴訟成本也大幅降低，導致部分性質較輕微的案件也會上訴至終審法院。

◆ 特區政府統計處公佈，2007 年 1 月至 3 月失業率為 4.3%，這是九年來香港失業率的最低水平。

◆ 中國銀行宣佈推出首個合資格境內機構投資者（QDII）產品"中銀穩健增長基金（R）"，成功募集超過一億美元。

4 月 20 日

◆ 特區政府憲報公佈，行政長官已委任林李翹如為教育統籌委員會主席，任期由 2007 年 5 月 1 日至 2009 年 4 月 30 日。

◆ 吳邦國委員長會見出席博鰲亞洲論壇 2007 年年會的唐英年。

◆ 特區政府決定，選擇位於堅尼地道 28 號的舊英童學校作為香港特區前任行政長官辦公室。

4 月 21 日

◆ 第一屆香港運動會在小西灣運動場舉行。曾蔭權主持開幕式，奧運金牌得主許海峰、鄧亞萍、黃金寶等一起點燃火炬。此次運動會以 18 區區議會為參賽單位，共有 1287 名運動員參賽，設田徑、籃球、羽毛球和乒乓球四個比賽項目。

4 月 24 日

◆ 選舉事務處公佈兩名行政長官候選人的競選開支情況。曾蔭權在競選期間獲 2209 萬港元捐贈，選舉開支為 835.9 萬港元，剩餘 1373 萬港元捐給 21 間慈善機構。梁家傑獲捐款 380 萬港元，選舉開支約為 400 萬港元，超支 20 萬港元。

◆ 民建聯選舉產生第九屆中央委員會領導層成員。馬力連任主席，譚耀宗、葉國謙、劉江華、蘇錦樑任副主席。

4 月 25 日

◆ 立法會通過《深圳灣口岸港方口岸

2007 年 4 月 21 日至 5 月 6 日，第
一屆全港運動會舉行。圖為 4 月 21
日晚在小西灣運動場舉行的盛大開
幕典禮。

區條例草案》，規定香港的法律可在設於深圳境內的港方口岸區生效。

4月25日–4月29日

◆ 曾蔭權訪問河南，出席第二屆中國中部投資貿易博覽會高峰論壇。曾蔭權在論壇致辭時指出，香港作為國際金融、貿易、物流、資訊和服務中心，與中部六省是密切的經貿夥伴，在促進"中部崛起"方面將發揮獨特作用。

4月26日

◆ 中央為慶祝香港回歸十週年贈送特區的一對大熊貓運抵香港，取名為"樂樂"和"盈盈"。香港特區民政事務局局長何志平與國家林業局副局長趙學敏在交接儀式上簽署證書。"樂樂"、"盈盈"將於7月1日在海洋公園與香港市民和遊客見面。

◆ 香港大學民意研究計劃最新調查顯示，受訪的香港市民對中國前途的信心達89%，對香港前途的信心顯著上升六個百分點至81%，兩者均創下1997年以來的新高。

◆ 英國駐港總領事柏聖文出席由香港外國記者協會舉辦的午餐會，發表題為"香港回歸十年的反思"的演講。稱香港回歸十年來，成功落實"一國兩制"，言論自由未受到威脅，原有優勢沒有減少，與內地融合成為香港的新優勢。

◆ 澳大利亞駐香港總領事郭繆偉在接受香港《大公報》記者專訪時表示，香港回歸以來，澳大利亞在港投資一直在增長，十年前主要投資在製造業，現已延伸至金融、法律、教育等行業。

4月27日

◆ 特區政府憲報公佈，行政長官已委任張震遠為市區重建局董事會主席，任期三年，由2007年5月1日起生效。

4月29日

◆ 廣東省地稅局公佈的數字顯示，截至2006年底，廣東省吸收香港投資累計達1122億美元，港資佔全省實際利用外資的64%，港資企業數量約佔全省外資企業的70%。

4月30日

◆ 香港工會聯合會舉行慶祝"五一"國際勞動節暨香港回歸十週年酒會。曾蔭權、呂新華、周俊明等出席。

2007 年 4 月 26 日，中央政府贈送
的大熊貓抵港，國家林業局副局長
趙學敏和香港特區政府民政事務局
局長何志平出席交接儀式。

5月1日 "五一"國際勞動節

◆ 解放軍駐港部隊開放赤柱、昂船洲和石崗三個軍營,2.2萬名香港市民前往參觀。

5月2日

◆ 經濟發展及勞工局局長葉澍堃宣佈,特區政府決定以租賃合約形式,批出信德中心港澳碼頭直升機機場升降坪的擴建工程和為期18年的直升機機場經營權。

◆ 立法會通過《學術及職業資歷評審條例草案》,該條例授權香港學術評審局對不具備自行評審資歷資格的院校所開設的學術和職業培訓課程進行評審。

◆ 約三十個香港團體組成"香港各界要求中央電視台落地轉播聯席會議",要求特區政府積極與中央政府磋商,儘快落實中央電視台在香港落地轉播。會議召集人姜玉堆表示,中央電視台有不少製作水平較高的節目,不但可擴寬觀眾眼界,還可加深市民對國家的認識。

5月3日

◆ 曾蔭權出席立法會答問大會,正式公佈特區政府架構重組建議。第三屆特區政府設立3司12局,3司名稱不變,12個政策局為:發展局、教育局、食物及衛生局、勞工及福利局、環境局、運輸及房屋局、商務及經濟發展局、民政事務局、政制及內地事務局、公務員事務局、保安局、財經事務及庫務局。

◆ 香港總商會舉行會員週年大會,蔣麗莉當選為理事會主席。

◆ 由香港各界青少年慶回歸十週年系列活動委員會主辦、民政事務局合辦的"中華民族文化週"揭幕禮暨"多彩家園"—— 中華各民族歌舞匯演首場演出在香港會議展覽中心舉行。高祀仁、楊健強、呂新華、彭清華、李剛、張曉蘭、范徐麗泰、何志平等觀看了演出。此次系列活動還有"五四"升旗禮、"中華民族菁英五四論壇"、"和諧新時代·青年大匯演"等。

5月4日

◆ "金紫荊廣場五四升旗禮"在香港會議展覽中心金紫荊廣場舉行,三千多名青少年出席。同時,全港一千八百多所學校共一百多萬名學生在校內參加了升國旗儀式。

5月6日

◆ 來自兩百多個香港青少年團體的

15000 名青少年與來自全國 56 個民族的青少年代表參加了"香港青少年慶祝回歸十週年大巡遊"與"和諧新時代‧青年大匯演"活動。

5月7日

◆ 金融管理局公佈負資產住宅按揭貸款的最新調查結果。2007 年第一季度負資產住宅按揭貸款宗數減少約 1800 宗至 6700 宗，涉及金額 110 億港元。與 2003 年 6 月底約 106000 宗的高峰水平相比，負資產住宅按揭貸款宗數已減少 96%。

5月9日–5月10日

◆ 策略發展委員會管治及政治發展委員會就普選問題舉行工作坊，邀請多個團體的代表參加，請他們介紹各自的政改方案或政改設想。林瑞麟在會議上表示，政改綠皮書提出的方案是三類，只要公眾提出的方案符合三個原則：符合基本法、涵蓋面夠寬並容易達成共識，均有機會列入綠皮書。策發會就提名委員會的討論暫時未有定案，但同樣須符合上述三個原則。

5月10日–5月11日

◆ 由海關總署與香港海關共同舉辦的"泛珠三角商貿通關便利化論壇"在香港舉行。內地和香港、澳門三地海關共同發表了《泛珠三角區域海關聯合宣言》，宣佈加強泛珠三角區域海關通關合作，提高通關速度；促進區域商貿、航運和物流健康發展；加強執法合作，保護知識產權。

5月11日

◆ 中國銀監會發佈《關於調整商業銀行代客境外理財業務境外投資範圍的通知》，規定單一客戶不少於三十萬元人民幣的資金可投資香港、紐約和倫敦等地股市。

◆ 深圳廣播電影電視集團與香港電視廣播有限公司（TVB）簽訂全面合作框架協議。

5月14日–5月18日

◆ 財政司司長唐英年訪問瑞士和法國。

5月15日

◆ 香港新聞工作者聯會與清華大學法學院在北京聯合舉辦"香港傳媒人士法律專題研修班"，有 18 家香港媒體的 30 名學員參加了為期五天的學習。

◆ 粵港供港食品安全專責小組首次會

議在北京舉行，雙方就保障供港食物安全措施交換意見，並確認日後監控食物安全的方向。

動工，2014 年通車。

5 月 16 日

◆立法會通過增加排污費的決議案，批准特區政府由 2008 年 4 月 1 日起，按 9.3% 的遞增比例連續十年收取排污費。

◆衛生福利及食物局局長周一嶽在立法會會議上表示，在香港註冊結婚而其中一方是內地人的數目，由 1997 年約 2600 宗，大幅增加 8 倍至 2006 年的約 21000 宗。

◆由《香港商報》等發起的"全球商報聯盟"在香港舉行成立大會，中國內地、香港、澳門、台灣和美國、德國、法國、日本、加拿大、澳大利亞、新加坡、馬來西亞的數十家商報代表出席。

5 月 19 日

◆英國外交大臣瑪格麗特·貝克特（Margaret Beckett，港譯：貝嘉晴）在結束北京之行後，訪問香港。

◆九廣鐵路公司公佈廣深港高速鐵路研究報告。建議以全隧道形式建造一條三十公里新路軌，銜接廣深高速鐵路，預計整項工程造價為三百億港元，2009 年

5 月 20 日

◆寶蓮禪寺舉行盛大浴佛儀式和佛誕法會。中央政府駐港聯絡辦主任高祀仁、立法會主席范徐麗泰等出席。

5 月 21 日

◆據香港《大公報》報道，全國人大常委會香港基本法委員會有關負責人近日指出，基本法在香港的憲制性地位主要體現在兩個方面：一是基本法中關於香港政治架構的內容是屬於國家憲制層面的內容；二是基本法在香港處於凌駕地位，是香港所有法律和立法工作的依據和基礎。基本法在香港實施十年來，全國人大常委會進行了三次釋法，成功化解了香港回歸以來的三次憲政危機。考慮到香港各方面的因素，今後仍難免有需要解釋基本法的時候，但人大常委會將進一步總結過去十年的經驗教訓，在對待釋法的問題上，會採取更加慎重的態度，不僅尊重立法原意，綜合考慮香港當前和歷史的各種因素，也要注意在程序上更多聽取香港社會各界的意見。

◆高等法院原訟法庭裁定，民主黨就《公司條例》要求政黨公開黨員名冊提

出的司法覆核敗訴。2006 年 7 月，民主黨以侵犯私隱和結社自由為理由，拒絕按《公司條例》公開其成員登記冊，並向高等法院申請司法覆核，要求頒令《公司條例》第九十八條違反基本法和人權法。

◆《香港特別行政區政府、深圳市人民政府關於"深港創新圈"合作協議》在香港簽署。協議在十一個方面達成共識：一是雙方政府成立深港創新和科技合作督導會議，並根據需要成立若干個專職小組；二是加強"深港創新圈"戰略研究的合作，儘快制訂創新圈發展戰略和實施步驟；三是加強兩地創新人才、設備、項目信息資源的交流與共享，雙方合作建立統一的深港科技資源信息庫；四是加強兩地科研機構和高校間的合作，鼓勵雙方科教人員的交流和培養；五是整合創新資源，支持創新合作，雙方政府共同出資支持兩地企業和科研機構合作開展創新研發項目，實行共同申報、共同評審，並共同促進其產業化；六是加強雙方科技園區的合作，實現合理佈局、突出特色，努力構建完整的產業鏈和創新鏈；七是鼓勵和支持雙方科技中介服務機構的合作，並赴對方設立分支機構；八是加強雙方在知識產權管理、保護和使用方面的交流與合作，為自主創新提供有效保障；九是加強合作

向外推廣深港兩地的科技服務和成果，以及加強雙方會展業的合作，培育各自有特色、有品牌的國際性科技展會；十是雙方共同努力改善通關環境和跨境交通，為物流、資金、人才和信息等創新要素的流動提供更大的便利；十一是加強雙方在醫療衛生、環境保護、食品藥品檢驗、出入境檢驗檢疫等公共服務領域的科技合作與交流。

5 月 22 日

◆ 港區全國人大代表、香港工會聯合會會務顧問李澤添在廣州病逝，享年 74 歲。李澤添曾擔任香港工會聯合會會長，第八、九、十屆全國人大代表，香港特別行政區籌備委員會預備委員會委員，香港特別行政區籌備委員會委員。曾蔭權發表聲明，讚揚李澤添是"誠懇和值得尊敬的工運先鋒"，在香港回歸祖國的過程中作出了貢獻。中央政府駐港聯絡辦主任高祀仁發出唁電，讚揚李澤添愛國愛港，為"一國兩制"方針和基本法在香港的貫徹落實，維護香港社會的繁榮穩定，作出了突出貢獻。

5 月 23 日

◆ 立法會通過《非應邀電子訊息條

例》，從 6 月 1 日開始分階段實施。依據條例，市民可選擇拒收促銷的電郵、傳真、錄音電話、手機短信與視像信息。

5 月 24 日 – 5 月 27 日

◆ 香港佛教聯合會在香港會議展覽中心舉行"慶祝佛誕暨香港回歸十週年吉祥大會"，慶祝佛祖釋迦牟尼 2551 年誕辰和香港回歸十週年。約五萬人參加了有關活動。

5 月 25 日

◆ 香港空運牌照局宣佈，批給港聯直升機（香港）公司經營往來香港和澳門間航空牌照，為期五年，由 2007 年 5 月 18 日起生效。

◆ 為慶祝香港回歸十週年，"飛龍在天 —— 中國恐龍與古生物展"在香港科學館開幕。展出兩百多件在中國發現、特別珍貴的恐龍及其他動植物化石。

5 月 29 日

◆ 中國工商銀行推出 QDII 金融服務產品"東方之珠"。這是內地商業銀行推出的首個直接以人民幣投資於境外股市的代客理財產品。

◆ 格林期貨（香港）有限公司獲香港證監會批准，成為第一家獲准來港開業的內地期貨公司。

5 月 29 日 – 5 月 31 日

◆ "全球氣候變化國際會議"在香港舉行，來自 26 個國家和地區的專家學者就全球暖化問題發表研究報告並進行對策討論。

5 月 30 日

◆ 特區政府宣佈，放寬規管受養人來港居住的入境政策，2007 年 6 月 1 日開始實施。該政策容許下列類別人士的配偶和十八歲以下未婚受養子女，申請以受養人身份來港居住：根據"一般就業政策"來港就業、投資和受訓的人士；根據"資本投資者入境計劃"來港的外國人和海外華人；獲准來港就業的海外華人；在本地頒授學位的院校修讀全日制學士學位或研究生課程的海外學生。

◆ 中國社會科學院法學研究所、清華大學法學院、香港基本法研究中心和香港一國兩制研究中心在香港聯合舉辦"基本法回顧與前瞻研討會"。近三十名來自內地、港、澳、台的學者出席，就基本法的整體落實、中央與特區關係、人大釋法和司法制度等進行深入討論。

5月30日–6月8日

◆《滄桑百年，回歸十載 ── 葉劍英元帥生平與香港回歸展覽》在香港大會堂揭幕。高祀仁、何志平和梁愛詩等出席開幕禮。

5月31日

◆民政事務局向立法會提交報告，解釋不將皇后碼頭列為法定古蹟的原因。報告稱，皇后碼頭在香港一百多年的殖民管治過程中，只見證了其中 44 年的歷史，遠比其他殖民時代建築的存在時間短，而碼頭的建築風格相比同期的其他建築物也無特別之處。古物咨詢委員會日前就皇后碼頭評級投票時，支持它為一級歷史建築物的有 12 名委員，但支持二級或三級的共 13 人，這顯示委員會對碼頭的歷史意義持不同意見。皇后碼頭所具有的歷史意義不足以將它確定為法定古蹟。

6月1日

◆香港國際機場二號客運大樓正式啟用。該大樓總投資 28 億港元，佔地 14 萬平方米，初期設旅客登記櫃台 56 個。

◆越南駐港商務領事陶國慶表示，目前香港在越南投資 375 個項目，累積投資額 52 億港元，排在新加坡、台灣、日本和韓國之後，列第五位。

6月2日

◆深港西部通道竣工驗收大會召開。西部通道設計日通行能力為 5.86 萬輛車次和六萬人次。

◆香港、珠海、深圳、廣州、澳門五地機場的負責人在香港簽署《珠三角地區五大機場座談會會議紀要》，同意五家機場設立常設溝通機制，促進區內民航資源的有效配置。

◆前全國政協常委、著名社會活動家、愛國愛港人士的傑出代表、香港知名銀行家、僑界愛國領袖莊世平因病於香港逝世，享年 97 歲。全國政協辦公廳、中央統戰部、國務院僑辦、國務院港澳辦、中央政府駐港聯絡辦、外交部駐港公署和賈慶林、曾慶紅、成思危、王忠禹、廖暉、劉延東、董建華等分別發出唁電，對莊世平逝世表示沉痛哀悼。7 月 8 日莊世平公祭和悼念儀式在香港殯儀館舉行。靈柩覆蓋國旗，莊嚴隆重。董建華、曾蔭權、高祀仁、林兆樞等香港各界五百多人出席。高祀仁致悼詞，稱莊世平的一生，是為中華民族的獨立解放、為祖國的富強和統一不懈奮鬥的一生。

6月4日

◆ 中央政府駐港聯絡辦副主任李剛轉交國務院總理溫家寶給香港方樹福堂基金方樹泉小學李雪瑩等 43 名同學的親筆回信。回信寄語全港中小學生從小就熱愛國家，熱愛人民，熱愛香港，努力學習，立志成才，回報社會。

◆ "支聯會" 在維多利亞公園舉行紀念 "六四" 燭光晚會。主辦者稱有 5.5 萬人參加，警方估計人數 2.7 萬。

6月5日

◆ 行政會議通過公務員加薪建議方案，首長級和高級公務員加薪 4.96%，中低層公務員加薪 4.62%，受資助機構比照相同幅度加薪。預計特區政府每年需增加支出 53 億港元。

◆ 由香港 13 家傳媒機構聯合舉辦、有十多萬市民參與的 "香港回歸十週年十件大事評選" 揭曉，排名前十位的大事依次是："香港回歸"、"抗擊 SARS"、"香港獲准協辦 2008 年北京奧運馬術比賽"、"2003 年'七一大遊行'"、"香港成功舉辦世貿會議"、"抗擊亞洲金融風暴"、"CEPA 簽訂實施及泛珠合作"、"教育改革"、"殺雞對抗禽流感" 和 "行政長官更替"。

6月6日

◆ 全國人大常委會香港基本法委員會在北京舉辦 "紀念中華人民共和國香港特別行政區基本法實施十週年座談會"。吳邦國委員長發表《深入實施香港特別行政區基本法，把 "一國兩制" 偉大實踐推向前進》的講話。吳邦國強調，香港高度自治來自中央授權，不存在所謂的 "剩餘權力" 問題。準確把握基本法的精神實質，最核心的是要全面正確地理解 "一國兩制" 方針，堅定不移地貫徹落實 "一國兩制" 方針，嚴格按照基本法辦事。其中最重要的是牢牢把握以下三點：一是維護國家主權，二是實行高度自治，三是保障繁榮穩定。曾慶紅、王兆國、何魯麗、唐家璇、廖暉、劉延東、董建華和曾蔭權等出席座談會。

◆ 署理政務司司長孫明揚表示，按照中英 1994 年簽署的《軍事用地協議》，中環填海第三期工程將預留 150 米海岸線供解放軍興建軍用碼頭，在沒有軍事用途期間，開放給公眾使用。

◆ 第二十屆 "亞洲與太平洋律師協會會議" 在香港舉行。

6月6日-6月7日

◆ 曾蔭權訪問天津。期間與天津市委

書記張高麗、市長戴相龍會面，參觀了天津濱海新區和天津港。

6月7日

◆ 全國人大常委會辦公廳向符合港區十一屆全國人大代表選舉會議成員資格的香港人士發出徵詢函。

◆ 立法會三讀通過《兩鐵合併條例草案》。環境運輸及工務局發言人表示，通過兩鐵合併，可以達至協同效益，為減低票價創造空間。

◆ "香港公共專業聯盟"宣佈成立。聯盟由近八十名專業人士組成，黎廣德任主席。

6月8日

◆ 中國人民銀行、國家發改委共同制訂的《境內金融機構赴香港特別行政區發行人民幣債券管理暫行辦法》正式實施。該辦法旨在規範內地金融機構赴香港發行人民幣債券的行為。

6月8日－6月12日

◆ "第四屆泛珠三角區域合作與發展論壇暨經貿洽談會"在湖南長沙舉行。曾蔭權率特區政府代表團出席論壇。論壇通過《2007年泛珠三角區域合作及首長聯席會議紀要》、《關於務實推進泛珠三角區域合作發展規劃實施工作的意見》等文件。

6月10日

◆ 美國《時代》週刊以香港為封面主題，稱香港在回歸十年後更有活力，並承認其姊妹雜誌《財富》1995年預言回歸將會導致"香港之死"是錯誤的。

◆ 香港地區中國和平統一促進會在港舉辦"促進中國和平統一研討會"。

6月12日

◆ 特區政府發表《稅制改革公眾咨詢最後報告》，認為目前市民對開徵新稅項分歧較大，建議下屆政府在適當時候再進行稅制咨詢。

◆ 邵逸夫獎公佈2007年評選結果，三個獎項分別授予四名美國學者。

6月13日

◆ 立法會通過《房屋條例修訂草案》。六十多萬公屋居民將於2007年8月獲減租金11.6%。

◆ 香港律師會副會長何君堯表示，香港回歸後，內地與香港律師合作越來越多，北上發展的香港律師事務所數量明顯增加，僅 CEPA 實施以來就增加二十多家，比實施以前增加近五成。有七家內地律師事務所在香港設分所，仍有十多家正在辦理申請手續。

◆ 美國駐港總領事郭明翰在一公開場合表示，"一國兩制"在香港取得成功，香港仍是中國最開放和最發達的地區。

6 月 13 日－6 月 16 日

◆ 第二十一屆香港國際旅遊展在香港會議展覽中心舉行，吸引來自全球五十多個國家和地區的六百五十多家參展商。

6 月 14 日

◆ 特區政府扶貧委員會的報告顯示，2006 年香港有 82 萬貧窮人口，比 2002 年高峰期的 104 萬減少了 21%。

◆ 立法會通過特區政府提出的重組政策局的決議案。

6 月 15 日

◆ 高祀仁受胡錦濤主席和溫家寶總理的委託，專程探望葵涌盛家樓長者住屋的譚竹修婆婆等，轉達胡主席和溫總理的親切問候。76 歲的譚竹修婆婆曾在 2 月和 5 月分別寫信給兩位國家領導人，講述自己在香港的生活情況。

6 月 16 日

◆ 香港六大宗教佛教、道教、孔教、基督教、天主教和伊斯蘭教的領袖在香港會議展覽中心金紫荆廣場舉辦慶祝香港回歸祖國十週年祝禱大會。

◆ 香港公務員團體與廣東省直屬機關工會在沙田大會堂聯合舉辦"慶祝中華人民共和國香港特別行政區成立十週年文藝匯演"。曾蔭權、高祀仁等主禮。

◆ 國務院發展研究中心港澳研究所所長朱育誠在廣州出席"香港回歸十週年的回顧與展望"國際學術研討會時表示，在"一國"與"兩制"的關係問題上，任何企圖削弱或排斥中央權力的做法，都有損於香港人民的利益。

6 月 19 日

◆ 解放軍戰士文工團赴港演出反映駐港部隊進駐香港十年光輝歷程的大型歌舞劇《神聖》。

6 月 20 日

◆ 廉政專員、前教育統籌局常任秘書長羅范椒芬因"教院風波"向行政長官提出辭職並獲批准。

6月21日

◆策略發展委員會管治及政治發展委員會召開第十次會議，對一年多來委員會的工作進行總結。政制事務局局長林瑞麟會後表示，委員們認同採取先易後難的方式落實普選，即先處理行政長官普選，再推行立法會普選。委員會所收集到的關於行政長官與立法會普選的建議和意見，將作為特區政府撰寫政制發展綠皮書的重要參考資料。

6月22日

◆特區政府憲報公佈，行政長官再度委任田北辰為語文教育及研究委員會主席，任期由 2007 年 7 月 1 日至 2009 年 6 月 30 日。

◆特區政府憲報公佈，行政長官再度委任盛智文為海洋公園公司董事局主席，任期由 2007 年 7 月 1 日至 2009 年 6 月 30 日。

◆耗資 5.3 億港元興建的香港傳染病中心正式落成。國家衛生部部長高強來港主持揭幕儀式。

◆慶祝香港回歸十週年 —— 大型油畫《盛世明珠》首展儀式暨新聞發佈會在香港四季酒店舉行。高祀仁、李剛、曾憲梓等出席儀式。

6月23日

◆依照香港特別行政區基本法的有關規定，根據行政長官曾蔭權的提名，國務院任命香港特區第三屆政府主要官員：唐英年為政務司司長；曾俊華為財政司司長；黃仁龍為律政司司長；俞宗怡為公務員事務局局長；曾德成為民政事務局局長；李少光為保安局局長；林瑞麟為政制及內地事務局局長；周一嶽為食物及衛生局局長；陳家強為財經事務及庫務局局長；孫明揚為教育局局長；林鄭月娥為發展局局長；馬時亨為商務及經濟發展局局長；鄭汝樺為運輸及房屋局局長；張建宗為勞工及福利局局長；邱騰華為環境局局長；黎棟國為入境事務處處長；袁銘輝為海關關長；湯顯明為廉政專員；鄧國斌為審計署署長；鄧竟成為警務處處長。上述官員將於 2007 年 7 月 1 日起履行職責。

◆特區政府宣佈，委任陳德霖為行政長官辦公室主任，劉兆佳為中央政策組首席顧問，任期從 2007 年 7 月 1 日開始。

◆行政長官曾蔭權率領新一屆特區政府 3 司 12 局官員與傳媒見面。曾蔭權表示，新班子的組成是經過深思熟慮的，完全從專業、務實及有承擔出發，最重要的是用人唯才，能夠落實其政綱。新一屆特區政府會"以民為本"，主要問責官員會走入人群充分掌握民意，帶領廉潔高效的公務員隊伍，與立法會及社會各界合作，為香港創造更好的條件。

6月24日

◆ 中央軍委主席胡錦濤簽署嘉獎令，讚揚中國人民解放軍駐香港部隊十年來圓滿完成各項任務，勉勵他們再接再厲，為香港長期繁榮穩定提供強有力的安全保證。

6月25日

◆ 特區政府公佈新一屆行政會議成員名單，任期由 2007 年 7 月 1 日開始。15 名官守成員為唐英年、曾俊華、黃仁龍、孫明揚、馬時亨、林瑞麟、李少光、周一嶽、俞宗怡、曾德成、張建宗、陳家強、林鄭月娥、邱騰華和鄭汝樺。16 名非官守成員為：梁振英、曾鈺成、鄭耀棠、廖長城、周梁淑怡、史美倫、陳智思、許仕仁、李業廣、夏佳理、李國寶、梁智鴻、張建東、范鴻齡、羅仲榮和張炳良。

◆ 民政事務總署宣佈，2007 年度村代表選舉選民登記活動，由即日起至 7 月 30 日進行。凡年滿 18 歲，並持有認可身份證明文件的原居民和原居民配偶，均可登記成為原居鄉村/共有代表鄉村原居民

代表選舉的選民。凡年滿 18 歲的香港永久居民，並在緊接申請登記為選民當日之前的三年內，一直在該現有鄉村居住，而其村內的住址為其主要住址的人士，也可登記為居民代表選舉的選民。

◆ 香港東亞銀行報告指出，截至 2007 年 4 月，香港平均樓價仍較 1997 年低 41%，總體交投量也比 1997 年少一半，房地產行業的名義本地生產總值份額，由 1997 年的 25.3% 降至 2006 年的 16%。

6月26日

◆ 行政會議通過的《防止賄賂（修訂）條例草案》，建議將《防止賄賂條例》第四、第五和第十條的適用範圍擴大到行政長官，即行政長官不可借公職受賄或管有不明來歷的財產。

◆ 國家開發銀行在香港舉行 2007 年香港人民幣債券發行儀式。此次發行債券共五十億港元、票面年利率 3% 的兩年期人民幣債券。

6月27日

◆ 胡錦濤、吳邦國、溫家寶、賈慶林、吳官正、李長春、羅幹在首都博物館參觀"香港特別行政區成立十週年成

就展"。胡錦濤指出,十年來,香港實施"一國兩制",原有的社會、經濟制度和生活方式沒有變,香港作為自由港和國際金融、貿易、航運中心的地位也沒有變。同時,香港同胞真正當家做了主人,香港經濟更加繁榮、民生不斷改善,民主逐步推進,與祖國內地的聯繫日益密切,呈現出生機勃勃的發展活力。希望香港特別行政區政府和廣大香港同胞共同努力,把香港建設得更加美好。王兆國、回良玉、劉雲山、周永康、賀國強、郭伯雄、曾培炎、王剛、宋平、尉健行、徐才厚、何勇、李鐵映、顧秀蓮、熱地、盛華仁、路甬祥、華建敏、陳至立、賈春旺、張思卿、羅豪才、周鐵農、阿不來提·阿不都熱西提和遲浩田、張萬年、王漢斌、倪志福、鄒家華、鐵木爾·達瓦買提、彭珮雲、曹志、任建新等也參觀了展覽。

◆ 中央政府駐港聯絡辦副主任王鳳超轉交溫家寶總理給香港棒球總會主席李永權的親筆回信和照片。王鳳超表示,這體現了溫總理對香港棒球運動的關心和支持。

◆ 曾蔭權宣佈重組策略發展委員會,原四個專門委員會合併為由行政長官親自擔任主席的單一委員會,同時委任四名官方委員和 67 名策發會非官方委員,委員人數由 157 名減至 71 名。

◆ 行政長官會同行政會議批准陳禎祥和陳錫年擁有電視廣播有限公司和無線收費電視有限公司的控制權,但此項批准不追溯至 2004 年 11 月 12 日到 2007 年 1 月的申請。

6 月 28 日

◆ 房屋委員會宣佈,候任運輸及房屋局局長鄭汝樺獲委任為該會主席,由 7 月 1 日起生效。

◆ 深圳灣口岸"一地兩檢"合作安排簽字儀式舉行。該項協議的內容包括土地租賃合同、深圳灣口岸重大事宜合作安排、深圳灣口岸運作實施方案,以及深圳灣公路大橋深圳段運作和保養維修安排合作協議。

◆《香港回歸十年誌》首發式暨香港《大公報》創刊一百零五週年酒會在港舉行。中央政府駐港聯絡辦主任高祀仁、副主任李剛等主持首發禮。

6 月 29 日

◆ 中午,國家主席胡錦濤和夫人劉永清乘專機抵港參加慶祝香港回歸十週年暨香港特別行政區第三屆政府就職典禮活動。中央辦公廳主任王剛,全國人大常委會副委員長盛華仁，國務委員唐家璇，全國政協副主席、國務院港澳辦主任廖暉，中央軍委委員、總參謀長梁光烈和中央政策研究室主任王滬寧等隨行。

◆下午，胡錦濤在香港君悅酒店會見曾蔭權時表示，為香港發展取得的可喜成績和展現的美好前景感到高興。希望繼續重點關注和做好發展經濟、改善民生方面的工作，不斷提高管治水平，依靠廣大香港同胞，把香港的各項事業進一步推向前進。隨後，胡錦濤到香港體育學院，視察香港精英運動員訓練基地；到烏溪沙青年新村大禮堂，參加"京港同心慶回歸迎奧運"青年交流會；在新界沙田，探訪家住馬鞍山錦豐苑的趙錫明家和家住頌安邨的梁志星家。

◆晚上，胡錦濤出席曾蔭權在禮賓府舉行的晚宴，並會見香港特區行政、立法、司法機關主要負責人。胡錦濤提出四點希望：全面準確把握"一國兩制"方針，嚴格按照香港特區基本法辦事；忠實履行以民為本的施政理念，深入民眾，貼近民心，瞭解民意，為廣大市民提供優質服務；善於總結經驗，掌握規律，不斷健全科學、民主決策的體制機制；加強團結，勤政廉潔，務實高效，開拓創新，形成良好作風。

◆全國人大常委會發佈公告，遞補黃保欣為港區十屆全國人大代表。

◆《內地與香港關於建立更緊密經貿關係的安排》（第五階段）（補充協議四）在香港簽署。內容主要包括貨物貿易自由化、服務貿易的開放、促進貿易投資便利化，以及推進金融合作、旅遊合作和專業人士的資格互認等四個方面。協議將於2008年1月1日開始實施。

◆特區政府憲報公佈，行政長官已委任蒲祿祺為香港科技園公司董事局主席，任期由2007年7月1日至2009年6月30日。

◆特區政府憲報刊登《投訴警方獨立監察委員會條例草案》。條例的目的是把監警會轉變為法定機構，並就其在投訴警方制度中的職能、權力和運作制定清晰條文，提高監警會的獨立性，增強公眾對投訴警方制度的信心。

◆《國之重寶 —— 故宮博物院藏晉唐宋元書畫展》在香港藝術館舉行。為慶祝香港回歸祖國十週年，故宮博物院首次借出珍藏的32件國寶級古代書畫，包括舉世聞名的《清明上河圖卷》。

6月30日

◆早上，胡錦濤在香港君悅酒店會見

董建華。之後前往香港昂船洲海軍基地檢閱中國人民解放軍駐港部隊，並接見駐港部隊營以上幹部。下午，胡錦濤在香港會議展覽中心會見香港各界代表人士、中央駐港機構和主要中資機構負責人。晚上，胡錦濤出席特區政府舉行的歡迎宴會，並發表重要講話。胡錦濤表示，1997年7月1日，香港在歷經滄桑後回到祖國的懷抱。從那一天起，香港進入了新時代。這個新時代的顯著特點，就是在"一國兩制"下香港同胞實現了當家作主，真正成為香港的主人。香港回歸祖國以來的實踐，充分顯示了"一國兩制"的強大生命力。事實證明，鄧小平先生提出的"一國兩制"科學構想，不僅是解決歷史遺留的香港問題的最佳方案，也是香港回歸祖國後保持長期繁榮穩定的最佳制度安排。

◆ 外交部駐香港特派員公署舉行成立十週年慶典。唐家璇、董建華、曾蔭權、陳佐洱、張業遂、王鳳超、王繼堂、張汝成、曾憲梓及各界嘉賓六百人出席。呂新華特派員致辭。

◆ 行政長官曾蔭權委任鄭維健為可持續發展委員會主席。

2007年6月30日，胡錦濤首次以中央軍委主席身份在昂船洲海軍基地檢閱1900名駐港部隊官兵。

2007 年 6 月 30 日，國家主席胡錦
濤在香港會議展覽中心與中央政府
駐港機構和香港中資企業代表合影。

後記

　　本書收錄材料的起訖日期為 2002 年 7 月 1 日至 2007 年 6 月 30 日。這期間的大事，依時間先後排列。同一日期內有多項事件的，大致按中央與特區關係，特區內部事務，特區與內地、台灣、澳門關係和特區對外事務等排序。其中特區內部事務，又以行政、立法、司法和其他事項為序。書中根據需要加插了有關事件、人物的圖片。為便於讀者查詢，在正文前編有重要事件的目錄。

　　因篇幅所限，編者對所收集的材料作了刪繁就簡、突出重點的編輯處理。本書希望幫助讀者瞭解較長時間跨度內事件的脈絡。目前電腦互聯網已經十分普及，各官方網站的內容日漸豐富全面，讀者也不難利用本書提供的線索，進一步查閱自己感興趣的內容。書中涉及的機構、團體或組織的名稱，除個別易引起歧義的外，均按香港社會習慣使用其全稱或簡稱。對人物的職務，除行文必要及讀者辨識需要外，多有省略。外國人名主要採用了中國大陸譯法，部分人名作了英文原文或香港譯法的標註。

　　本書編者自《香港回歸以來大事記（1997-2002）》成功出版後，即着手為本書做日常資料的收集整理工作，推敲詳略，斟酌字句，貫通成卷。2013 年 5 月至 2014 年7 月，編者又對原稿再次進行細緻修改，拾遺補缺，終於付梓。謹此對參加本書選輯、整理、編寫、核校、審閱並提出寶貴意見，以及支持、指導和幫助本書編者出版的所有人士，表示誠摯的謝意！衷心感謝香港聯合出版集團及轄下三聯書店（香港）有限公司對本書的精心編輯和印製！並感謝為本書提供圖片的機構和人士。

編著者

2014 年 9 月於香港

責任編輯	李玥展
封面設計	陳德峰
版式設計	鍾文君

書　　名	香港回歸以來大事記 2002–2007
編　　著	袁求實
出　　版	三聯書店（香港）有限公司
	香港北角英皇道 499 號北角工業大廈 20 樓
	Joint Publishing (H.K.) Co., Ltd.
	20/F., North Point Industrial Building,
	499 King's Road, North Point, Hong Kong
香港發行	香港聯合書刊物流有限公司
	香港新界大埔汀麗路 36 號 3 字樓
印　　刷	中華商務彩色印刷有限公司
	香港新界大埔汀麗路 36 號 14 字樓
版　　次	2015 年 1 月香港第一版第一次印刷
規　　格	16 開（170 × 230 mm）564 面
國際書號	ISBN 978-962-04-3480-8